第十章
船舶技术发展现状与展望

刘佳仑

第一节　概述 / 160
第二节　船舶智能化发展现状与技术应用情况 /
第三节　船舶绿色化发展现状与技术应用情况 /
第四节　绿色智能船舶发展现状及关键技术 / 180
第五节　绿色智能航运发展趋势及关键技术 / 189

第十一章
交通管理技术现状与发展趋势

李瑞敏

第一节　交通管理面临的问题与挑战 / 198
第二节　交通管理典型技术分析 / 199
第三节　未来发展趋势 / 202
第四节　小结 / 204

第十二章
车路协同与自动驾驶技术发展现状与展望

陆　洋　王天实

第一节　车路协同的意义和内涵 / 208
第二节　智能基础设施与边缘计算 / 209
第三节　智能网联及其与车路协同的关系 / 211
第四节　车路协同的应用场景分析 / 212
第五节　自动驾驶的发展现状分析 / 214
第六节　基于车路协同的自动驾驶 / 216

第十三章
世界一流交通服务关键技术与发展展望

焦朋朋　赵鹏飞

第一节　世界一流交通服务相关技术发展现状 / 224
第二节　世界一流交通服务技术的应用前景及面临的问题 / 241
第三节　实现世界一流交通服务的对策建议 / 246

第十四章
智能停车关键技术与发展展望

史小辉

第一节　城市停车面临的问题与挑战 / 252
第二节　城市停车问题的总体解决方案 / 255
第三节　城市智能停车关键技术现状与发展 / 258
第四节　智能停车的发展目标与实现路径 / 264
第五节　智能停车技术政策性支撑与建议 / 267
第六节　智慧停车行业一流水平分析及未来技术发展展望 / 267

附录
作者简介

第一章 CHAPTER 1

中国高速铁路创新发展的哲学思考

傅志寰

在人类交通工程演化发展进程中,铁路的发明和建设是一个革命性事件。1825年,英国开通了第一条铁路,开创了世界铁路历史的先河。紧随其后,许多国家也都开始了大规模铁路建设。可是在1949年以前的旧中国,铁路工程建设却经历了格外艰难曲折的历程。中华人民共和国成立后,铁路发展速度明显加快,尽管如此,仍难以满足经济快速增长的需求,与世界先进水平相比差距巨大。改革开放后,铁路人勇于创新,在列车速度问题上,基于财力有限的历史条件,以渐进性地开展"提速"的方式不断积累和创新,直至走上发展高速铁路的新阶段。

经过多年的奋斗,中国高速铁路建设取得巨大成就,对经济社会发展发挥了重要作用,并成为对外一张靓丽的名片。截至2020年底,中国高速铁路营业里程达3.79万km,约占世界高速铁路里程的70%。自主设计制造的"复兴号"高速铁路列车奔驰在祖国广袤的大地上,最高行车时速达350km,居世界第一。目前,中国高速铁路网已覆盖除西藏外的全部省份。高速铁路客运量急剧增长,适应了人民群众出行的需要,既解决了多年火车买票难问题,又缩短了旅行时间,提高了乘车便捷和舒适性。与此同时,高速铁路作为中国交通运输的主骨架,支撑了经济社会高质量发展,增强了对沿线地区经济发展的辐射力;缩短了时空距离,打造同城效应,加快经济社会运行节奏,促进了城市群、区域一体化,发挥了绿色交通的比较优势,为节能减排作出了重要贡献。

第一节 中国高速铁路创新发展历程

"水滴穿石,非一日之功。"中国高速铁路的孕育和发展曾是一个漫长的创新发展过程,经历了探索创新、快速发展、自主提升时期,目前正进入高质量发展时期。

一、锲而不舍的探索创新时期

创新是梦想引导的活动,没有创新的梦想就不可能有创新的行动。然而实现梦想不可能是一蹴而就的,必须审时度势创造条件,脚踏实地开展创新活动。只有锲而不舍,不盲从,不跟风,把梦想与实践结合起来,探索和创新才有成功的希望。

中国高速铁路的孕育是由广州—深圳准高速铁路(以下简称广深线)建设开始的。20世纪80年代,中国铁路运能紧张,严重制约了国民经济和社会发展。旅客列车平均运行速度仅48km/h,货物列车速度更慢。在计划经济体制下,每年国家100亿元左右的拨款只能修建几百公里铁路,显然无力建设高速铁路,提高运输能力主要靠既有铁路挖潜。1990年,铁道部决定将长度约150km的广深线作为提速改造的试点工程,1994年投入运营,最高运行速度从100km/h提高到160km/h(其中有26km试验段设计运行速度为200km/h)。广深线作为我国第一条提速铁路,开通后取得了良好效果。其所开发的大功率机车、新型客车、动车组以及新制定的标准规范,为日后铁路大面积提速奠定了坚实的基础。从1997年开始,我国铁路陆续实施6次大提速,最高运行速度达200km/h。如此大规模的提速工程不但提高了铁路客运能力和服务质量,而且成为我国高速铁路发展的铺垫和前奏。

铁路人没有满足于既有铁路的大提速,进而提出建设高速铁路的设想,并率先对京沪(北京—上海)高速铁路开展了论证。其背景是:20世纪80年代东部沿海经济起飞,既有的京沪铁路客货运量猛增,急需扩大运输能力。在做了大量研究的基础上,1990年铁道部向国务院报送《关于"八五"期间开展高速铁路技术攻关的报告》。1993年国家科学技术委员会、国家计划委员会、国家经济委员会、国家经济体制改革委员会和铁道部组织专家编写出《京沪高速铁路重大技术经济问题前期研究报告》上报国务院。该报告认为,建设京沪高速铁路是迫切需要的,技术上是可行的,经济上是合理的,国力上是能够承受的,建设资金是可以解决的,建议国家尽快批准立项。随后,铁道部组织力量开展现场勘测设计工作,并对机车车辆、通信信号、线路桥梁、运输组织等开展系列研究。1996年完成"预可研"报告并上报国务院。总理办公会议专门做了研究,认为建设京沪高速铁路是需要的,可考虑近期完成立项工作。1997年铁道部将《北京至上海高速铁路项目建议书》上报国家计划委员会。1998年初,中央把京沪高速铁路建设列入工作重点之一。

正当人们准备大干京沪高速铁路之时,不期然却陷入了长达五年的磁浮与轮轨技术制式之争——也就是关于中国高速铁路工程的"技术路线"之争。1998年德国公司以及我国几位学者提出京沪高速铁路采用磁浮技术的建议,并上书高层。然而铁道部却不赞同这一技术路线,理由是:采用磁浮路线除了技术掌握在外国公司手里、风险大外,最重要问题是新建的磁浮系统不能与既有铁路兼容联网;相反,若京沪间修建轮轨高速铁路,不但技术成熟、成本较低,还能在华东地区发挥更为广阔的辐射效应。这场技术路线的争论十分激烈,导致了京沪高速铁路建设长时间搁置。

由于京沪高速铁路迟迟未能上马,1999年开始建设的秦沈(秦皇岛—沈阳)客运专线,便成为我国高速铁路的"试验田"。秦沈客运专线全长405km,线下工程按运行速度250km/h、线上工程按运行速度200km/h设计,并设置了长66km、运行速度为300km/h的试验段。这条线路的建设创造了中国铁路的众多"率先"和"第一":路基率先按全新概念设计和施工,对填筑工艺提出严格要求;开发了新型钢轨、大号码道岔,铺设了超长无缝线路。桥梁率先大范围采用双线混凝土箱型梁。接触网第一次在我国采用铜镁合金导线,受流性能明显改善。牵引变电所具有远动控制和自诊断功能,做到无人值守。信号系统取得突破,以车载运行速度显示作为行车凭证。"中华之星"动车组试验运行速度达到321.5km/h,刷新了我国铁路的最高运行速度纪录。秦沈客运专线不但开发了新技术,积累了设计施工经验,同时也培训了一大批人才,为后续高速铁路建设输送了技术骨干。

二、抓住机遇实现快速发展时期

在现实的社会生活中,人们都对"机遇"问题有深切体验。对于工程发展和工程创新进程来说,如果能够及时抓住机遇,就会走上发展的快车道。

2003年,轮轨和磁悬浮的技术路线之争结束,"轮轨技术"成为公认的选择。国务院先后于2004年和2008年相继批准《中长期铁路网规划》和《中长期铁路网规划(2008调整)》,为我国铁路,特别是高速铁路规划了发展蓝图。由于适逢国家追加"铁、公、机"投资的时机,紧接着高速铁路建设进入高潮,并创造了历史性的辉煌。合肥—九江、武汉—广州、北京—天津(我国第一条运行时速350km的高速铁路)、郑州—西安、温州—福州、福州—厦门等高速铁路接连开通,在国内外引起热烈反响,得到社会公众的赞扬。其中,全长1318km的京沪高速铁路是当时世界上一次建成里程最长、标准最高的高速铁路线路。这一期间,实施了高速动车组等技术装备的大规模引进,并很快实现了国产化。批量生产了 CRH1、CRH2、CRH3、CRH5 型动车组,并在此基础上经过改进创新,推出 CRH380A、CRH380B 等"和谐号"系列高速列车。

三、重大事件反思后的自主提升时期

2011年,甬温高速铁路动车重大伤亡事故发生后,社会上关于高速铁路一片褒扬的舆论出现了如过山车般的跌宕,质疑之声一时间铺天盖地。关于高速铁路如何发展问题,突然成为全社会议论的热点。

工程发展史的辩证法告诫人们:重大事故往往会成为工程发展中的一个"关节点"。如果能对事故进行严肃剖析和反思,就能发现重大技术和管理漏洞,进而能够深化对所建工程的认识,甚至会开创工程建设的"新阶段";反之,也可能成为"一蹶不振"的转折点。那段时间,面对种种质疑,铁路人没有自乱阵脚,没有气馁。在国务院的指导下,铁道部深入分析了之前存在的不科学、不规范、不可持续的问题,调整了发展思路。即以保证建设质量为前提,不再急忙抢进度;把握需求与可能,兼顾社会效益和经济效益,调整建设规模;充分考虑群众多层次需求和对票价的承受能力,做到建设标准与所在地区的发展水平相匹配;按运行速度 300~350km/h 建设"四纵四横"主通道高速铁路;按运行速度 200~250km/h 建设高速铁路延伸线。就这样,通过调整发展思路,在加强管理、降低造价、保证质量和安全方面取得了明显成效。

与此同时,加大了自主创新攻关力度。经过几年的努力,开展正向设计、自主制造、自主试验,开发出系列具有自主知识产权的产品。"复兴号"动车组列车研制取得成功,列车控制系统、地震预警系统获重大突破,无砟轨道、跨度 40m 简支箱梁、装配式隧道、聚氨酯固化道床等研究成果进一步优化了中国高速铁路线路工程技术体系。

四、进入新时代高质量发展时期

2017年,党的十九大明确提出建设交通强国的宏伟目标,铁路系统提出了"建设交通强国,铁路先行"的发展战略——统筹发展和安全,打造一流设施、技术、管理、服务,构建便捷顺畅、经济高效、绿色集约、智能先进、安全可靠的现代化的高速铁路系统。这标志着铁路系统进入新时代的高质量发展时期。主要成就是:推进高速铁路网建设在原有"四纵四横"基础上,向"八纵八横"过渡。增强科技创新力度,实现运营调度指挥自动化,在世界上首次实现运行时速 350km 列车的自动驾驶;启动运行速度为 400km/h 的新型动车组的开发,为高速铁路进一步缩短旅行时间创造条件;试制高速磁浮列车,研究真空管道交通,为发展更高速度的运输技术做好储备;推进数字化、智能化建设,对运输组织、安全生产、客货服务、经营管理等发挥支撑作用。提高工程质量,实现 BIM(Building Information System,建筑信息模型)、大数据等新一代信息技术和高速铁路建设工程的集成融合。提升运输经营水平,实行一站式、个性化服务。推进绿色发展,使用清洁能源装备,减少噪声和污染物排放,促进高速铁路与生态的协调。

回顾 30 多年的高速铁路发展历程,并非一路坦途,曾出现一些起伏和曲折。尽管如此,这一历程却是高速铁路系统不断升级的过程、技术和管理创新的过程,也是对高速铁路不断加深认识和统一思想的过程。尤其是在早期探索时期的十多年里,通过不同观点的辩论、各种方案的比较、技术路线(轮轨与磁浮)的激烈交锋,和"否定之否定"的螺旋式反复,对客观事物理解逐步深化,最终推动了认识上的升华,并在统一思想的基础上形成了正确的决策。如果没有先前的辩论和"交锋",就不会有后来认识上的高度一致。看起来"统一认识"来得慢些,但正是这个"慢"就为后来的"快"(决策上马)做了准备,促成了"快速发展时期"的早日到来。由于"统一认识"来之不易,所以其后的决心和行动就坚定不移,不为外界各种议论所动摇。这就在思想上为我国高速铁路顺利发展创造了重要条件。

第二节　中国高速铁路的创新成就

一、技术创新成就

多年来,中国铁路始终坚持独立自主、开放合作,坚定不移走自主创新之路,推进核心技术攻关和产业化应用。在工程建设、动车组、通信信号、牵引供电、安全保障、经营管理等领域实现重要突破,研制和推广了大量自主化新装备[1],取得复兴号动车组等一批重大科技创新成果;形成了包括工程建设、产品制造、运营技术在内的高速铁路标准体系。中国高速铁路总体上达到世界先进水平,部分领域为世界领先。

工程建设领域[2]。依托多年大规模铁路建设实践,在高速铁路路基、轨道、桥梁、隧道等方面解决了许多世界性技术难题,相继建成以京沪线、京广线为代表的一批高速铁路。路基轨道方面,攻克了复杂地质条件下地基处理、填筑工艺、变形控制、防止冻胀等技术,保证了高速铁路路基长期稳定和线路平顺;开发CRTSⅢ型板式无砟轨道结构,形成了具有自主知识产权的成套技术;开展了聚氨酯固化道床研究,丰富了轨道结构类型。桥梁方面,建成了跨度、荷载等创世界纪录的高速铁路桥梁。武汉天兴洲长江大桥是世界第一座按四线铁路修建的双塔公铁两用斜拉桥;南京大胜关长江大桥是世界首座六线且荷载最大的高速铁路桥梁;沪通长江大桥和五峰山长江大桥分别为世界上最大跨度公铁两用斜拉桥和高速铁路悬索桥。隧道方面,在岩溶、瓦斯、黄土、高地应力、高水压等复杂条件下的工程修建技术取得新突破,建成了一批特长、超深埋、超大断面、高海拔等隧道工程,如全长27.8km的太行山隧道,是亚洲最长的高速铁路隧道;广深港线狮子洋跨海隧道是世界最长的水下铁路盾构隧道。智能建造方面,将物联网、大数据、人工智能等先进技术成功应用于高速铁路建设,形成基于BIM的协同设计、智能施工体系。

高速动车组领域。先期自主研发了"中华之星"等高速动车组,其后通过引进技术、消化吸收,形成了"和谐号"动车组系列,再后经过改进创新研制了CRH380A、CRH380B等动车组。特别值得称道的是,中国科技人员坚持正向设计,成功开发了具有完全自主知识产权的运行时速350km中国标准动车组——"复兴号",树立了世界高速铁路的新标杆。接着又以"复兴号"为基础,设计了高速动车组的系列产品,满足了不同速度等级、不同运用环境、不同编组型式的需要,彻底摆脱了外国公司对技术所有权的控制。具体而言,在产品开发中开展了大量的基础研究、设计探索、仿真优化、台架试验及长期线路跟踪试验,在走行部技术、车体技术、牵引制动与网络技术等方面实现了新突破。其结果是:在速度方面,继"和谐号"CRH380创造了运行速度486.1km/h的世界铁路最高运营速度纪录后,"复兴号"创造了列车交会速度为420km/h的世界纪录。在安全方面,设置智能化感知系统对列车进行全方位监测,应用大数据、物联网等信息技术实现动车组健康管理。在节能环保方面,优化列车头型及车体空气动力学性能,采用镁合金、碳纤维等轻量化材料,降低了运行能耗和噪声。在舒适性方面,平稳指标达到国际优级标准。尤其应该指出,近期又成功研制用于京张、京雄高速铁路的智能型"复兴号"动车组,在世界上首次实现了运行时速350km自动驾驶。"复兴号"已经成为中国铁路走向世界的标志。为此,习近平总书记称赞道:"复兴号高速列车迈出从追赶到领跑的关键一步。"❶

通信信号领域。通过引进和自主研发,采用GSM-R(Global System for Mobile Communications-Railway,铁路综合数字移动通信系统),突破无线闭塞中心关键技术,实现地面与动车组信息的双向实时传输,成功研发了自主化CTCS-3级列控系统,满足了列车运行时速350km的自动驾驶要求。

牵引供电领域。研制了大张力全补偿链型悬挂等接触网新技术,改善了弓网受流性能。开发了具有设备远程控制、保护、监视、测量功能的智能牵引供电系统,保证了高速运行条件下牵引供电系统的安全可靠。

安全保障领域。建立了包括实时检测、在线预警、综合分析、趋势预测和安全评估的综合检测技术体系。研发了风雨雪等自然灾害监测、异物侵限报警与地震监测预警技术,建成了覆盖高速铁路全线的综合视频监控系统,实现对设备状态、自然灾害和治安风险的立体防控。

运营管理领域。为保障大规模、多场景铁路运营,构建了由全路指挥中心、地区调度中心、车站执行中心组成的调度指挥体系,有效解决了不同动车组编组、不同速度、不同距离、跨线运行等调度难题,实现了调度指挥集中化、智能化。构建了世界上规模最大的"12306"实时票务交易系统,推出自助选座等一系列服务功能,提升了高速铁路运营服务品质。

综上所述,高速铁路的各技术领域(子系统)都取得丰硕的创新成果。不过,各领域技术创新的特征和层次是有差异的。在工程建设和牵引供电领域,主要是在渐进式创新基础上,取得了集成性突破,即通过多年实践经验和知识的积累集成,实现量变到质变,整体达到世界领先水平。高速动车组则是在自主研发的深厚底蕴基础上,通过引进实现了高水平的再创新,在运行速度上反超日本、法国、德国等国家。通信信号创新与高速动车组属于同一类型,目前达到国际先进水平。安全保障和运营管理技术则是我国自主开发的结晶。

高速铁路是个复杂的大系统,是由多个子系统上千种专项技术(要素)支撑的,而这些子系统及其要素常常是不可分割的。例如动车与轨道、动车与供电、动车与信号,形成了相互耦合、相互制约的关系,而安全保障技术和管理技术则渗透到高速铁路的其他子系统。一般来说,大系统整体功能应大于子系统功能之和,所以在技术创新中不但子系统内部各要素需要集成,而且各子系统之间也必须进行综合。反过来说,即使每个要素(或子系统)不是最优,但可以通过有效的集成整合,实现工程大系统的优化。事实上也是如此,我国高速铁路并非基于全新的技术,而是以自主创新技术为核心,充分利用长期积累的成熟技术,消化吸收的引进技术,加以融合集成而形成的工程系统。多年来,我国高速铁路采取了建设、运营一体化,科研、制造、试验一体化,固定设施与移动装备一体化等综合开发方式,打通了不同专业、不同部门创新环节间的阻隔,形成了跨业融合、

---

❶ 出自《习近平在中国科学院第十九次院士大会、中国工程院第十四次院士大会上的讲话》(人民日报2018年5月28日)。

上下贯通、协调一致的协作模式,从而综合创造了世界水平的技术系统。

二、管理创新成就

铁路是个社会性、外部性很强的工程系统,系统环境是铁路赖以生存发展的必要条件。对于计划经济烙印很深的铁路而言,几十年来所处的系统环境发生最突出的变化,是我国市场经济体制改革的不断深化。铁路逐步适应这种变化,实施了许多改革与管理创新。

先后组建中国铁路总公司和中国国家铁路集团有限公司,改变了长期以来铁路政企合一体制,在构建现代企业管理制度方面取得重要进展。

引入市场机制,改革高速铁路投资模式。吸收省市以及社会资本,促进铁路投资多元化新格局的形成和高速铁路管理体制的转变。铁路与地方政府开展密切合作,形成"路地共建"模式,既发挥了铁路企业在组织建设和运营管理方面的特长,又施展了沿线地方政府在征地拆迁方面的优势。

推进运输管理改革,创新经营模式。承担资产管理职责的各个高速铁路公司不再直接经营运输业务,而采取了委托模式,由就近的相关铁路局负责运输组织和设施的管理工作。这种管理模式既有利于充分利用既有铁路的资源,也便于各个高速铁路线路与全国铁路网的协调联动,发挥更大效益。

开拓创新服务模式,改善服务质量。为适应旅客出行需要和客流量的不断变化,推出各种等级的长途、城际、市域列车等多样运输产品,建立客运"一日一图"运力调配机制;全面推广电子客票、网上售票、互联网订餐、旅途在线娱乐等特色服务。实施列车票价差异化的市场化改革。

我国高速铁路建设运营之所以取得成功,改革与管理创新是重要因素。这就改变了计划经济体制下"高大半"(高度集中统一、大联动机、半军事化)的铁路管理模式,既适应了社会主义市场体制大环境,又激发了企业的活力。

综上所述,技术创新和管理创新是一种相互依存、相互促进的关系。技术创新促进了管理创新,管理创新则支撑了技术创新功效的发挥。技术创新与管理创新对我国高速铁路的发展起到了"双轮驱动"作用。

第三节　关于高速铁路创新发展中若干关系的哲学分析

一、着眼大局,处理好工程单元个体与工程系统整体的关系

自然界的一切事物不是孤立存在的,都处于系统之中[3]。高速铁路作为四通八达的运输体系,一方面与经济社会有着千丝万缕的联系,另一方面其自身又是个复杂巨系统。与一般的工程不同,高速铁路是由基础设施网、运营服务网、信息网、能源供应网等多层网络构成的系统。其中,基础设施网由多条线路和诸多枢纽组成,运营和服务网由高速动车、列车控制系统、供电系统、信息系统、运输指挥和客货服务系统支撑。除此,高速铁路网不仅要与既有普速铁路网互联互通,而

且要与其他交通方式实现有效衔接。与此同时,高速铁路还要服务于经济社会发展的需要,既要着眼全国,也要惠及有关省市。这就要求每一条线路、每一个枢纽的规划建设和运营不但要服从全局的需要,又必须适应各地发展的要求。因此,高速铁路建设与运营必须从大局着眼,处理好每个工程单元个体与整个系统的关系。也就是说,为了实现我国高速铁路系统的优化,每项工程必须服从总体规划,技术制式的选择必须考虑全局的要求,所有装备必须符合标准和规范,列车运营要服从统一调度。

由于多年来我国高速铁路建设坚持抓好顶层设计,上述各项要求已经兑现。这主要归功于我国的体制优势。例如,路网建设得到国家的高度重视,国务院于2004年、2008年、2016年三次批准"铁路中长期发展规划",其中包括建设"四纵四横""八纵八横"高速铁路主骨架。与此相应,铁路主管部门和地方政府制订了落实计划和保障措施。

与美国早期铁路建设相比,我国走了完全不同的道路。当时美国铁路发展呈现放任、无序的态势,结果导致碎片化和重复建设,以至于后来不得不实施大规模兼并重组,并将十几万公里运量不大的铁路拆除。

其实,在我国高速铁路建设中,在如何处理好局部与全局关系上并不是没有出现过问题。尽管有一些波折,但最终得到解决。例如前面提到的京沪高速铁路技术制式抉择问题,即磁悬浮与轮轨技术路线之争,经过长期反复辩论后,才最终得出结果(采用轮轨制式)。这条高速铁路技术方案的正确选择,为开启我国高速铁路建设高潮铺平了道路。

正是由于高速铁路建设重视把握工程单元个体与工程系统的关系,所以取得了良好的整体效果。

二、立足实践,既要重视渐进性创新,又要追求突破性创新

实践是创新的源泉,对中国高速铁路也是如此。以工程建设(土建)为例,其主要技术源自中国铁路自身多年建设实践。由于中国国情与日本、法国、德国等高速铁路先驱国家不同,疆土辽阔,气候与地质条件十分复杂,没有成套经验可资借鉴,况且中国高速铁路最高运行时速为350km,已经超越了国外最高标准,更需自己探索前行。几十年来,中国铁路大规模建设(架设桥梁、开凿隧道)的丰富工程实践孕育和支撑了高速铁路技术创新和管理创新。铁路人立足于实践,将经验总结为方法,将领悟升华为理论,将认知转化为标准。而形成的这些方法、理论和标准又反过来再指导实践。丰富的实践是中国高速铁路建设超越发达国家的重要原因,而原来领先的日本、法国、德国等国家由于高速铁路建设放缓步伐,缺乏最新实践,所以在许多领域被我们超越。

辩证法告知人们,立足于实践的创新有不同形式,既有量变(渐进性)又有质变(突变性)。这就要求在工程建设中既要重视渐进性创新又要重视突破性创新。

经验表明,大量立足于实践的创新,主要以技术或方法的"改进""革新"等渐进的形式出现,这对于工程改善质量、降低成本、提高效率是十分重要的。与此同时,必须指出,创新进程在表现形式上往往不局限于线性式"进化",却常常表现为"阶梯式"跳跃[4]。当工程出现某种局部性的技术或管理突破后,就会产生创新跳跃台阶,从而促成了"阶梯式"创新的发展态势。例如,尽管近年建设的铁路大桥彼此的设计方案与施工方法有很大区别,然而后者既对前者借鉴继承,也对前者优化升级,即每建一座新的大桥在技术和管理上就会上一个台阶,从而使铁路大桥跨度越来越大、

结构越来越新。再如,高速铁路的无砟轨道先后开发出三种型号,即CRTSⅠ、CRTSⅡ、CRTSⅢ,一个比一个更好,呈现了"阶梯式"发展态势。如果再追溯更早的例证,那就是中国铁路的六次大提速。每次提速都汲取了前一次的经验,在技术和管理上都有提升,最高速度也从140km/h逐步提高至200km/h。而这些"积小胜为大胜"的"阶梯式"的积累,为其后的中国高速铁路建设打下了基础。

经验还表明,技术创新特别是突破性创新,不但是实践的积累,也是理论创新的结晶。持续不断的科学试验,不但解决了工程施工中的现实问题,又推动了高速状态下的轮轨关系等理论研究。例如,基于列车与桥梁相互作用的系统研究,使得在大跨度钢桥设计参数、疲劳性能、材料应用等方面收获丰硕成果;由于揭示路基基床结构的动力响应规律和荷载传递特征,形成了动力分析与累积效应理论,从而有效控制基床的动态应变。理论创新促进了路基、桥梁、动车组设计水平的跃升,进而支撑了铁路从普速到高速的跨越。

就突破性创新而言,以集成形式实现系统性的突破并达到国际领先水平,也是中国高速铁路土建领域的特色。基于研究、设计、施工以及管理的整体优势,中国率先在世界上成套掌握了复杂环境下线路建设技术、复杂地质条件下隧道设计技术、深水大跨桥梁设计施工技术;建设了包括寒带、热带、大风、沙漠、冻土等不同气候和地质条件下的高速铁路。尽管中国在高速铁路工程建设(土建)方面还有一些薄弱环节,不过由于具有明显的综合性优势,目前可称为本领域的世界"全能冠军"。

三、以我为主,处理好引进与自主创新的关系

引进是后发国家的合理选择。我国铁路建设比欧美国家约晚50年,早期铁路装备基本从国外进口。高速铁路起步也落后较多,只是从20世纪80年代开始跟踪研究,并通过考察等方式向日本和欧洲学习。实践表明,向先行者学习对于起步晚、底子薄的中国铁路十分必要,可少走不少弯路。以高速动车组为例,2006年后从日本、法国、德国、加拿大等国家共引进了四种车型,由中国工厂按图生产。引进生产的动车组一度成为中国高速铁路不可或缺的组成部分,不但档次升级,而且改善了对旅客的服务;引进带动了设计手段的提升、加工工艺和生产组织方式的改进;引进促进了企业技术改造和质量管理水平的提高。尤其应该指出的是,引进的动车组采用交流传动等先进技术,性能优良。在此技术平台上,通过消化吸收,由我国企业再开发的CRH380"和谐号"高速动车组一段时间成为高速铁路的主力车型。

在看到引进带来诸多裨益的同时,也必须正视存在的弊端。以高速动车组为例,发生过一些不容忽视的问题。其一,引进的动车组有四种之多,设计各异,既对制造不利,也给高速铁路运营带来诸多麻烦。多种型号的动车组,车钩结构和高度不一、电气控制方式不同,彼此难以连挂及重联运营;轮对直径不同,需要多种备品;不同型号由于座席布局各异,难以互为备用。其二,最重要的是技术受制于人。外方对诸如转向架、网络控制、变流装置、空气制动等关键硬件和软件技术,都拒绝转让。我国得到的主要是生产图纸、制造工艺、质量控制、检测试验方法,即制造合格产品所必需的文件。至于原始设计依据、计算分析方法、关键参数选取、研究试验数据及控制软件则被严格保密。

事实告诉我们,市场换不来核心技术,期望技术上"站在巨人的肩膀上"往往是靠不住的。外国公司的"看家"本领——核心技术,是买不来的,越是先进技术,引进难度就越大。经验还告诉我

们,引进成效取决于自身实力。如果一个企业本身具有较深的底蕴和内功,其技术水平将会通过引进获得提升,这就是"借力发力";相反,倘若企业缺乏自身"功力",则有可能被"绑架",按照人家的"脚本"和节奏起舞,甚至只能接受"挨宰"的命运。高速铁路动车之所以与汽车引进的效果不同,是因为中国机车车辆工业有较强的实力,没有把自己的企业变成他人的加工厂,而是在消化引进技术的基础上,坚持"以我为主,为我所用"的原则,开发自主的新产品[5]。中国之所以与一般的发展中国家不同,就是拥有深厚的底蕴和创新的造血能力,可以迅速消化引进的技术(不包括未转让的核心技术),并进行再创新,再开发,最终研制成功中国标准动车组——"复兴号"[6]。

综上所述,引进与自主创新对中国高速铁路发展都是不可或缺的,两者是互补的关系。因此继续坚持开放式自主创新十分必要。一方面要开展交流与合作,不放弃一切机会利用国外资源,借鉴国外先进经验;另一方面,必须坚持自立自强,发挥"自身硬"的决定性作用。

四、培育创新能力,在诸要素中突出人的作用

树高叶茂系于根深。对于一个国家、一个行业,创新能力最为重要。我国高速铁路之所以蜚声世界,归根结底是因为我国铁路有创新能力。经验告诫我们,先进产品有时可以用钱买到,但指望以引进方式购买创新能力则十分困难。以高速动车组为例,中国机车车辆工业的创新能力并非因引进生成,而是在大规模引进之前就已有了基础,只不过是在引进过程中又得到进一步增强。那么创新能力究竟来自哪里?

创新能力是长期积淀的结晶。没有积淀,创新能力就是无源之水,对于传统产业更是如此。正如老子所说,"合抱之木,生于毫末;九层之台,起于累土"。自20世纪50年代开始起步,我国机车车辆工业逐步形成了完整的制造体系。多年来自行开发的电力、内燃机车不下20个型号,生产了数以千计的机车、数以万计的客车,适应了铁路大提速的需要。在2000年前后,我国还自行研制了多种动车组,其中包括为秦沈客运专线开发的高速动车组"先锋号"和"中华之星"。应该说我国铁路车辆品种之多、产量之大,在世界上是少见的。这意味着在研究—设计—制造—运行的各个环节都积累了很多经验和教训。而这些正是培育创新能力的沃土。

创新能力来自试验设施的支撑。试验是创新的摇篮,没有试验手段就谈不上创新。几十年里,中国铁路构建了许多重要试验设施。1958年建成的北京环行铁道试验线,是世界规模最大的综合试验基地之一;1992年在西南交通大学落成的机车车辆滚动振动试验台,是世界上试验速度最高、功能最全的试验台。这些连许多发达国家都没有的大型试验设施,在中国铁路新型技术装备的研制中发挥了重要作用,以至于有的外国公司也慕名而来,测试改进自己的产品。此外各企业也建有大量试验设施。更值得一提的是,中国铁路总公司曾利用建设中的大同—太原高速铁路而特别开设的90km试验线(原平—太原段),对开展"复兴号"等新型动车组的研究发挥了关键作用。

无论是深厚的积淀也好,还是试验设施也好,都是与人才有关。也就是说,创新能力的载体是人,没有人才何谈创新?而对人才的培养并非一朝一夕,需要一个长期的过程。几十年来,中国铁路人"在游泳中学习游泳",在工程建设和新产品开发中,经历难以数计的失败与成功,一步一个脚印,一步一份感悟,才使自己得以提升。特别是挫折与失败使中国技术人员增加了知识"厚度"。多年实践昭示我们,超大规模高速铁路建设是造就人才和领军人物的主战场,不经反复磨砺,就很

难造就出一支高水平的专家队伍。人才队伍是最宝贵的财富,也是我国铁路立足世界的底气所在。令人欣慰的是,曾参与高速铁路建设的一大批中年骨干,业已成为新技术研发的领军人物,在他们带领下,朝气蓬勃的年轻一代已经成长起来,挑起了当今创新攻关的大梁。

"人是要有点精神的",也就是说,创新能力还源于人的自强不息精神。创新常常是被逼出来的。以机车为例,1960年我国电力机车诞生不久,苏联专家突然撤离,把刚刚接触新技术的年轻人搞得措手不及,却激发了他们发奋图强的使命感,敢于对苏联不合理的设计"开刀",以自身力量艰难地开展技术攻关,彻底解决了机车不能正常运行的问题。艰难困苦,玉汝于成,久而久之形成了自强不息的精神。由于有了这种自强不息的精神,有了一股不服输的"倔劲",科技人员不但敢打硬仗,还大大提振了自信。正是源于自信,一些企业即使受到引进的剧烈冲击却未曾放弃过自己的研发平台。再以京沪高速铁路为例,从构思到开工,铁路人坚守了18年。1998年轮轨与磁悬浮两种技术路线之间发生激烈争论,一时间京沪高速铁路非磁悬浮技术莫属的呼声高起,铁路人尽管曾陷于困境,却一直在坚持自己认为正确的轮轨方案,从未中断有关研究和设计工作,没有放弃涉及土木建筑、机车车辆、通信信号等上百个科技攻关项目。正是铁路人的锲而不舍,任由"上马"呼声潮起潮落,终于在2008年迎来了京沪高速铁路开工仪式和2011年建成通车。事情还不止于此,2011年甬温线动车追尾重大伤亡事故发生后,接踵而来的关于高速铁路质疑之声铺天盖地。高速铁路是否安全?动车还能不能坐?面对来自社会的巨大压力,铁路人保持了清醒,没有迷失方向,坚持认为:高速铁路不但是低能耗、全天候的"绿色交通方式",而且是我国旅客运输不可或缺的骨干力量,高速铁路建设继续前行的势头必然不可阻挡。没有这种坚守的精神,没有一股韧劲,就不可能取得今天的成就。无数事实表明,创新能力的铸就取决多种要素,但关键在于要有高水平的人才和自强不息的奋斗精神。创新能力不是"形",而是"神"。创新能力是内功,即经磨炼而成,难以用钱买到。创新能力从来不是速成品,是十数年乃至数十年的培育、磨砺、激发的结果。正所谓"不经一番寒彻骨,怎得梅花扑鼻香"。

五、坚持协同创新,把握好"用产学研"之间关系

高速铁路是一个复杂系统,涉及领域众多,要实现技术与管理创新,单靠铁路自身力量远远不够。因而构建"用产学研"紧密结合的协同创新体系十分重要[7]。

正是按照协同创新的理念,铁路系统在高速铁路建设中联合有关高校、科研院所、勘察设计、工程建设、装备制造等单位,建立开放平台,改变了新产品开发与用户脱节状况,推动科研成果直接应用于高速铁路建设。实践证明,协同创新体系发挥了不可替代的作用。

以高速动车组研制为例,从"中华之星"直到"复兴号"诸多产品的研制,均建立了由几十家单位组成的"用产学研"稳定的联合体。在联合体中铁路运输企业发挥龙头作用,生产企业从事设计制造,科研院所和高校负责研究试验,形成高效的协同创新体系。这样可以攥紧拳头,高效运作,不但使铁路运输企业受益,同时也降低了制造企业新产品研发的风险。应该说明的是,与一般制造企业在协同创新中起主导作用的通常做法不同,铁路作为"单一"用户,在重大"特定"产品开发中一直起着龙头作用。实践表明这样做不但颇具特色,而且效果很好。这是因为,区别于面向市场的普适产品,铁路企业既是最了解使用场景的专用装备购买者,又是最终风险的承担者,理应成为协同创新的主导者。

综上所述,建立协同创新体系,通过整合人力、技术、信息等创新要素实现有效集成,十分必要。关于如何处理"用产学研"之间的关系,要具体问题具体分析。当产品面向众多用户的市场,制造企业一般可成为协同创新的主体;而当产品面向单一市场,则用户可以处于研发的主导地位。这就是说,在协同创新领域,没有放之四海而皆准的固定模式,有的只是能够适应不同条件下的实用模式。实用有效的模式就是好模式。

六、立足国情,发挥市场体制与举国体制双重优势

市场需求,为我国高速铁路发展提供了历史机遇[8]。我国幅员辽阔、人口众多,随着经济社会快速发展、居民收入水平大幅增长,广大人民群众对美好旅行生活的期盼和向往,为高速铁路发展提供了巨大的市场。与此同时,改革开放的大气候为高速铁路发展激发出从来未有的活力。在工程建设上引入社会资本补充了资金的来源;在运输服务上适应市场变化推出了丰富的运输产品;在经营管理上开创了新的模式。

与此同时,我国社会主义集中力量办大事的体制也是高速铁路快速发展极为重要的因素。高速铁路建设和运营涉及经济、社会、国防、国土开发,离不开党和国家的关怀和支持。历史是最好的证明,党中央的高度重视为高速铁路发展提供了强有力的支撑,国家将高速铁路建设列入国民经济发展规划,为其建设提供根本遵循。特别是在 2008 年国际金融危机爆发后,中央出台系列有利于高速铁路建设的政策,这是其他任何国家所不具有的优势。此外,在京沪、沪昆高速铁路等重点工程项目上,国务院领导同志亲自统筹协调各方力量,对工程顺利建成发挥了重要作用。国务院有关部门将高速铁路项目审批、土地划拨、融资贷款、技术研发等都作为重点,予以关照。

地方政府发挥自身特长,在征地拆迁、市政配套、站城融合发展等方面起到主导作用,从而形成了铁路与地方优势互补、合作共为的建设格局,保证了高速铁路建设有序推进。

综上所述,中国高速铁路发展既是市场体制机制发挥作用的结果,又是社会主义新型举国体制集中力量办大事制度优势的体现。市场体制和举国体制有机结合,推动高速铁路创造了中国速度、中国质量。

七、开放自主,为世界高速铁路发展承担更多责任

中国铁路作为落后的追赶者单方面从发达国家引进先进技术与管理制度已成历史,如今中国铁路发展水平已经迈入世界前列。中国拥有世界 2/3 的高速铁路里程和速度最快的高速列车,市场竞争力不断增强,多家相关企业进入世界 500 强。面对正在发生变化的世界铁路格局,将来应该做些什么?需要思考和回答。

中国高速铁路离不开世界,世界高速铁路也离不开中国。任何工程系统都是开放的,唯有与外界不断进行物质、能量、信息的交换,才能保持其旺盛活力。因此,要继续构建开放创新的生态,积极促进国际合作,维护和改善业已形成的产业链、供应链,以保持高速铁路发展的良好势头。与此同时要加快走出去步伐,尤其是要帮助"一带一路"沿线国家修建高速铁路或普速铁路,造福当地人民群众。

应进一步增强自信,积极参与国际交通规则制定,贡献中国智慧。

外因是发展的条件,内因是发展的根据。所以目光既要向外也要向内,特别要正确认识自我。中国高速铁路虽然已经取得世界瞩目的成就,然而却有不少短板和不足。就技术领域而言,中国的优势在于集成创新和引进、消化再创新,而原始创新却相对薄弱,尤其是理论创新尚待重大突破,即使在相对领先的部分技术领域,许多设计软件尚需要从国外购买,少数关键产品与器件还要进口。打铁还需自身硬,要努力补短板、强弱项,防止核心技术被人卡脖子。我们正在进入轮轨高速铁路发展的"无人区",未知因素很多。这既是严峻的挑战,也是难逢的机遇,需要奋进开拓,坚持创新。如果不勇往直前,迟早会被人超越,可能再次被抛在后面。与此同时,还要看得更远,在真空管道交通技术开发方面也应有所作为。

综上所述,包括高速铁路在内的世界铁路格局在变。作为铁路大国,中国就是要在变局中做到"守正创新",换句话说,就要把握好"变"与"不变"的关系。所谓"不变"的是坚持"对外开放,自立自强";所谓"变",就是要进一步开拓进取,加强原始创新,敢闯"无人区",走别人没有走过的路。要有勇气担当起世界高速铁路领跑者的责任,不但要为我国铁路发展,也应为世界铁路发展作出重要贡献。

● 本章参考文献

[1] 智能高铁战略研究项目组.智能高铁战略研究(2035)研究报告[R].北京:中国工程院,2020.

[2] 刘晓光,蔡超勋,卢春房.中国高速铁路线路工程技术创新与发展[J].高速铁路技术,2020,11(2):7.

[3] 殷瑞钰,汪应洛,李伯聪.工程哲学[M].2版.北京:高等教育出版社,2007.

[4] 朱训.阶梯式发展是物质世界运动和人类认识运动的重要形式[J].自然辩证法研究,2012,28(12):8.

[5] 傅志寰.关于我国高铁引进与创新的思考[J].城市轨道交通研究,2016,19(11):4.

[6] 卢春房.需求导向 服务经济——"复兴号"动车组创新实践[J].科技导报,2021,39(4):3.

[7] 吴欣桐,梅亮,陈劲.建构"整合式创新":来自中国高铁的启示[J].科学学与科学技术管理,2020,41(1):17.

[8] 黄阳华,吕铁.深化体制改革中的产业创新体系演进——以中国高铁技术赶超为例[J].中国社会科学,2020(5):23.

第二章 CHAPTER 2

城市系统的复杂性及其研究展望

陆化普　柏卓彤　张永波

城市是现代生活最重要的载体和舞台,然而,城市系统的复杂性使得城市的高质量发展面临严峻挑战和高度的创新需求。如何破解"大城市病"?如何构建更加美好的城市环境?这些问题是高质量发展新阶段最具发展潜力的理论创新与应用创新领域。探索突破该领域面临的发展瓶颈、探索实现高质量发展的理论与途径,将是未来30年理论创新最受期待的领域。

在思考交通运输领域前沿技术发展展望的时候,需要首先回答什么是未来的美好生活追求?什么是我们未来的理想城市?因为,交通具有基础性、引领性和战略性属性,是为我们创造更美好的未来服务的。离开了未来的发展目标,就无法识别什么是先进技术,什么是引领技术。基于以上认识,我们在研究先进技术发展方向的时候首先思考了未来城市及其发展目标。

第一节 未 来 城 市

城市化进程一直伴随着人类文明的进步。从原始文明、农业文明、工业文明到生态文明发展阶段,人们对美好城市的认识在不断深化。发展到今天,我们认识到,人们对城市的需求主要有两大部分:基本需求和美好向往。

基本需求首先是安全城市,一个城市要能够使生活在这里的人以及来到这里的人有安全感。没有安全感的城市,不会产生吸引力和安心感。当然,满足了安全要求只是最基本的,第二个基本要求就是健康城市。我们说,一个城市是健康的,包括城市自身的健康发展和提供给市民实现健康生活的环境条件。一个健康城市应该能够使人振奋和焕发生机与活力;一个健康的城市能够持续得到发展支撑;一个健康的城市会激发大家的创新活力。第三个基本要求是宜居城市。一个城市要提供便捷、高效、温馨、友善、完备的生活条件、成长条件和休闲条件。

我们将上述内容概括为城市发展的基本目标就是:更健康、更安全、更宜居。

当然,在上述目标的基础上,人们有更多的美好向往,把这些追求概括起来,理想的城市应该具有下述特点:生态、智慧、创新、人文、宜居、韧性,如图2-1所示。

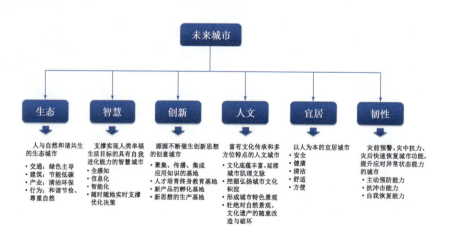

图2-1 未来城市特征

1. 生态

生态城市是尊重自然规律、人与自然环境和谐共生的城市体系。生态城市系统是由自然生态、社会生态、环境生态所组成的复合生态系统,具有自然和谐共生、社会公平祥和、环境低碳节能的特征以及和谐性、高效性、持续性、整体性、区域性特点,如体现在交通(绿色主导)、建筑(节能低碳)、产业(清洁环保)、行为(和谐节俭、尊重自然)等领域。

生态城市肩负着引领中国城市健康发展的重大使命,实质上是对我国城市发展目标的深刻解读和高度凝练。

2. 智慧

智慧城市是技术进步和美好追求的必然结果,也是应对挑战、实现高质量发展的重要手段。建设智慧城市的关键是顶层设计,重点是对现状的实时精准分析和机理与规律的解释能力,以及构成系统的各个子系统的自我进化能力。智慧城市特点体现在全感知、信息化、智能化、随时随地实时支撑优化决策。

3. 创新

创新能力既是高质量发展的需要,也是破解问题、实现发展的基本前提。一个国家或城市的创新能力,是其创造力和活力的源泉。创新能力及其应用是任何城市保持领先的重要动力机制,是城市保持可持续发展能力、产生高附加价值产业的基础。

未来城市应该是源源不断催生创新思想的平台,人才培养终身教育的场所,聚集、传播、集成应用知识的基地,新产品的孵化基地,新思想的生产基地。

4. 人文

人文城市是城市的最高境界和美好追求,是人们聚集到城市、过上美好城市生活的核心,是可持续发展的重要元素。城市特色和人文氛围是城市在经济、社会的历史演变过程中逐渐形成和发展起来的,也是一个城市经久弥新的核心要素。

未来城市的发展应结合城市的自然风貌、文化底蕴、景观形象、产业结构、功能定位,延续城市的肌理文脉,挖掘和弘扬城市文化积淀,形成富有文化传承和以人为本特点的人文城市。

5. 宜居

未来城市的发展将更加宜居,蓝天白云、交通畅通、生活便捷、环境宜人,居民也不用再忍受着城市的脏乱和无序,不用因为购物、就医、买房、上学等问题而烦恼。

城市居民的道德素质将会很高,每个城市居民都会成为文明城市的创造者并通过自身的行为教育身边的人和自己的后代,使其能够按照健康城市的发展方式在居民之间产生相互影响,创造一个安全、健康、清洁、舒适、方便的生活环境。

6. 韧性

国家"十四五"规划中提出建设"韧性城市"。韧性城市是在一定程度上能预防抵御灾害,灾害中能减轻损失、快速应对,灾害后能采取措施快速恢复城市功能,并能逐步提升应对灾害能力的城市,这是未来城市的重要特征。韧性分别可以体现在异常事件发生前、中、后三个阶段:(1)异常事件发生前的主动预防能力,即感知预警、智能预测、预防应对能力;(2)异常事件发生中的系统抗力,即能够具有承担、适应异常状况的能力、有应对预案、能够避免完全功能失效或崩溃;(3)异常事件发生后的自我恢复能力,即能够从一部分功能丧失的状态下迅速恢复到稳定运行状态的能力。

第二节　城市系统的特征

以上我们讨论了人类对理想城市的认识和追求。接下来,我们需要进一步分析城市系统的特性,只有这样才能找到实现理想城市的途径和方法。认识城市系统的复杂性是实现城市健康发展的基本前提。

城市是一个复杂巨系统,是由多个复杂子系统构成的有机体。复杂系统难以用还原论方法处理,规模大、变量多、各部分之间关系具有较大不确定性。城市这一复杂系统具有以下特征:

(1)不确定性。不确定性指面对相同的输入,城市系统在不同时间可能有不同的响应方式。

(2)非线性性。非线性性指城市系统中一个变量变化所造成的相应变化是不成比例的,导致初始条件的微小变化可导致结果的巨大差异。

(3)涌现性。涌现性指多个要素组成城市系统后,出现了组成城市系统前单个要素所不具有的性质。

(4)整体性。整体性表现为城市系统整体与部分、部分与部分、系统与环境相联系的统一性与有机性,城市系统每个部分的变化都会引起部分之间以及系统的变化。

(5)层次性。层次性指城市系统各要素在系统结构中表现出多层次状态,层次之间具有对立统一关系。较高层级制约着较低层级,较低层级又是较高层级形成的基础。

城市系统的这些特性要求我们以整体性、系统性的眼光看待和解决城市问题。一方面,体现在城市系统中部分问题的产生和出现会带来连锁反应;另一方面,表现在城市系统的问题无法通过"头疼医头、脚疼医脚"的方式进行解决。因此,对城市系统这一复杂巨系统的理论研究紧迫且重要。

城市系统作为一个由相互作用和相互依赖的若干组成部分组成的有机整体,作用机理复杂。以城市子系统中交通系统的演化机理为例(图2-2),城市道路交通流是道路交通需求和道路通行能力的动态平衡结果。通行能力不能满足交通需求时,则产生交通拥堵;而通行能力过剩,则会产生投资浪费。发生拥堵时,近期对策是通过道路基础设施的改造和新建,提高道路系统的供给能力,进而寻求实现道路交通流的供求平衡;然而,当通过改变道路基础设施供给能力却无法实现道路交通流的供求平衡时,我们就需要进入上一个层次采取对策,即通过调整交通结构,使得相同的通行能力资源由于选择了不同的交通方式结构,达到显著提高交通运输效率以及实现道路交通供求平衡的目的。进一步地,如果通过调整交通结构,也无法实现交通供求平衡,则对策就需要进入更上层次,需要调整交通需求特性,从而实现供求平衡。破解交通拥堵的对策体系说明,充分理解系统的层次性及其相互关系,是形成科学的城市交通解决方案的重要前提。

图2-2也是破解交通拥堵、减少资源投入和环境影响的相互作用机理图。无论是调整城市结构,还是调整交通结构,以及优化道路基础设施,都需要资源投入,都会产生环境影响。这是我们解决交通拥堵时必须同时要考虑的因素。因此,可持续的交通系统是以最小的资源投入、最小的环境代价,最大限度满足交通需求的综合交通运输系统。

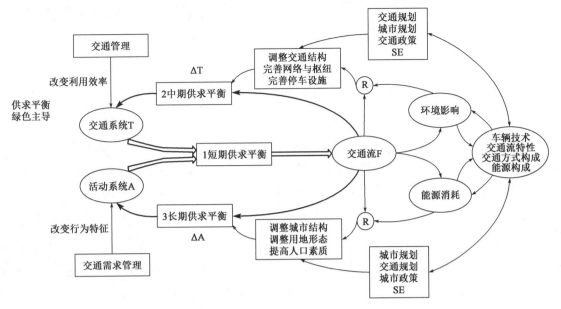

图 2-2 城市交通子系统的复杂性:系统供求关系的演化机理

A-Activity,指活动系统;T-Transportation,指交通系统;R-Resource,指资源投入;SE-System Engineering,指系统工程

由开放的复杂巨系统的定义可知,城市系统是开放的而非封闭的,并且具有层次性特征,且系统中子系统的结构随着系统的演变,结构也将不断改变。因此,解决城市问题必须以系统论为指导。

第三节 合理城市规模结构

系统的层次性和辩证法原理,是研究探索城市合理规模结构的理论基础。如前文所述,系统的层次性是指构成系统的要素之间按照整体与部分的构成关系而形成的不同质态的分系统及其排列顺序。具体来说,一个大系统中包含多个子系统,而子系统又可以分解成更多、更小的子系统,这就是系统的层次性。层次之间存在着对立与统一关系:系统的较高层级制约着较低层级,系统较低层级又是较高层级的基础。

以城市结构为例,都市圈由中心城区和外围组团及卫星城构成,中心城区再细分一下,又由不同规模的单元和基本细胞构成。比如,5min 的生活圈就是城市的基本细胞,它是组织城市生活的最小单位。10min 和 15min 的生活圈则是组织城市生活的不同规模的单元。为什么不能完全以基本细胞为单位组织城市生活？是由于有些城市生活配套无法完全在 5min 的生活圈内配置完善,所以才有 10min、15min 的生活圈这些基本单元,不同的生活圈需要配置不同的生活配套设施,这就是城市的层次结构,也是系统与子系统基本关系的表现。城市就是这样的复杂系统,它的每个层次,都是由若干个下一级层次所组成,同时,它又是上一级层次的组成部分。充分理解了这样的层次结构,我们就能理清头绪,明确为什么必须促进职住平衡,为什么存在都市圈的合理规模结构。

以下针对职住平衡问题展开分析。对于城市规模,首先应进行极限状态分析。如果以整个城市为研究对象,则世界上的所有城市都是职住均衡的。如果将研究范围缩小到一个点,则任何城市都是职住不平衡的。由此可知,我们的讨论必须在这两个极限状态之间的某个合适范围内进行。也就是说,讨论职住平衡,关键的就是讨论范围及其职住平衡所能达到的优化程度。作者认为,职住平衡问题讨论的基本对象范围就是中心城区中的城市组团范围。在此范围内,从规划设计的角度,建立职住平衡的概念,提高职住平衡的程度,是实现城市健康发展的关键之一。

第四节 城市与交通的深度融合(TOD)

TOD(Transit-Oriented Development,以公共交通引导城市发展模式)已成为实现新时代城市高质量发展的关键突破点和新模式,是国内外公认的、经得起实践检验、能够带来城市发展新动能、重塑城市、产生巨大社会经济综合效益的重大举措,是建设"轨道上的都市圈"的核心抓手。

TOD模式通过将土地利用与交通系统深度融合,实现土地利用集约节约、交通出行便捷高效、资源环境节能减排、交通服务世界一流、经济竞争力显著提高的效果,通过新城建设和旧城更新过程中TOD模式的推广应用,构建有温度、有魅力的宜居宜业宜游的城市环境,促进城市用地形态更加合理高效、产业结构更加优化、交通更加绿色低碳环保、出行更加方便快捷、市民生活更加有品质、城市更加生态可持续,实现城市的能级跃迁和经济社会的高效发展,如图2-3所示。

图2-3 TOD是城市高质量发展的重要途径

因此,进行城市有机更新时,TOD的规划设计是很重要的,其规划设计分类、分级要点如图2-4所示。

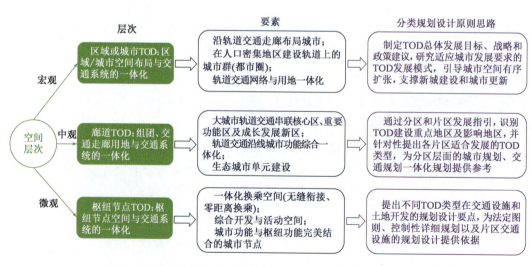

图2-4 城市有机更新TOD规划设计分类、分级要点

当前,在城市有机更新中推进实施TOD需要以下保障:

(1)建立强有力的交通与用地使用一体化综合协调机制。

(2)形成由利益相关方组成的利益共同体、建立合理的利益分配机制。

(3)建立TOD规划设计体系与标准规范。

(4)创新规划建设管理方法,完善TOD规划设计建设管理全流程模式。

(5)制定积极灵活的奖惩措施,健全配套保障政策。

(6) 从法规层面突破综合开发的土地政策及出让方式。

(7) 做好 TOD 发展的顶层设计。

(8) 做好试点示范,从城市实际出发,探索打造中国特色的 TOD 模式。

第五节　提供世界一流公交出行服务

提高公交服务水平是一个系统工程。出行服务要想实现世界一流,需要提供门到门、全环节、智能化的综合解决方案,即提供一揽子解决方案。

1. 打造"门到门"全环节智能化高效便捷的公共交通出行服务链条

针对居民出行"门到门"出行的全环节(末端、通道、枢纽),提出一体化的综合对策措施方案(图 2-5)。

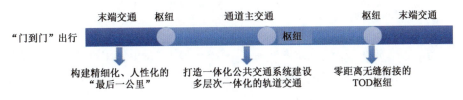

图 2-5　"门到门"客运交通全环节一体化关键示意图

(1) 系统打造完善的末端交通系统。打造安全、便捷、舒适、宜人的步行和自行车出行环境,提供包容,无障碍的公共空间,与公共交通良好衔接,凸显步行和自行车交通在短距离出行中的优势地位,根据需求特性也可提供社区公交等多样化的末端交通服务。

(2) 提供高质量的公共交通服务。全面优化布局公交线网、衔接换乘和站点设置,针对不同出行目的提供直达列车、大站快车和各站停车等不同性质的轨道交通服务,通过提供定时定线的常规公交服务和需求响应式实时公交服务,满足日益增长的多样化、个性化出行需求。

(3) 推广 TOD 模式,实现综合交通枢纽的无缝衔接、零距离换乘。

(4) 实现一体化的运营管理和多样化的票价票制。对运营时间、安检、票价、信息服务等全环节进行服务一体化设计。

2. 实现"门到门"一站式货运服务

建立全程"一次委托"、运单"一单到底"、结算"一次收取"的货运服务,实现门到门"一站式""货运服务模式。为实现货运"一站式"服务,建议解决以下关键问题:

(1) 深化铁路货运组织及市场化改革。改造传统"运能紧缺型"的生产和经营模式,大力发展联运装备,完善联运规则,在补齐多式联运链条和物流链短板的基础上,支持铁路企业向货运集成商、现代化综合型物流企业转型。建议重点在集装箱铁水联运、公铁联运等领域,大力推动"一站式"便捷运输。

(2) 培育多式联运经营人整合运输链。完善支持多式联运发展的行业规范与政策环境,鼓励新型运输组织模式创新和多种经济组织形式的联合运作和各种创新合作。鼓励各运输及物流领域中若干具有一定载运能力、较强资本实力、强大信息系统整合及决策能力的企业,通过契约或并购等形式延伸服务链条,形成全国性或大区域性的多式联运经营人,承担全程运输任务。引导多式联运关联企业加强信息系统互联互通和协同建设,推进多式联运信息资源共享。鼓励以多式联运产品开发为纽带的跨运输方式经营合作,探索资源整合共享的一体化运作模式。引导和支持具备条件的运输企业加快向多式联运经营人转变,推行"一单制"联运服务。

(3)提升供应链物流管理和服务水平。鼓励传统运输、仓储企业向供应链上下游延伸服务,建设第三方供应链管理平台,为制造业企业提供供应链计划、采购物流、入厂物流、交付物流、回收物流、供应链金融以及信息追溯等集成服务。加快发展具有供应链设计、咨询管理能力的专业物流企业,着力提升面向制造业企业的供应链管理服务水平。鼓励货运物流企业着力优化联合库存管理、供应商掌握库存、供应链运输管理、连续库存补充计划、分销资源计划、准时制、快速响应、有效客户响应等供应链物流管理方法,充分发挥市场作用,全面提升物流要素能力以及物流运作能力。

第六节 城市治理能力现代化

城市系统复杂、地位重要、作用突出,因此需要不断提高现代城市的治理能力。由于城市系统具有涌现性,因此,城市治理的难度日益增大。这里的涌现性是指多个要素组成系统后,出现了组成系统前单个要素所不具有的性质,即"整体大于部分之和"。

目前,我国的城市系统还有诸多问题和不足,特别是近些年以空气污染、交通拥堵、出行难、看病难、停车难、垃圾围城等为代表的城市病突出。解决这些问题都需要系统科学原理的指导和系统的解决方案,需要从整体的角度探索问题的原因、机理、规律和问题的一揽子解决方案。

同时,这些问题同我国所处的发展阶段有关。一方面,这些问题既有特殊性,同时从世界城市发展历程来看也有普遍性,通过吸收既有经验、积极探索,可以高效解决,防止发展带来的负面影响。另一方面,目前我国城市发展迫切需要从追求规模扩张向追求质量提升效益转变,提升居民生活质量,满足人民美好生活需要,防止部分城市问题不断演化,甚至导致严重社会危机。

治理体系是经济、政治、文化、社会、生态文明和党的建设等各领域体制机制、法律法规安排,也就是一整套紧密相连、相互协调的国家制度体系。治理能力是运用国家制度管理社会各方面事务的能力。实现城市治理能力现代化,需要深化城市改革,特别是城市科技、文化改革,让创新成为城市发展的主动力。从系统的眼光看,加快智慧城市建设,打破信息孤岛和数据分割,促进大数据、物联网、云计算等代新一代信息技术与城市管理服务融合,提升城市治理能力和服务水平,是当前面临的挑战。

通过"城市大脑",创新城市治理方式,加强城市管理的科学化、精细化和智能化程度,是提高城市治理能力的重要技术途径。然而,如果没有对城市这个复杂巨系统的机理探索、规律揭示和发展演化环境条件等的深度研究支撑,"城市大脑"的科学建设和系统开发的预期目标是难以实现的。

以城市交通为例,建设集感知、分析、诊断、决策、优化和智能实施为一体的"城市交通大脑",需要强有力的交通基础理论研究和深厚的交通管理需求场景分析等专业研究支撑。"城市交通大脑"是在大数据、云计算、人工智能等新一代信息和人工智能技术快速发展的大背景下,通过类人大脑的环境感知、学习记忆、推理判断、行动控制、情感表达、理解创造等综合智慧能力,对城市交通状况进行全面感知、深度分析、综合研判、精准决策、快速响应、智能实施、循环反馈和自我进化，实现对城市交通科学的综合治理，智能的方案生成和温馨的交通服务（图2-6）。

图2-6 "交通大脑"的十大特征

"城市交通大脑"要实现的主要目标是：交通大数据的高度集聚与共享化、分析研判过程的高度智能化、需求响应的精准与实时化、方案生成与决策的科学化，以及整个系统的自我进化。

第七节 城市与交通领域需要深入研究的若干重要课题

基于上述分析，未来理想城市的构建与发展，还需要强有力的理论及其应用支撑，建议对以下关键课题进行深入研究：

（1）城市的发展演化机制和机理研究；
（2）城市系统复杂性及破解城市问题的系统工程方法研究；
（3）"双碳"背景下的中国城市发展目标与战略研究；
（4）城市5min、10min、15min生活圈的模式与示范研究；
（5）TOD模式下的城市发展演化机理及其仿真研究；
（6）城市发展的动力机制研究；
（7）城市生活质量评价指标与方法研究；
（8）人文城市的内涵及其实现途径研究；
（9）道路交通流的拥堵、传播、消散机理及其优化控制研究；
（10）实现多种交通方式一体化优化的组织、管理与控制理论与方法研究；
（11）车路协同的功能需求与实现路径研究；
（12）"城市大脑"及"城市交通大脑"的功能需求与功能实现理论与技术研究；
（13）世界一流交通服务的指标体系与实现途径研究；
（14）大幅提升交通安全水平的思路与方法研究；
（15）交通与经济的深度融合研究。

● 本章参考文献

[1] 陆化普,余卫平.绿色·智能·人文·一体化交通[M].北京:中国建筑工业出版社,2014.
[2] 钱学森,许国志,王寿云.组织管理的技术——系统工程[J].上海理工大学学报,2011,33

(06):520-525.

[3] 钱学森.一个科学新领域——开放的复杂巨系统及其方法论[J].上海理工大学学报,2011,33(6):7.

[4] 周德群.系统工程概论[M].北京:科学出版社,2005.

[5] 中国工程院.交通强国战略研究(二期)报告[R].北京:中国工程院,2021.

[6] 何增科.理解国家治理及其现代化[J].时事报告,2014(1):20-21.

[7] 陆化普,肖天正,杨鸣.建设城市交通大脑的若干思考[J].城市交通,2018,16(6):6.

[8] 陆化普.城市交通系统的智能化:关键技术与发展展望[J].综合运输,2012(3):6.

[9] 陆化普.基于TOD的城市综合交通规划及其研究课题[J].中国科学基金,2005,19(4):4.

第三章 CHAPTER 3
交通信息感知技术与孪生城市

赵红蕊

第一节　交通信息感知技术

交通信息感知技术主要可以分为遥感技术、摄影测量技术和 GNSS(Global Navigation Satellite System,全球卫星导航系统)技术等几大类,其中遥感技术涉及高空间分辨率遥感、高光谱遥感、合成孔径雷达、激光雷达、立体测绘、海洋遥感、气象卫星、无人机遥感和移动测量等感知技术,这些技术可以为智慧交通建设提供精细化、多维度、全天候的感知数据服务。

一、遥感技术

1. 高空间分辨率遥感

20世纪90年代以来,高分辨率对地观测卫星蓬勃发展,卫星的空间分辨率从最初的几十米发展到目前的亚米级,光谱分辨率更是达到纳米级,获得的高空间分辨率遥感影像具有丰富的几何细节、纹理特征和复杂的上下文特征。世界各国都在大力发展高分辨率遥感卫星对地观测的相关技术,目前,美国、法国、德国、日本、印度、以色列和韩国等多个国家均已拥有本国独立的高分辨率遥感卫星系统。

美国自从1999年发射世界首颗分辨率为1m的高分辨率商业遥感卫星IKONOS以来,就在高分辨率卫星遥感领域处于明显的优势地位。美国DigitalGlobe公司运营的WorldView系列卫星,最高分辨率可达0.3m(WorldView-3卫星)。Planet公司拥有全球最大规模的地球影像卫星星群,也是目前世界上发射卫星最多的公司,至今仍有约200颗卫星在轨。Planet卫星星座可以提供快速更新的卫星影像,能以3.7m的分辨率提供大范围的地球影像,用户可直接获取经过校正的正射影像。而就在2020年底,美国奥斯汀和丹佛对地观测创企反照率公司(Albedo)已拿到国家海洋与大气管理局(NOAA)的一项许可证,从而可以对外出售像元分辨率为10cm的商业光学图像。这不可不谓全球监测的里程碑式的变革,其中还包括与之匹配的4m的热图像。届时,不仅能精准监测地表和大气的各种参数,更可以对交通碳排放做精准监测。

中国高分遥感成像技术不断取得突破和进步,高分遥感卫星发展势头强劲,已经形成了一个相对稳定、完善的高分地球观测系统。目前,我国低轨遥感卫星分辨率已经由高分专项实施前最高2.1m提高到0.65m,静止轨道遥感卫星分辨率由千米级提高到50m,低轨遥感卫星设计寿命由3年大幅提高到8年,极大提高了我国天基对地观测水平。2019年11月3日发射的高分七号卫星采用双线阵立体相机和激光测高系统进行联合立体测量,卫星平面几何精度优于5m,立体像对高程测量绝对精度优于3.5m,激光测高精度优于1.5m,我国高空间分辨率卫星数据处理精度基本与国际先进水平相当。

随着遥感卫星的陆续发射和载荷性能的不断提高,高分遥感在交通勘察设计、路网和交通流提取、交通施工建设等领域的应用也不断扩展。

1)交通勘察设计

由于高分遥感技术具有万平方公里级的覆盖范围、亚米级的高分辨率以及远程获取信息的能力,工作人员可以在实地勘测之前从高空间分辨率影像中掌握地区的地物地貌信息,识别道路不良地质条件,快速获取拟建道路区域植被、水体、房屋、已有的交通基础设施等信息,辅助交通选址,尤其适用于受地貌、地形、气候等多重因素的影响,勘察工作复杂且特殊、工作难度大的任务。

2)路网提取

不断更新道路数据库对于实现应急功能、自动化导航手段、城市规划和交通控制等若干地理空间信息系统目标是必要的。高分辨率遥感图像可以产生大量数据,已成为实时提取道路区域和更新地理空间数据库的主要数据源。从道路提取的作业方式来看,影像路网的提取可分为全自动和半自动两种方式。近年来,快速发展的深度学习方法受到遥感领域越来越多的关注,GAN、U-Net和FCN等不同的网络结构逐渐被应用到路网信息提取中,目前针对1.2m空间分辨率的遥感影像,路网提取精度可达到95%以上。

3)交通流提取

利用亚米级高分辨率遥感影像可对车辆、船舶等交通工具及设施进行提取、检测、分类和定位,且一次观测可获取上万平方公里范围内的所有路网流量信息,掌握交通流量现状并预测未来发展态势,为交通规划设计、居民出行服务、交通指挥控制及引导提供重要的信息源和基础。

4)交通施工建设

利用高空间分辨率影像获取交通工程及其周边的全貌信息,通过变化检测技术及时掌握工程建设情况和施工现场建筑物的建设和分布情况可以对交通基础设施建设项目进行动态监测与质量评价。比如利用高分影像,对物料的堆放位置、规模以及类别进行识别,辅助工程的安全监管;对拟建工程的土方规模进行估算,掌握施工进度情况;对区域内的主体工程范围进行定期、定点监测,全面跟踪项目从征收、拆迁、整理、开工、建设、竣工的全生命周期过程。

5)执法监督方面

基于高分卫星遥感影像及变化检测技术,可以大范围快速且非接触地检测非法侵入控制区交通用地的情况,非常有利于人力无法到达或不便到达现场的取证工作,较传统方法获取信息更加全面且准确,为执法提供有力的执法依据。在时效性上亦能满足多种场景的要求,如长江航道非法码头整治监测、高速公路控制区监测、航道非法采砂监测等。

6)灾害应急方面

在应对特大水灾、雪灾冻害、地震、泥石流等自然灾害的过程中,高分卫星遥感影像可以从空间视角快速获取大范围灾害信息,快速综合判定灾区范围、重要救援目标、道路通行状况等,从而确定救援路线,具有安全、监测频率高、结果客观、信息量大的优势,为灾后交通疏导、应急救援提供有效辅助决策信息。

2. 高光谱遥感

高光谱遥感即高光谱分辨率成像光谱遥感,是在测谱学基础上发展起来的新技术,是基于高光谱分辨率的超多连续波段遥感图像,利用地表物质与电磁波的相互作用及其所形成的光谱辐射、反射、透射、吸收及发射等特征研究地表物体(包括大气)、识别地物类型、鉴别物质成分、分析地物存在状态及动态变化的新型光学遥感技术。高光谱分辨率遥感是用很窄而连续的光谱通道对地物持续遥感成像的技术。在可见光到短波红外波段其光谱分辨率高达纳米数量级,通常具有波段多的特点,光谱通道数多达数十甚至数百个,而且各光谱通道间往往是连续的,因此高光谱遥感又通常被称为成像光谱遥感。

实践表明,航天高光谱成像技术的应用前景十分广阔,对仪器性能的期望也越来越高,除空间分辨率、光谱分辨率等常规指标外,对仪器的定量化水平、对目标的访问能力(时间分辨率)均提出了更高的要求。同时,相关关键技术的进步也为航天高光谱成像仪器的未来发展提供了保障。除了分光技术日趋完善以外,高性能图像传感器以及信息获取技术也日新月异。探测器继续朝大面阵、高帧频和高灵敏度方向发展,配合高速、海量信息采集处理技术,使得成像光谱仪能够获得更大幅宽、更短重访周期以及更高分辨率的影像;探测器的响应波长不断扩大,得以将以往多个不同波段的光谱仪集成合一,实现小型化和高配准精度。此外,光学、精密机械和热学领域的进步都促进了航天高光谱成像仪的性能提升。目前,航天高光谱影像数据的光谱分辨率普遍可以达到10nm,空间分辨率可以达到5m,已经成为航天遥感的重要数据源之一。

高光谱遥感的优势在交通领域也得到了一定的应用,例如交通信息服务、交通灾害预防等。

1)铁轨状态监测

铁路运输创建于19世纪,由于钢轨上的钢轮滚动阻力非常低,因此其能源需求较小。但铁轨的弱黏附水平(或系数)限制了可传输的能力。附着力下降是指轨道和车轮之间的摩擦/附着力系数不足以传递机械力的情况。轮轨附着条件的变化会引起驱动负载性能的变化,如牵引和制动、速度限制和列车间距离等,这会导致严重的安全问题。当轨道被污染时,附着力会降低,并且每种污染材料对附着力的影响都是不同的。例如枯叶,当它被分解或压碎并与水分混合时,会形成一种非常滑的材料,从而降低轮轨附着力。每种材料(成分)以自己的方式反射光,使其与其他材料区分开来。由于附着力损失与污染物有关,因此,可以使用光谱信息来检测和识别轨道上的污染物,并将每种污染物与附着系数相关联,进而对铁轨附着力进行评估。

2)道路摩擦力监测

传统上,路面抗滑性的测量是直接使用激光和触觉系统进行的,而高光谱也可以有其特殊的用途。高光谱图像结合现场光谱和现场道路调查,可以对道路抗滑性进行测量。其基本原理是:路面抗滑强度的大小与路面纹理直接相关,而路面纹理暴露出不同的光谱反射率,通过建立对光谱信号和抗滑性进行统计描述的数学模型,基于该模型,可以在路网层面进行抗滑预测和测绘。

3)道路自主检测

道路自主检测正在引起人们的兴趣,以提高道路维修和维护的效率。可以通过使用高光谱成像仪识别道路缺陷。道路表面磨损会使得道路路面的材料发生变化,不同的材料具有不同的化学成分,从而表现出不同的光谱特征,这种改变可以在高光谱图像中轻松检测到,因此可以通过高光谱影像来识别道路材料变化及其与裂缝和坑洼的关联性。

4)交通灾害预防

城市交通中沿管道通行方向的有毒泄漏通过视觉识别几乎是不可能的,而且这些环境的可达性有限。而有毒物质(如有害的碳氢化合物)的强反射特性可以通过高光谱技术检测,高光谱遥感图像可以引导疑似泄漏区域高空间分辨率遥感图像采集,以确定有毒泄露区域的实地情况。

3. 合成孔径雷达(SAR)

合成孔径雷达(Synthetic Aperture Radar,SAR)是一种性能优良的高分辨率雷达,是利用微波成像技术进行地面或海面目标探测的遥感系统,具有全天时、全天候、高精度、大范围、远距离的特点。合成孔径雷达通常搭载在卫星和飞机上,利用飞机或卫星的不断移动合成更大的孔径,即使在能见度很低的情况下也能生成高分辨图像。当前星载合成孔径雷达图像分辨率已经达到亚米级(分米、厘米、毫米级)水平。

合成孔径雷达应用广泛,主要用于军事侦察监视和民用领域。合成孔径雷达可以对城区进行大范围成像,城市规划者可以根据建筑物、道路的结构、分布和变化作出更好的规划决策。无人车合成孔径雷达与激光、光学系统可以共同实现防撞预警。随着微波、电子计算机及人工智能等技术发展,未来合成孔径雷达将朝着多极化、多频段、高分辨、高定位精度、轻小型化、图像视频化、任务智能化的方向发展,将在包括交通在内的更多领域得到应用和发展。

1)合成孔径雷达在公路交通领域的应用

(1)道路的提取。高分辨率合成孔径图像的道路提取依托于高空间分辨率的星载或机载合成孔径雷达,随着微波成像理论和电子信息技术的快速发展,合成孔径雷达的空间分辨率也在不断提升。人们对于合成孔径图像道路提取的研究基本以 1990 年 Samadani 等人的方法为基础,此后相继提出了一些新方法及其改进算法,在精度、速度以及普适性等方面进行了创新。

(2)自动驾驶车辆基础信息的获取。目前有两种自动驾驶车辆基础信息获取方法:一种是基于实时动态定位(Real-Time Kinematic,RTK)的纵向基础信息获取方法,另一种是基于合成孔径雷达的横向基础信息获取方法,两者协同工作能够共同确定自动驾驶车辆间的位置关系,可以保证区间控制、线路规划和高精度定位,可以勾画动态的车辆分布图,在卫星通信信号较弱的隧道、室内等场合也能保证智能网联信号不间断。

2)合成孔径雷达在铁路交通领域的应用

合成孔径雷达可应用于铁路沉降检测。我国高速铁路跨度大,沿线的沉降情况十分复杂,高速铁路对沿线地理环境和地质条件有很高的要求,其中路基和桥梁的稳定性尤为重要,对高速铁路沿线及周边沉降进行有效监测是高速铁路运营维护的重要工作内容之一。差分雷达干涉测量(InSAR)技术以其测量范围广、空间分辨率高、可持续监测且监测效率高等优点已成为近年来广为使用的沉降测量手段,能为沉降现象的评估及相关控制措施的制订提供更有效的参考数据,为控制地面沉降及确保高速铁路正常运行等相关措施的制订提供宝贵的参考信息,具有重要的现实意义。

3)合成孔径雷达在水运交通领域的应用

合成孔径雷达可应用于舰船目标识别。合成孔径雷达可以对船舶进行全天候、高分辨率的监测,是当今进行船舶监测获取船舶信息最有效的手段之一。由于海上特定的自然环境影响,如海雾、波浪反射等,舰船目标的识别过程需要对大量的噪声进行过滤和甄别,剔除干扰信息,获得精确的舰船目标信息。合成孔径雷达可以获取海面的高分辨率图像,通过分析和处理这些高分辨率图像,可以进行舰船的目标识别和定位,从而提高海上监管部门对水面舰船的监控与管理。近年来随着卫星雷达技术的不断发展,海上舰船雷达图像的精度越来越高,雷达的覆盖范围越来越广。

基于合成孔径雷达图像,可进行船舶尾迹的识别和船只图像分类。船舶的尾迹是指船舶在水面运动时留下的痕迹,对船舶尾迹进行检测有助于获取船舶的航行状态信息、目标船体的尺寸等信息。针对船只分类的研究,原本受合成孔径雷达图像分辨率的影响,在低分辨率图像中,船只表现为一个个白色高亮的点,随着合成孔径雷达图像分辨率的不断提高,船只目标在合成孔径雷达图像中展现出更多的细节,可提取的船只特征也越来越丰富,如船只几何特征、电磁散射特征、局部不变特征等。

4）合成孔径雷达在航空领域的应用

合成孔径雷达可应用于航空交通领域。合成孔径雷达能发现隐蔽和伪装的目标，还可应用于飞机目标检测与识别。通过对合成孔径雷达图像的分析，在复杂场景下也能对飞机目标信息进行准确提取，并判别目标的关键特征。

4. 激光雷达与车载激光雷达

激光雷达（Light Detection and Ranging, LiDAR）是一种通过主动发射激光到达物体表面，并反射回激光源的测量方法。利用激光测距原理，非接触式扫描得到被测物体表面大量密集点的三维坐标和反射率等信息。其不受光照条件影响，实现了"所见即所测"。按照载体的不同，激光雷达系统可分为机载激光雷达（Airborne Laser Scanning, ALS）、车载激光扫描（Mobile Laser Scanning, MLS）、地面三维激光扫描（Terrestrial Laser Scanning, TLS）和手持型激光扫描仪几类，其精度受硬件设备自身精度、被扫描物体特性、大气相关特征和空间布局四部分影响。

机载激光雷达扫描所得的数据由地球表面三维信息和灰度值的离散点组成，垂直精度为 15～50cm（以 1km 高度为例）。其缺点在于设备昂贵，飞行航线受限较多，点密度有限，且机载式从高空俯视采集数据点云稀疏，缺少细节信息，因此常与其他来源数据结合应用；车载激光扫描技术基于时间同步原则，可以自动、连续、实时地获取移动平台的定位信息和周边地物表面的三维空间信息，整合多源数据后，点云精度可达到 5cm；地面三维激光扫描仪结构紧凑，体积相对较小，适合小范围的三维数据采集，测量距离从几米到几千米不等，扫描速度快，大大提高了外业效率；手持型激光扫描仪具有更高的便携性，不受工作环境束缚，可更快速地完成准确、高分辨率的 3D 扫描。基于 LiDAR 的优势，其在交通领域也得到了非常广泛的应用。

1）智能驾驶方面

利用激光雷达发送和接受激光信号，检测汽车周围环境，辅助安全驾驶。目前，激光雷达在智能驾驶方面的主要应用包括：自动泊车技术，通过检测车身周边已停好的车辆、停车位的大小以及与路边的距离，将车辆自动驶入停车位；自动制动技术，利用雷达监测汽车前方的物体和距离，当出现状况时发出警示信号提醒驾驶人，若驾驶人未能及时作出反应，系统也将强制控制车辆制动；自适应巡航控制系统，利用激光雷达得到前车的确切位置，感知实际路况，从而自动调节车速；自动驾驶技术，利用激光雷达持续向四周发射微弱激光束，实时勾勒出汽车周围 360°3D 街景，系统对收集到的信息进行分析，区分车道分隔、出口坡道等静物以及行人、车辆等动物，汇总所有数据，并判断周围环境，从而作出相应的反应。

2）交通管理方面

激光雷达可用于多领域的交通管控，例如将激光雷达安装在道闸前方，通过检测车头与道闸距离，自动控制栏杆升降；在城市重要交通路口信号控制系统中集成地面三维激光扫描技术，通过对一定距离的道路进行连续激光扫描，获得道路上实时、动态的车流量点云数据，根据对不同方向车流量大小的比较以及短暂车流量预测，自动调节各方向信号灯周期；激光雷达还可用于港口的交通管理，用扫描激光雷达描绘出港口和船只来往影像，对其进行实时监测；激光雷达与数字计算机相结合可应用于空中交通管制，提高分辨率和数据率，显著改善机场的技术工作。

3）交通事故处理方面

运用三维激光扫描仪对事故现场进行三维扫描，现场取证，扫描仪的数据能够生成事故现场的高质量影像;可基于点云数据量测制动距离,三维显示事故车辆的位置关系,分析车辆的受损情况等,便于后期提取数据进行调查,为法庭审理提供依据。

4)交通安全监测方面

激光雷达传感技术可以对安全隐患进行实时、动态、精准检测,例如利用激光雷达可以实现对铁路异物侵限的检测,实时准确地检测是否有异物侵入,并及时发出报警信号,保证铁路运行安全;利用车载激光雷达对地铁隧道进行扫描,分析地铁隧道断面的形变,实现地铁隧道形变动态检测;在城市轨道交通中,激光雷达检测技术可用于站台门与列车门之间间隙的安全防护,有效保证乘客在间隙中滞留的安全性。

5. 立体测绘卫星

立体测绘卫星是具备立体测图或高程测量能力的卫星,可以用于获取地面目标的几何和物理属性。

立体测绘卫星的相机有多种形式。三线阵测绘采用三台线阵相机按照不同的角度安装构成的三线阵立体测绘相机,沿卫星飞行方向推扫,即可近乎同时地获取固定基高比的三视同轨立体影像。双线阵测绘方式与三线阵类似,采用两台相机按照不同的角度安装构成两线阵立体测绘相机,两台前、后视相机以固定的交会角对地推扫成像,获取两视立体影像对。单线阵/面阵测绘相机可以根据姿态机动的方式进行同轨和异轨两种立体成像模式。

这些年我国发射了一些高分辨率的立体测绘卫星,其中包括2010年发射的天绘一号01卫星(TH-1A)、2012年升空的资源三号01卫星(ZY-3 01)、2012年发射的天绘一号02卫星(TH-1B)、2015年升空的天绘一号03卫星(TH-1C)、2016年发射的资源三号02卫星(ZY-3 02)、2019年发射的天绘二号卫星(TH-2)和2019年发射的高分七号卫星(GF-7)。上述立体测绘卫星在交通领域也得到了应用。

利用测绘卫星进行大面积、高效率的在轨测绘,获取的测绘数据经地面进一步处理后生成各种地形图或专题图,用于道路选线、导航背景地图等。如高分七号卫星平面定位精度优于5m,测高精度优于1.5m,可以满足1:10000比例尺立体测绘的需求。

6. 海洋遥感卫星

建立完善的海洋遥感调查监测体系,扩大卫星和航空遥感的应用领域和范围,能够显著提高对海洋的监控能力。目前遥感技术已应用于海洋学的各个方面,包括海冰监测、海岸线监测、岛礁外缘线监测、台风的连续跟踪观测、灾害性海浪监测、海平面变化监测、海洋重力异常监测等。海洋遥感技术的应用,使得内波、中尺度涡、大洋潮汐、极地海冰观测、海-气相互作用等的研究取得了新的进展。

我国在海洋卫星方面经过多年的建设,已经取得显著进展。从2002年5月15日发射第一颗海洋卫星至今,已经发射了10颗海洋卫星。北京时间2021年5月19日,我国在酒泉卫星发射中心用长征四号乙运载火箭,成功将海洋二号D卫星送入预定轨道,与在轨运行的海洋二号B卫星和海洋二号C卫星组网,共同构建我国首个海洋动力环境卫星星座,形成全天候、全天时、高频次、覆盖全球大中尺度的海洋动力环境监测体系,标志我国海洋动力环境卫星迎来三星组网时代。

海洋卫星根据不同要素的探测技术能力与特点、时间与空间分辨率、覆盖范围与监测频次要求进行设计,其按用途分为三类,包括海洋水色环境、海洋动力环境和海洋监视监测系列。海洋水色环境卫星（海洋一号系列，HY-1）主要用于海洋水色、水温和海岸带观测；HY-1C/1D为业务星，配置海洋水色水温扫描仪、海岸带成像仪、紫外成像仪、定标光谱仪、船舶自动识别系统，主要用于探测叶绿素、悬浮泥沙、可溶有机物及海洋表面温度等要素以及监测海岸带动态变化；海洋动力环境卫星（海洋二号系列，HY-2）具备不受天气影响的微波观测功能，用于全球全天候海面风场、浪高、海面高度、海面温度等多种海洋动力环境参数监测和调查，是海洋防灾减灾的重要监测手段，可直接为灾害性海况预警和国民经济建设服务，并为海洋科学研究、海洋环境预报和全球气候变化研究提供卫星遥感信息；海洋监视监测系列卫星（海洋三号系列，HY-3）主要遥感载荷是合成孔径雷达，用于全天时、全天候监视海岛、海岸带、海上目标，并获取海洋浪场、风暴潮漫滩、内波、海冰和溢油等信息。

利用海洋卫星及时获得全球海洋环境状态，可为船舶航线选择与航海安全提供有力支撑，具体应用包括：

（1）海洋灾害监测，对诸如赤潮、海冰、热带风暴（台风）、灾害性海浪等进行大面积、高精度同步监测。除国家卫星海洋卫星应用中心、自然资源部第二海洋研究所等单位建有卫星海洋灾害监测业务化应用系统外，我国沿海省市也建有各自海区的海洋灾害和海洋环境立体监测应用系统，用于海洋灾害的监测防治。

（2）海洋环境预报与安全保障，可为航运舰船提供海面风场、航行内波、海表温度、海冰边缘分布及其密集度等信息，为海上航线选择提供决策支持。

（3）港口码头、停泊船舶与航行中海上船舶的识别，为全面、及时掌握海岸带与海域使用现状以及船舶航行情况提供重要的客观依据，例如利用船舶自动识别系统识别船只，协助追踪目标，简化信息交流，并提供其他辅助信息以避免碰撞发生。

7. 气象卫星

气象遥感卫星是地球观测卫星系统的重要组成部分，主要探测大气层要素变化，获取全球、全天候、三维、定量、多光谱的大气、地表和海表特性参数，服务于气象、水文、农业、灾害预防等诸多领域。

一般情况下，可以根据轨道的差异将气象卫星划分为两种类型：极轨气象卫星与地球静止气象卫星。极轨气象卫星同步于太阳旋转，地球静止气象卫星同步于地球运行。极轨气象卫星一般有600~1500km的飞行高度，每天都会两次经过某一个地区，全球气象资料可在12h左右更新，能够实现长重访周期的全球观测。而同步气象卫星运行高度一般在3万km以上，轨道平面重合于地球的赤道平面。其覆盖面积较大，只需要5颗左右，即可对全球进行完全覆盖。除了这两种卫星之外，还有运行在其他轨道的气象卫星，比如用于大气环境监测和气象服务的遥感卫星，主要包括GF-5卫星和碳卫星。目前，研究人员还在研发晨昏轨道气象卫星，以进一步完善和丰富现有的气象卫星观测体系。

极轨卫星由于其轨道特性，可以为中期数值天气预报、气候诊断和预测、自然灾害和环境监测等提供有效观测数据。中国的极轨卫星包括FY-1系列的4颗卫星（FY-1A至D）和FY-3系列的4颗卫星（FY-3A至D），其中FY-3B、C和D仍然在轨运行。

静止卫星能够实现对地球表面1/3的固定区域高频次的气象观测，快速捕捉天气变化，为中尺度强对流天气的预警和预报提供服务。我国的静止卫星包括FY-2系列的8颗卫星（FY-2A至

H)和 FY-4 系列的 1 颗卫星(FY-4A)。

我国气象遥感卫星的自主研发工作始于 1977 年。1988 年,我国成功发射风云一号(FY-1),揭开了我国气象卫星遥感的新篇章。经过数十年的发展,我国先后成功发射了风云一号、风云二号(FY-2)、风云三号(FY-3)和风云四号(FY-4)系列的 17 颗气象卫星,包括 8 颗极轨气象卫星和 9 颗静止轨道气象卫星。

气象卫星最基本的功能是分析和预报天气。研究发现,选用资料的初始值会直接影响天气预报的准确率。通过有机结合气象卫星产品与气象业务,可以促使短期天气分析能力、天气预报质量得到提升和增强。众所周知,海洋在地球上占据 80% 左右的面积,海洋地区人类无法居住,因此无法了解这些地区的大气初始状态。针对这种情况,可以借助气象卫星探测全球大气。实践表明,在天气预报中合理应用卫星资料,对天气预报领域的发展起到了有效的促进作用。

在交通领域,可以通过气象卫星预测天气,从而判断其对交通的影响,为人们出行提供参考信息。同时,通过气象卫星预测自然灾害,可以合理规划交通,避免严重事故发生。

1) 台风监测

借助于卫星云图,通过分析判断台风的发生、发展过程,即可合理确定台风的位置,对台风强度、登陆地点等科学预测,甚至能够对降水量进行有效确定,将这些信息提供给相关部门,向社会及时发出通知,进而降低台风带来的危害和影响。

2) 洪涝灾害监测

虽然气象卫星不具备较高的分辨率,借助于卫星图像无法对水体泛滥情况直接判断,但通过对比分析相应时间段内的水体图像,即可有效了解水体变化情况。将卫星图像上的经纬度、行政边界信息等充分纳入考虑范围,即可合理确定水灾发生位置、区域、水淹面积等。

3) 森林火灾监测

一般来讲,森林火灾具有上千摄氏度的温度,可以被极轨气象卫星的短波红外窗区有效监测到。

4) 沙尘暴监测

气象卫星能够有效监测地表反射率、辐射率以及云系差异,通过科学分析可见光、红外多光谱的卫星通道信息,即可对沙尘暴的发生过程、影响范围等有效预测,促进了沙尘暴治理研究工作的深入开展。

5) 浓雾和云监测

海雾给海上交通运输、海洋渔业生产造成很大影响,海上出现大雾时能见度极低,常常会使海上船只发生碰撞、触礁、搁浅或者偏离航线,甚至会造成海难事故,严重影响海上作业人员的人身安全。常规的海雾监测方法受到观测站点分布以及观测时间的限制,尤其是在广袤的海洋上,只有极少数地面观测站。卫星具有覆盖范围广、客观真实性高、信息源可靠且成本低、连续性强等优点,因此使用卫星资料监测海洋雾区,有其他常规监测手段无法替代的优势。国外利用卫星遥感技术开展雾的监测研究最早开始于 20 世纪 70 年代,国内开展雾的遥感监测研究起步较晚,之后大量研究围绕云雾光谱特征展开。通过 MTSAT 静止卫星,可以通过海雾观测数据,较准确地预测海雾的发生。

8. 无人机遥感

无人机(Unmanned Aerial Vehicle,UAV)是一种由动力驱动、机上无人驾驶、依靠空气提供升力、可重复使用的航空器的简称。1917年,世界上第一架无人驾驶飞机由英国皇家航空研究院研制成功。无人机遥感系统(UAV Remote Sensing System,UAVRSS)是在无人机等相关技术发展成熟之后形成的一种新型的航空遥感系统。它利用无人机作为遥感平台,集成小型高性能的遥感传感器和其他辅助设备,形成灵活机动、续航时间长、全天候作业的遥感数据获取和处理系统。进入21世纪以后,无人机逐步进入民用领域并形成产业,使用成本逐渐降低,应用范围也随之变得越来越广阔。

无人机遥感主要有定量化和自动化两个技术关键要点。无人机定标场的建立为无人机航空遥感提供了精细标尺,为实现厘米级高分辨率应用提供了技术突破基础;航空航天定标场的建立则在上述基础上,为实现无人机遥感数据与航空航天数据融合提供了技术保障。同时,从根源上消除了地面影像的上端光电仪器系统误差,实现了地学与光电参量物理贯通。实现自动化,才能为实时化奠定基础。因此,构建无人机遥感平台通用物理模型,将成像载荷多刚体拼接转变为单刚体成像方法,可以实现载荷简易自动控制;在此基础上构建的无人机遥感系统,可以实现自动化动态遥感控制观测。

为了保证无人机遥感应用的精准程度,需要对搭载的传感器进行定标。无人机遥感以无人机为平台,搭载相应的传感器对地面进行成像,具有机动、灵活、高效等优点,且实飞定标误差可以在飞行后地面调整。同时,无人机成像与控制过程的自动化也是有人机难以具备的优势。

随着传感器技术的发展,低空无人机系统数据获取能力越来越高,其成像空间分辨率、时间分辨率、光谱分辨率、成像定位精度等水平均大幅提升。随着无人机精准控制技术的发展,采用超低空飞行,可以获取空间分辨率为厘米级甚至毫米级的航空影像,为航空摄影测量影像精化处理提供了高质量的数据源。机载高光谱影像获取的光谱分辨率可以达到几纳米,甚至更高。

伴随着轻小型无人机平台的发展,涌现了大量的轻小型无人机遥感载荷,如光学、红外谱段、激光雷达、成像光谱及合成孔径雷达、偏振载荷等。由于其复杂程度降低,使开发成本较低,故在我国有较大的应用需求。目前,轻小型无人机遥感载荷正朝着小型、多样、多功能、多组合的方向发展。

在交通建设方面,采用无人机遥感技术可以制作正射影像图、数字地形模型,绘制大比例尺地形图及城市实景三维模型等,有力地支持城市交通规划、辅助导航地图构建等。

在交通勘测方面,航测成图的平面及高程精度完全能够满足《公路勘测规范》(JTG C20—2011)对平原地区1:2000比例尺地形图的精度要求,甚至能够达到1:500~1:1000比例尺地形图的平面精度要求。

在交通管理方面,利用小型无人机可以在城市上空大范围采集实时交通路况信息,快速自动判读交通拥堵路段及级别,在一定程度上克服常规交通流检测方法范围小、效率低、易误判和成本高等不足,提升监控力度和智能化管理水平。

9. 移动测量技术

移动测量技术是指通过安装在移动平台上的测量感应器收集地理空间数据。移动测绘系统能利用GNSS技术和惯性导航系统实现快速准确的连续3D位置、速度和姿态的计算,能在高速行驶或航行状态下快速获取地物的表面点云和影像数据,是获取大范围场景三维信息的技术手段之一,具有机动灵活、周期短、精度高、分辨率高等特点,主要应用于地形测量、矿山测量、水利测量、智慧城市、智慧交通、街景地图等领域，能应用于生成在线数字地图、地理参考图像，并收集视频和GIS（Geographic Information System，地理信息系统）数据等精确地理空间数据。我国在移动测图领域的研究起步较早，如今已经在多传感器集成、系统误差检校、直接地理参考技术、交通地理信息系统等方面取得了突破性的进展。

移动测量技术可应用于公路或高速公路路况评估。地方和国家政府可利用移动测量技术进行路径测量和国道设施管理，为紧急情况应对做准备。移动测量技术可应用于高精度地图的制作。由于现在自动驾驶技术和用户需求的不断提升，对高精度地图的数据容量、精确程度、更新频率等提出了更高的要求，我国的移动道路测量系统是在机动车上装配GPS（Global Positioning System，全球定位系统）、CCD（Charge Coupled Device，视频系统）、惯性导航系统或航位推算系统等先进的传感器和设备，在车辆的高速行进之中，快速采集道路及道路两旁地物的空间位置数据和属性数据，如道路中心线或边线位置坐标、目标地物的位置坐标、路宽或车道宽、桥高或隧道高、交通标志、道路设施等。这些数据同步存储在车载计算机系统中，经事后编辑处理，能够形成高精度的导航电子地图。另外，移动道路测量系统还可以用于道路状况、道路设施、电力设施等的实时监控，以迅速发现变化，实现对已生成的高精度地图的及时修测。

二、摄影测量技术

摄影测量的基础理论与计算机视觉原理和算法体系大体相似，研究领域和内容也基本一致。摄影测量侧重地学，服务于测绘行业，关注地形、建筑等领域的场景重现；计算机视觉侧重工业，主要以大众数据为主，相较而言其应用的领域更具有普适性。目前，随着平台技术、集成传感器技术、计算机技术的飞速发展，摄影测量的数据获取与处理能力得到了极大提升。

在数据获取技术方面，摄影测量可以从航天、航空、近景等不同尺度，快速获取多时相、多角度、多光谱、多分辨率的影像。航天摄影测量一般采用从不同视角获取同一地区影像的光学遥感卫星，又称为测绘卫星，其获取信息受限制条件少，用途广、效益高。我国目前具有代表性的测绘卫星主要包括天绘系列及资源系列卫星；航空摄影测量将航摄仪放在飞机或其他航空飞行器上，从空中对地面景物进行摄影，也称为空中摄影。随着无人机平台和传感器技术的快速发展，无人机系统在航空摄影测量中占据越来越重要的地位，其精准控制技术可以保证在超低空飞行情况下，获取空间分辨率为厘米级甚至毫米级的航空影像，为航空摄影测量影像精细化处理提供高质量的数据源；随着工业相机、激光雷达、360°全景相机、深度相机等的发展，地面摄影测量的数据获取能力不断增强，既可以获得丰富的场景纹理信息，又可以得到具有一定精度的场景三维空间信息。地面摄影测量常采用交向摄影、倾斜摄影等大角度、大重叠度的多重摄影方式，测量数据呈现多视角、重叠度不固定、目标相幅大小不一致等特点。

摄影测量数据处理技术主要包括摄影机检校、区域网平差、影像匹配、三维模型生成和信息提取等。在摄影机检校方面，无目标摄影机校准在近些年取得长足进步，并已发展出RGB-D相机自标定技术。在区域网平差技术方面，在传统的外业像控、内业加密平差处理的基础上，通过高精度GNSS辅助的无人机空中三角测量可以实现免像控航空影像区域网平差处理。在影像匹配和三维重建技术发展方面，传统特征提取算子不断有新的改进，深度学习在特征提取和匹配过程中发挥更大作用，利用多视角影像进行三维建模也极具发展前景。随着与人工智能领域的深入融合，摄影测量数据处理也日趋自动化和智能化。点云数据的自动化与智能化处理已经涉及点云数据的匹配、目标检测与分割以及分类等多项技术。影像场景解译的自动化处理与分析能力也得到了全方面提升,可以实现典型目标分类、提取、识别、语义标注等信息智能化解译。近年来,地面移动摄影测量技术得到了迅猛发展,定位与地图构建(Simultaneous Localization And Mapping,SLAM)技术和深度估计技术已经成为其热点研究趋势。

摄影测量技术在交通领域也得到了广泛应用,主要包括以下几个方面。

1. 交通规划设计

无人机倾斜摄影测量具有操作容易、数据采集灵活、时效性高、云下飞行等优点,能够在大面积、地形复杂区域和突发自然灾害区域快速获取高分辨率影像,可以实现对岩层产状、岩体结构面等地质信息,断层、断裂、褶皱等地质构造,滑坡、崩塌、泥石流等不良地质及其他潜在威胁对象等因素的判别解译,有效辅助交通工程外勘。规划设计人员也能将规划设计的多种方案加载至集成场景中,多角度、多方位比较各个规划设计方案及其对城市景观和周围建筑的影响,直观反映不同方案的优缺点,同时还可以快速响应进行方案优化。

2. 交通工程监管

无人机航拍技术具有使用灵活、风险性小、成本低、效率高等优点,可以在不影响正常施工情况下,实时检测工程进展情况,对传统方式无法检测到的部位进行检测。以倾斜摄影模型为基础,集成三维地质模型、三维管线模型、BIM 模型等数据,将属性、业务等信息与场景模型关联,可以在可视化场景下展示设计和施工环境实时数据,辅助项目进行工程全局展示、工程筹划、工程进度巡视、指导施工等。

3. 交通事故处理

基于近景摄影测量、无人机摄影测量等技术,在全面、快速、准确地记录交通事故现场车辆停止位置、制动拖印、碎片散落分布位置等信息的基础上,保证交通事故现场勘测的准确性和完整性,可实现对事故现场全方位概览摄影以及事故场景三维重建,为分析事故过程和事故原因提供直观可靠的依据。

4. 应急抢险救灾

利用实景三维、无人机应急视频直播等技术获取航空影像数据,进行三维建模,通过对三维模型进行统计和分析,可以对灾害险情进行实时监测以及进一步预测,为抢险救灾、科学决策和指挥提供高效的地理信息服务。

5. 交通出行管控

在交通运行期间出现拥堵、交通管制、天气异常等情况时,无人机倾斜摄影测量结合 BIM 技术的综合管控系统会及时提供可靠的情报信息,为相关人员提供相应的路网信息以及车流量信息,方便其出行。

摄影测量技术处于科学技术发展和国民经济发展需求的前沿,随着我国总体经济实力的不断增强、科学技术的不断进步和多学科之间的深入融合,我国正处在摄影测量技术飞速发展的大好时机。未来摄影测量将在多源化、实时化、自动化、智能化以及应用普适化等方面进一步发展。

(1)多源化。随着多平台和多传感器的迅速发展,摄影测量技术需要整合红外、微波、雷达以及光谱等更加广泛的技术,获取多种比例尺的目标影像,提高其空间分辨率、光谱分辨率和时间分辨率,形成天地一体化摄影测量与遥感的数据获取方法,为人们提供越来越多的影像和非影像数据。

(2)实时化。随着摄影测量的应用需求不断攀升,对于摄影测量系统的量测范围、信息获取速度的要求大幅提高,实时摄影测量成为新的发展趋势。实时摄影测量技术需要一步完成从摄影到目标位置的获取,最突出的优点是能迅速获取现场信息和识别目标。高帧率相机的广泛使用,传输以及存储介质技术的突破,GPU(Graphics Processing Unit,图形处理器)、云计算等高效计算方法与能力的显著提升,为实时摄影测量奠定了基础。通过增强摄影测量获取及处理信息的时效性,可有力推动摄影测量在三维重建、目标识别、沉浸式人机交互、无人驾驶等领域中的发展与应用。

(3)自动化。目前,摄影测量技术的数据获取、数据处理以及摄影测量产品生产技术都有了较大的发展,其自动化程度一直是研究学者和相关从业人员关心的热点问题。随着智慧城市、智能交通系统、全息实景地图的不断建设以及摄影测量各类型传感器的广泛使用,各行各业共享了海量的多源多类型数据,这就要求摄影测量进一步高效、自动地进行数据处理。近年来,随着计算机视觉、模式识别、机器学习等技术的使用,摄影测量的自动化发展迅速,成为摄影测量发展的重要趋势。

(4)智能化。摄影测量的信息化和智能化是信息时代的必然结果,计算机视觉、机器学习交叉融合将为新时代的摄影测量奠定更坚实的数学基础、拓展更广泛的研究前沿。摄影测量的智能化主要分为仪器操控智能化以及数据处理智能化两个方面,对于无人机操控智能化,要求无人机从起飞、飞行、拍摄以及返航全过程的智能化响应,提高对复杂情形的应变能力。对于数据处理的智能化,随着深度学习等技术的发展,智能化摄影测量成为一个新的研究趋势。将深度学习等人工智能技术应用于道路提取、地物场景分类、道路交通指示识别、建筑物等分类,可以高效智能、快速准确地进行场景语义分割。通过人工智能的发展,摄影测量将由识别地物向认识、理解地物,甚至是理解现实世界发展。

(5)应用普适化。摄影测量技术将进一步深入人们生活,服务不同行业,惠及更多普通用户,创造高效优质的服务模式,例如为人们提供街景数据、室内导航、汽车导航、盲人导航、无人驾驶服务等。

三、GNSS 技术

全球导航卫星系统(Global Navigation Satellite System,GNSS)是能在地球表面或近地空间的任何地点为用户提供全天候的三维坐标和速度以及时间信息的空基无线电导航定位系统。GNSS 技术目前已基本取代了地基无线电导航、传统大地测量和天文测量导航定位技术,并推动了大地测量与导航定位领域的全新发展。当今,GNSS 不仅是国家安全和经济的基础设施,也是体现现代化大国地位和国家综合国力的重要标志。由于其在政治、经济、军事等方面具有重要的意义,世界主要军事大国和经济体都在竞相发展独立自主的卫星导航系统。2007 年 4 月 14 日,我国成功发射了第一颗北斗卫星,标志着世界上第 4 个 GNSS 进入实质性的运作阶段,目前美国 GPS、俄罗斯 GLONASS、欧盟 GALILEO 和中国北斗卫星导航系统是全球四大全球导航卫星系统。除了上述四大系统外,还包括区域系统和增强系统,其中区域系统有日本的 QZSS 和印度的 IRNSS,增强系统有美国的 WASS、日本的 MSAS、欧盟的 EGNOS、印度的 GAGAN 以及尼日利亚的 NIG-COMSAT-1 等。

全球定位系统(GPS)是一家美国公用事业公司,可为用户提供定位、导航和授时(PNT)服务。该系统由三个部分组成:空间部分、控制部分和用户部分。美国太空部队开发、维护和运营太空和控制部分。GPS 具有全能性、全球性、全天候、连续性和实时性的导航、定位和定时功能,能为用户提供精密的三维坐标、速度和时间。GLONASS 是由苏联国防部独立研制和控制的第二代军用卫星导航系统,该系统是继 GPS 后的第二个全球卫星导航系统。GLONASS 可为全球海陆空以及近地空间的各种军、民用户全天候、连续地提供高精度的三维位置、三维速度和时间信息。由于俄罗斯向国际民航和海事组织承诺将向全球用户提供民用导航服务,故 GLONASS 在定位、测速及定时精度上则优于施加选择可用性(SA)之后的 GPS。伽利略卫星导航系统(GALILEO)是欧洲自主独立的全球多模式卫星定位导航系统,它能提供高精度、高可靠性的定位服务。

北斗卫星导航系统由空间段、地面段和用户段三部分组成,可在全球范围内全天候、全天时为各类用户提供高精度、高可靠定位、导航、授时服务,并且具备短报文通信能力,已经初步具备区域导航、定位和授时能力,定位精度为分米、厘米级别,测速精度 0.2m/s,授时精度 10ns。2020 年 7 月 31 日上午,北斗三号全球卫星导航系统正式完成。北斗三号星座设计由 30 颗卫星构成,包括 24 颗中轨道地球卫星(Medium Orbit Earth Satellite,MEO)、3 颗地球同步轨道(Geostationary Earth Orbit,GEO)卫星和 3 颗倾斜地球同步轨道(Inclined Geo Synchronous Orbit,IGSO)卫星。在北斗一号和北斗二号基础上,北斗三号实现了全球覆盖,并有更优的性能,一体化实现导航定位与星基增强、卫星通信功能,并一体化实现导航定位、短报文通信、星基增强、精密定位信息播发、国际搜救等功能。

GNSS 技术在交通领域也得到了广泛应用,主要包括以下几个方面。

(1)交通管理。在陆运方面,利用 GNSS 技术对营运车辆进行跟踪、调度管理,并合理分配车辆,以最快的速度响应用户的请求,降低能源消耗、节省运输成本;在水运方面,实现船舶远洋导航;在空运方面,实现飞机导航和引导飞机安全进离机场。在未来,在城市中建立数字化信息交通平台,车载设备通过 GNSS 进行精确定位,结合电子地图和实时交通状况,自动匹配最优路径,最终实现车辆的自主导航。

(2)交通导航与定位。北斗导航卫星系统可为用户提供高精度、高可靠的定位、导航、授时和短报文通信服务。利用北斗导航定位技术,可以实时记录车辆的精确位置和电子轨迹,制定电子围栏,监控和调度相关车辆。此外,北斗的短报文通信服务在陆基无线通信网络不能覆盖的偏远地区同样可以使用。当车辆在偏远地区出现安全事故时,能够通信使其及时得到救助,实现特殊情况下的应急处理和紧急援助,这是 GPS 技术无法实现的,也是北斗技术的优势之一。此外,针对当前卫星定位精度不够、动态适应能力不足等问题,可以使用结合北斗地基增强的差分高精度定位技术,通过构建硬件平台、承载平台、数据平台、服务平台和通信网络来提供高精度的定位服务。

(3)交通控制。通过采用北斗卫星导航、RFID(Radio Frequency Identification,射频识别)技术、视频处理、移动通信、网络信息安全、动态地理信息系统、大数据、云计算等物联网创新技术,依托北斗地基增强系统的高精度定位优势,实现车辆高精度定位信息精准采集。此外,通过全方位采集人、车、路、环境基础信息,来构建精准交通信息采集与处理系统,并依此搭建基于分布式计算框架的实时、精准、高效的交通大数据处理系统,建设第三方运营的综合交通管理与服务系统。北斗车联网技术的应用可以实现交通管理、环保、税务、社会重大活动、通关口岸等政府职能的"公权"管理,并服务于各行各业。系统可以应用于公安管理、智能交通一体化、环境保护、行业应用和个人汽车后服务应用等多个方面。

全球导航卫星系统目前已经从单一的 GPS 时代转变为多星并存兼容的 GNSS 新时代,使卫星导航体系全球化和多模化;从以卫星导航应用为主体转变为定位、导航、授时以及移动通信和因特网等信息载体融合的新阶段,其发展趋势主要表现在以下几方面。

(1)GNSS 定位系统。导航与定位技术正从两国争霸向多国竞争方向发展。未来,卫星导航定位系统将面临多个系统共存的局面,多系统共存将促进导航技术的发展;导航与通信及地理信息系统的相互融合、相互渗透将成为未来应用的主流。卫星导航定位技术将不断改进和完善,精度提高、覆盖区域扩大,向长寿命、抗干扰、抗打击能力以及提高自主运行能力方向发展;接收机向微型化、智能化方向发展。定位技术新的发展主要包括精密单点定位技术(Precise Point Positioning,PPP)和网络 RTK(Network RTK)技术两个方面。通过新的精密定位技术,可以实现航空、铁路、公路、海运、水运、城市交通、测绘等各类用户从米级到毫米级的高精度、三维、实时动态导航,以及快速静态或精密单点定位服务。

(2)GNSS-R 技术。GNSS-R 技术是利用 GNSS 反射信号获取目标信息的一种方法。GNSS-R 技术作为一个全新的遥感手段,受到广泛的关注。已有学者利用 GNSS-R 技术测量海拔高度、土壤湿度、积雪厚度等。美国和欧洲等主要国家和地区都投入了大量的人力、物力和财力进行研究,开展了地基、机载和星载的观测实验,为将来进一步开展研究和应用奠定了基础。GNSS-R 在理论、技术和数据反演等方面将趋于完善,接收站将越来越多,获取的数据将越来越密。

(3)组合导航系统。组合导航系统形式将更加多样化、集成化、智能化,INS(Inertial Navigation System,惯性导航系统)/GPS 组合仍将是组合导航系统的首选方式;地基无线电导航技术仍作为卫星导航服务的有效备份和补充;地形辅助导航技术不断提高性能,并且开发新的地形匹配方法、拓展应用范围;而声呐导航、水下电场导航、地磁与电磁导航、重力与重力梯度导航技术也将不断提高精度。随着导航技术的不断提升,其应用也将更加广泛。

(4)多频多系统联合定位系统。在复杂观测条件下,传统单系统双频导航定位往往面临可见卫星数不足、定位精度和可靠性差等问题。多频观测值的应用以及多系统联合定位的实施将为用户提供更多的备选组合观测值,增加可见卫星数,增强卫星几何强度,减少或消除单系统导航定位产生的系统误差,从而提高定位精度及可靠性。

(5)"北斗+"智能交通。我国政府部门和相关企业也在努力推进智慧交通的建设和发展,将导航、GIS、云计算等技术综合应用到车辆安全、电子收费、交通管理等场景中。国内很多城市也开始了对智慧交通的研究和建设,重点将数据分析、导航定位、数据挖掘等技术融入交通管理、公共交通服务等方向。北斗技术可以应用于智慧交通的方方面面,例如位置服务、车辆管理、路网检测、指挥调度、交通事故报警等。通过对车辆位置大数据的获取,精准地获取到整个交通系统的情况,根据北斗获取到的信息通过合理的方式进行交通规划和管理,从而实现交通的智能化。

第二节 孪生城市

一、数字孪生

数字孪生(Digital Twin)首次作为专业术语出现是Grieves在2003年的一次演讲中,后来,其定义记录在一份白皮书中,为数字孪生的发展奠定了基础。美国国家航空航天局(NASA)于2012年发布了一篇题为《未来NASA和美国空军车辆的数字孪生范式》的论文,为定义数字孪生树立了一个重要的里程碑。其定义数字孪生为"数字孪生是对已建成车辆或系统的集成多物理场、多尺度、概率模拟,它使用最佳可用物理模型、传感器更新、车队历史数据等,来反映其相应飞行孪生的寿命。"数字孪生技术最早用于航空航天飞行器的健康维护与保障,如图3-1所示。它通过在数字空间建立真实飞机发动机模型,并通过传感器实现与飞机真实状态完全同步。数字孪生的前身,可追溯到2006年《美国竞争力计划》重点提出的CPS(Cyber Physical System,信息物理系统)。CPS强调物理设备通过IoT(Internet of Things,物联网)与数字空间控制系统的实时通信,通过远程计算实现精确控制、远程协调。但受限于当时传感技术、计算技术的不足,CPS在随后几年陷于低潮。2013年,德国在借鉴CPS和数字孪生理念及实践基础上,提出工业4.0计划,使其在工业智能制造领域得以发扬光大。

图3-1 飞机发动机数字孪生模型

经过不断的发展,数字孪生已经成为一项非常重要的技术手段,但是数字孪生也面临着诸多挑战。

1. 信息技术基础设施

人工智能的快速增长需要以最新硬件和软件形式的高性能基础设施来满足,以帮助执行算法。当前基础设施的挑战在于安装和运行这些系统的成本。例如,可以执行机器和深度学习算法的高性能图形处理单元(GPU)的成本高达数万元人民币。除此之外,基础设施需要更新的软件和硬件才能成功运行此类系统。通过使用云服务的方式提供按需GPU,从而克服这一挑战。亚马逊、谷歌、微软和英伟达等都在提供类似于传统基于云的应用程序的独特按需服务,打破了需求壁垒,但基础设施薄弱和成本高昂仍然对数据分析构成挑战。

2. 隐私和安全

由于人工智能尚处于起步阶段,故法律法规尚未完全建立。随着技术的发展,未来面临的挑战更多是关于人工智能审查和监管措施。未来的监管可确保开发出能够保护用户数据隐私安全的算法。通用数据保护条例(GDPR)是一项新法规,旨在确保英国和整个欧洲的个人数据的隐私和安全。尽管它是关于数据和安全的总括性规定,但这凸显了在开发 AI(Artificial Intelligence,人工智能)算法时处理数据的问题。

3. 连通性

尽管物联网的使用有所增长,但连通性的挑战仍然存在。当尝试同时连接所有传感器时,大量传感器的连通性构成了重大挑战。断电、软件错误或持续部署错误等挑战正在影响连通性的总体目标;仅让一个传感器没有完全连接就可能会极大地影响总体目标。例如,物联网设备是向 AI 算法提供数据的一种来源,AI 算法需要所有数据才能准确执行,而丢失的物联网数据可能会对系统的运行产生不利影响。

4. 信任

信任是另一个涉及 AI 大部分领域的挑战。首先,人工智能相对较新。其次,除非开发人员熟悉 AI 算法的复杂性,否则人工智能的使用可能会令人生畏。此外,也有人担心机器人和人工智能将成为地球上的主导力量,从人类手中夺取关键基础设施的控制权。人工智能领域的正面媒体报道正变得越来越普遍,但挑战是显而易见的,更广泛地曝光人工智能及其积极用途,将有助于克服信任危机。隐私和安全挑战也导致了信任问题,但人工智能中更全面的隐私和安全法规可以建立信任。

二、孪生城市

城市是人类现代文明集中体现之所在,也是政治、经济、文化、社会、生态五位一体所面临矛盾最尖锐之所在,因此也亟须新的智慧城市治理方式来应对这些问题。打造 3D 场景的"孪生城市",并基于此形成的 3D 化"超级 App(应用程序)"可作为媒体融合业务平台统一入口。除进行虚拟旅游外,也可基于此进行新闻报道、信息服务等各类应用创新尝试。同时,整合城市对外公开的所有信息服务资源,统一向社会法人、个人提供政务、行业、民生公共服务。这样,既更好地塑造了城市的统一形象,又最大化地方便了用户,同时也为融媒体机构提供了足够大的综合优势,使其能够逐步建立强大的融合媒体竞争力。基于大量真实用户的在线活动,可为孪生城市的规划、建设、运行、发展提供管理决策大数据,来推演、验证特定政策和规则制订的可能效果。城市融媒机构也可与当地政府形成良性互动,成为政府社会治理的得力助手。

李德仁院士对数字孪生城市(图 3-2)的定义如下:"数字孪生城市通过构建城市物理世界、网络虚拟空间的一一对应、相互映射、协同交互的复杂巨系统,在网络空间再造一个与之匹配、对应的孪生城市,实现城市全要素数字化和虚拟化、城市全状态实时化和可视化、城市管理决策协同化和智能化,形成物理维度上的实体世界和信息维度上的虚拟世界同生共存、虚实交融的城市发展格局,是数字孪生技术在城市层面的广泛应用。"可以看出,数字孪生城市通过各种来源的实时数据支持与城市基础设施的真实状态进行微调和同步。智慧城市数字基础设施中不同来源产生的持续数据流是城市数字孪生有效运作的关键。

图 3-2　数字孪生城市

孪生城市的构建旨在提高物流、能源消耗、通信、城市规划、灾害、建筑施工和运输的效率和可持续性。而城市的数字孪生是一个极其复杂的综合解决方案，宜按其问题紧迫程度分阶段实施，逐步发展与整合。此类系统的应用，需要一些关键技术的支撑，如测绘技术、BIM 技术、物联网、5G（第五代移动通信技术）、区块链等。

1. 测绘技术

数字孪生城市注重即时性和准确性，这需要高度自动化的测绘和测量技术。数字孪生城市中的测绘是能够实时提供数据集成全息结果（2D/3D、地上/地下和室内/室外）的基础技术。城市测绘技术有两个部分：测量城市的地形、环境和空间结构，并将这些信息映射到基于 GIS 的集成系统中。主要的数据获取手段包含倾斜摄影、无人机、3D 激光扫描和全球导航卫星系统，相关的数据处理技术主要包含真实世界 3D 重建技术和多源地理数据处理技术。

测绘中一个重要的发展方向——高精度地图是伴随自动驾驶行业的发展而发展的。高精度地图无疑是无人驾驶的重要基础设施，从技术角度看也是不可或缺的支撑技术，甚至被业界视为未来自动驾驶产业中的重要部分。国际上以大型互联网科技公司、汽车生产企业和初创公司为主要力量；国内主要从业者为传统的地图服务商与一批初创公司。

2. 建筑信息建模技术

在数字孪生城市中，数字孪生技术将物理城市映射成一个镜像城市，可以拆卸、复制、转移、修改、删除和重复操作。因此，可以创建 BIM 或 CIM（City Infomation Modeling，城市信息模型）作为支持各种智慧城市计划的数字基础设施。身份识别技术是数字孪生城市中运维的基础，它赋予数字世界中的物理对象身份信息。身份技术将成为城市中每个实体的唯一标识，其数字标识是 BIM 系统中唯一的标识。借助身份识别技术，BIM 系统可以使用多种方法（例如测绘技术）识别每个实体，从而在协作者之间实现端到端通信、数据交换和信息共享。

3. 5G 物联网技术

物联网技术包括采集控制和感知过程，是采集动态数据和传递反馈的基础。一方面，采集技术使物联网基础设施和实体之间通过传感器网络进行通信成为可能；另一方面，感知技术读取原始数据并将其转换为机器可读版本。然而，这两种技术都依赖于物联网基础设施。数字孪生中的物联网技术不仅是物理对象的静态数字表示，而是使用中对象的动态数字表示。在虚拟空间中创建一个映射物理世界并与之交互的数字世界非常重要。因此，建立多维度、多层次精准的全球全时物联网感知系统是数字孪生城市的关键基础。通过为各种城市实体分配独特的数字身份,物联网感知基础设施将能够轻松匹配一对一的孪生世界。数字孪生城市需要大规模部署支持各种远程通信协议标准的多功能信息设施和智能网关。对于物联网,当前的身份验证和访问控制解决方案可能会给核心网络带来非常高的负载并导致网络故障,因此5G技术将成为物联网新的支撑技术,用以处理大量物联网设备的连接。基于5G的物联网设施将传感器采集到的信息进行聚合处理,上传至泛在传感与智能设施管理平台。

4. 区块链技术

区块链是与密码学相关的越来越多的记录列表。每个区块都包含前一个区块的加密哈希、时间戳和交易数据,这些数据在网络成员之间共享。区块链被认为是对现状的破坏者,并预测它将彻底改革数字经济。它使用分类账来存储区块列表,并且随着新区块的不断添加,链不断增长。分散的节点网络用于保护存储记录的列表免遭篡改或修改。该网络中的每个参与者都可以公平地访问数字账本,该账本通过分布式网络以安全的方式共享。总之,区块链技术是概念的组合,包括点对点协议、散列算法、密码原语,如公钥密码学和分布式共识算法。对于数字孪生城市而言,在构思智慧城市时,重要的是通过基于5G的物联网传感器设备关注数据采集和信息反馈。然而,随着传感器数量和类型的增加,实时生成的数据量已经成为天文数字。此外,目前的中心化通信模式,作为客户端-服务器模式,使得物联网设备之间难以进行更快的自动化通信,其中区块链被证明是大规模数据管理系统的有效解决方案。数字孪生通过数字手段将物理世界中的实体映射到数字世界,形成与物理实体对应的虚拟实体。通过基于5G的物联网设备,由物理世界提供感知数据,数字世界反馈服务数据。区块链技术记录数字孪生之间的行为信息,保证数据的价值、安全、权利和所有权。区块链和基于5G的物联网的数字孪生将实现连接、赋能、共享,从而推动未来所有物理实体的互联。决策者和市民都将享受到基于5G的物联网服务,以及区块链与基于5G的物联网设备在数字孪生城市中的融合。

三、孪生交通

2021年3月11日,第十三届全国人民代表大会第四次会议审议通过《中华人民共和国国民经济和社会发展第十四个五年规划和2035年远景目标纲要》(以下简称《纲要》),《纲要》进一步强调了"加快交通强国建设"并出台了一系列智慧交通建设规划文件。作为配合"十四五"规划交通建设的纲领性文件之一,交通运输部印发的《数字交通规划发展纲要》全方位规划了未来五年智慧交通行业的发展方向,明确提出了数字交通的建设方向,要建设以数据为关键要素和核心驱动,促进物理和虚拟空间的交通运输活动不断融合、交互作用的现代交通运输体系,同时,提出了采用数据化、全景式展现方式,提升综合交通运输运行监测预警、在线监测等支撑能力。数字孪生理念与数字交通体系高度一致,标志着我国智能交通发展将迎来数字孪生时代。

任何城市的交通管理问题都很严重。智能交通系统是一种智能系统,它利用交通系统建模和交通流量调节方面的创新发展,为最终用户提供更多的信息内容和安全,与传统交通系统相比,它旨在从质量上提高道路用户之间的互动水平。数字孪生交通(图3-3),就是利用数字孪生技术实现交通静态空间还原、动态感知仿真、动静相互融合、虚实闭环运行的过程,其理念为交通规划、建设、运营、管理和服务提供了新的发展空间,将成为未来交通运输系统发展的新方向。数字孪生的核心在于将物理道路、基础设施和交通目标全部转化为带有特征信息的数字,从而转化成供机器自动读取和识别的语言。在该基础前提下,我们可以获取道路和设备全生命周期状态过程,并将含有位置、速度、角度、轮廓、类型的交通参与目标直接提供给计算单元读取,自动判别目标行为。区别于传统视频监控,数字孪生系统的立体多维呈现不受光线条件的影响,可最为直观、全面地了解实时交通状态,灵活切换任意视角,迅速查看交通事件发生情况,从路网的交通态势到微观车辆的行为,都可一目了然。

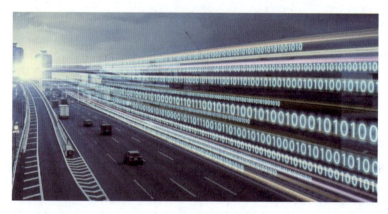

图 3-3　数字孪生交通

在数字孪生城市相关技术的基础上,数字孪生交通构建的相关关键技术可以概括为以下 3 个方面。

(1)构建高精度三维场景。利用 GIS、BIM 等技术手段,针对交通基础设施及周边环境,建立交通三维模型,保证三维模型与交通实体在几何尺寸、物理结构关系、运动特性等方面的一致性,进而利用三维模型产生道路交通规则拓扑信息,精确地将车辆定位信息、交通事件信息等动态性信息在三维模型上进行精确叠加,迅速构建数字孪生交通三维场景。

(2)动态性交通信息实时呈现。利用数字孪生体可视化技术,将海量交通基础设施三维模型与交通设施运行中的动态数据结合,利用人工智能、大数据等技术对交通信息进行运行态势监管和分析,通过孪生交通场景将海量动态性数据加载呈现。

(3)交通模拟仿真呈现。以现实的城市交通道路为基本,结合街道、绿化、车辆等基础设施和运载工具的三维虚拟仿真效果,使用户高度沉浸于虚拟城市的交通之中。

数字孪生技术在交通领域中的典型应用场景可以概括为以下 5 个方面。

(1)智慧高速公路。智慧高速公路是数字孪生建设和应用的热点之一,全天候通行系统便是当前智慧高速公路基于数字孪生技术建设的典型应用之一。智慧高速公路通过车路两端布设的传感器,将车辆、道路的数据信息进行实时收集并经过数字孪生技术处理后,结合车道级的高精底图将最终的效果进行实时呈现,辅助驾驶人员了解车辆行驶的道路情况和周边过车情况,从而保证车辆在雨雾天气的正常通行。除此之外,车辆行驶过的道路信息还将同步上传至数字孪生可视化平台,帮助交通管理人员对道路环境作出预警判断。

(2)车路协同。构建交通仿真的数字孪生可视化与交互系统"一张图",再现中观和微观的交通流运行过程,支持交通仿真决策算法研发,为拥堵溯源等交通流难题提供可靠的工具,为管理者提供可靠的决策依据。这些工具包括数据融合对接、基础设施云平台、大数据中心、车路协同业务监督管理等功能,打造规范化、系统化、智能化的智能网联业务应用展示中心以及监督管理运营中心,主动预判和识别风险,最大限度降低运营安全隐患。

(3)自动驾驶。数字孪生可提升智能驾驶试验精度。通过搭建真实世界1∶1数字孪生场景,还原物理世界运行规律,满足智能驾驶场景下人工智能算法的试验需求,大幅提升训练效率和安全度。如通过采集激光点云数据,建立高精度地图,构建自动驾驶数字孪生模型,完成厘米级道路还原,同时对道路数据进行结构化处理,编译为机器可理解的信息,通过生成大量实际交通事故案例,训练自动驾驶算法处理突发事件的能力,最终实现高精度自动驾驶的算法测试和检测验证。

(4)城市交通运营管理。在城市这个宏观层面的交通运营管理中使用模拟方法为城市发展提供了战略优势。模拟运输解决方案在交通不断增长的地区至关重要,可以使通勤变得更便捷,并使城市生活空间成为有吸引力的地方。模拟交通管理解决方案可以优化公共交通优先级,并使我们能够了解交通信号时间变化或车辆减少计划的有效性。模拟不仅涉及车辆和公共交通,还涉及步行和骑行。这些知识对于理解整体交通控制的影响至关重要,而且随着数据的不断更新,模型的校准时间也在不断缩短。

(5)城市交通建设规划。在数字孪生空间中,可以利用感知网络收集得来的数据,按照相应的需求进行仿真模拟,自动计算城市道路路网密度、干线网密度、人均道路面积等,在对路网的情况作出分析评价的同时自动优化解决方案,从而提高道路通行效能。交通路口是城市交通事故发生的集中地,汇集了多样的交通参与者和城市交通问题。因此,交通路口也是交通感知设备布置最多的场景之一。将交通路口作为主要研究应用对象,互联网科技企业也先后发布了智慧路口、全息路口、全息路网等相关解决方案和系统架构,试图将数字孪生的部分应用率先实现,为更加依赖数字孪生技术的车路协同、自动驾驶等应用场景的进一步发展奠定基础。实际上,在数字孪生技术落地项目的比例中,交通具有相当的优势,如图3-4所示。

图3-4 数字孪生城市项目应用占比

注:图片来源为中国信息通信研究院、中国互联网协会和中国通信标准化协会。

随着数据获取技术的日新月异,以及物联网、云计算、5G通信以及数字孪生等技术的融合,不同尺度、不同对象、不同行业的数字孪生也在悄然生长。这些技术与交通的交叉融合,在促进交通仿真实时化、交通应用的智能化、交通引领行业的多元化等诸多方面均值得期待。

第四章 CHAPTER 4

BIM技术发展现状与展望

张建平　林佳瑞　胡振中

第一节　国家与行业数字化转型发展战略

一、新理论新技术驱动

1. 新一代信息技术发展

信息技术是用于信息管理和处理的各种技术的总称,主要研究如何获取信息、传输信息、处理信息、使用信息,包括计算机技术、传感技术、通信技术、网络技术、图形技术和人工智能技术等。

近年来,新一代信息技术蓬勃发展。首先是以5G通信、物联网、工业互联网等为代表的新一代通信与感知技术,使高效、高速获取多样化大数据成为可能,为行业数字化提供了算据基础;其次是以云计算、大数据、区块链等技术为核心,发展形成的新一代数据计算技术,实现了超大规模分布式数据存储、处理与高效计算,结合GPU、FPGA(Field Programmable Gate Array,现场可编程逻辑门阵列)等芯片技术,为行业数字化提供了算力环境;最后,以深度学习为代表的人工智能技术,极大地带动了数据挖掘、感知识别等新一代数据分析技术的发展,推动了大数据驱动的智能管理和决策,为行业数字化提供了算法支撑。以这三类新技术为代表的新一代信息技术的战略意义,不仅使我们掌握海量数据,更极大地提升了加工数据、处理数据及利用数据的能力,可实现数据增值成为"信息资产",将推动各个行业的跨越式发展和变革,驱动新一代人工智能技术的大发展。

2. 新一代人工智能技术发展

人工智能起源于20世纪50年代,经历了以符号推理和早期神经网络为代表的起步期,以专家系统和机器学习为代表的繁荣期,尤其是BP神经网络、支持向量机、随机森林等机器学习算法的推广应用,极大推动了各领域的技术进步。然而,人工智能算法和算力的局限性,限制了其应用范围及效益,使人工智能技术的发展沉寂了多年。近年来,新一代信息技术以及经济、信息社会发展需求,驱动了新一代人工智能技术发展。GPU、并行计算等大规模算力的提升,突破了深度学习算法,并在深度神经网络、图像处理,自然语言处理、人脸识别、机器人、自动驾驶等方面得到了飞跃式发展和深度应用。新一代人工智能具有以下3个典型特征。

(1)新驱动。移动互联网、大数据、超级计算机、传感网络、深度学习、脑科学等多个领域的新理论、新技术方面取得的突破性进展,以及经济社会、信息社会高速发展的巨大需求和动力,有效驱动了新一代人工智能大发展。

(2)新定义。从用计算机模拟人类智能,演进为引导提升人类智能,极大开拓了人工智能的应用领域,深化了人工智能应用场景。

(3)新特征。建立基于大数据的知识模型和新型数据挖掘范式,以大数据驱动知识学习;支持文字、语音、图像、视频等形态多样、不同媒介的跨媒体协同感知识别;采用由人、机、环境相互作用的新型人机融合智能形式,拓展无人机、智能驾驶、智能医疗、智能机器人等应用场景;群智开放、自主操控等特征,形成了机-机、人-机等多种协同模式,使得无人机编组、机器人协作、智能网联汽车等发展迅速。

新一代人工智能技术的突破和进展,使得智能金融、智能医疗、智能安防、智能教育、智能驾驶、智能建造以及机器人、无人机等一系列深化应用成为可能,也催生了智慧园区、智慧城市的建设和发展。

二、国家发展战略引领

面对新理论新技术快速发展,我国政府审时度势,制定了一系列推进新一代信息技术与人工智能技术发展的重大战略和政策。2015年7月,国务院发布了《关于积极推进"互联网+"行动的指导意见》,明确提出要将互联网与传统行业深度融合,创造新的发展生态。2015年9月,国务院随后又发布了《促进大数据发展行动纲要》,指出要全面推动我国大数据发展和应用,加快建设数据强国。2016年3月国家发布的《中华人民共和国国民经济和社会发展第十三个五年规划纲要》,明确提出要实施国家大数据战略,促进大数据发展。2017年7月国务院发布《新一代人工智能发展规划》,明确提出要抢抓人工智能重大发展机遇,规划了2030年我国新一代人工智能发展的新目标。由此,形成了"互联网+"、大数据、人工智能等一系列国家发展战略。

与此同时,为贯彻国家发展战略,国家和行业部门也先后发布了一系列的相应政策。典型的政策包括:

(1)2020年3月,中共中央提出了国家"新基建"的重点发展方向,要加快5G网络、数据中心等新型基础设施建设;对接"新基建",住房和城乡建设部提出"新城建"发展战略,引领城市转型升级,推进城市现代化建设。

(2)2020年7月,住房和城乡建设部联合13个部委发布了《关于推动智能建造与建筑工业化协同发展的指导意见》,制定了我国建筑产业的发展战略和产业体系,提出了2035年我国迈入智能建造强国行列的发展目标。

三、行业发展现状与需求

1. 大数据背景下的行业困境

大数据具备数据海量(Volume)、数据高速增长(Velocity)、数据类型多样(Variety)以及数据价值(Value)密度低的"4V"特征,表明大数据技术以海量、多样化数据获取以及高速实时处理分析为特征,通过新型数据感知、数据管理、数据处理与挖掘分析手段,从海量数据中发现有价值的信息,形成预测性和智能化的决策。其支撑技术覆盖云计算、互联网、物联网、人工智能等多技术融合,具体包括分布式数据库和云存储、分布式数据挖掘、大规模并行处理、云计算平台以及虚拟化技术等。

然而,我国建设行业在长达二十余年的信息化进程中,由于数据获取、传输、处理技术的局限性,行业海量数据主要采用非结构化处理方式存储在文件或文档中。在国家大数据战略背景下,建设行业的信息化发展面临行业大数据积累少、缺乏大数据支撑技术等两大难题,直接导致整个建设领域的大数据应用水平相对比较低,难以实现国家战略"数据创造价值"的基本目标和设想。

2. 人工智能发展中的行业挑战

当前,建设领域的人工智能技术应用主要集中在以下几个方面。

(1)智能优化:包括设计方案优化、节能措施优化以及施工方案、施工组织、施工工艺的仿真优化等。

（2）图像识别：包括地图元素识别、人脸识别、不安全行为识别、质量安全风险识别，以及图纸识别等。

（3）预测分析：包括对工程安全性能、建筑能耗、碳排放、建设成本等预测分析与异常诊断。

同时，人工智能应用在建设领域衍生出"智慧"概念，包括智慧城市、智慧园区、智慧建筑、智慧建造、智慧工地等。这里的智慧应该是基于新一代人工智能技术和信息技术的高级创造思维能力，不仅包括感知、识别、记忆能力，还应进一步具备理解、分析、判断和知识升华能力。而当前建设领域的"智慧"主要还是传统智能技术应用，尚不具备新一代人工智能的高级创造思维能力。

面向国家智能化战略，建设行业的智能化升级也面临严峻挑战。一方面，目前整个建设领域对新一代人工智能技术探索仍处于初级阶段，缺乏系统化的解决方案；另一方面，由于行业大数据积累的欠缺，使得高度依赖大数据支持的新一代人工智能技术发展受到了严重制约。

四、行业发展目标与技术路径

基于国家发展战略及行业面临的挑战和需求，当前建设行业发展目标是：把握新基建的新机遇，推进传统基建的"数字转型"和"智能升级"。其中，数字转型是利用数字化技术重塑企业和行业的组织关系、业务模式和生产方式，实现数据化管理。智能升级则主要体现在基于数据+算法的智能决策分析，即从管理层面建立数字化思维，以数据驱动智能化升级。

综上分析可知，整个行业数据积累是行业转型升级的重要前提和基础。因此，行业转型升级的总体策略是以项目全过程数字化为基础，以智能建造为切入点，其技术路径则应以BIM数字化建模与仿真为基础，实现智能BIM及其全过程应用，从而实现算据、算力、算法三方面的整体提升，为行业数字化转型升级提供数据基础和支撑。

（1）算据层面。BIM是建设领域数字建模，实现数据孪生的重要基础，也是工程大数据的主要来源。深度推进项目全生命期BIM建模及其集成应用，融合物联网智能感知、动态在线数据，实现工程大数据多态化、高增长，可为行业生成积累大数据奠定算据基础。

（2）算力层面。构建工程项目BIM云平台，乃至建立企业、行业大数据中心，提供BIM及工程大数据的分布式云存储、高效处理与计算，为行业大数据管理、挖掘和分析提供算力支撑。

（3）算法层面。基于BIM的数据孪生和超大规模算力的提升，可实现工程对象及生命期全过程动态映射，自动构建其复杂的物理逻辑、空间逻辑、业务逻辑及其多维度的数据关联关系，可利用并发展更科学、更高效的算法，支持工程建造技术与新一代信息技术、智能技术深度融合，实现工程大数据驱动的智能建造与管理。

第二节　BIM发展与应用现状

一、何谓BIM

BIM理论基础源于制造业的计算机集成制造与产品信息模型理念。1973年，美国约瑟夫·哈林顿(Joseph Harrington)博士首次提出了计算机集成制造(Computer Integrated Manufacturing System,CIMS)理念,它将传统的制造技术与现代信息技术、管理技术、自动化技术、系统工程技术等有机结合,借助计算机使产品全生命期各阶段中有关的人/组织、经营/管理和技术三要素及其信息流、物资流和价值流有机集成并优化运行。同一时期,以 Chuck Eastman 教授为代表的学者也在 BIM 应用方面做出了前瞻性探索。20 世纪 90 年代,CIMS 和产品信息模型的发展在建设领域引起重视,并逐步演变形成了完整的 BIM 理念。

1. BIM 的概念

BIM 概念可以从产品和过程两个角度来定义。其中,从产品角度表述为建筑信息模型(Building Information Model),是"以三维数字技术为基础,集成了建筑项目各种相关信息的工程信息模型,是对工程项目设施实体与功能特性的数字化表达"。从过程角度表述为建筑信息建模(Building Information Modeling),是 BIM 创建、应用和管理的过程及方法、技术和工具。

BIM 已经不是一个狭义的信息模型或者建模技术,而是一种新的理念及其相关的理论、方法、技术、平台、软件以及相应的标准体系、业务流程、组织模式等。当前 BIM 技术在国内外得到迅猛发展和推广应用,已经成为引领建设领域继 CAD(Computer Aided Design,计算机辅助设计)之后的第二次产业革命。

2. BIM 的构成

BIM 模型不是一个简单的 3D 几何模型,也不是 3D + Data 模型。一个完整的 BIM 模型应该由产品模型、过程模型和决策模型 3 个部分构成,如图 4-1 所示。

(1)产品模型。产品模型是指整个建筑及其各个组件的空间信息、非空间信息及其拓扑关系,其中空间信息包括建筑各个部分的空间、位置、大小、形状及其相互关系等;非空间信息则包括建筑结构类型、构件材料及物理属性、拓扑连通关系等。

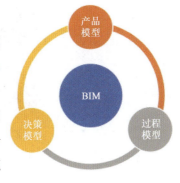

图 4-1 BIM 的构成

(2)过程模型。过程模型是建筑物建造及运行过程的动态模型,描述的是整个建造及运行过程中物理逻辑和工程逻辑。过程模型与建筑组件相互作用,会影响到建筑组件在不同时间阶段的属性,甚至影响到建筑成分本身存在与否。

(3)决策模型。决策模型是指人类行为对产品模型和过程模型所产生的直接或间接作用,通常采用数学模型或机理模型表达。

3. BIM 的价值

BIM 技术可有效解决建筑全生命期规划、设计、施工以及运营维护各阶段之间的"信息断层"和"信息孤岛"问题,实现建设全过程的工程信息共享、集成和管理,减少浪费,提高效率,提升管理水平;并通过全生命期管理,提高工程质量,节约建设成本,实现建设及运行过程的增值。具体来讲,BIM 技术将在行业、项目等不同层面带来巨大的价值。

建设行业推广应用 BIM 的价值体现在 4 个方面:其一,支持项目全生命期各阶段、多参与方、各专业间的信息共享、协同工作和精细管理;其二,支持环境、经济、耗能、安全、碳排放等多方面的分析和模拟,实现贯穿建设项目设计、施工、运维到拆除、消纳全生命期全方位的可预测和可控制;其三,实现设计标准化、施工自动化与管理信息化,支持设计施工一体化以及建造过程智能化,促进行业生产方式变革;其四,BIM连接项目生命期各阶段的数据、过程和资源,支持行业产业链贯通,为工业化发展提供技术保障。

国内外科研调查机构对工程项目的BIM应用价值进行了深入的调查和分析,大量BIM应用案例分析数据表明:项目BIM应用价值主要体现在性能、效率、质量、安全、成本与可预测性等方面。首先,基于BIM的标准化、性能化、协同化和可视化设计,可以更好地理解分析设计方案及其各方面的性能表现,各参与方可共同发现和解决设计的潜在问题,提升产品性能;其二,可减少信息传输过程的错误和丢失,避免人工录入带来的数据误差,提高管理效率;其三,可有效避免设计和施工中各专业间的错漏碰缺,减少浪费和重复劳动,保障建造质量;其四,可提前发现施工过程和施工现场的安全风险,制订应急预案,并结合实时施工安全监测有效降低工程安全风险和问题;其五,支持环境、经济、耗能、安全、碳排放等多方面的模拟和分析,实现工程全生命期可预测,提升管控能力;其六,可明显降低建设成本。

Dodge Data & Analytics(道奇数据与分析机构)于2015年调研了全球40个业主单位、183位建筑师、68位市政/结构工程师、100家工程总承包单位,发布了题为 Measuring the impact of BIM on complex buildings 的调研报告。该报告指出,BIM技术在减少工程总造价、缩短工期以及减少信息获取难度、降低安全事故方面具有重要价值,如图4-2所示。

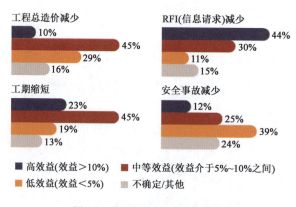

图4-2　项目应用BIM的主要价值

二、BIM政策

近十年来,BIM技术在国内外得到迅速发展和推广应用,各国政府及行业的推行政策是重要的驱动力。其中,美国最早于2003年发布了BIM相关的政策,明确提出全国3D-4D-BIM的推行计划,并要求2007年起所有国家投资的大型项目均应使用BIM技术。英国则于2011年发布了政府建设战略,明确提出最迟在2016年完成协同BIM应用。韩国也于2010年发布了BIM路线图,提出到2016年,韩国公共建筑建设全面采用BIM技术。

我国于2011年发布了《2011—2015年建筑业信息化发展纲要》,明确提出将BIM技术及其在工程中的应用列入"十二五"建筑业信息化发展的总体目标和重要任务之一。2010年发布的《建筑业十项新技术》也明确将BIM作为重要的新技术进行推广应用。2015年6月,住房和城乡建设部发布的《关于推进建筑信息模型应用的指导意见》是我国政府第一部BIM技术的推进政策,该指导意见全面阐述了推进BIM应用的重要意义、指导思想、基本原则、发展目标、工作重点及保障措施等,明确提出到2020年末,建筑行业甲级勘察、设计单位以及特级、一级房屋建筑工程施工企业应掌握并实现BIM与企业管理系统和其他信息技术的一体化集成应用;同时,新立项的以国有资金投资为主的大中型建筑,以及申报绿色建筑的公共建筑和绿色生态示范小区等,其集成应用BIM的项目比例要达到90%。2017年1月,交通运输部发布了《关于推进公路水运工程BIM技术应用的指导意见》,对BIM应用的总体要求、主要任务、重点工作以及保障措施等方面提出了系统性规定和引导,并规划到2020年,相关标准体系初步建立,示范项目取得明显成果,公路水运行业BIM技术应用深度、广度明显提升;建设一批公路、水运BIM示范工程,技术复杂项目实现应用BIM技术进行项目管理,运营管理单位应用BIM技术开展养护决策。

经初步统计,国家及地方政府、协会从2013年12月至2019年3月共计发布BIM相关政策近百项,呈快速增长趋势(图4-3),BIM技术的热度可见一斑。从政策形式上来看,以通知、意见的形式为主,该两类政策占了其总数的70%;其他30%则包括标准、指南、发展纲要、行动计划等形式。总体上看,相关政策的制定与发布可分为BIM试点推广、BIM技术专项推进和BIM融入行业发展3个阶段。

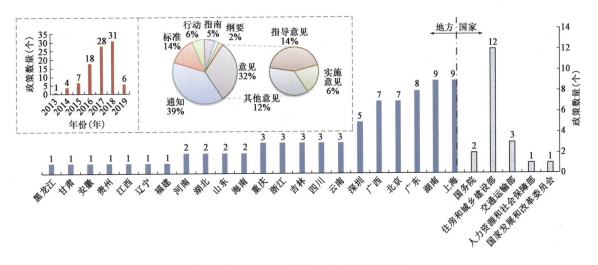

图4-3　2013—2019年我国BIM相关政策情况

第一阶段以住房和城乡建设部发布的《2011—2015年建筑业信息化发展纲要》为标志,首先以直辖市、长三角、珠三角发达省市为主,率先发布BIM有关的标准政策。其主要内容包括BIM应用的推进战略、标准编制、应用示范、技术共享以及政府监管等,同时选择政府投资工程、政府样板工程及大型工程作为试点进行BIM技术应用实践。

第二阶段以住房和城乡建设部于2015年6月发布的《关于推进建筑信息模型应用的指导意见》为标志,进一步明确国家及行业推进BIM技术应用的决策。云南、湖南、山东、广西、成都、黑龙江等地先后发布推进BIM应用的指导意见。随着中国铁路BIM联盟成立,陆续推出了我国铁路工程BIM应用的一系列相关政策、指南、标准等。

第三阶段以国务院办公厅于2017年发布的《国务院办公厅关于促进建筑业持续健康发展的意见》为标志,从行业发展的角度明确了推进BIM应用的重要意义。随后广西、贵州、湖北、江西、吉林、福建、安徽、河南等地先后发布推进BIM应用的通知或指导意见。与此同时,经过几年BIM技术在公路、桥梁、水运等交通工程领域的应用探索,2017年1月交通运输部发布了《关于推进公路水运工程应用BIM技术的指导意见》。水利水电行业也成立了BIM应用联盟,发布了水电工程

BIM 应用的政策和标准等。自此，BIM 技术推广应用在我国建设领域全面铺开，与大数据、物联网、云计算、人工智能等新一代信息技术融合发展，服务于工程项目和企业科学决策与提质增效，极大促进了行业数字化转型升级。

三、BIM 标准

BIM 标准是 BIM 发展和应用的重要基础。国际 BIM 标准体系将 BIM 标准分为基础标准和应用标准两个层面。基础标准主要有 Building SMART International 颁布的三大 ISO 标准，分别是存储和交换标准 IFC(Industry Foundation Classes)、数据字典/编码标准 IFD/bsDD(International Framework for Dictionaries)和交付标准 IDM(Information Delivery Manual)。应用标准则由各国制定，主要聚焦如何将基础标准应用到本国。典型应用标准包括美国国家 BIM 标准 NBIMS，韩国的建筑领域 BIM 应用指南以及英国建筑业 BIM 协议等。

美国 BIM 标准体系和我国 BIM 标准体系均遵照上述架构，只是根据各自国情特点在具体标准制定上有所不同。其中，美国信息交付标准以 IDM 和模型视图定义 MVD(Model View Definition)为基础，编码标准直接采用其 OmniClass 标准，应用标准则在 BIM 成熟度、项目实时指南及信息交付等方面作了详细规定。我国 BIM 基础标准包括《建筑信息模型存储标准》《建筑信息模型分类和编码标准》，应用标准包括《建筑信息模型应用统一标准》《建筑信息模型设计交付标准》《建筑信息模型施工应用标准》等。相关国家标准的制定均于 2012 年、2013 年启动，并于 2021 年完成各主要标准发布。与此同时，铁路、交通、水电等行业以及各省市均编制并发布了相应的 BIM 行业标准和地方性标准，依据国家标准细化和拓展标准内容，形成了我国覆盖各工程建设行业和各地的系列 BIM 标准。

四、BIM 应用

1. BIM 应用模式

目前，BIM 的应用在欧美发达国家正在迅速推进，并开始推行基于 BIM 的集成项目交付(Integrated Project Delivery，IPD)模式。IPD 基本思想是集成地、并行地设计产品及其相关过程，将传统序列化的、顺序进行的过程转化为交叉作用的并行过程，强调人的作用和人之间的协同工作，强调产品开发的全过程。美国推行的 IPD 模式是在工程项目总承包的基础上，把工程项目的主要参与方在设计阶段集合在一起，着眼于工程项目的全生命期，基于 BIM 协同工作，进行虚拟设计、建造、维护及管理。共同理解、检验和改进设计，并在设计阶段发现施工和运营维护存在的问题，预测建造成本和时间，并且共同探讨有效方法解决问题，以保证工程质量，加快施工进度，降低项目成本。IPD 模式在美国推广以来，已成功应用于一些工程项目，充分体现了 BIM 的应用价值。基于 BIM 的集成项目交付作为一种新型的工程项目管理模式，被认为具有广阔前景。与欧美发达国家相比，我国 BIM 研究起步并不晚，但由于施工企业项目管理模式及水平的限制，BIM 的推广和应用在起步阶段较为缓慢。然而，在国家政府的重视以及行业发展需求的拉动下，BIM 的应用日益深入，已成为当前企业打造核心竞争力的重要举措之一。近年来，我国建筑业也逐渐从传统的 DBB

(Design-Bid-Build,设计-招标-建造)模式逐步向 DB(Design-Build,设计-建造)模式、EPC(Engineering Procurement Construction,工程总承包)模式等不断发展,其集成化与系统化的特征与 IPD 模式是相通的,未来在我国推行 IPD 或类似模式将水到渠成。

BIM 的典型应用按照项目生命期阶段可大致划分工程设计 BIM 应用、工程施工 BIM 应用与运维管理 BIM 应用三部分。

2. 工程设计 BIM 应用

设计阶段以基于 BIM 的工程设计为核心,其典型特征是采用 BIM 设计软件实现 BIM 正向设计,实现设计的标准化、一体化、协同化与可视化,推动工程设计从 2D 到 3D 再到 BIM 的革命性变化。该阶段的典型应用包括:

(1)BIM 正向设计。设计过程自动生成 BIM 模型,并可根据 BIM 自动生成各种图形和文档,且始终与模型逻辑相关;该过程中所创建的模型对象存在着内建的工程逻辑关系,当模型或某个对象发生变化时,与之关联的对象、图形和文档随之变化。

(2)BIM 可视化展示。可利用三维渲染、VR(Virtual Reality,虚拟现实)、AR(Augmented Reality,增强现实)、MR(Mixed Reality,混合现实)等技术可视化展示设计结果,支持直观理解设计方案,检验设计的可施工性,提前发现设计问题。

(3)BIM 碰撞检测与协调。通过 BIM 软件整合多专业设计模型,提前发现多专业设计冲突、预留预埋等设计问题,并进行管线综合、专业协调,有效避免潜在设计变更。

(4)BIM 性能设计。将 BIM 数据直接导入各专业仿真、分析软件,实现日照、通风、声学、能耗等性能分析,火灾烟气与温度场、地震等灾害模拟,以及人流疏散及交通模拟等应用,提升设计性能。

(5)BIM 协同设计。各专业设计系统均可从 BIM 模型中获取所需的设计参数和相关信息,不需要重复录入数据,减少数据冗余、歧义和错误;同时,某个专业设计的对象被修改时,其他专业设计软件中的该对象都会随之更新。

(6)BIM 报审与移交。利用 BIM 软件自动进行报建报审,并结合规则检查或自动审图软件实现自动合规性审查;同时,可将 BIM 数据移交到下一阶段或下游其他参与方,实现 BIM 数据的再利用与价值最大化。

3. 工程施工 BIM 应用

工程施工阶段的 BIM 应用以深化设计、集成施工管理、智慧工地等为核心,具有集成化、动态化、可视化和精细化等特征。该阶段的典型应用包括:

(1)施工深化设计。将建筑、结构、设备管线等各专业 BIM 模型进行整合,实现深化设计、碰撞检测、管线综合等应用,如复杂结构节点、二次结构、机电及管线等;同时,也包括复杂吊顶净空优化及管线排布优化等。

(2)可视化施工模拟。可基于 BIM 对施工过程或重要环节、工艺等进行可视化模拟,以减少设计变更、优化施工方案与资源配置,并实现可视化交底。

(3)工程算量计价。利用 BIM 算量软件,基于 BIM 进行工程量及概预算的自动计算和输出,支持招投标、工程造价管理等。

(4)BIM 施工管理。应用 BIM 与 4D 技术,实现基于 BIM 的进度、资源、质量、安全和场地布置的动态集成管理与闭环决策。

(5)智慧工地。将 BIM 与物联网、人脸识别等技术相融合,实现现场人、机、料、法、环的动态监测与集成管理,支持安全生产、质量监控、劳务数据分析、绿色施工等。

图 4-4 所示为清华大学自主研发的 4D-BIM 施工管理系统的架构。整个系统以统一的云端数据库和底层公共功能服务为核心构成服务层;在服务层基础上构建面向移动终端、网页终端和桌面端的服务中台;同时,面向现场数据采集、模型轻量化浏览、现场管理需求,网页数据填报、综合大屏展示需求以及桌面端复杂分析、仿真决策需求,分别研发了手机端、网页端及桌面端系统,形成了集成化施工解决方案。4D-BIM 施工管理系统在国家体育场(鸟巢)、冬奥速滑馆等重大工程中得到广泛应用,覆盖建筑、道路、桥梁、地铁、大型公建等各主要工程类型。图 4-5 和图 4-6 分别为国家体育场和冬奥速滑馆工程施工 4D-BIM 应用。

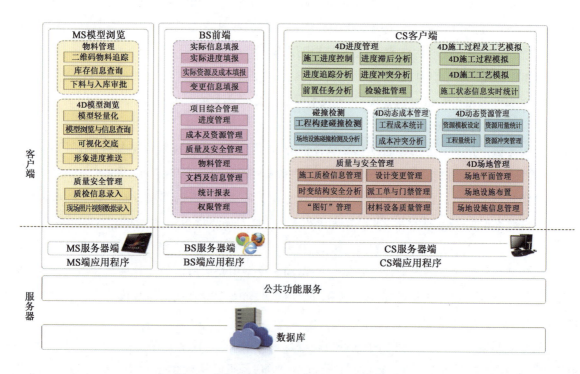

图 4-4　清华大学 4D-BIM 施工管理系统及其主要功能

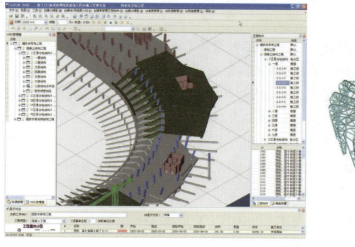
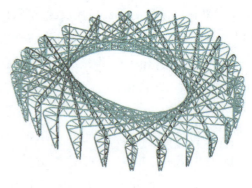

图 4-5　国家体育场(鸟巢)工程施工 4D-BIM 应用

图 4-6 冬奥速滑馆工程施工 4D-BIM 应用

4. 运维管理 BIM 应用

运维管理阶段 BIM 应用的核心是利用 BIM 提升建筑运营和维护管理的效率和水平。该阶段的典型应用包括：

（1）综合应用 GIS 技术，将 BIM 与维护管理计划相链接，实现建筑物业管理与楼宇设备的实时监控相集成的智能化和可视化管理。

（2）综合应用传感器、物联网等技术，基于 BIM 进行运营阶段的能耗分析和节能控制，也包括对碳排放的跟踪与优化调控等。

（3）结合运营阶段的环境影响和灾害破坏，针对结构损伤、材料劣化进行结构健康监测，实现基于 BIM 的建筑结构安全性、耐久性分析与预测。

5. BIM 应用存在的问题

尽管建设领域的 BIM 应用已取得了长足的进步，但当前仍存在诸多不足或不完善之处。其中，设计阶段 BIM 应用仍然高度依赖二维设计及交付模式，往往需要 BIM 翻模，BIM 正向设计尚未完全推行，难以充分体现 BIM 的设计价值；施工阶段 BIM 应用仍然面临多个独立平台、软件并行使用，数据格式各异、难以互用等问题；运维阶段尚缺乏成熟 BIM 运维软件，应用仍处于初期阶段；最后，针对跨阶段 BIM 应用，当前仍以基于文件的 BIM 存储和传递，无法实现多参与方协同工作，亟待推广基于 BIM 平台的统一数据集成与交付。这些问题表明，当前建设领域 BIM 应用水平还无法形成完整 BIM 数字建模，难以提供行业转型升级的数字化基础。

第三节 数据驱动的智能 BIM 发展

面对国家和行业发展战略，如何进一步突破 BIM 技术、深化 BIM 应用，为行业转型升级提供数字基础与支撑，成为当前迫切需要解决的瓶颈问题。在 20 多年的系统性研究和实践基础上，清华大学 BIM 研究团队创新性提出以数据驱动的智能 BIM 及全过程应用，为行业数字转型和智能升级探索了科学、可行的技术路径。

智能 BIM 具有 BIM 自主智能特性、大数据驱动、智能环境支撑等典型特征，其 BIM 自主智能特性源于完整的 BIM 模型结构，应包括产品模型、过程模型和决策模型，并具备数据完备性、关联性及动态性特征，从而支持模型智能关联、自动演化、自主更新与数据驱动决策。

1. 智能 BIM 环境支撑

随着新一代信息技术的快速发展，BIM 技术与物联网、人工智能、云计算、大数据等技术深度融合，逐步向智能 BIM 技术发展和演进。智能 BIM 首先需要硬件和软件环境支撑，智能硬件环境是以"新基建"中信息基础设施为基础，将各种智能化设备通过互联网连接起来，使各种设备能够自动交换信息、触发动作和实施控制，实现项目全生命期数据的智能感知、识别、采集、定位、跟踪、传输、监控和管理。

智能软件环境是基于"新基建"中融合基础设施，将 BIM 与云计算、大数据、人工智能和物联网相融合，实现项目全生命期的海量异构数据的融合、存储、挖掘和分析，从数据到信息、知识乃至智慧，支持智能建造和管理。

2. 智能 BIM 应用支撑

全生命期 BIM 建模与集成应用是智能 BIM 的应用支撑，也是行业数字化建模和大数据积累的唯一途径。面向工程全过程 BIM 集成应用包括三个层面：土建、机电、幕墙等多专业的集成应用；建设方、设计方、施工方和运维方等多参与方协同应用；规划、设计、施工和运维等跨阶段应用。

要实现这三方面的集成应用，需要全生命期 BIM 创建技术支撑，包括全生命期 BIM 体系架构和信息共享环境、全生命期 BIM 建模技术、全生命期 BIM 数据存储与管理技术、BIM 子模型提取与集成技术等，也离不开一系列 BIM 集成应用管理支撑，包括 BIM 应用标准导则、基于 BIM 的管理模式与方法、基于 BIM 的业务流程组织与控制等。这些技术与管理支撑都通过统一的 BIM 平台融为一体，支持项目全过程三个层面的 BIM 集成应用，形成完整 BIM 数字建模，为项目全过程数字化和工程大数据积累提供数据基础。

3. 智能 BIM 管理支撑

1）BIM 平台的基本功能与技术特征

BIM 平台与数据中心是智能 BIM 的管理支撑，也是工程大数据管理和挖掘的重要基础。BIM 平台作为面向用户的应用平台，具有三大基本功能：

（1）提供工程项目全生命期 BIM 创建、管理和应用机制，实现项目全生命期各阶段、多参与方和各专业信息共享和无损传递。

（2）提供协同工作和业务逻辑控制机制，实现多参与方协同工作及其业务流程组织与调度。

（3）提供 BIM 应用软件和相关业务软件运行环境以及通用的基本业务功能，实现基于 BIM 的各项业务功能。

通常情况下，典型的 BIM 平台具有四个重要技术特征：

（1）基于开放标准的 BIM 结构体系，能够对项目设施实体及其空间逻辑、物理逻辑、工程逻辑以及相关特性进行完整的数字化表达。

（2）BIM 建模技术能够构建模型的空间拓扑关系、物理及工程逻辑关系，支持模型智能关联、自动演化、自主更新与数据驱动。

（3）BIM 存储技术能够支持对象级数据的分布式云存储，具备结构化数据、非结构化数据以及流式数据的存储和管理能力。

(4)BIM集成技术能够支持BIM数据的提取、集成以及与物联网、GIS、外部系统等异构数据融合。

2)面向智能BIM的4D-BIM云平台

BIM平台作为BIM技术及其应用的核心支撑,支持项目的全过程应用,承载项目的全息数据,平台应用密切关系到数据安全保障、数据资产流失等重大问题。然而,目前我国相当一部分建设项目仍在使用国外的平台及软件,存在极大隐患。随着BIM应用的普及推广,研发我国自主可控BIM平台及应用软件得到国家及行业的高度重视,被列入急需突破的"卡脖子"技术及产品。清华大学BIM研究团队长期致力于BIM理论、方法、技术及其应用的系统性研究,研发了具有完全自主知识产权的4D-BIM平台及一系列应用软件,并获得科技成果转化,已成功应用于数百个工程项目,处于国内外领先地位。

(1)4D-BIM云平台架构。

如图4-7所示为基于智能BIM理念和技术研发的4D-BIM云平台架构。4D-BIM云平台以底层大数据、云计算系列支撑技术为基础,包括可扩展服务器、云数据库、大数据和分布式存储等,可提供安全、高弹性和低成本的云服务,实现基于云架构的分布式BIM数据存储。在此基础上,研发形成了数据引擎、图形引擎、物联网集成引擎等数据中台,并且以数据服务、图形服务、界面服务和配置服务的形式,形成了面向设计、施工及运维应用的模块化服务体系。平台面向大规模数据的处理提供了复杂网格切分、重复网格归并、网格简化、LOD(Levels of Details,多细节层次)计算、几何压缩、瓦片加载等BIM模型轻量化和高效处理的算法,支持大规模模型数据高效、低耗、流畅加载;同时,平台应用了高速缓存、CDN(Content Delivery Network,内容分发网络)加速、异步数据加载、大数据分析以及智能搜索引擎等技术,具备快速响应、便捷操作和智能化能力。

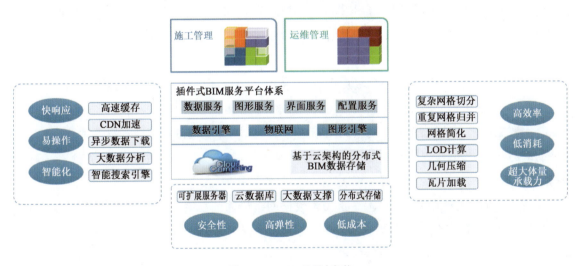

图4-7 4D-BIM云平台架构

4D-BIM云平台具备灵活的系统集成与设备接入能力,形成智能环境支撑,如图4-8所示。接入传感器、物联网、三维扫描仪、无人机、RFID、摄像头、门禁等数据采集设备,可实现多态数据自动采集;集成物联网、语音识别、智能开关等智能设备,可支持智能感知识别追踪;提供手机端、网页端、桌面端等多端操作,可满足各种业务场景需求;集成安防、照明、消防、能耗、报警等外部系统及其监控设备,可融合数据,实现集成化智能管理;最后通过可视化大屏、VR/AR/MR等展示终端,形成可视化、多感知的数据与决策展示。

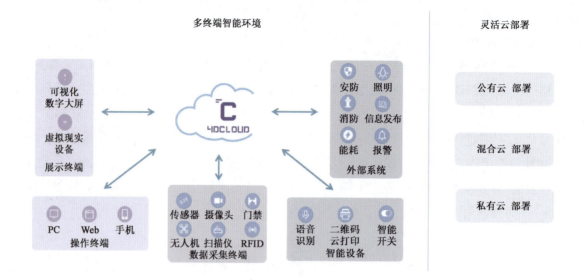

图 4-8　4D-BIM 云平台智能环境

(2) 4D-BIM 云平台技术优势。

作为国内领先的全生命期 BIM 平台,4D-BIM 云平台凸显了超前的技术优势。

①灵活的云架构部署:面向全生命期各参与方的不同应用需求和网络环境,支持私有云、公有云、专有云和混合云等多种云架构部署。

②项目全息数据分布式云存储:采用对象级结构化数据、流式数据、非结构化数据等多种存储管理机制,支持项目全过程数据分布式云存储,以及高效的网络访问和快速处理。

③多源异构数据融合与共享:采用多源异构数据融合技术,支持主流 BIM 设计软件的数据导入和模型整合,BIM 模型与多源工程信息的动态关联,实现跨平台信息融合和多参与方远程 BIM 协同应用。

④海量模型的轻量化:采用模型轻量化技术,从数据结构、模型存储及信息传输等方面实现海量模型的轻量化,可适应基建工程领域大区域、长线工程等多场景的 BIM 应用和实时操控。

⑤大数据搜索与挖掘分析:采用数据搜索引擎和数据驱动的服务体系,支持各种业务信息与模型的动态智能关联,实现建设工程的进度、成本、质量、安全等多个方面的超限趋势预警、偏差诱因提取、预测分析等,体现了"数据+算法"的智能服务与管理。

⑥高效安全的网络服务:实现对海量 BIM 数据网络传输的高效快速处理;支持各类计算和存储服务的弹性扩容,优化承载力与成本分配;支持数据权限控制、实例容灾、数据迁移,保证数据安全。

⑦开放式应用平台:为 BIM 应用软件和相关业务软件,提供运行和插件式二次开发环境,第三方开发者可利用这些资源开发或扩展需要的产品和功能。

(3) 4D-BIM 云平台应用优势。

4D-BIM 云平台及所支持的集成施工、智慧运维、智慧梁场、公路动态量价等应用系统已成功应用于数百个工程项目,体现了明显的应用优势。

①支持项目全生命期 BIM 数据管理:提供工程项目全生命期 BIM 构建、存储、管理和应用机制,实现项目全生命期各阶段、多参与方和各专业信息共享和无损传递。

②支持基于云的跨平台多终端运行：在云服务支撑下为 PC 端、Web 端、移动端提供面向多工程领域、多应用方的数据采集、存储、处理和共享，支持跨平台业务数据融合与协作。

③支持多参与方协同工作：提供工程项目不同应用方的业务逻辑控制机制，支持多参与方协同工作及其业务流程组织与调度。

④支持多工程领域 BIM 应用：可根据应用需求提取或创建不同细度的 BIM 模型，支持从整体宏观、局部中观到精细微观等多层次的工程管理，有效解决大规模、区域性和长线工程的 BIM 应用和展示。应用涵盖建筑、桥梁、公路、地铁和市政等多个工程领域。

⑤支持项目多阶段 BIM 应用：首次在同一 4D-BIM 云平台上开发了集成施工管理系统、智能运维管理系统以及多个专业应用软件，贯通了项目全生命期信息链和业务链，实现基于 BIM 的施工和运维管理的各项业务功能。

4. 智能 BIM 技术支撑

BIM 平台及数据中心的形成与应用，为进一步融合智能技术，利用大数据驱动智能管理和决策提供了技术支撑。BIM 与智能技术融合应用包括数据驱动管理、动态数字监控、智能感知定位、"数据+算法"的智能决策等。

1）数据驱动管理

4D-BIM 云平台可为用户提供时空数据搜索引擎与聚合分析、模型自动定位与业务数据智能关联、业务联动与关联分析以及多级模型提取等数据驱动管理功能。

（1）基于时空特征的数据搜索与聚合分析：针对任何模型对象或构件的空间特征，实现任意特定时间的工程业务数据和人材机资源数据的搜索和聚合分析，提供专业管理和决策分析。如计算任意部位在任意时间段的工程量完成情况、成本或人材机投入情况等。

（2）模型自动定位与业务数据智能关联：通过建立模型构件与业务数据之间的映射规则，实现模型与业务的智能动态关联，当模型变更或业务数据变化时，关联将自动调整。

（3）业务联动与关联分析：实现相关业务系统的智能联动和关联分析。如将动态算量系统与人材机管理系统相联动，可将算量系统计算的指定部位在指定时间段的工程量及人材机需求量自动关联到人材机管理系统，判断派工前置人材机资源配置是否满足需求，并进行相应的资源调配和处理。

（4）多级模型提取：根据应用需求，提取不同细度模型，可支持从宏观到精细的多层级管理，有效实现大规模、区域性和长线工程 BIM 管理和展示。

2）动态数字监控

BIM 融合数字监控实现数据多态增长，将 BIM 与数字监控、现代测量、三维激光扫描等技术融合，有效解决施工现场的质量安全的动态监测与分析，以及复杂结构施工的自动定位和精度分析问题，如图 4-9 所示。同时，还可实现施工现场实时环境监测和管理，包括扬尘浓度、颗粒物浓度、噪声指数以及视频监控等。

3）智能感知定位

通过 BIM 与物联网技术融合，实现二维码、RFID、红外感应、激光扫描等传感信息与 BIM 关联，解决 BIM 应用中的智能化识别、定位、跟踪、监控和管理。可将 IoT 设备定位在模型中，动态标识其运行状态，实现 IoT 设备状态的实时监控，追踪实时数据并提供报警服务。智能感知定位技已成功应用于施工过程及现场的安全与环境监控、施工物料配置与物流追踪,以及项目智能运维中的设施设备运行监控、故障感知识别、能耗和碳排放监测等。

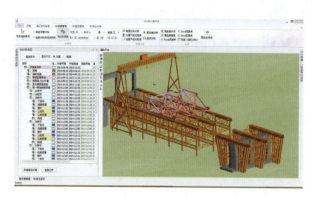

图 4-9　济南黄河特大桥顶推施工安全监测

4)"数据 + 算法"的智能决策

基于云架构的项目全过程数据存储、大数据搜索引擎以及数据融合、挖掘机制,可支持深度学习、自然语言处理、感知识别等分析算法,建立了"数据 + 算法"的智能决策体系,通过时空搜索聚合分析、趋势预测分析、频繁模式挖掘、异常监测、自动分类聚类等一系列分析工具,可针对项目设计、施工、运维阶段的实际需求提供分析和决策,也可为企业层的领导决策和各项业务管理提供基于数据深度分析的支持。

5. 智能 BIM 在交通工程领域的应用

基于 4D-BIM 云平台开发的集成施工管理系统、智慧运维管理系统以及智慧梁场、公路动态量价等专业应用系统,均体现出显著的智能 BIM 特征。其中,4D-BIM 施工管理系统围绕数据驱动管理,具备多类模型集成处理、多源数据融合分析、多端场景灵活应用及多方位精细管理等技术优势。4D-BIM 智慧运维管理系统以智能感知定位及动态管理为核心,在智能感知定位、故障识别分析、高效故障处理与数据分析决策方面表现突出。

该平台及系统已商品化并推广应用到轨道交通、公路、桥梁、市政、房建工程等数百个项目中,取得了极为显著的社会、经济效益。

1)轨道交通工程智能 BIM 应用

4D-BIM 集成施工管理系统成功应用于广州地铁、武汉地铁、北京地铁等多条线路及站点,形成了轨道交通整体实施方案,如图 4-10 所示。实施方案的目的是基于 4D-BIM 平台及 BIM 模型,对工程进度、质量、安全、成本以及人、机、料、法、环等进行标准化、数据化和可视化管控。通过线网和线路配置,实现线网、线路、区间、站点数据的集成管理;通过控制各参与方在不同层级的业务流程以及相关管理人员的工作权限,实现建设方、监理方、施工总包方以及分包方的协同工作,并以基于派工单的全流程协同管控为核心,将派工单作为数据采集单元,将 BIM 模型和项目管理数据动态关联,实现数据驱动的动态管理与智能决策。

4D-BIM 智慧运维管理系统应用于武汉地铁等多个项目,将 BIM 与物联网、人工智能技术相结合,面向地铁运维阶段提供可视化、智能化管理。通过共享设计施工 BIM 及信息,将运维及物联网信息与模型动态关联,支持多系统智能联动,多源异构数据融合,提供了空间管理、资产管理、设备运维管理、应急管理、安防管理、能源管理、环境监测等运维管理功能,支持基于 BIM 的智能运维管理。

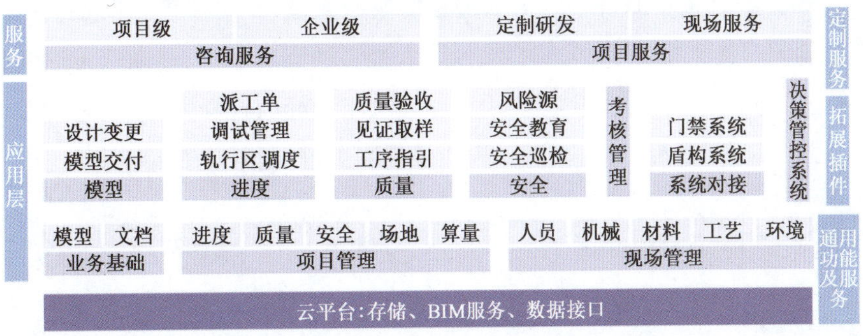

图 4-10 轨道交通工程施工智能 BIM 应用实施方案

2) 公路工程智能 BIM 应用

基于公路长线工程施工特点,在 4D-BIM 云平台基础上研发了基于 BIM + GIS 的公路工程施工管理系统,实现 BIM 与 GIS 数据的深度集成。面向公路工程整体宏观、局部中观到精细微观等多层次工程管理需求,结合参数化隧道管理、预制梁场生产管理、动态量价管理等形成了一体化公路 BIM 实施方案,实现基于多细度模型的长线工程多层次的协同管理,如图 4-11、图 4-12 所示。平台及系统成功应用于邢汾高速公路、曲港高速公路、太原东二环高速公路等多条公路建设,为项目提质增效带来了显著效益。

图 4-11 公路工程施工智能 BIM 应用实施方案

图 4-12 公路施工长线工程多层次协同管理

3) 桥梁工程智能 BIM 应用

桥梁工程具有体形庞大、类型多样、跨天堑施工难度大、高空作业多等特点,造成施工组织协作复杂、施工安全风险大等难点。针对这些特点和难点,重点综合将 BIM 与物联网、数字监控、感知识别等技术相融合,通过 4D-BIM 平台,将桥梁构件安装、合龙等复杂施工安全监测需要的传感器、物联网设备与模型准确定位,将监测数据与模型构件相关联,并与施工进度、质量、安全、资源等数据相融合。通过桥梁复杂施工过程和工序工艺的动态模拟与分析,实现施工期时变结构的应力应变及节点分析、沉降变形监测和工况管理等。将动态数字安全监控与施工项目管理、施工现场管理相集成,实现基于 BIM 的桥梁施工全过程的集成管理、实时监控和动态模拟。经过青岛海湾大桥、重庆白沙沱长江大桥、济南黄河特大桥等大型工程实际应用,逐渐完善形成了桥梁工程施工 BIM 应用实施方案(图 4-13),并广泛应用于连镇铁路五峰山长江大桥、北京新首钢大桥等几十座大型桥梁工程项目,为提高施工水平和工程质量提供了科学、有效的管理手段。

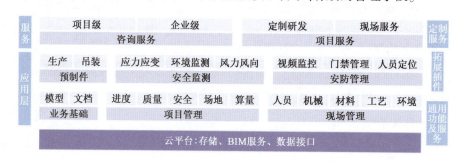

图 4-13　桥梁工程施工智能 BIM 应用实施方案

第四节　发展与应对

按照国家数字化转型升级发展战略以及建设行业的政策导向和发展目标,建设行业和企业发展的总体趋势是通过推动传统基建行业的数字转型、智能升级和融合创新,实现数据流引领技术流、物质流、资金流、人才流,促进生产组织方式的集约和创新,建立"用数据说话、用数据决策、用数据管理、用数据创新"的管理机制,实现数据驱动的科学决策。随着新一代信息技术和人工智能技术的发展,以及国家战略及行业政策的推进,信息安全已上升到国家安全的高度,信息资源将与能源资源等同重要。

当前,作为建设行业数字化基石的 BIM 技术发展已在我国取得突破性进展,在行业和企业转型升级、提质增效过程中发挥着无可替代的重要作用。但其普及应用仍面临着标准体系不完善、政策法规不健全、关键技术待突破、应用软件不配套等诸多问题,尤其是 BIM 核心图形引擎、核心建模软件等瓶颈技术缺乏,致使 BIM 设计应用受阻、BIM 集成应用困难,无法体现 BIM 整体应用价值,更难以实现完整的 BIM 数字建模,不足以作为行业数字化实现的基础。

在此背景下,我国 BIM 高水平发展和普及应用还是任重道远,尤其是作为传统基建行业的交通工程领域,大多数都是属于国家生命线的超大规模、区域性或长线工程,要抓住新基建的新机遇,应对数字化转型的新挑战,迫切需要突破 BIM 技术瓶颈,推进应用深度应用。具体应该从以下 5 个方面积极探索,形成有效的应对发展策略。

(1)政策导向:BIM 作为一种全新的工程理念和技术,正在引领建设领域从规划、设计理论到施工、运维技术的一系列创新,推动着传统的行业行为模式和管理方式的深刻变革。要深入推进 BIM 发展国家及行业政策导向依然是关键,重点需要进行完整的顶层设计,规划我国 BIM 发展和应用的路线图,制定相关政策法规,形成政策体系,引导 BIM 与新一代信息技术融合创新,深度应用,推进行业发展。

(2)标准先行:根据我国 BIM 应用特点和实际需求,建立和完善我国 BIM 标准体系,统一编制系列的 BIM 基础标准和应用标准,对 BIM 数据格式、交换过程、资源需求以及应用交付进行准确定义和行为规范,形成我国建设行业覆盖各工程领域的系列 BIM 标准,为 BIM 应用提供基础保障。

（3）技术创新：坚持技术自主创新，突破"卡脖子"等系列关键技术，研发我国自主可控的BIM平台和应用软件，为保障数据安全和信息资产，发展我国软件产业提供技术支撑。

（4）管理变革：BIM技术应用涉及一系列管理变革，需要结合BIM应用优化企业的整体业务流程、管理模式和组织机构，推动大数据驱动管理和决策的创新和变革。

（5）渐进发展：BIM普及应用应该按照规划的路线图和发展目标，分阶段、分步骤循序推进，以典型示范带动普及应用。

本章参考文献

[1] 中华人民共和国中央人民政府.国务院关于加快培育和发展战略性新兴产业的决定[EB/OL]（2010-10-18）[2022-02-18]. http://www.gov.cn/zwgk/2010-10/18/content_1724848.htm.

[2] 中华人民共和国中央人民政府.国务院关于印发新一代人工智能发展规划的通知（国发[2017]35号）_政府信息公开专栏[EB/OL]（2017-720）[2022-02-18]. http://www.gov.cn/zhengce/content/2017-07/20/content_5211996.htm.

[3] 中华人民共和国中央人民政府.国务院关于积极推进"互联网+"行动的指导意见_2015年第20号国务院公报_中国政府网[EB/OL]（2015-07-01）[2022-02-18]. http://www.gov.cn/gongbao/content/2015/content_2897187.htm.

[4] 中华人民共和国中央人民政府.国务院关于印发促进大数据发展行动纲要的通知[EB/OL]（2015-08-31）[2022-02-18]. http://www.scio.gov.cn/xwfbh/xwbfbh/wqfbh/33978/34896/xgzc34902/Document/1485116/1485116.htm.

[5] 中华人民共和国中央人民政府.中国国民经济和社会发展第十三个五年规划纲要（全文）_2016全国两会[EB/OL]（2016-03-17）[2022-02-18]. http://www.china.com.cn/lianghui/news/2016-03/17/content_38053101_2.htm.

[6] 中华人民共和国住房和城乡建设部.住房和城乡建设部等部门关于推动智能建造与建筑工业化协同发展的指导意见[EB/OL]（2020-07-03）[2022-02-18]. http://www.gov.cn/zhengce/zhengceku/2020-07/28/content_5530762.htm.

[7] SACKS R, EASTMAN C, LEE G, et al. BIM handbook: A guide to building information modeling for owners, designers, engineers, contractors, and facility managers[M]. John Wiley & Sons, 2018.

[8] National BIM Standard - United States[EB/OL]（2015）[2022-02-18]. https://www.nationalbimstandard.org/.

[9] 林佳瑞.面向产业化的绿色住宅全生命期管理技术与平台[D].北京:清华大学,2016.

[10] 林佳瑞,张建平.我国BIM政策发展现状综述及其文本分析[J].施工技术,2018,47(06):73-78.

[11] 张建平,李丁,林佳瑞,等.BIM在工程施工中的应用[J].施工技术,2012,41(16):10-17.

[12] 林佳瑞,张建平.基于BIM的施工资源配置仿真模型自动生成及应用[J].施工技术,2016,45(18):1-6.

[13] 胡振中,彭阳,田佩龙.基于BIM的运维管理研究与应用综述[J].图学学报,2015,36(05):

802-810.

[14] ZHANG J, LIU Q, HU Z, et al. A Multi-Server Information-Sharing Environment for Cross-Party Collaboration on a Private Cloud[J]. Automation in Construction, 2017, 81:180-195.

[15] ZHANG J, HU Z. BIM-and 4D-based integrated solution of analysis and management for conflicts and structural safety problems during construction: 1. Principles and methodologies[J]. Automation in construction, 2011, 20(2):155-166.

[16] LIN J, ZHANG J, ZHANG X, et al. Automating Closed-Loop Structural Safety Management for Bridge Construction through Multisource Data Integration[J]. Advances in Engineering Software, 2019(128):152-168.

[17] ZHANG Y, KANG K, LIN J, et al. Building Information Modeling-Based Cyber-Physical Platform for Building Performance Monitoring: [J/OL]. International Journal of Distributed Sensor Networks, 2020[2020-05-18]. https://journals.sagepub.com/doi/10.1177/1550147720908170. DOI:10.1177/1550147720908170.

[18] ZHOU Y, HU Z, LIN J, et al. A review on 3D spatial data analytics for building information models[J]. Archives of Computational Methods in Engineering, 2020, 27(5):1449-1463.

[19] WEN Q, ZHANG J, HU Z, et al. A data-driven approach to improve the operation and maintenance management of large public buildings[J]. IEEE Access, 2019(7):176127-176140.

第五章 交通大数据的关键技术与发展展望

孙智源　戚　欣　陈艳艳

数字城市（Digital City）、智慧城市（Smart Ctiy）推动了大数据（Big data）时代的来临。*Nature* 和 *Science* 期刊分别于 2008 年和 2011 年征集 *Big Data* 和 *Dealing with data* 专刊；2012 年，美国正式发布了"大数据研究和发展倡议"；同年，我国发布智慧城市、云计算等白皮书；2013 年，住房和城乡建设部、科学技术部和中国国家标准化管理委员会在全国开展智慧城市试点示范工作；数字城市与智慧城市接踵而来。交通领域内，*Transpontation Research Part C* 在 2015 年征集 *Big Data in Transportation and Traffic Engineering* 专刊；2016 年，综合交通与城市交通也开设了大数据与交通专题。随着现代信息技术的集成应用与创新，"互联网+交通运输"全面推进，交通大数据时代来临。

近年来，交通大数据正从传统的固定检测、移动检测，向各类新型检测以及稳定的多源数据融合与深度的数据驱动服务方向转变。交通大数据为"感知现在、预测未来、面向服务"提供了最基本的数据支撑，是解析基本规律、进行智能管控、辅助战略规划、提供决策依据、解决交通问题的最基本条件与重要保障。在此背景下，展望大数据的发展应用趋势，分析交通大数据相关的关键技术和制高点，为大数据技术的创新发展和政策制订提供依据，具有重要意义。

第一节　交通大数据的关键技术

一、数据开放标准与协议

由于数据收集和存储格式的不同，数据在不同部门或企业之间不能有效地流通。数据开放标准与协议的产生就是为了使这些数据的收集和存储格式标准化，并且便于其他部门或企业使用。在交通领域，数据开放标准与协议可以应用于交通控制、地图数据、公交数据、共享单车数据、停车数据、实时路况数据等。

例如，在交通控制的标准和协议方面，长期采用的是美国国家智能交通系统通信协议（National Transportation Communications for ITS Protocol，NTCIP），它是针对智能交通系统中电子设备间数据传输制定的标准通信协议，确保了交通控制系统和智能交通系统之间的互操作性和互换性。NTCIP 为交通管理部门提供了更多选择，不仅解决了多个部门之间的协调问题，而且也为在同一线路上使用不同企业的设备提供了可能。然而，越来越多的企业建立了独有的交通控制信息数据库（MIBs），为控制中心和交控设备之间提供了一种通用的通信语言。在不同企业的 MIBs 中，只有少量的对象通过 NTCIP 的标准化，而其他对象是企业独有的。这限制了不同类型设备之间的兼容性，使用户难以在不同设备之间选择最佳解决方案。在这种情况下，数据开放标准与协议显得尤为重要，可以使不同类型的设备之间能够正常通信，更有利于区域协调控制的实现。

因此，数据开放标准与协议的难点不仅存在于技术层面，更多的是存在于政策层面和机制层面。从政府的角度来说，管理部门可以选择符合开放标准与协议的设备，促进供应方提高设备兼容性，并且制定相关政策，鼓励数据的开放。企业方面可以积极探索在开放标准与协议的基础上，如何通过研发具有自身特色的功能和亮点以提升产品的竞争力。另外，协会也可以与时俱进地制定行业标准，引领各企业的设备向标准化的方向发展。

与交通管理数据类似，地图、公共交通、共享单车、停车、实时路况等数据的开放标准与协议也可以起到消除壁垒、提升效率、促进公平竞争、保障数据安全等一系列作用。数据开放标准与协议本质上是数据的共享,当前很多部门和企业在研究和建设数据中台,就是要将多源多格式的数据通过标准化和协议进行汇总和共享,提升交通数据使用效率,发挥数据潜能。

二、云计算

2009年,美国国家技术与标准局(National Institute of Stardards and Technology,NIST)信息技术实验室发布了被业界广泛接受的云计算的定义:云计算是基于网格的、可配置的共享资源计算池,包括网络、服务器、存储、应用和服务,并且这些资源池能以最省力或无人干预的方式,或者通过与服务器提供商的交互快速地获取和释放。

云计算大致可分为3种服务模式:基础设施即服务(Infrastructure as a Service,IaaS)、软件平台即服务(Platform as a Service,PaaS)和应用软件即服务(Software as a Service,SaaS)。基础设施即服务是运维者将硬件设备等基础资源封装、分配、调度,对最终用户提供计算、存储等基础服务;软件平台即服务是软件开发者把端到端的软件开发、测试等当作服务,简化应用程序开发过程、提高软件开发效率;应用软件即服务是最终用户仅需要选择供应商,租赁应用服务,无须购买软硬件产品,即可直接使用该应用软件的云服务。

交通大数据具有数据量大、时效性强、来源结构多样化等特征,对传输、存储、处理速度、分析算法等方面的要求都比较高。相对于分散的机房建设和硬件堆叠,云计算在这些方面具有天然的优势。因此,云计算是交通大数据的存储与分析处理的自然选择,选择云计算服务后,政府可以把业务资源、精力专注于上层应用开发,大幅降低互联网技术基础设施建设和运维的费用。

在云计算服务中,交通大数据可以根据自身需要灵活选择服务模式。基础设施即服务、软件平台即服务和应用软件即服务都可以成为交通大数据存储和处理分析的选择。例如,当前广泛建设的交通大数据平台能够根据用户的需求提供云基础设施、软件平台或应用服务。交通大数据平台整合多源异构交通大数据,通过处理分析向管理部门和公众提供多种服务。例如,平台对内可以承担协同指挥调度、监控管理、信息共享、统计分析等多重职能,对外则是向公众发布实时交通信息的窗口。

目前云计算在交通大数据应用方面还存在着数据中的信息尚未充分挖掘、各部门之间系统不兼容、部分平台较难学习使用等难点。未来云计算提供的服务将更加多样化,使得交通管理部门更加容易地使用交通大数据平台的各项应用;数据的处理分析将更加快速和智能,使更多衍生的应用服务成为可能。建议管理部门关注技术发展,积极采用新技术与新应用;建议企业在开发应用时注重适用性与可操作性,便于新应用的落地使用和操作学习。

三、边缘计算

边缘计算是在靠近数据源头的一侧来处理数据,而不是在中央服务器处理的计算方式。它是对云计算的补充,有效地弥补了云计算的一些缺陷。与云计算相比,边缘计算有着以下优势:分布式和低延时、成本低、缓解管道压力、智能化、可用性高、安全性高、实时性高。

由于部分交通大数据数据体量巨大或时效要求非常高或安全性要求高,边缘计算相对云计算可以在这些方面发挥其优势。在交通行业中,边缘计算主要的应用场景包括交通视频分析处理和智能交通。在交通视频分析处理方面,视频数据体量的快速增长给云计算中的数据传输、存储和分析处理都带来了不小的挑战。边缘计算的方式可以在边缘硬件中的计算平台中将视频数据处理为结构化的小体量数据,再经由传输链路上传至中央服务器,保证了实时性和较低的链路成本。在智能交通方面,多源的传感器等设备收集海量的交通大数据,但是大数据中仅有少量关键数据与交通管理相关。边缘计算可以将此关键数据从大数据中提取出来并进行处理,避免将冗余数据传输和存储于中央服务器中,从而降低传输和存储成本,并且提高管理的时效性。

目前边缘计算在交通大数据使用中还存在着技术与实际应用相结合的难点。未来的边缘计算将向安全性更高、兼容性更好的方向发展。管理部门可以根据需要灵活选择云计算和边缘计算的组合,以实现多种业务应用;企业可以开发更加适用于实际应用的云计算与边缘计算相结合的应用架构,满足未来多方面的应用需要。

四、高清视频检测

传统的交通信息感知包括地面检测器、浮动车、微波雷达等多种方法,视频检测是其补充手段之一。随着视频技术的进步和识别算法的开发,视频数据量快速增加,同时检测效果逐渐提升。利用视频检测数据,可以实现对路面、车道线和障碍物的自动检测,以及对车辆和交通事件的识别和跟踪。

在交通应用中,视频检测分析可应用于基础通用检测,主要包括道路分割、车道线检测、视频采样、前景提取、图像匹配、目标结构化及定位、场景结构化及分类和视频跟踪;可应用于交通参数视频采集,主要包括车流量、平均车速、占有率等;可应用于交通事件视频检测,主要包括拥堵事件检测、停车及撞车事件检测、逆行事件检测、行人穿越事件检测、抛洒物事件检测和烟火事件检测等。

目前视频检测交通大数据的处理分析主要使用机器学习和深度学习的方法,在处理分析的速度和准确度受到上述学习算法的限制。另外,视频检测方式还受到天气、光照和遮挡物等因素的影响,这些难点需要进一步研究解决。未来,视频检测与分析处理方法的进步会增加视频检测交通大数据中的信息量,并进一步提高检测的准确性和效率。

五、车路协同

车路协同是采用先进的无线通信和新一代互联网技术,全方位实施车车、车路动态实时信息交互,并在全时空动态交通信息采集与融合的基础上开展车辆主动安全控制和道路协同管理,充分实现人、车、路的有效协同,保证交通安全,提高通行效率,从而形成安全、高效和环保的交通系统。

车路协同不仅需要交通大数据相关的技术支持,同时也需要交通领域传统的出行者需求和习惯分析。各类交通大数据的出现、数据处理技术的发展以及通信技术的进步使车路协同逐步发展,其中,交通大数据的作用不仅体现在交通诱导、信息服务等传统方面,同时也体现在道路安全预警、气象预警等方面。

目前车路协同仍处于发展阶段,部分技术尚未完全成熟,交通大数据在车路协同中的潜力也尚未全部挖掘。未来的车路协同在交通大数据的支持下可以实现更多新功能,发挥更广泛的作用。

六、物联网

物联网是通过互联网、传统电信网等信息载体,让所有能行使独立功能的普通物体实现互联互通的网络。物联网将现实世界数字化,应用范围十分广泛。在交通领域,物联网主要应用于智能驾驶、智能停车场、无感收费、智能公交车、共享自行车、充电桩、智能红绿灯、仓库设备管理等方面。

物联网的出现极大地丰富了交通大数据的采集手段,使得每个联网的交通设备都有可能上传其相关数据。通过物联网的连接,原本孤立的交通设备之间可以进行数据传输交流,使得很多难以通过传统方法实现的功能变为可能。例如无感收费实现了车辆在很多场景下的自动收费,不仅节约了大量人工成本,也极大地简化了交费过程,这些功能在传统基础设施下是几乎不可能实现的。

目前,物联网已经在交通领域的多个方面有了实际应用,但由于实际中接入物联网的交通设备数量有限,物联网在交通中尚未发挥全部潜能。未来交通领域的物联网将接入更多设备,安全性等技术方面将取得更多发展,相关的政策和标准也将逐渐完善。

七、5G

5G 是指第五代移动通信技术,是具有高速率、低时延和多连接特点的新一代宽带移动通信技术,是实现人机物互联的网络基础设施。5G 在交通领域的主要应用包括车联网与自动驾驶、智慧停车、智慧出行、智能交通管控、5G 智慧码头、5G 智慧机场、轨道交通业务等方面。

由于很多交通装备在工作状态下处于移动状态,难以通过有线通信的方式使这些交通装备与外界进行通信,因此,很多交通数据的传输需要采用移动通信的方式。交通大数据在很多情况下依赖于数据的传输效率,这是由交通大数据的体量和时效性决定的。5G 是当前最新的移动通信技术,非常适合交通大数据在移动设备之间的传输。

当前 5G 已趋于成熟,然而却并没有被广泛地用于各类交通设备中。当前的难点在于 5G 相关的芯片等设备成本相对较高,且没有被推广应用于交通设备中。未来 5G 将具有更大的灵活性,并且具有网络自感知、自调整等智能化能力,以应对未来移动信息社会难以预计的快速变化。

八、区块链技术

区块链是一个去中心化的分布式数据库,该数据库由一串使用密码学方法产生的数据区块有序链接而成,区块中包含有一定时间内产生的无法被篡改的数据记录信息。区块链技术拥有中心化系统不具备的以下优点:多中心化、不可篡改、公开透明。在交通领域,区块链技术主要应用于数据共享、费用即时支付、提升车联网信息安全、精准信息服务、车位管理、物流状态跟踪与信息交互等方面。

在一部分交通大数据的应用中,对数据的安全性要求较高,区块链技术即可发挥其优势。例如在数据共享中,区块链既可以保证数据公开透明,同时也可以保证各方数据的安全。

目前,区块链技术在交通领域使用较多的场景大多局限于支付,这是由于金融领域的区块链技术发展较快,但交通领域发展较慢的缘故。区块链技术在交通领域尚未推广的原因包括区块链理论比较复杂导致了解的人较少,交通数据的安全性、隐私性和共享方面尚未得到足够的重视,区块链技术应用成本较高等。未来,区块链技术将更加成熟并被更多领域熟知,交通领域中对安全要求较高的数据可能会采用此技术存储。

九、移动定位与高精地图

移动定位是指通过特定的定位技术来获取移动手机或终端用户的位置信息(经纬度坐标),在电子地图上标出被定位对象的位置的技术或服务。现有的移动定位系统包括 GPS、北斗系统等。高精地图是相比普通电子地图精度更高的电子地图,其精度精确到厘米级别,并且包括了除道路信息之外的与交通相关的周围静态信息。

北斗卫星导航系统是我国自行研制的全球卫星导航系统,可免费为全球用户提供全天候、全天时、高精度的定位、测速和授时服务,并具有短报文通信能力,可用于监控救援、信息采集、精确授时、导航通信等多个领域。相对于 GPS 等其他移动定位系统,北斗卫星导航系统有以下特点:混合星座卫星系统抗遮挡能力强、多频信号精度更高、融合导航与通信功能等。在交通领域,北斗卫星导航系统有着广泛应用,例如智能导航、车辆实时信息采集、公交车监控管理、自动驾驶应用、实时交通信息服务、行车安全管理等。

交通设备的精准定位是多种业务应用的基础,而移动定位技术和高精地图技术是实现精准定位的保证。移动定位技术实现可获得每个观测时刻交通设备的精确经纬度,而高精地图技术可根据精确的经纬度将交通设备的位置匹配到道路,从而获得交通设备在路网中的位置。两种技术的结合广泛地应用于需要交通设备在路网中位置的场景中。

目前,移动定位技术,特别是北斗技术越来越多地用于交通设备中;高精地图也广泛地设置于智能手机和多种交通设备中。交通大数据在移动定位和高精地图方面的应用难点基本不在定位或匹配技术方面,而是在数据的隐私性方面。这是因为很多用户在使用交通设备时不愿将位置信息共享,因此在位置数据的收集和使用方面需要设计一定的机制使得此数据能被安全地、保护隐私地使用,并消除用户的隐私性方面的顾虑。未来的移动定位和高精地图技术将更加精确和快速,促进交通领域相关方向的进一步发展。

十、人工智能

人工智能是用于模拟、延伸和扩展人的智能的理论、方法、技术及应用系统的一门新的科学技术,它能够提供一种能以与人类智能相似的方式做出反应的智能系统。人工智能的核心技术包括模式识别、机器学习、数据挖掘以及智能算法等。人工智能在交通领域的主要应用包括图像识别技术、自动驾驶技术、智能出租汽车、智能公交调度、实时路况分析和动态交通诱导等。

在交通大数据的分析中,人工智能技术发挥着重要作用,多种复杂的算法例如识别、优化、决策等都以人工智能技术为基础。例如,对于交通领域中的调度问题、诱导问题、寻路问题等都是优化问题,人工智能技术能够提高问题求解的效率和准确度。

目前,人工智能正广泛用于交通领域的多项应用中,难点主要存在于巨大的计算量与有限的计算资源和较高的时效性要求上。未来的人工智能将更接近人类处理问题的思路,可能会主动地从交通大数据中发现更多信息。

第二节　交通大数据的应用趋势

一、传统交通大数据基本类型

交通大数据描述了城市现状物理空间结构,体现了交通出行个体的运行状况,反映了交通系统供给与需求特性,表现了交通运行状况的其他环境要素。交通大数据具有体量巨大(Volume)、处理快速(Velocity)、模态多样(Variety)、真假共存(Veracity)、价值丰富(Value)、可视化(Visualization)等特征。

根据北京市综合交通运行监测调度中心(TOCC)的资料显示,交通大数据主要从三大路网、四大市内交通方式、三大城际交通方式,以及交通枢纽、静态交通等领域获得(图5-1),多样化的数据来源产生了多种类型、多个角度、多项用途的交通大数据(图5-2)。

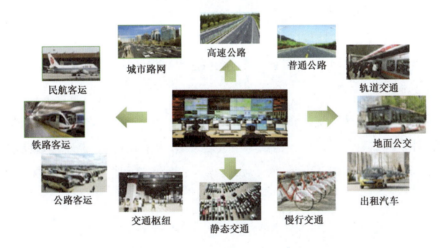

图 5-1　交通大数据的来源

1. 三大路网

三大路网包括城市路网、高速公路和普通公路。其中,城市道路主要产生固定交通检测器数据、浮动车数据、视频图像等数据;高速公路主要产生交通量数据、收费 OD 数据、交通事件动态信息、视频图像等数据;普通公路产生固定交通检测器数据、交通事件动态信息、视频图像等数据。

图 5-2 交通大数据的类型

2. 四大市内交通方式

四大市内交通方式包括轨道交通、地面公交、出租汽车和慢行交通。其中，轨道交通的数据类型包括客运量数据、AFC 动态数据、一卡通数据、换乘客流检测数据、列车运行情况数据、运营事件动态信息、车站/通道/车厢视频等；地面公交的数据类型包括客运量数据、刷卡动态客流数据、公交车辆 GPS 数据、一卡通数据、运行车次数据、场站/车载视频数据等；出租汽车的数据类型包括出租汽车 GPS 数据和计价器数据；慢行交通数据包括租还点数据和网点车位数据。

3. 三大城际交通方式

三大城际交通方式包括民航、公路和铁路客运。其中，民航客运收集客运量数据、起降航班架次数据、首都机场动态客流数据、出租汽车接续运力/客流数据等；公路客运收集客运量数据、到发班次数据、省际客运旅游客运车辆 GPS 数据等；铁路客运收集客运量数据和开行列车数据。

4. 其他

交通枢纽可以检测客流量数据和视频图像等；静态交通检测路测停车位动态数据、P+R 停车场动态数据、社会停车场动态数据、车辆识别数据等；社会资源例如手机运营商可以检测手机信令数据、导航软件可以收集导航众包数据等；公路货运还可以检测治超数据和重点货运/危化品运输车辆 GPS 数据等。

目前，交通大数据呈现如下四个方面的应用趋势：海量非结构化交通大数据提供了更多的知识，高维空间异质交通大数据蕴含了更多的规律，多源交通大数据交叉分析辨识了更多的特征，智能网联车载交通大数据支持了更多的应用。

二、趋势一：海量非结构化交通大数据提供了更多的知识

1. 视频数据处理应用

视频数据蕴含海量信息，可以提供更广泛的应用，例如基于全景影像的慢行交通品质评估。基于全景影像的视频数据，对城市道路慢行交通品质进行评估，并给出可视化孪生，并优化设计方案。其技术路线如图5-3所示。

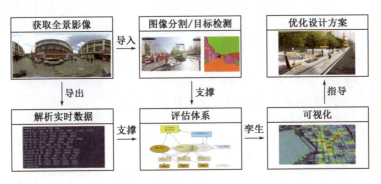

图5-3　基于全景影像的慢行交通品质评估的技术路线

在获取全景影像之后，可以采用语义分割（SegNet算法）和目标检测（Yolo算法）将非结构化的图像资料转化为结构化数据，为慢行交通评价提供基础数据，并通过GPS数据映射到地图上。评价指数主要包括步行指数和自行车指数，每个指数都包含便捷、安全和舒适三个指标；每个指标还包含了具体的指标，且可从图像识别结果中得出。此应用可利用视频数据获得了街景中各类目标物的比例等信息，体现了交通大数据在慢行交通品质评估中提供了更多的知识。

2. 文本数据挖掘应用

文本数据同样蕴含海量信息，支持更深入的应用，例如基于文本挖掘的轻微车车事故数据提取。轻微车车数据以文本的形式记录了事故发生的具体信息，包括事故各方的性别、年龄、车牌、车辆类型、事故责任以及事故位置等信息，难以进行行为特征的提取。使用文本数据挖掘技术，可从非结构化的文本中提取结构化数据。文本数据挖掘的技术路线如图5-4所示。

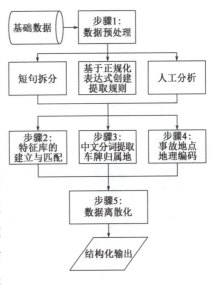

图5-4　文本数据挖掘技术路线

三、趋势二：高维空间异质交通大数据蕴含了更多的规律

1. 地球空间大数据支持下的智慧道路应用

地球空间大数据属于高维空间大数据，可以使用小比例尺高清遥感影像对宏观路面信息进行提取，以支持智慧道路的建设。例如，通过多层卷积编码-解码器提取路面信息，如图5-5所示。

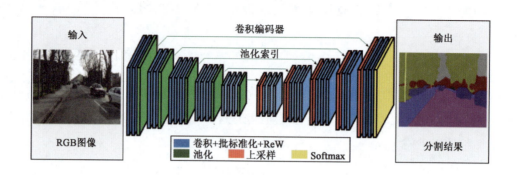

图 5-5　多层卷积编码-解码器提取路面信息

此外,由对应道路的 LiDAR(激光雷达)点云数据和 GPS 数据,可以对道路连续纵、横断面信息等进行估计,如图 5-6 所示。这项应用可以支持智慧道路的建设。

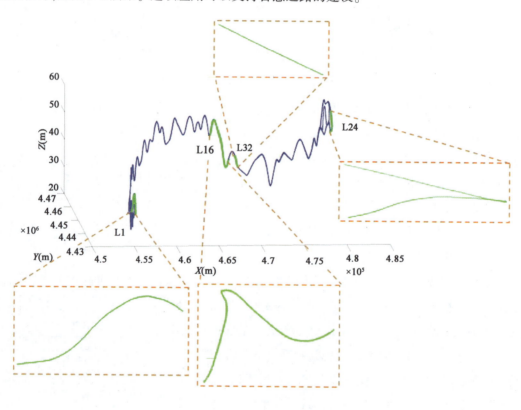

图 5-6　纵、横断面信息估计

2. 交通事故异质性分析应用

交通事故的发生与很多因素相关,利用异质大数据可以根据多种因素对事故进行分析,得到事故按潜在因素的聚类结果。采用潜在类聚类(LCA)的方法对事故进行聚类。根据各项信息准则,首先确定最佳聚类个数,并对事故群组进行划分。例如在图 5-7 的示例中,根据四项指标,确定最佳聚类数为两类。

可以使用随机参数 Logit 模型(RP-logit)进行显著因素识别及异质性分析。显著因素和隐藏因素及其分类如图 5-8 所示。

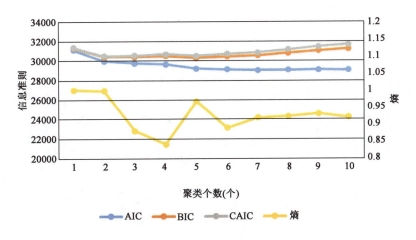

图 5-7 根据 AIC、BIC、CAIC 和熵值确定最佳聚类数

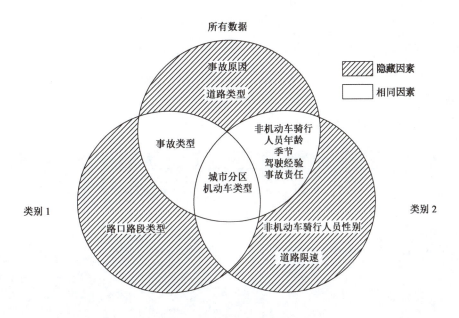

图 5-8 整体数据、类别 1、类别 2 中的隐藏因素

此外,可以使用贝叶斯网络(BN)进行高死亡率事故条件推断。对各因素之间的关系进行 BN 结构学习,不同的优化目标会得到不同的 BN 结构结果并对其进行评价。图 5-9 中显示了其中一种 BN 结构,以及各 BN 结果的优劣分析。据此可以得出最优的 BN 结构,进而找出关键因素组合,对高死亡率事故条件进行推断。

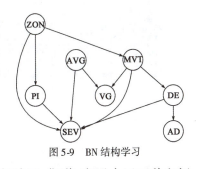

图 5-9 BN 结构学习

交通事故具有空间异质性。以某市为研究对象,将全市分为行政区、街道、交通小区三种空间研究尺度,深入研究酒精可获得性和酒驾事故内在影响机理。通过分析可以得到人口密度、零售店密度、交叉口密度、路网密度、宾馆酒店密度、公司企业密度和住宅密度对酒驾事故的影响,其直接效应、间接效应和总效应结果如图 5-10 所示。

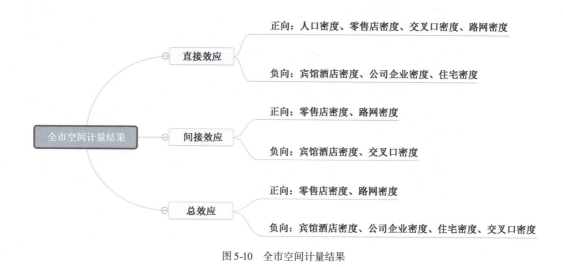

图 5-10 全市空间计量结果

四、趋势三：多源交通大数据交叉分析辨识了更多的特征

1. 基于众包数据的个体出行行为画像

根据个体的出行数据，可以进行出行模式判断，然后使用集计交通量可视化处理和校验，对道路交通流和区域间出行监测。另外，基于人群分类、工作居住地和旅游休闲地等信息可以分析人群的出行目的和出行喜好，对个体出行行为画像（图5-11），可以发现就医、旅游和务工商务人群在北京的空间位置分布有明显的差异。

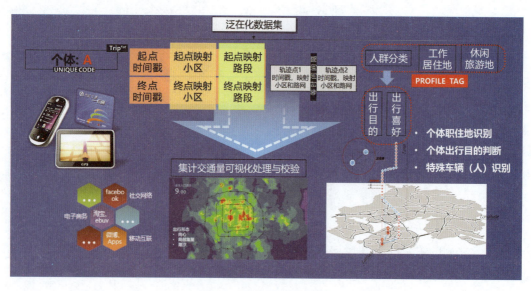

图 5-11 个体出行行为画像

此案例中通过多源交通大数据中的众包数据，对人群出行进行交叉分析，进而辨识了更多的特征。

2. 出行与土地利用互动关系解析

应用交通大数据可以解析出行与土地利用互动关系。以北京为例，可以发现：六环内主要用地成分为居住用地类型；主要用地成分为工作用地类型小区多分布在北部及边缘组团的就业集聚区；休闲区多集中在公园所在区域。对居住用地、工作用地和休闲用地的推测结果进行误差分析表明,深度学习对用地类型推测效果优于机器学习算法;当交通小区内某种用地类型组分占比超过60%时,推测结果误差较小,在15%以内。

从关联分析的角度对此数据集分析,可以使用时空维度聚类的方法。图5-12中右侧显示了5种不同类型用地的出行时间分布特征,左侧的地图能够明显地区分这些类型。

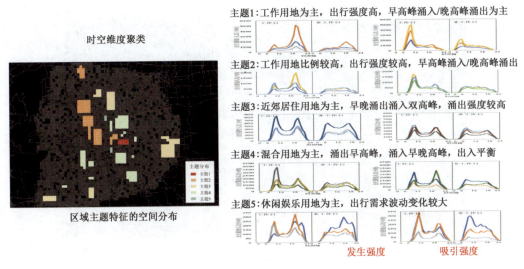

图5-12 不同类型用地的出行时间分布特征及区分

五、趋势四:智能网联车载交通大数据支持了更多的应用

1. 智能网联车与人驾车混行管控

智能网联车与人驾车混行是一种复杂的交通运行环境,智能网联车载交通大数据可应用于智能网联车与人驾车混行的管控中。采用智能车与车辆编队微观仿真模型对混行进行模拟,然后给出合理的管控方案。图5-13a) ~ 图5-13d)从上至下分别是智能车跟驰模型、车辆加入编队、编队重组和编队拆分的仿真情形,体现了智能网联车载交通大数据在管控应用中起到的支持作用。

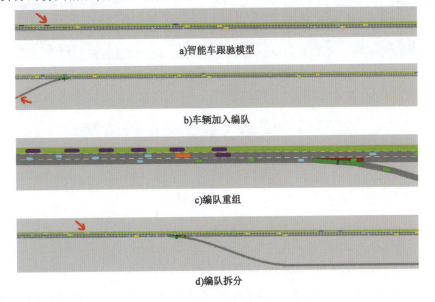

图5-13 智能车跟驰模型、车辆加入编队、编队重组和编队拆分的仿真情形

2. 主动交通安全

车辆在途动态预警系统(图 5-14)使用智能网联车载交通大数据,能够实时呈现路况信息、车载视频、事故信息等动态信息,为城市路网安全畅通提供了保障。

图 5-14　车辆在途动态预警系统

智慧高速公路应急管控系统(图 5-15)使用智能网联车载交通大数据,实时显示高速路况、出行需求、事故汇总等高速公路信息,为高速公路应急提供了决策的信息来源。

图 5-15　智慧高速公路应急管控系统

第三节　交通大数据的前景展望

一、交通大数据更加多类型、多来源、多维度

随着数据采集技术的进步,未来的交通大数据将更加多类型、多来源、多维度(图 5-16)。类型方面,更多类型的结构化数据和非结构化数据将被采集;来源方面,主动采集、行业共享、社交网络、智能手机、地理信息、场地实验等方式都将成为交通大数据的来源;而维度方面,交通大数据不仅可以探索行业内部行为规律,还可以分析相关行业的互动规律。

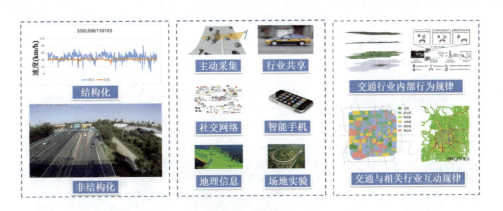

图 5-16　交通大数据更加多类型、多来源、多维度

二、数据处理方法更加智能，时序积累更加丰富，分析视角更加全面

未来数据分析技术也将更加进步，交通大数据处理方法更加智能，时序积累更加丰富，分析视角更加全面（图 5-17）。集成学习、深度神经网络等处理方法会更加频繁地应用，时间维度上将有更多的数据被用于分析，而政府、企业、出行者等各交通参与方也都将成为研究的分析视角。

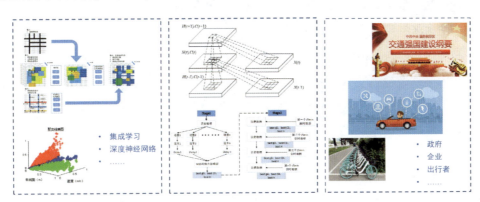

图 5-17　数据处理方法更加智能，时序积累更加丰富，分析视角更加全面

三、数据应用更加面向问题驱动，趋于智慧治理，回归交通工程

在数据应用方面，未来的交通大数据将更加面向问题驱动，趋于智慧治理，回归交通工程（图 5-18）。安全问题、拥堵问题和环境问题将更加突出地被关注，类别化全周期监测 + 智能辅助决策将更多地落地应用，而精细化交通工程设计 + 智能管控服务会使交通的优化更加有效。

交通大数据为交通系统的规划、建设提供基础资料，因此有必要进行变革性研究：

（1）构建更开放的数据开放标准、协议及平台，促进多元化研究的实现；

（2）大力推进大数据基础理论、支撑技术、应用平台的研究，解决海量多源大数据获取、传输、处理与应用等方面的问题；

（3）服务于优化决策的数据源及数据流更趋于多元和交互，将从传统的管理流程为主的线性范式，向数据为中心的扁平化范式转变；

(4)以数为据,建立包括机理解析、关系发现、状态辨识、优化决策、滚动反馈等系统化交通大数据驱动的应用产品,促进交叉学科科技成果转化。

图 5-18 数据应用更加面向问题驱动,趋于智慧治理,回归交通工程

基于上述分析,交通大数据的研究及应用还需要强有力的理论及其应用支撑,建议对以下关键课题进行深入研究:

(1)交通大数据开放标准、协议、平台(政策机制为驱动、政产学研结合);

(2)具有较高兼容与扩展性的云计算平台(技术研发、设计标准);

(3)交通大数据边缘计算(软硬件研发、应用驱动);

(4)高准确性与效率的高清视频检测(技术研发、硬件升级);

(5)适用于交通管理的5G通信(应用驱动);

(6)移动定位与高精地图(应用驱动);

(7)适用于特殊场景的车路协同大数据(技术研发);

(8)人工智能驱动的交通大数据快速处理(技术研发);

(9)泛在车路协同(软硬件研发、应用驱动);

(10)物联网驱动的交通泛在感知与控制(软硬件研发、应用驱动);

(11)区块链驱动的交通大脑(软硬件研发、应用驱动)。

本章参考文献

[1] 陆化普.交通大数据分析与应用教程[M].北京:人民交通出版社股份有限公司,2020.

[2] 陆化普,孙智源,屈闻聪.大数据及其在城市智能交通系统中的应用综述[J].交通运输系统工程与信息,2015,15(5):45-52.

[3] 陈艳艳,赖见辉,王扬.交通大数据技术及其应用[M].北京:人民交通出版社股份有限公司,2021.

[4] 陈艳艳,王东柱,马建明.面向未来交通的前沿新技术[M].北京:人民交通出版社股份有限公司,2021.

[5] 陈旭梅.城市智能交通系统[M].2版.北京:北京交通大学出版社,2021.

[6] 托马斯·埃尔.云计算:概念、技术与架构[M].龚奕利,贺莲,胡创,译.北京:机械工业出版社,2014.

[7] 拉库马·布亚.雾计算与边缘计算:原理及范式[M].彭木根,孙耀华,译.北京:机械工业出版

社,2019.

[8] 万帅,杨富正.新一代高效视频编码 H.265/HEVC:原理、标准与实现[M].北京:电子工业出版社,2014.

[9] 张毅,姚丹亚.基于车路协同的智能交通系统体系框架[M].北京:电子工业出版社,2015.

[10] 拉杰·卡马尔.物联网导论[M].李涛,卢冶,董前琨,译.北京:机械工业出版社,2019.

[11] 王映民,孙韶辉.5G 移动通信系统设计与标准详解[M].北京:人民邮电出版社,2020.

[12] 邹均,张海宁,唐屹,等.区块链技术指南[M].北京:机械工业出版社,2016.

[13] 范录宏,皮亦鸣,李晋.北斗卫星导航原理与系统[M].北京:电子工业出版社,2020.

[14] 史蒂芬·卢奇,丹尼·科佩克.人工智能[M].2版.林赐,译.北京:人民邮电出版社,2018.

[15] 程晓波.地理空间大数据开发利用[M].北京:电子工业出版社,2018.

[16] 车万翔,郭江,崔一鸣.自然语言处理:基于预训练模型的方法[M].北京:电子工业出版社,2021.

[17] 李俨.5G 与车联网:基于移动通信的车联网技术与智能网联汽车[M].北京:电子工业出版社,2019.

[18] SUN Z,XING Y,WANG J,et al. Exploring injury severity of vulnerable road user involved crashes across seasons:A hybrid method integrating random parameter logit model and Bayesian network[J]. Safety Science,2022,150:105682.

[19] SUN Z,XING Y,WANG J,et al. Exploring injury severity of bicycle-motor vehicle crashes:A two stage approach integrating latent class analysis and random parameter logit model[J]. Journal of Transportation Safety & Security,2021,online.

[20] SUN Z,XING Y,GU X,et al. Influence factors on injury severity of bicycle-motor vehicle crashes:A two-stage comparative analysis of urban and suburban areas in Beijing[J]. Traffic Injury Prevention,2022,23(2):118-124.

第六章 CHAPTER 6

交通基础设施建设与养护管理优化技术发展展望

吕润华

第一节　设施建设智能化、低碳化和长寿命化

随着社会和工业的快速发展,与路面工程相关的新型技术和材料不断涌现,智能化是现代社会的主流发展方向,也是未来交通基础设施的发展趋势。在数字智能时代,道路建设面临着前所未有的机遇和挑战。一方面,计算机技术、数值方法、数字技术、检测方法、施工技术等发生了巨大变化,为路面工程提供了前所未有的机遇;另一方面,道路服务和建设条件变得越来越复杂,道路工程面临着前所未有的新挑战,如气候条件急剧变化、轴重车辆增多、有效出行需求增加、缺乏绿色环保效益等,上述挑战对低碳长寿命的道路建设提出更高要求。因此,路面在满足传统的安全性、耐久性和舒适性要求的基础上,将被赋予智能化、低碳化和长寿命化的特点。

一、智能路面基础设施建设

科学技术的飞速发展促进了整个社会对智能化的需求,具备自动化、网联化、电气化和智能化特征车辆的出现将带动车路系统从以往的发展"弱耦合"到功能"强耦合"逐渐过渡,未来路面的建设必须充分考虑新型交通工具的发展趋势与功能需求。

1. 自导航路面技术

目前,智能车辆主要依靠前瞻参考系统和非前瞻参考系统实现横向控制和自动导航。为解决前瞻参考系统在天气、道路环境恶劣等因素下的导航偏差问题,研究人员通过在路面中嵌入特殊标记,为智能车辆提供非前瞻性的路面参考与导航,而不会受天气和地理环境的影响,主要的方法有电磁导航技术、射频标签技术、永磁体导航和铁磁性路面等。

电磁导航技术是通过在路面内部埋置通有交变电流的电缆产生磁场,车载传感器通过检测通电导线的磁场,实现位置和方向定位,但通电导线交变电流产生的磁场导航存在电流中断的风险,维护较为困难,未广泛应用。射频标签技术只能显示车辆在采集点的位置信息,不能实时显示车辆的位置,不适合在开阔区域大范围使用。永磁体导航是在路面上纵向按照一定距离铺设磁道钉或磁带,车辆上安装的磁传感器通过获知车辆与磁体的相对位置进行车辆的车道级定位,由于磁场强度随磁体和传感器之间的距离增大衰减较快,路面中需嵌入密集的磁体,而且铺设后不易更改,导致系统安装成本较高等问题,因此永磁体导航技术尚未大规模实施。为降低路面建设成本,减少路面标志嵌入对道路的破坏,研究人员在沥青混合料中加入不同剂量的铁或钢颗粒研发编码沥青材料,车载金属探测传感器读取代码,软件解读信号实现车辆导航。该方法不需要对现有路面进行重大改造,只需要将编码的沥青材料铺在旧路表面,而且掺入的金属材料成本较低,具备一定的应用前景。

2. 自感知路面技术

车辆纵向速度控制的目标是在确保安全的前提下,以最短的时间到达目的地。随着 V2I (Vehicle to Infrastructure,车辆与基础设施的信息交换)技术的发展,基础设施可以在对路况和交通信息进行收集与分析后,将推荐车速反馈给车辆。速度协调策略、车路协同和自动驾驶技术的配合可显著提高交通流量性能,减少自动驾驶车辆低普及率(10%左右)下的交通拥堵和事故。路嵌

式传感器可收集路面气象和交通流信息,通过互联网技术实现车路数据共享,为车辆创造更准确的道路交通环境感知,结合多个异构来源的信息,向车辆提供推荐速度或危险警示,保证交通流协调运行。

3. 自充电路面技术

车辆电气化的障碍之一是"里程焦虑"问题,即用户担心在电动车辆直接行驶里程内无法找到充电设施。电动车辆动态无线充电是指通过埋设在路面下方的无线电能传输设备为行进中的车辆实时连续供电,实现"边行驶,边充电"功能,可减少车载电池体积和质量,解决导线充电和静态充电方式充电时间长等问题,提高电动车辆续驶能力。目前的研究主要关注充电系统的可行性评估,对路面材料和结构要求研究较少。

沥青和水泥路面材料在磁场中被磁化后产生的感应磁场会影响无线充电的原有磁场,造成电能传输的损失,因此降低路面材料的介电损耗、提高透波率是提高无线充电路面电能传输效率的关键技术。充电元件与周围路面材料热传导系数不连续性导致的温度应力有导致混凝土开裂的风险,为解决自充电路面的热传导问题,可改变路面材料配比,使路面材料接近充电设备的热学性能,使用相变材料调整路面温度等。动态自充电路面是一种复合多功能路面结构,充电元件附近的路面材料应力集中会加速车辙病害,应缩小充电元件与路面材料的模量差或使用土工织物等应力释放材料,减少应力集中以及采取措施提高路面材料与充电元件的黏结强度和填充密实性。

4. 智能路面建造技术

智能路面内部将埋设大量的通信、传感和电气化设备,目前的建造方式为在现有路面上钻孔、开槽等放置元件后密封或在新建路面中设计新的路面结构,预留孔道安装元件。传统的路面施工工艺会对嵌入元件造成很大威胁,采用预制式路面技术同时结合 BIM 和 3D 打印技术等可以保障智能路面的施工质量。国内外对于预制式路面的研究主要集中在以沥青基等柔性材料为主的地毯式铺装技术和以水泥基材料为主的预制化拼装技术方面,与地毯式柔性铺面相比,以装配式水泥混凝土路面为主的装配式刚性路面无论在本身的结构材料设计还是智能化方面均更为成熟。可卷曲路面铺装技术尚属于理论研究和试验阶段,需从材料力学性能和施工工艺两方面对柔性路面的可卷曲技术进行突破。

二、低碳路面技术

在"双碳"背景下,寻求以可持续发展为核心的生态环保、资源节约、节能低碳的绿色路面技术受到高度关注。目前,沥青路面占道路面积的 90%,传统沥青路面建设过程中需高温加热,沥青从生产到铺设的每个环节基本都会释放出多种有毒有害的气体,如沥青烟、CO_2、NO_x 等,沥青路面使用寿命较短,在翻修过程中产生大量固体污染,存在能耗大、污染高等问题,因此研究低碳性的沥青路面建设与养护技术迫在眉睫。目前低碳型的沥青路面技术主要包括沥青常温拌和技术、沥青路面再生技术和环境友好型的沥青路面材料使用。

1. 沥青常温拌和技术

沥青常温拌和技术材料包括乳化沥青和温拌沥青,与传统沥青相比,乳化沥青从生产到施工只需要进行一次加热,所以能耗较低,乳化沥青在使用时不需要加热,也不会产生大量的有害烟气,对环境的污染更小。温拌沥青混合料是介于热拌和冷拌之间的一种沥青混合料加工技术,在满足路用性能的要求或符合热拌沥青混合料的基础上,选择相对较低的拌和温度,从而达到节能环保的目的,这种技术常用的方法有沥青-矿物法、泡沫沥青法、有机添加剂法和基于乳化平台的温拌法。

2. 沥青路面再生技术

沥青路面再生是将旧路面的材料进行相应的处理达到再利用的目的。一般是将旧材料进行破碎、筛分,然后添加新的物料使其达到路用性能的再生混合料,通常用于对路面面层的铺设、路面基层的建设等。沥青路面再生的主要方式为厂拌热再生、就地热再生、厂拌冷再生、就地冷再生等。

3. 环境友好型沥青路面材料使用

环境友好型沥青路面一方面可实现固体废物在路面材料中的应用,另一方面使路面具备环境自适应性,提高路面材料应对环境变化的韧性,包括橡胶沥青、废旧塑料改性沥青、自发光路面、自调温路面和自愈合路面材料等。橡胶沥青和废旧塑料改性沥青的使用能够在很大程度上降低我国废旧轮胎和废旧塑料的储量;自发光路面是一种采用环保稀土发光材料为原料而设计的兼具安全、美观、节能等诸多特点的新型功能道路,可有效减少道路设施大规模照明带来的能源消耗和光污染,但目前自发光路面技术主要应用于水泥基和树脂基的刚性路面中,在柔性路面中应用较少。在沥青路面中加入主动管理路面热环境能力的相变材料,主动感知并调节路面温度,可降低沥青路面的高吸热性和温度敏感性,减少夏季高温季节容易出现车辙病害等。在沥青路面中加入吸波材料研发的自愈合路面可实现微波加热,实现加热诱导的方法加速沥青混凝土路面裂缝的愈合,延长路面使用寿命。

三、长寿命路面技术

改革开放以来,我国公路交通事业取得了令人瞩目的巨大成就,但我国公路路面使用寿命普遍偏短。按照现行标准,我国高速公路沥青路面的设计寿命为15年,而发达国家普遍在20年以上。公路建设和养护需要消耗大量资源,频繁的路面大中修造成交通拥堵,显著降低了道路的通行能力和路网的运输效率。发展长寿命路面是解决这一问题最有效的途径。

我国长寿命沥青路面的技术定义为,路面结构使用40年期间或承受累计标准轴载(ESAL)次数1亿次以上时,不产生结构性破坏,除日常养护外,表面层需要重铺或加铺的周期在10年以上或者承受3000万次的累积标准轴载作用。长寿命沥青路面既非某种结构形式,也非简单地延长路面使用功能。长寿命沥青路面受结构、材料、交通、环境及施工条件等多因素的影响,沥青路面长寿命的实现需要路面材料技术创新、合理路面结构设计、施工质量控制和路面管理养护技术等有机结合。

1. 新材料的研发、设计与制备

应针对路面材料多相、多组分、多尺度混合料碾压成形的特点,揭示其内部结构原理,进而提出针对长寿命路面的材料设计理论与方法。按照长寿命沥青路面各结构层的功能要求选择或开发合适的混合料类型,根据对路面使用性能的分析及力学、环境适应、耐久等特性的要求,确定各功能层材料的性能要求。建立以功能需求为基础的新一代高品质耐久性沥青混合料设计理论与方法,攻克沥青混合料性能全面提升技术难题,为各类严酷荷载环境下的耐久性铺面设计奠定基础。

2. 长寿命路面结构设计新理论与新方法

"永久性路基"是长寿命沥青路面结构的基础,要求明确路基承载力设计控制指标,保证长寿命沥青路面的结构性能。应按"结构层长久"理念加强路面结构功能层设计,重新构建基于长寿命沥青路面结构分析的力学理论与计算模型,获取相应的模型参数,开发相应的参数试验技术,提出相关的设计指标与标准,建立相关的破坏准则与结构抗力模型。

3. 路面施工与质量控制技术

长寿命沥青路面的实现需要设计施工的一体化,施工环节是质量保障的关键,包括原材料的质量控制、混合料拌和过程中各组分材料比例、温度与时间的精准控制、摊铺压实过程质量控制的自动化与智能化技术以及施工质量的均匀化技术等。路面设计方案必须考虑工程的可行性、可控性和再现性,成品路面结构几何参数、层间接合状态、不同结构层混合料性能等必须满足设计指标要求。

4. 路面质量检测与养护技术

对路面质量的准确快速检测和对路面病害的养护处理是保证路面使用寿命的重要前提。目前国内外的路面质量检测大多采用传统检测手段,缺乏快速、准确获取路面结构实际服役状态参数的手段。为解决上述问题,一方面需采用全自动化道路检测车和路面无损检测先进技术手段等进行路面质量检测,另一方面需构建交通基础设施全生命周期大数据管理平台,建立更为准确的路面性能预测模型。对路面病害进行及时的养护处理是保证路面结构长寿命的重要措施,理想的道路养护材料在具备低碳环保的前提下,需具有快凝快硬的特性,以达到快速养护的目的。此外,还应具有黏结性强、耐久性好的特性,以实现养护路面的长久服役。

第二节 设施养护工艺与技术模块化、快速化

我国的公路和城市道路建设已从新建逐渐进入建养并重的阶段,发展养护材料技术模块化、快速化技术,对延长路面寿命、提高行车质量具有至关重要的作用。理想的道路养护材料首先应具有快凝快硬的特性,养护技术能够满足快速养护、快速恢复通车的需求。在满足快速养护的基础上,养护材料应黏结性强、耐久性好,以实现养护路面的长久服役。此外,还应具有低碳环保、节约能源的特点,以符合国家对环境保护、绿色发展的要求。

在实际工程中,根据路面的材料组成不同,我国的道路(市政道路、机场跑道、公路等)分为水泥混凝土道路和沥青混凝土道路。由于两种道路的物理、化学性质均有较大差异,因此,对于模块化、快速化的养护材料技术,应涵盖沥青类材料、无机水硬性胶凝材料和新型高分子材料,以适应不同的道路类型和应用场景。

一、沥青混凝土路面

沥青养护材料具有硬化快、黏结性好等特点，但传统热拌沥青混合料技术在进行生产、施工时，需将沥青、矿料等高温加热，能耗大，释放有毒烟尘污染环境。加之高温作业烟熏火燎，对人员身心健康伤害大，亦更易埋下火灾、爆炸等潜在隐患。同时，沥青养护材料有明显施工季节和运距局限，在低温、远距、应急等工程中不适用。10年前，温拌沥青混合料路面技术趋于成熟，已经得到大量应用。温拌技术具有一定的绿色节能优势，但其施工温度仍显著超过了沥青的软化点，存在一定能耗，仍有部分烟尘；以普通乳化沥青、改性乳化沥青、溶剂沥青为胶结料载体的传统冷拌沥青混合料路用性能较低，并不能完全达到热拌沥青混合料技术性能，通常主要用于功能性养护和预防性养护，而不能用于重载结构性铺装，这制约了冷拌技术的发展。

继温拌沥青混合料路面技术后，全球道路界对"绿色"沥青路面技术的关注达到了历史极点，迫切需要以新视角研发高强、耐久、适用的完全冷拌沥青混合料路面技术和沥青冷再生技术，它们具有重要学术价值和工程应用意义。

冷拌沥青混合料路面技术、沥青冷再生技术应从材料、装备、工艺、标准、工程5部分的核心关键技术入手，进行理论依据、机理探究、模型设计、配方制备、性能测试、衰变规律、设计方法、施工工艺、控制指标、工程应用、配套装备、生产线、工业化、标准化等方面细致研究，推动冷拌沥青路面、沥青冷再生技术的实质性产业化发展。

二、水泥混凝土路面

水泥路面具有强度高、刚度大、耐久性好等特点，我国的水泥路面主要由硅酸盐水泥（波特兰水泥）混凝土组成。硅酸盐水泥熟料在生产过程中，煤炭燃烧、石灰石分解会产生大量温室气体。据统计，生产1t水泥熟料约排放$1tCO_2$，硅酸盐水泥生产已成为我国最主要的碳排放源头之一。硅酸盐水泥的水化、硬化过程缓慢，在数小时内不足以形成一定的强度，难以满足快速通车需求。此外，由于水硬性胶凝材料刚度大、收缩大的特点，养护过程中新旧路面的黏结处较为薄弱，新旧材料的界面黏结性是养护效果的关键所在。

因此，在水泥路面的快速养护材料技术中，应选用快凝快硬、早期强度高的磷酸盐水泥、硫铝酸盐水泥、铝酸盐水泥等。其中，磷酸盐水泥新拌浆体具有较低的黏度，能够渗入硅酸盐水泥基体表面的微孔隙中；其早期水化环境的弱酸性对硅酸盐水泥基体进行弱腐蚀，水化过程中形成新的化学键，产生了良好的界面黏结效果。此外，磷酸盐水泥还具有收缩小、低温下硬化等特点，此类材料在未来的路面快速养护技术中应得到较多的关注，并制定、研发满足快速施工的施工技术规程、施工设备等。

除了养护材料外，将老旧水泥路通过改建、加铺等方式改造成为沥青路面的"白改黑"技术将成为各地公路养护部门的一项重要工作。传统的旧水泥路面直接加铺沥青层的方式易产生应力集中和反射裂缝等问题，为解决上述病害，提高旧水泥混凝土路面的利用率，国外较早地提出旧水泥路面破碎后加铺沥青层的方式。旧水泥混凝土破碎技术通常分为三类：打裂压稳、破碎压稳和碎石化。碎石化技术又分为共振碎石化法和多锤头碎石化法。打裂压稳、破碎压稳和多锤头碎石化存在两方面工程技术问题：对旧板下各层的扰动和破坏比较严重、对旧水泥板破碎不彻底。而共振碎石化技术用于板块完整性与结构性较差的水泥混凝土路面，它将混凝土板破碎成高强粒料层，是目前最能有效地解决反射裂缝的破碎技术。此外，共振碎石化后的路面经碾压后即可开放交通，对交通影响较小。共振碎石化后压实的表面可直接进行防水处理，行车带来的轻微污染对防水处理层的质量影响较小。由于共振碎石化工艺简单，碎石化混凝土基层无须养生即可铺筑沥青混凝土，施工速度相对较快，可大大减少交通拥堵。共振碎石化后加铺沥青层整体工程质量最好，养护维修费用少，从长期投入来计算，其性价比最高。

共振碎石化技术已在国外多个工程中得到了成功应用，但在国内研究和应用相对较少，仅有上海、四川和安徽等省份出台了相关规范。未来应结合我国各省市道路实际，对旧水泥混凝土路面共振碎石化技术可行性研究分析、共振施工对环境的影响、碎石机的破碎参数及破碎工艺、碾压工艺、沥青层加铺关键技术等展开研究，提出各阶段相应的施工工艺、技术关键和质量验收标准等，并通过工程实践予以检验、修正和完善。

三、其他高分子材料

目前，聚氨酯、环氧树脂等高分子材料也逐渐应用于道路快速养护技术中。高分子材料同样具有快凝快硬、早期强度高、黏结性强的特点，符合道路快速养护技术的基本需求；但材料价格昂贵，养护施工成本较高。此外，高分子类材料的抗老化、抗酸碱腐蚀性能较弱，养护后的区域在长龄期服役方面仍面临一定程度的考验。因此，高分子类养护材料技术在降低成本、抗老化、抗腐蚀方面仍值得进一步研究。

第三节　设施运营管理人工智能化

一、设施性能数据结构化、检测监测全自动化

对道路进行运营管理，首先要解决的问题就是对道路各种特性进行数字化表征和采集。我国建立了一套体系完备的公路技术状况评定指标，分别从路基技术状况、路面技术状况、桥隧构造物技术状况和沿线设施技术状况四个方面对公路技术状况进行评价。其中，路面技术状况又需要从路面损坏、路面行驶质量、路面车辙、路面抗滑等多个方面进行评价。这套体系基本可以解决路面特征数字化表征的问题，但还需要根据这套评价体系开发出便捷高效的全自动采集设备，只有开发出检测精度高、效率高的采集设备，才能让道路运营智能管理真正落地。

1. 设施性能数据结构化

交通基础设施数据结构化对未来智慧道路建设来说是必需的。在交通基础设施运营管理智能化过程的前期，势必会存在多种形式的系统并存、系统之间差异较大等情况，不同系统之间的差异会给发展后期各个系统之间融合或协调带来巨大的困难。只有使用格式统一的、结构化的数据，才能保证不同系统之间的交互性。即便是不同系统之间的数据格式有一些差异，也能在花费

较小的代价下完成数据的适配。

除了运营管理系统内部之间的数据流通,未来智慧道路与智慧城市的系统建设与运行中,也有对交通基础设施性能数据的巨大需求。例如,无人驾驶汽车需要获取大量细致的交通基础设施数据,以对出现的路线进行研判。使用统一的结构化的数据,有利于各个系统之间的交互,最大化交通基础设施数据的效用。

交通基础设施有其特定的评价体系,就目前国家标准而言,公路的技术状况评价以 10m 车道为一个基本检测单位。对道路进行评价时,会根据使用的场景和目的不同,以 1km 或者整条路段为单位进行评价。这使得道路性能数据具有结构化的条件。虽然不同类型的道路评价细节有些许差异,例如沥青混凝土路面和水泥混凝土路面的破损类型不一样,但是均统一使用路面损坏状况指数来表征路面损坏状况。其他交通基础设施和道路类似,也具有数据结构化的条件。

为了实现交通基础设施性能数据的结构化,首先需要建立符合交通行业发展趋势的可用性较强的国家或者行业标准。这些标准应当不仅服务于交通基础设施的运营管理,还应当考虑到智慧道路和智慧城市的发展对交通基础设施的需求。

其次,应当建立国家级或者省级的数据库,尽最大可能对交通基础设施的性能数据统一进行管理,避免数据太多分散化、碎片化,以及数据类型和数据格式的不一致。

再次,需要建立配套的管理平台,通过使用管理平台,不断挖掘数据的潜在价值,最大限度发挥整个数据系统的功效。在平台的不断使用和迭代过程中,发现数据端存在的缺陷,促使数据端进行更新和优化。

2. 检测监测全自动化

我国拥有非常庞大的交通基础设施体系,对这些设施的管理需要准确高效的评估方法和工具,如果使用传统的以人工检测为主的检测方法,需要消耗大量的物力和财力,而且无法满足对实效性要求较高的检测场景。因此,必须实现检测和监测的全自动化。

使用全自动化的检测监测设备,可以准确地获取到较高质量的交通基础设施性能数据,而且这些数据一般都是结构化的,可以直接交付给其他部门使用。例如,可以为道路管理部门的养护决策提供数据支持,使决策更加科学规范,并且在大多数情况下,可以节约大量的养护成本。

使用全自动化的检测监测设备,可以快速响应交通基础设施性能状态的变化。这是传统人工检测无法实现的,对于实时性要求较高的场景具有非常大的意义。例如,未来居民出行时,不仅要考虑路线的拥堵情况,可能还会考虑路线的行车舒适度、抗滑性能等因素,在雨雪等特殊天气下,使用全自动化的检测设备可以快速对道路进行检测,并将检测结果上传到数据中心,供居民规划出行路线使用。

全自动化的检测监测设备是未来智慧道路运行的强有力保障。全自动检测监测设备可以在短时间内完胜大量交通基础设施状态数据的采集。智慧道路的其他组成部分,例如无人驾驶汽车可以使用这些实时的数据进行分析,判断行车条件,设置对应的参数,如安全制动距离等。

实现检测监测的全自动化,首要任务是开发并使用一种高精度、高准确率的交通基础设施综合检测设备,该设备应当满足以下几点要求。

1) 定位精度高

目前自动化检测设备常用的定位方式是 GPS 定位,随着我国北斗卫星导航系统的不断完善和推广,将来会有较多的设备弃用 GPS 定位系统,转而使用我国的北斗卫星导航系统。这种基于卫星定位的方式具有较好的空间特性,但是存在定位精度不高、容易丢失信号等缺点。尤其是在隧道较多的地区,基于卫星的定位方式效果较差。另一种定位方式是使用基于轴编码器的"前进距离"定位,用车轮的转动来表征检测设备的相对前进距离。这种定位方式在道路检测时可以较好地匹配桩号,具有较高的实际应用价值,但是这种定位方式维度单一,无法表现位置的空间特征。大多数检测设备都是将两种定位方式结合,根据使用场景选择最终使用的定位方式。未来的全自动化检测设备应该使用具有较高精度的空间定位方式,配合具有较强工程实践意义的基于检测设备前近距离的定位方式一同使用。

2) 检测速度快

全自动化检测设备应当具有较快的检测速度。这里的检测速度不仅是指原始数据采集的速度,还包括采集数据后对数据进行分析,计算得到相应结果这一过程的速度。目前,大多数检测设备的数据采集和数据处理分开进行,检测设备采集到原始数据后,需要进行二次处理才能得到结果。这种方式只适用于对实时性要求不高的场景,无法满足对实时性要求较高的检测需求。为了应对实时性要求较高的场景,检测设备的数据采集过程和数据分析过程应当同步进行,考虑到数据处理需要大量的算力,可以在数据采集完成之后给数据分析过程预留一部分缓冲时间。这部分缓冲时间和检测的距离相关,在一定范围内,缓冲时间的长短和检测道路的距离相关。未来的全自动化检测设备应当将缓冲时间空控制在数小时之内。

3) 可调节的"空间驱动"方式

大多数传统检测设备的传感器数据获取基于"时间"来驱动,例如某个相机传感器 1s 内拍摄 1 张图片,则获取数据时,数据的采集间隔只和时间相关。这种检测方式的检测结果受检测设备的速度影响较大,无法在开放路段较好地工作,且使用时通常需要进行交通管制,对交通系统影响较大。而使用基于位置的"空间"驱动方式,可以使检测设备的传感器等位置间隔获取数据。这种驱动方式在不考虑采集设备算力的情况下,不受行车速度的影响。这大大简化了采集设备的使用方式,不需要任何交通管制,只需按照规定路线行进即可,不会对现有交通只需造成任何显著的影响。而使用可调节的空间驱动方式,可以根据检测目的和需求,选取不同的驱动距离,实现采集精度的调节。

4) 自适应的检测算法

全自动检测设备应当可以根据检测对象的不同,使用不同的检测算法。例如,检测沥青混凝土和水泥混凝土的破损时,由于两者路面破损类型和特征不尽相同,需要调整检测算法。路面有刻槽时,系统需要先对刻槽进行识别并过滤,然后再进行其他病害的识别。对于不同等级的道路,选取不同的识别精度和参数,满足个性化的检测需求。

实现检测监测的全自动化,还需要开发配套的管理系统。道路检测监测数据体量庞大,没有高效、统一的管理平台,容易产生检测重复、缺失、检测任务不明确等状况,最终造成资源的浪费和低效。

二、设施性能预测精准化

1. 问题背景

随着时间的推移,交通基础设施的性能在多种荷载的作用下将会发生衰变,而发掘设施性能的衰变规律可以帮助管理部门预测从当前到未来一定时期内的基础设施的性能信息。对设施未来性能的精准预测是实现科学的全生命周期养护决策的基础。为了保证优化策略具有更强的鲁棒性,需要保证设施性能预测具有较高的精度。

设施的性能会受到多种因素的影响,对这些影响因素考虑得越细致,性能预测就会更加精准,这样在后续养护决策优化时便可引入更小的不确定性。为此,需要收集多源数据,建立多维数据库来记录这些影响因素的历史数值。路面性能的主要影响因素包括路面结构特征、交通荷载、环境状态、工程因素等。其中,路面结构特征可以进一步细分为道路等级、道路年龄、面层类型及厚度、基层类型与厚度等,这些因素决定了路面的力学表现,良好的力学表现意味着较低的路面性能衰减速率;道路上的车辆越多,交通荷载水平越高,路面性能衰减会加快;环境因素主要包括温度、湿度以及雨雪天气等;工程因素主要包括建设时的施工工艺以及后续的养护措施等,良好的施工工艺可以保证路面在设计年限内具有良好的使用性能,而后续的养护措施将会带来路面性能的上升,延缓路面性能的衰减。

上述因素对于设施性能的影响不是独立的,而是具有一定的耦合作用,这给设施性能的精准预测带来了困难。为了提升预测精度,我们借助大数据分析手段建立交通资产性能预测模型。同时,考虑到传统的预测模型很少考虑道路养护对于性能发展的影响,我们建立了考虑人为及改扩建因素下的修复前后两大类多种衰退模型。作为最终目标为解决工程问题的研究,我们所建立的数学模型既能够有效反应数值变化规律,也符合工程原理,这使得预测模型可以兼具精度和可解释性,能够有效应用到交通基础设施数字化管理系统之中。

2. 预测方法

基础设施的性能受到多种因素的影响,而每一种因素都有不同的可能取值。为了提升模型的预测精度,需要对每一种影响因素的组合进行单独预测。同时,有多种指标可以用于刻画基础设施的性能,不同的指标反映了设施性能的不同侧面。结合我国国情,不同影响因素以及性能指标的取值见表6-1。

不同影响因素以及性能指标的取值　　　　表6-1

因　素	取　值
路面材料	沥青路面,水泥路面
路面等级	一级,二级,三级,四级
交通荷载	低,中等,高,严重
环境状态	温带季风气候,亚热带季风气候,热带季风气候,温带大陆性气候,高原高山气候
养护措施	无养护,预防性养护,低等级养护,中等级养护,高等级养护
性能指标	路面损坏状况指数,路面行驶质量指数,路面车辙深度指数,路面抗滑性能指数,路面结构强度指数

注:环境状态在全国尺度上进行划分可以直接参照不同区域的气候类型,如果需要在单个城市尺度上进行划分可以根据温度、湿度、降雨量等信息划分。

从表 6-1 中可以看出,将不同的因素组合起来,理论上一共可以得到 4000 个不同的预测模型。但是考虑到路面等级和交通荷载具有一定的相关性,实际的模型数量要略小于 4000。

在模型的具体实现上,我们采用了两大类模型的表现形式。第一类模型表达方式是统计回归模型,第二类模型表达方式是数据驱动的机器学习模型,模型的具体表现形式见表 6-2。

不同预测模型的表达形式   表 6-2

模 型	表 达 形 式
统计回归模型	混合效应模型
	指数衰减模型
机器学习模型	梯度提升决策树(Gradient Boosting Decision Tree,GBDT);长短期记忆网络(Long Short-Term Memory);序列到序列模型(Sequence To Sequence,Seq2Seq);转换器模型(Transformer)

其中,统计回归模型表现形式较为简单直接,可以明确反映不同因素对于设施性能衰减趋势的影响,与传统的统计回归模型不同,我们的模型考虑了不同影响因素的组合;机器学习模型结构比较复杂,可解释性比较弱,不过泛化性能更好,适合缺少历史数据的路段的性能预测。

三、设施养护决策网级优化

1. 问题背景

基础设施养护与基础设施建设类似,两者都是大型工程,规模大,成本高。交通基础设施养护的效果决定了交通网络的服务水平,进而对生产要素流动和经济发展带来重要影响。我国目前公路建设速度逐渐放缓,已建道路的养护成为道路管理部门的工作重点。

传统的粗放式的养护决策可能会造成资源浪费,不能产生良好的经济效益和社会效益,故而需要从全寿命周期的角度对养护策略进行优化,综合考虑路面性能、环境成本和用户成本,达到节约成本和提升养护效益的目标。在基础设施养护工作中,设施性能表现和财政预算通常作为是否采取以及采取何种养护措施的依据。面对管理者在实际决策过程中遇到项目资金及养护条件双重约束的条件,选取可用数据源,在资金、路况共同限制作用条件下,得到最大的边际效益,并充分考虑区域内资产联动,制订道路短期养护计划及长期养护规划。另外,基础设施养护工程的网络效应比较明显,故而在设施养护决策时需要从道路网络层次的大视角入手。

从成本的不同性质来看,路面养护的成本主要分为三部分,包括相关机构的直接花费、道路使用者的成本以及环境污染成本。养护工程中相关机构花费的货币价值可以直接计量。除了这部分直接的经济成本之外,还需要对道路使用者的成本和环境污染成本进行量化。道路养护的目的是为道路使用者提供优质服务,故在优化决策时需要将道路使用者的成本考虑进去。道路使用者成本主要包括花费在旅途上的时间成本和载具的损耗成本。同时,养护决策优化时需要考虑道路使用性能和用户需求之间的相互影响,用户对某一路段的使用需求越大,交通量越大,相应地,路面性能衰减越快。此外,路面性能水平降低将会导致行驶体验下降,这会导致选择性能水平较低路段的用户数量下降。考虑到对环境成本直接货币化存在一定困难,可以根据温室气体排放量来引入惩罚系数来评估养护过程中废弃物排放对于环境造成的消极影响。

路面养护工作需要回答何时采取何种措施的问题,由于全寿命周期的时间跨度较长,未来具有较大的不确定性,同时养护措施集合具有较大的模糊性,在工程实践中如何实现科学合理的养护决策是一个颇具挑战性的问题。

2. 网级优化方法

网络级养护模型需要实现对城市尺度道路网的决策优化,可以分为模型建立和模型求解两个步骤。

第一步是模型建立,我们建立了双层模型来对道路网养护问题进行刻画,具体模型架构如图 6-1 所示。

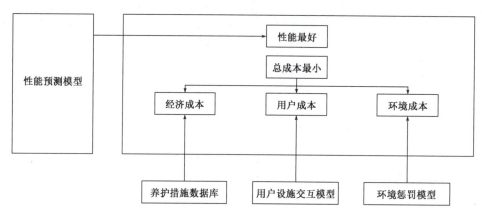

图 6-1 决策模型架构

如图 6-1 所示,上层模型以性能最好和总成本最小为双目标。设施性能可以通过相应的性能指标来评判,全寿命周期的设施性能评估则以性能预测模型为基础。总成本可以进一步细分为经济成本、用户成本和环境成本,经济成本可以参照养护措施数据库中记录的历史数据;用户成本以用户设施交互模型为底层模型,在该模型中考虑设施性能与用户的交互影响;环境成本则以环境惩罚模型为底层模型,在该模型中可以对经济成本进行修正。

第二步是模型求解,上述建立的模型的可行空间规模很大。以北京市为例,北京市共有 1.5 万条左右的路段,可行解数量众多,遍历方法求解显然是不现实的。同时,性能预测模型具有非线性的特点,传统的模型求解方法不一定适用。为了提升模型的求解效率,保证模型的求解精度,我们在优化模型求解时采用了启发式方法。

四、设施运营管理全过程平台化

1. 平台化必要性

在新时代新征程,从"交通大国"到"交通强国"的建设中,需要提升交通基础设施服务品质和效益,推进交通运输治理体系和治理能力现代化。随着大规模交通基础设施的建成,交通基础设施的运营管养需求日益增加。

随着我国智能交通管理体系的建设和不断发展,交通管理部门对交通基础设施运营管理进行业务探索。国内的交通基础设施管理系统在系统功能和软件性能等方面已取得一定程度的突破,但是还未提升到交通资产管理平台的高度。

对交通基础设施进行全过程平台化管理,可以有效提升设施管养水平,提升设施服务性能,延长设施使用寿命,并且进行市政交通安全保障和预警,提升重要交通基础设施的应急管控能力。

交通基础设施运营管理全过程平台化是落实交通运输信息化发展规划的必然要求,是推动"互联网+路网管理"的重要举措,可以加强交通资产监管,实现国家公路网养护科学决策,引领管养行业进行信息化深度应用。

2. 平台化意义

交通基础设施运营管理全过程平台化需要将设施管养领域专业知识与物联网、云计算、人工智能技术等结合,进行跨行业、跨领域的数据资源开发,充分利用数据资源,挖掘数据价值,综合实现以下两个方面的性能提升:

(1)高精度、快速性、灵活性的数据集成和数据分析;

(2)多平台融合、数据交互、多目标辅助决策,实现资产最优化配置并形成一定标准的数字资产管理。

业务上,基本涵盖道路资产相关数据管理,为市政、交通等管理部门提供有效投资管理决策。技术上,以大数据信息采集服务、多种资源优化管理模型为基础,构建一个集规划设计、运营监测、养护管理、数据集成为一体的综合交通基础设施运营管理全过程平台。政务上,打破相关部门及单位间的信息壁垒,做到数据交互、集成的便捷性,实现部门间的业务协同,真正做到由"单兵"向"全方位协同"作战的转变,提高政务办事效率。

3. 平台化目标

交通基础设施运营管理全过程平台化需要实现的功能如下:

(1)所管辖范围内的交通基础设施数据资源的全面掌握。对交通基础设施的各项基础数据及特定运营数据,根据不同类别进行全面的分类存储,实现数据数字化监管;对历史数据进行存储,便捷查询。

(2)交通基础设施性能状态的全面监管。及时掌握设施技术状况信息,可进行当前技术状况信息及历史信息的详细查看和查询,通过可视化技术进行直观展示。对设施健康情况进行分析和统计,可实时调看其具体信息。

(3)交通基础设施运营管理平台数据的有效共享。各设施管理部门以管理平台系统为基础实现跨区域、跨部门间的平台数据集成。开放多种平台接口,实现现有多种管理平台系统间的数据对接、交互,实现数据无缝对接。

(4)与多种数据采集设备的有效兼容。向下开放多种数据接口,实现多种采集设备的数据接收与处理。针对多种数据类型,可实现有效整合,并进行分类存储。

(5)投资决策的有效支撑。建立方案模型、费用模型等,得到路、桥、隧(各类型)的养护方案和养护费用,给出综合投资决策方案。建立优化分配模型,得到主要公路资产养护资金优化分类建设方案。

(6)办公效率的有效提升。通过自带报告模板,根据统计情况生成初步报告,简单调整后生成最终的报告,提高办公效率。基于系统对国检的流程(招投标、挂牌督办项目)进行管理,对检测、评价数据进行采集,提高国检管理和信息上传的效率。

4. 平台化内容

信息化管理系统平台是集成多项原始数据与检测数据的可视化分析平台,以云平台为载体,以数据挖掘和数据融合技术为基础,集成多类数据信息(包括道路基础数据、各类道路技术状况评定数据、道路图片数据、雷达图像信息、道路三维模型信息、GIS 地图信息、区域道路健康标准数据），形成道路大数据平台，为各级专业技术人员提供道路属性数据、业务数据、决策分析数据以及与之相关联的可视化信息服务平台（图6-2）。

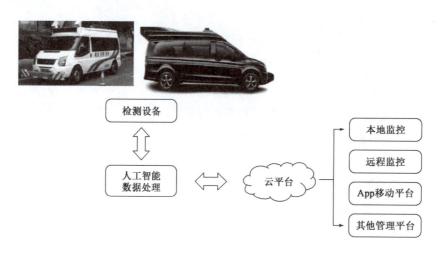

图6-2　信息化管理系统平台概念图

该平台结合数据可视化及 GIS，可完整地展示道路各类基础数据及分析处理结果，提供友好的用户交互界面，根据人工智能数据单元的大数据融合，实现道路健康标准体系与实时采集路况信息的可视化，实现方便快捷的人机交互。根据平台分级，可实现信息共享、路况数据检测、查询及可视化集成；提供平台接入输出接口，实现多平台数据共享、无缝连接，实现上级部门对各个地区总体路况信息的有效监测。该平台也可接入移动终端，实现远程监控。

该平台主要分为以下四个部分。

（1）以大数据、智能分析为主的交通基础设施检测平台。

大数据分析与挖掘是当今发展的主流，运用该技术能充分利用数据资源，得到准确的道路病害分析结果以及准确的道路健康评估报告。道路大数据集成技术以数据挖掘和数据融合技术为基础，集成多类数据信息（包括道路基础数据、各类道路技术状况评定数据、道路图片数据、雷达图像信息、道路三维模型信息、GIS 地图信息），形成道路大数据平台，便于客户掌握全局路况和道路演变趋势。

以多维道路大数据为基础，以大数据分析、人工智能技术为手段，自动分析道路病害并标记（包括裂缝、坑槽、空洞、管线标记等），对于各级道路可一目了然地获取病害数据以及分布情况。

（2）交通基础设施病害自动识别及健康预警平台。

①实现设施病害自动识别。针对传统人工检测效率低、检测精度不高的缺点，应用图像处理技术，结合深度学习算法，精确高效对道路病害类型进行自动识别。路面技术状况等级划分及评价技术融合多维检测结果信息，参考多个交通运输部和市政管理部门道路标准，形成本项目的路面技术状况及综合评价体系，形成网级道路健康档案，支持对比分析和历史记录查阅，评价结果有助于路面病害分析以及养护决策的选择。能够自动计算病害几何参数，对采集到的海量数据图片数据做预处理，最后根据相机的标定矩阵计算得到病害的实际几何参数。

②形成路网级健康档案模型。以道路多功能综合检测车采集的各项数据为基础、道路病害诊断系统分析的病害数据为核心，建立三维的道路信息化模型，通过模型模拟道路所具有的真实信

息,最直观地表达道路情况。同时,根据大数据融合,配合健康档案模型,构建区域道路健康标准体系,不同部门可通过该模型体系获取不同的信息,以支持各部门的工作。

(3)搭载专业设施性能分析及养护决策模型的专家决策系统。

将数据处理和分析模型单元整合入交通基础设施运营管理全过程平台,完善全自动道路状态采集系统,为交通基础设施提供设施检测、诊断、处治、维护、性能监测、质量追踪等全方位服务。通过将考虑人为及改扩建因素下修复前后两大类多种衰退模型、面向项目级和网络级路面性能预测模型、服务于网络级路网系统的成本效益加权优化决策模型等专业分析决策模型整合入运营管理平台,实现数据的多样化和专业化的分析及挖掘。

以分析、处理道路交通综合信息采集车采集的海量大数据,通过建立的人工智能数据模型,完成路面病害自动识别模型的训练,以此为基础,自动识别路面的各类病害信息。同时,根据多种因素,得到有效的专家决策方案,实现有效的投资管理决策。

(4)全生命周期保姆式运营管理(SaaS 模式)平台。

交通基础设施运营管理全过程平台以交通基础设施大数据为对象的数据采集、管理、可视化、研究、决策、规划等一体化的云服务平台,平台采用新一代软件服务模式,即软件即服务(Software-as-a-Service,SaaS)的云计算服务模式。

SaaS 式运营管理系统旨在为道路管理者创造精细化管理服务,通过基于云计算的"交钥匙"运营管理,达到道路效益最大的目标。对大量用计算机网络进行连接的计算机网络进行统一管理和调度,构成一个计算资源池向用户提供服务,用户省去服务器的租用及系统的维护管理,只需根据自己的计算机用量来进行交费。系统功能通过 SaaS 交付给客户,同时提供强大的自定义功能。前期的模型都将入库作为模型库的一部分模型,除此之外还将嵌入其他规范模型。将 GIS 接入,实现资产可视化空间管理。对最终的优化决策,系统输出汇总类数据预测性能、预算分配和处理长度结果,以及修复工作的计划段、方法和时间。系统还支持自生成多种格式的详细和总结性报告、自定义及图表报告。

基于 SaaS 设计理念,平台的总体架构如图 6-3 所示。

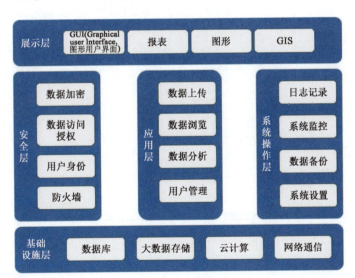

图 6-3 平台总体架构

第七章 CHAPTER 7
高速铁路技术发展现状与展望

陈再刚　王开云

第一节 引 言

轨道交通运输是国民经济的重要组成部分,具有运量大、快捷、准时、舒适、安全等特点,可满足长距离地域间的客货流动和大城市日益增长的客运需求。其中,轨道交通车辆作为轨道交通运输唯一的运载工具,在旅客运送和货物运输中起着举足轻重的作用。现代轨道交通运载技术的发展进一步丰富了轨道交通车辆工程的研究内涵。轨道交通涉及高速铁路、重载铁路、城市轨道交通、磁悬浮交通等几种主要类型,特别是我国高速铁路经过十几年的发展取得了辉煌的成就,已成为我国一张靓丽的国家名片。

据中国铁路2020年统计公报显示,截至2020年底,中国高速铁路运营里程达到3.79万km,在线高速动车组3918标准组,高速铁路运营里程及高速动车组保有量均占世界2/3以上,稳居世界第一。中国高速铁路技术站在了全球高速铁路发展的最前沿,已逐步从"跟跑""并跑"发展到"领跑"全球高速铁路市场的发展。虽然我国高速铁路发展迅猛,但是目前我国高速铁路已由大规模"设计建造"阶段转入长期"运营维护"阶段,"工程"走在了"科学"前面,很多基础性的科技问题还有待进一步揭示清楚。我国高速铁路未来如何发展,还面临着哪些问题与挑战,这也是一个值得思考的问题。本章回顾了高速铁路技术的发展历程,探讨了高速铁路发展面临的主要问题与挑战,展望了高速铁路未来发展趋势,提出了高速铁路发展的关键技术和其中卡脖子的瓶颈技术,并给出关键技术清单、攻关路径、实现目标和技术政策建议。

第二节 世界高速铁路发展现状

在高速轮轨技术上,德国西门子公司(SIE-MENS,以下简称西门子)和法国阿尔斯通轨道制造公司(ALSTOM,以下简称阿尔斯通)、日本川崎公司(KAWA-SAKI)、加拿大庞巴迪公司(BOMBAR-DIER,以下简称庞巴迪)的铁路公司技术世界领先,这些国家在高速铁路车辆产品的技术上各有优势和劣势,也各有自己的核心设计理念和独特的技术特点。在世界轨道车辆的发展历史上,轨道车辆结构主要的设计理念在于结构轻量化、服役长寿命、免(少)维修性、降低成本等。而近十年来,车辆结构已经逐步实现轻量化、模块化的设计原则,在很多车辆上也采用了合适的最佳材料(不锈钢、铝合金、复合材料、玻璃钢、碳纤维等)。但是,最近的社会环境急剧变化或技术革新,也对新一代高速铁路车辆结构提出了很多的技术要求,比如车辆功能或特性的多样化、环境的生态化和绿色化发展趋势。为了应对这种生态设计的发展趋势,一些传统的车辆制造技术和方法难以延续下去,必须要进行大量的技术革新和改革。比如一些著名铁路公司已经将设计理念定义为:为客户提供高效、快捷、完善的高速铁路新技术(新研究)、提供技术咨询、技术测试、系统工程的检查和技术培训,并以高度安全的方式和标准提供相关技术支持,确保诚信的最高水平,同时为公司本身营造一个具有挑战性的和可持续发展的工作环境。这就要求各个国家在开发新一代高速铁路车辆产品的时候,必须要有一个创新的设计理念,对未来高速铁路车辆的发展有一些前瞻性的研究,并提出具体的基础技术构成。

日本是世界上第一个实现高速铁路运营的国家,1964年开始东海道(东京—大阪)高速铁路运输。它的成功运营促进了世界其他高速铁路干线的建设。可以说日本是第一个研发高速列车的国家,并不断吸纳新技术发展自己的高速铁路交通网和不同系列的高速列车(新一代日本高速铁路主要代表是新干线 E7 系、N700 系、efSET 系)。欧洲凭借着浓厚的技术底蕴,在近 30 年来已经迅速建立了全欧洲范围的高速铁路网,也在根据不同的需求进行产品的更新换代(主要代表为阿尔斯通的 TGV/AGV、西门子的 ICE 系列、VELARO-X 系列)。加拿大庞巴迪是轨道交通领域的一个世界铁路技术巨头,ZEFIRO 系列动车组是庞巴迪运输 2005 年公布的超高速铁路旅行最新概念的高速电动车组设计平台,由庞巴迪公司工业设计组与意大利工业设计公司 Zagato 共同设计,但一直没有得到实用,最近几年才重新启动研发计划。庞巴迪开发了三种不同型号的列车:ZEFIRO380(主要瞄准中国市场,设计最高时速 380km/h);ZEFIRO-V300(主要瞄准欧洲市场,设计最高时速 300km/h);ZEFIRO-250(主要瞄准普通市场,设计最高时速 250km/h)。它采用 ECO4 的理念进行高速铁路车辆设计,也称为 ECO4 计划项目。

我国新一代的高速列车代表(CRH-400AF、CRH400BF 等)也已经成为高速铁路车辆新技术的典型代表。实际上,除日本在积极准备新一代新干线列车,拓展海外市场外,其他的国家和地区,包括中国、欧洲等主要厂家都将面临可以预见的世界高速列车巨大的市场需求和残酷的技术竞争,实际上德国的 VELARO-D、AGV-11 均是其第 4 代高速列车。由于中国高速铁路技术的迅猛发展,其性价比的优势逐渐成为世界和亚洲许多国家渴望的产品,而邻国日本、韩国高速铁路车辆的保有量也在不断增加,亚洲的高速铁路市场和线路综合总量已经处于世界领先水平。在亚洲高速铁路市场出现异乎寻常的高速增长的同时,欧洲高速铁路网规划也于 2020 年开始加大投入,预计其新增高速铁路线路约 10000km。

一、日本

近年来,日本铁道部门为了面对世界高速铁路市场竞争激烈的形势,针对新产品的研发重新投入了极大的热情,比如提高高速铁路运输能力,提升车辆运输效率,增强产品的环境友好性等。在巴西、美国、越南、印度等世界各地,日本正计划开展高速客运专线的建设,同中国高速铁路展开激烈的竞争。特别是为了满足国外高速铁路不同的运营情况,比如不同的线路条件、应用规格、标准等,日本川崎重工为适应国外的运行条件及标准,已着手开发新型高速车辆,提出了一些新的设计理念。下面结合一些代表性的文献,简单地说明一下日本新一代高速列车的设计理念和基础技术构成。

图 7-1 所示为日本新干线高速列车发展简图,每一代新干线高速列车产品都是针对不同的技术问题进行解决。

简单地说,0 系车辆是最早研制的主力车型(1964);200 系车辆耐寒、抗风雪(1982);100 系车辆是 0 系车辆的后继车型,追求高舒适度(1985);300 系车辆是新干线(东海道、山阳线)主力车型(1992),主要运营于山区道路,是首款使用交流牵引电动机的列车,有着很好的静音技术;400 系是实现新干线和既有线直通的车辆(1992);E1 系车辆为双层编组(1994);E2 系车辆为双频、环境保护(1997);E3 系车辆则采用新机轴应用于秋田干线(1997);500 系车辆真正实现 300km/h 等(1997)。E5 系车辆(2011 年投入商业运营)的车身采用了铝合金空心桁架断面和双皮层构造。为了减少通过隧道时的微压力波,车辆的高度和试验车 E954 型车辆(FASTECH360S)的 3650mm 相同,车辆宽度同为 3350mm。考虑到车体倾斜,车侧结构主体内侧设计为倾斜式样,E6 系车辆(2013 年投入运营)主要运营于北日本海。

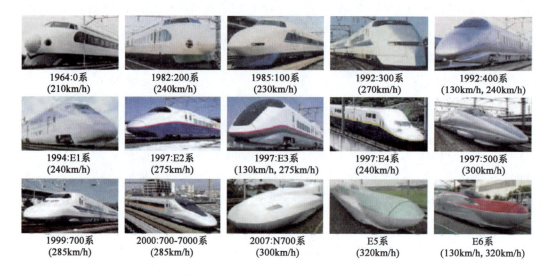

图 7-1 日本新干线高速列车发展简图

日本川崎最新研制的新干线 E7 系列车(2014 年投入运营,图 7-2),是融入日本传统樱花风格的豪华列车,也是面向美国加州地区推销的主导高速铁路车辆产品,借此参与美国加州高速铁路线路的竞争。该型车辆于 2013 年亮相于日本车辆展,并作为日本新干线高速列车 50 周年庆贺的纪念品(运营于日本东京—长野)。从 2019 年开始,E7 系列也投入了上越新干线中,正逐步替换 E4 系列,2022 年还将实施对 E2 系列的替换,2025 年将在大阪地区运营,最高速度 260km/h。

图 7-2 新干线 E7 系列车

图 7-3 所示为日本采用"A-train"高速列车设计概念设计的高速列车,是日本首次获得的欧洲订单的高速铁路产品,也是为英国伦敦奥运会制造的高速列车。

二、德国

德国高速铁路从 20 世纪 80 年代初期开始发展,其中 VELARO 系列平台是由德国铁路运营的 ICE-3 列车发展而来的第 4 代产品。实际上,ICE 列车的各款型号主要是在 20 世纪 90 年代出现,由西门子为首的多家公司组成的制造商联盟进行开发。VELARO 系列是一款纯粹的西门子产品,主要面向国际铁路市场。为此,针对不同的设计标准,西门子公司对动车组进行了很多一般适用性的修改。特别是针对欧盟出台的互操作性技术规范和进一步的标准,当中对包括新的消防标准及各项复杂的要求进行了技术修改。

图 7-3　日本新干线 N700 系和为英国研制的高速列车(A-train 设计概念)

整体结构采用铝质构造的 VELARO-D 列车目前已经被设计为新一代高速列车设计平台概念,它可以针对不同国家客户的具体需求进行技术修改,可根据当地要求进行调整的范围包括传动功率、配电系统、空调、座位数量、车身宽度及轨距。车厢连接处与 ICE-3 列车相比也有明显的改变。乘降门为电动塞拉门,其净宽及净高分别为 900mm 及 2050mm。不同于 ICE-3 列车,VELARO 的辅助牵引设备,例如,整流器冷却水泵、逆变器冷却风机、电动机风机以及制动器风机均可以独立于接触网供电运行。它解决了 ICE-3 列车在法国高速铁路东线上通过分相区时反复出现的冷却中断问题。

德国高速列车的发展历程如图 7-4 所示。

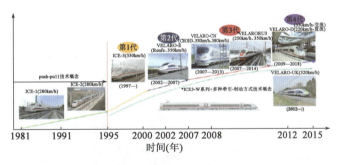

图 7-4　德国高速列车的发展历程

与 ICE-3 列车相比,大多数的 VELARO 列车的变体都没有配备涡流制动,仅 VELARO-D 列车具有这样的制动系统。VELARO 列车采用动力分散式技术。除了牵引电动机及制动器始终安装在底板下方外,一些原本设于动力车头内的电气设备及机械设备,例如,变压器、牵引逆变器、辅助变流器、空气压缩机、风缸、制动架、电池箱和蓄电池充电器等都被分布在每节车厢的底板下方。一列 8 节编组的动车组有 50% 的转向架为动力转向架(10 节编组的 VELARO RUS 则为 40%),德国高速列车 VELARO 设计平台如图 7-5 所示。

图 7-5　德国高速列车 VELARO 设计平台

在相同长度的列车中，VELARO 列车提供的座位数量提高了 15%；被称为"VELARO-HD"的设计草图可在 200m 长的列车中提供 536 个座位（UIC 标准的 2+2 布局）。这个概念还允许乘客在列车两端获得清晰的线路视野。驾驶室与客舱仅以一扇玻璃幕墙相隔，坐在休息室内的乘客可以越过列车司机眺望列车的前方或后方景观。VELARO-D 系列的列车是集成了德国高速铁路最新、最全面的先进技术的高速铁路车辆新一代研制和开发的技术平台，它已经完成了 40 万 km 测试里程，是得到德国联邦铁路和交通运输部授权的标志性新一代高速列车产品。很多出口的高速列车均是在此基础上进行修改。图 7-6 所示是 VELARO-Eurostar 列车，主要是在比利时进行线路测试，是号称具有完整高速铁路装配技术的第 6 代高速铁路产品（主要运营于法国、英国和比利时，2015 年投入运营），也属于 VE-LARO 系列，其产品中引入了智能移动通信技术。

图 7-6　VELARO-Eurostar 列车

三、法国

法国阿尔斯通是世界著名的高速列车轨道车辆制造商，也是西门子公司在欧洲最大的竞争对手。AGV 即"高速动车组"，由阿尔斯通独立研发，是法国最新研制的高速铁路车辆，AGV 车辆主要包括三项关键技术：铰链结构、发动机分置和能量反馈技术。AGV 计划代替 TGV 作为法国高速铁路的下一代车型。采用动力分散驱动是 AGV 与动力集中式的 TGV 最大的不同，此设计上的优势让 AGV 得以在相同的路线上达到较 TGV 更高的运营速度，其目标运营速度为 360km/h。阿尔斯通为 AGV 提供 7~14 节的不同编组。列车由 3 节小单元组成，每个单元都具有位于车底的 1 组变压器和 2 组牵引电气组件；两个上述单元加上 1 节拖车构成整列 7 节编组。7 节编组有 2 个 3 节单元，1 节拖车居中分隔，提供约 245 个座位；11 节编组则有以 2 节拖车分隔的 3 个 3 节单元，座位数约为 446 个。

AGV 的优点在于：与相同长度单层 TGV 列车相比可提供更多座位；铰接式转向架的采用可以降低列车转向架数目，从而降低维护费用、高的功率质量比与高效永磁同步电动机的使用，以及其他设计改进，令列车拥有更高的能源效率、更低的噪声水平和车厢两端贯通部位的更多空间。采用结构轻量化设计和模块化设计，在保证车体结构满足 EN12633-1500kN 标准的同时也极大地降低了质量，铰接支撑部位的枕梁采用钢材和复合材料。同时其在舒适度、平稳度、可靠性和可用性方面都做了极大地改观，在能源消耗、环境影响、运营成本方面也进行了重点设计，比如：采用了

98%的易回收的材料;采用了再生电力,最高可以达到8MW能量反馈技术。采用了优化的气动外形设计,可以保证360km/h和300km/h时的噪声水平相当。和同类型车相比,AGV降低了15%的能源消耗,且较早进行了抗碰撞和吸能设计。图7-7所示为AGV-Ⅱ系列列车和车体结构三维模型,图7-8所示为其抗碰撞性能设计的特点,图7-9所示为其采用的气动性能设计。

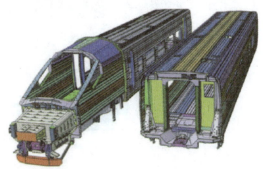

图7-7 法国AGV-Ⅱ系列和车体结构三维模型

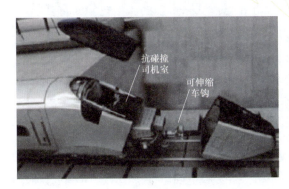

图7-8 AGV列车在抗碰撞性能设计的特点

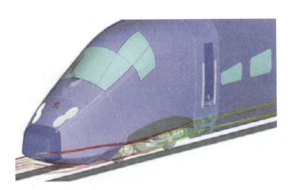
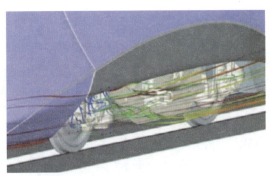

图7-9 AGV列车的气动性能设计

2008年,阿尔斯通开发"AGV Duplex",作为在TGV2N2之后提供给法国国家铁路的后续车型。2011年6月,阿尔斯通开始开发最高速度达400km/h的新型高速列车,并同时有单层和双层版本。新设计采用动力集中于机车的设计,此设计称为"AGV-Ⅱ"。在AGV的产品研发过程中,阿尔斯通投入了大量的精力进行相关的技术创新。比如采用最新的变压器技术,每两个电机有一个独立的变流器,采用新一代的IGBT6.5kV-600A技术;辅助变流器集成在牵引装置中,同时采用同步永磁电机技术、动力分置技术。采用的永磁电机比传统发动机体积和质量更小(小40%~50%),并配有样机和试验平台等。AGV采用的永磁电机技术示意图如图7-10所示。

图 7-10　法国 AGV 采用的永磁电机技术示意图(功率-质量比＞1kW/kg)

四、加拿大

加拿大庞巴迪也是一家世界领先的创新交通运输解决方案供应商,公司的结构以飞机和列车这两个规模几乎相当的业务领域为核心。目前,庞巴迪是我国地铁车厢及支线与公务飞机的主要供应商。ZEFIRO 系列动车组是庞巴迪运输(Bombar-diertransportation)于 2005 年公布的超高速铁路旅行最新概念的高速电动车组设计平台,由庞巴迪公司工业设计组与意大利工业设计公司 Zagato 共同设计,但一直没有得到实用,最近几年迫于世界高速铁路市场的激烈竞争而重新启动研发计划。其中,庞巴迪开发了三种不同的型号:ZEFIRO-380(主要瞄准中国市场,设计最高时速 380km/h);ZEFIRO-V300(主要瞄准欧洲市场,设计最高时速 300km/h);ZEFIRO-250(主要瞄准普通市场,设计最高时速 250km/h)。庞巴迪几年前就提出建立包括能源(energy)、效益(efficiency)、经济(economy)和生态(ecology)的研发理念,并将其全面覆盖至自产品设计到产品运营的整个生命周期。庞巴迪在中国的庞巴迪合资公司 BST 正在制造的 CRH380D 高速列车正是融入了"ECO4"的研发设计理念。庞巴迪的产品生产流程采用更严格的国际标准,在实现优化能效、降低噪声、使用无害可回收材料的同时,许多车辆都具备超过 95% 的可回收性。CRH380D 电力动车组是由青岛四方庞巴迪铁路运输设备有限公司基于庞巴迪 ZEFIRO 平台研发的 CRH 系列高速动车组,设计标称运行时速为 380km。在 2010 年 9 月,庞巴迪首度公开展示了最新 ZEFIRO380 动车组头车的 1∶1 全尺寸实体模型,并用互动式三维显示技术展示了车厢内部的设计。2013 年 4 月,在宁杭甬高速铁路的试验中,跑出最高时速 420km。

列车外形设计以"独特性、空气动力学和优化的运营成本"为主,在速度方面,良好的空气动力性能提高了最大速度,同时降低了能源的消耗,因而减少了运作成本;而在安全方面,优良的空气动力性能减少了侧风影响,从而大大地改善了稳定性;而在降低噪声方面,高级别的空气动力性能在环保设计中是关键的因素,因为它大大地降低了噪声污染,同时提高了旅客舒适度;而列车在整体性能上都达到了更好的空气动力的功效。列车内部以"布置灵活、照明充足和座位舒适"为主,座位方面安排灵活,即使是二等车厢需要更多的座位都会与民航客机的经济舱相当,并可根据需求增加或减少行李容量和座位数目。至于一等车厢的座位,则如同客机的商务舱或公务舱。每个座位底部垫子翻转后可作为靠墙桌、衣架、附加存物位、推拉桌或无靠背椅使用。车厢照明可让乘务员控制灯光,通过增加或降低照明强度或改变灯光颜色为旅客创造完美的气氛。列车内部所用的物料有耐火性良好、有毒烟雾释放量低的特点,坚固耐用,可提高旅客的安全性。

图 7-11 所示为 BOMBARDIER 的 ZEFIRO 系列(ECO4 计划)。其主要具备如下特点:具有独特的气动外形设计;最低能量消耗;符合欧盟标准的宽车体设计;最多可以提供 4 种不同的电压功率模式;可满足跨国界的设计模式;可以设计到 664 个座位(8 车编组);1336 个座位(16 车编组);

具有高速卧铺车等。

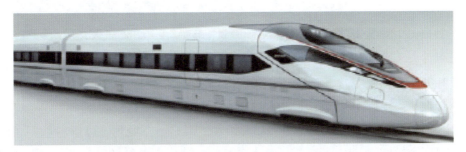

图7-11　BOMBARDIER的ZEFIRO系列(ECO4计划)

其他的国家,比如西班牙、瑞典和韩国等也结合各自国家的高速铁路技术特点,分别进行了高速列车的研制。限于本书研究的篇幅,具体情况可以参见相关研究文献,在这里不再分别赘述。

第三节　中国高速铁路发展现状

一、初始阶段

从1958年到20世纪80年代末期,是我国铁路动车和动车组发展的初始阶段,历经30余年。

1958年,四方机车车辆厂(以下简称四方厂)在大连机车车辆研究所(今中国北车集团大连机车研究所)、上海交通大学和集宁机务段协作下,自行设计、研制了我国首列双层液力传动内燃动车组,当时称为东风号双层摩托列车。该列动车组于1959年交付北京内燃机务段,在北京—天津间试运行。

东风号内燃动车组由2节动车和4节双层客车编组而成。每节动车装有2台山西柴油机厂制造的坦克用B2-300型高速四冲程柴油机,车用机型号改为DV12A型。该型柴油机缸径为150mm,行程是180mm(左)和18617mm(右),标定转速为1500r/min,12缸V形排列,UIC标定功率是220kW。单节动车功率是440kW,动车组总功率是880kW。液力传动装置型号是SF2006-1型,液力变速器内装有自行设计的两套变矩器:B1型起动变矩器和B2型运转变矩器。箱内还设有齿式离合器的换向机构。司机按照机车的速度和柴油机转速,以电-风遥控进行换挡。

动车的轴式为B-B,整备质量是65t,轴重为16125t,构造速度是120km/h。该动车组的研制为四方厂1959年试制卫星型1470kW液力传动干线客运内燃机车打下了基础。

我国自行设计制造的首列电力动车组是由长春客车厂(以下简称长客厂)、株洲电力机车研究所(以下简称株洲所)和铁道科学研究院,根据铁道部科学技术发展规划,于1978年开始研究设计,1988年完成试制的KDZ1型电力动车组。该动车组为2动+2拖4节编组,总功率为1200kW,采用经济八段桥、相控交-直流传动,最高速度是140km/h。4节车均设硬座,座席呈2+3布置。全列总定员是382人,其中单节动车定员88人,单节拖车定员103人。

KDZ1型电力动车组于1989年在北京环形试验线上进行动态调试和各种试验,最高试验速度达到141km/h,各项指标满足设计要求。据资料记载,这列试验型电力动车组因受当时运用条件的限制,未能投入正式运用,但是它为后来我国电力动车组的发展积累了经验。

在上述两种动车组研制之间,1962年,我国从匈牙利进口2列NC3型内燃动车组。这种动车组是由匈牙利Ganzmavag工厂制造的,由2动+2拖4节编组而成,动车布置在两端,总功率为735kW,设计速度是128km/h。每节动车上安装1台12JV17/24型柴油机,缸径是170mm,行程为240mm,标定转速是1250r/min,UIC标定功率是367kW(500马力)。动车采用机械传动。

NC3型内燃动车组进口后,最初配置在北京内燃机务段,运行于北京—天津之间。1975年5月,2列动车组全部调转到兰州铁路局。1987年,NC3型动车组全部报废。

从以上所述可以看出,我国铁路动车和动车组在发展初始阶段具有以下特点:①内燃动车组和电力动车组同时得到发展;②电力传动、液力传动和机械传动都得到采用;③国内自行研制和从国外进口相结合;④设计试制工作中,制造工厂、运用部门、科研单位和院校联合协作;⑤除进口产品外,试制产品没有投入正式商业运营和批量生产,但是所进行的设计、试制、试验工作为后来我国铁路动车组乃至机车的进一步发展积累了经验;⑥初始阶段持续时间长,约30余年,其发展速度、研制产品的技术水平、品种和数量等与同期国外铁路工业和铁路运输发展较快、水平较高的国家的产品比较,相对缓慢和滞后。

二、加速发展阶段

20世纪90年代到21世纪最初几年,是我国铁路动车和动车组发展的第二阶段,即加速发展阶段。

1990年9月5日,全路首列四季空调列车在北京—广州的47/48次列车上启用。自此,铁路客运出现了多品种、多样性、多档次、多元化的新局面。铁路运输部门针对不同层次和需求的客流,开行有速度含义的普通列车、直特快列车、夕发朝至列车和全程不停车的直达列车;有质量含义的普通列车、空调列车、全列卧铺列车和豪华列车;有提供特种服务的会议列车、旅游列车、球迷专列和民工专列等。为使铁路运输产品真正具有较强竞争力而采取的重大措施是铁道部对列车运行图的重大调整和几次大幅度的列车提速。从1997年到2004年,我国铁路实施了5次大提速。通过5次大面积提速和调图,铁路提速网络总里程达到16500km,其中速度160km/h及以上的提速线路里程为7700km;直通夕发朝至列车增加到169对,旅游专列增加到39对,途中一站不停的直达特快列车有19对。直达特快列车平均持续运行距离1320km,其中北京—杭州直达特快列车运行距离突破1600km。铁路客运领域的重大技术创新和喜人的形势变化,为铁路工业系统开发新型动车和动车组提供了市场需求和动力,从而形成了我国铁路动车和动车组发展的难得机遇和良好条件。据不完全统计,1994年以来,中国北方、南方机车车辆工业集团公司所属企业,在铁道部及其下属运用部门的密切合作下,研究开发了各种动车和动车组20多个品种,共计67列。其中内燃动车组有47列,包括动车78节,拖车226节;电力动车组20列,包括动车44节,拖车125节。在总计67列动车组中,有46列在国内进行试验或交付运用,21列出口到国外。出口产品中,有6列是由株洲电力机车厂和长客厂合造的2动+8拖动力集中式双层电力动车组,1997年10月出口伊朗,用于德黑兰市郊铁路;有15列由四方厂制造的1动+5拖动力集中式电力传动内燃动车组,2000年6月出口斯里兰卡,用于科伦坡市郊铁路。另外,南车四方股份公司出口纳米比亚的1列窄轨内燃动车组于2005年1月竣工下线。

应该特别强调的是,1999—2002年我国建设了全长405km的高速铁路"试验田"——秦沈(秦皇岛—沈阳)客运专线,其线下工程按250km/h、线上工程按200km/h设计,并设置了长66km、速度为300km/h试验段。为了适应秦沈客运专线的运输需求,铁道部组织研制了高速动车组"先锋号"和"中华之星"。两者都是"九五"国家计划委员会重点攻关项目。"先锋号"由中车公司的浦镇、长客、大同、永济厂以及铁道科学研究科院、上海铁道大学等联合研制,总功率4800kW,设计时速200km,由6节车编组而成,在秦沈客运专线最高试验时速达292km。"中华之星"高速动车组,功率9600kW,编组11节,设计时速270km,由中车公司的株洲、大同、长客、四方机车车辆厂和株洲电力机车研究所、铁道科学研究院共同研发,并在秦沈客运专线试验中创造出当时中国铁路"第一速"(321.5km/h)的纪录(图7-12)。"中华之星"的研制,集中了国内优势科研力量,在转向架设计、铝合金车体采用、空气动力学、牵引制动、列车网络研究等方面都取得开创性的成果。"先锋号"和"中华之星"是我国铁路驶入高速的先驱。

图7-12 "中华之星"高速列车运行在秦沈客运专线上

三、引进先进技术阶段

2003年,铁道部在向国务院呈报中长期铁路网规划的同时,于6月28日提出实现铁路跨越式发展的总体战略目标。

2004年9月,我国铁路通过公开招标方式,成功引进200km/h动车组技术,2004年9月招标的标的共140列动车组,分为7包,每包20列。长春轨道客车股份有限公司与法国阿尔斯通公司合作提供的3包60列电力动车组采用阿尔斯通公司的宽体Pendolino列车技术,主要参数是最高速度200km/h,列车总长211.5m,车体宽度3200mm,最大轴重为17t,采用水冷IGBT(Insulated Gate Bipolar Transistor,绝缘栅双极型晶体管)元件和交流异步牵引电动机、3个变压器和5个逆变器组,总定员为622人。四方机车车辆股份有限公司与以日本川崎重工为首的、有三菱电机和日立公司参加组成的日本集团合作提供的3包60列电力动车组,是以日本铁路运用的E2-1000型动车组为基型,采用4动+4拖8节编组,速度为200km/h,最大轴重是12t。青岛四方-庞巴迪-鲍尔铁路运输设备有限公司(中国、加拿大BSP合资企业)获两批40列8节式电力动车组,动车组最高速度为200km/h,列车全长214m,车体最大宽度3331mm,列车总质量420t,最大轴重是16t。

中国将所有引进外国技术、联合设计生产的中国铁路高速(CRH)车辆均命名为"和谐号",生产制造了CRH1、CRH2、CRH3和CRH5型动车组。

四、消化吸收阶段

CRH6 型电力动车组是由中国南车青岛四方机车车辆股份有限公司和南车南京浦镇车辆有限公司共同研制开发的 CRH 系列电力动车组。列车由四方技术总负责,浦镇四方联合设计。CRH6 型动车组适用于城市间以及市区和郊区间的短途通勤客运,满足载客量大、快速乘降、快启快停的运营要求。运营速度分为时速 200km(CRH6A)和 160km(CRH6F)两个等级,并预留时速 140km 等级(CRH6S)。2014 年 2 月 12 日,CRH6A-4002 首次在成灌快速铁路载客运行,这亦代表着 CRH6 正式投入商业化运营。

为了迅速提升我国铁路的技术装备水平,在引进、消化吸收国外先进技术的基础上,我国进行了更高速度"CRH"(中国铁路高速)动车组的研制。

2014 年 6 月 7 日,"中国高速列车关键技术研究及装备研制"项目现场验收会在青岛召开,被称为中国创造新名片的高速铁路项目正式通过了国家验收。该项目的标志性成果——时速 350km(运营最高时速 380km)高速动车组 CRH380 系列已经成为我国高速铁路的主力装备,CRH380 系列高速动车组有南车四方的 CRH380A 型、北车唐山和长客的 CRH380B 型、长客的 CRH380C 型和 BST 的 CRH380D 型。

由南车青岛四方机车车辆股份有限公司在 CRH2C(CRH2-300)型电力动车组基础上自主研发的 CRH 系列高速电力动车组,最初的名称为 CRH2-380(或称 CRH2-350)。CRH380A 在 CRH2C 的基础上全面提升列车整体性能,对动车组的牵引系统、空气动力外形做出了较大的改变。持续运营时速为 350km,最高运营时速为 380km,最高试验时速 400km 以上。CRH380AL 型列车最高试验时速为 486.1km,该款列车的舒适性以及密封性相对于其他动车组都要优秀,车厢内具备类似飞机的增压装置,以保证车厢内气压不会因为过隧道而改变造成乘客耳部不适。以 CRH380A 创新成果为基础研制的 CIT500,设计时速为 500km,在实验室滚动台跑出时速 605km 的速度记录。

由北车唐山轨道客车有限责任公司和北车长春轨道客车股份有限公司在 CRH3C 型电力动车组基础上自主研发的 CRH 系列高速电力动车组,最初的名称为 CRH3-380(或称 CRH3-350),后称之为 CRH380B 型列车。与 CRH3C 相比,持续运营时速为由 300km 提高至 350km,最高运营时速由 350km 提高到 380km,最高试验时速为 400km 以上。CRH380B 型列车为全球设计时速最快的高寒动车组,特别适合建于东北高寒地区的哈大高速铁路上运用。

CRH380C 是由北车长春轨道客车股份有限公司在 CRH3C、CRH380BL 型电力动车组基础上自主研发的 CRH 系列高速电力动车组。该型列车原被定为北车长客的新头型 CRH380BL 型列车,但由于铁道部的发文要求重新分配高速动车型号,故将北车长客的新头型列车型号由 CRH380BL 改为 CRH380C(L)型。该型号列车内饰大致与 CRH380BL 型列车一样,但使用了新头型,并改用了基于日立技术的永济牵引系统,首次采用了自主研发的网络控制系统。与 CRH3C 相比,持续运营时速为由 300km 提高至 350km,最高运营时速由 350km 提高到 380km,最高试验时速达 400km 以上。

CRH380D 由青岛四方庞巴迪铁路运输设备有限公司(BST)基于庞巴迪 ZEFIRO 平台研发的 CRH 系列高速动车组,设计运营时速为 350km,最高运营时速为 380km,最高试验时速为 420km。BST 的时速 350km 级别高速动车组原项目名称为 CRH1-380(或称 CRH1-350)。

五、自主创新阶段

从 2012 年开始,在中国铁路总公司的指导下,中国中车股份有限公司(原中国南车与中国北车)开始集合国内有关企业、高校科研单位等优势力量,产学研用紧密结合、协调创新,开展了中国标准动车组研制工作。2013 年 12 月完成顶层技术指标和技术条件的编制,2014 年 9 月完成方案设计,2015 年 6 月下线。2016 年,标准动车组进行了创造世界纪录的 420km/h 的会车试验,2017 年更名为"复兴号"动车组 CR400,成为全自主研发的中国品牌。拥有完全自主知识产权的"复兴号"动车组,可谓"纯正的中国血统",运营速度 350km/h,世界领先。

"复兴号"动车组的亮点在于:首先是建立中国标准,创建了中国高速铁路标准体系;其次,全 Wi-Fi 覆盖,座椅间距更大,二等座椅统一调整为 1020mm,一等座椅 1160mm,旅客无须再忍受诸如飞机狭窄的座椅空间,人人享受"头等舱"待遇;统一修程修制,以运营部门降低成本。其他亮点还包括智能性、安全性、经济性、操作便携性等。

中国利用积累起来的技术能力,正在逐步摆脱对国外关键核心技术依赖,特别是中国标准体系的建立和标准动车组的开行,标志着中国开始迈入高速铁路自主创新阶段。

第四节 中国高速铁路技术发展面临的问题与挑战

随着我国高速铁路运营里程和运营时间的增长,一些工程问题逐渐暴露出来,如车轮多边形磨耗严重,部分路段轨道板出现裂纹、离缝以及基础结构异常沉降等,有些问题已对高速行车安全形成隐患,迫切需要采取合理的防控措施。另外,高速列车牵引供电、通信信号、运输组织等方面也面临诸多挑战。为此,国家自然科学基金委和中国科学院联合设立了"轨道交通工程发展战略研究"的咨询项目,由西南交通大学翟婉明院士主持,本章撰写者也是该项目的骨干研究人员,部分观点也来自或者参考该咨询项目研究报告。总体来说,我国高速列车发展过程中还面临以下几方面的主要问题与挑战。

一、高速列车车辆方面

1. 高速列车系统动力学问题

我国高速列车具有持续运行速度最高、持续运行时间最长的特点,这给列车长期服役性能的保持带来挑战。随着高速铁路运营时间的增加,列车及线路各部件会出现老化现象,列车的服役性能不可避免地会有所恶化,而轨道结构在长期服役过程中其几何状态也会发生变化,从而对旅客的乘坐舒适性带来影响。另外,高速列车要实现高速行车条件下平稳、安全地运行,必须确保列车在设计初期、服役过程中均具备较高的临界速度,并且在轮轨型面磨耗、悬挂元件性能下降的情况下仍能保证列车高速运行时不发生蛇行失稳情况。

高速车辆服役过程中,虽有各类技术标准或规定在不同运营时段(里程段)严格控制着参数的变化范围,这些参数在服役过程中的性能退化呈现明显的非线性特征,且同时存在,多参数性能退化之后的列车性能能否满足其设计要求,在既有的动力学研究中尚未涉及。

因此,非常有必要完善高速列车系统动力学理论,掌握长期服役性能演变规律,确保其平稳和安全可靠运行。

2. 复杂环境下的行车安全性问题

我国高速列车具有持续运行速度高、运行时间长和运行地域广的特点,线路条件、气候条件变化复杂,高速列车服役环境的复杂性导致列车面临的运行安全性问题更为突出。典型的复杂运行环境包括轨道结构失效、悬挂系统失效、强风环境、地震条件等方面,开展复杂运行环境下的车辆运行性能评判体系研究具有重要意义,同时有必要进行高速列车复杂运行环境下安全性监控技术研究,为列车运行限速提供依据。

3. 全生命服役周期经济性问题

研究高速列车在全服役周期内的经济性问题具有重大的意义,从车辆设计和制造角度来说,高速列车在保证动力学性能和结构可靠性基础上,应尽量降低成本。在高速列车长期运行过程中,车辆运用维护成本主要取决于列车运行性能和结构疲劳可靠性,例如延长车轮镟修里程的关键在于磨耗后车轮的动力学性能,尤其是蛇行运动稳定性。因此,提高高速列车全服役周期内经济性的关键是保障车辆新造和长期运用的性能。

4. 能耗与噪声问题

随着世界范围内能源的紧张、环境的恶化,高速铁路的作用已越来越突出。但高速列车轻量化的发展趋势使得车辆在运行中振动和噪声问题更为突出,造成列车的舒适性恶化。为此,铁路部门在努力维护良好轨道装备的同时,一直在寻求减小振动和降低噪声的各种方法,以改善旅客列车的乘坐舒适性。为实现高速列车的绿色环保性,需要开展系统的车辆减振降噪技术研究,减振方面包括悬挂系统被动/半主动减振技术、车下设备弹性吊挂技术、车端连接减振技术等,降噪方面包括降低空气阻力系数、减小会车/隧道时压力波、改进头车及受电弓结构外形、采用降噪材料和隔音结构、降低轮轨噪声等。

5. 高速列车空气动力学问题

随着大气环境的恶化,如沙尘暴等我国北方常见恶劣天气也随之增加。沙尘暴涉及风和沙两相,因此沙尘暴下的高速列车气动特性属于多相流问题。目前国内外学者更多关心沙尘暴的形成、治理以及结构特点,而缺乏分析沙尘暴环境下对结构或运行物体的影响。

6. 高速列车谱系化问题

随着国家"一带一路"倡议的实施,高速列车面临着多元化的运用需求,高速列车应以运用需求和服役环境为设计原则。开展高速列车标准化和模块化研究,实现基于不同运行条件、不同评判准则、不同定制要求的高速列车谱系化研制,满足多元化的运用需求。

7. 高速列车关键零部件国产化

目前,我国配属动车组已超过3600组,占世界高速列车总数的3/4以上,"和谐号"动车组国产化率达到70%左右,"复兴号"国产化率高达85%以上。虽然我国高速列车整车装备国产化率不断提高,但相关基础研究依然薄弱,核心关键零部件跟不上整机装备的发展。例如,表7-1中展示的高速列车牵引动力传动系统中国产化率较低的高精密齿轮传动、高端轴承、轮对等旋转部件,其关键技术依然受制于人,属于高速铁路领域"卡脖子"的技术难题,亟须进一步深入开展相关基础理论与技术研究。特别地,随着我国高速列车建设规模不断扩大、运营速度不断提高、运载量不断增大,加上实际运营环境复杂多变,大大增加了牵引电机、齿轮、轴承、轮对等关键零部件振动失效和疲劳损伤的概率。针对牵引电机、齿轮、轴承、车轮等基础零部件的故障和磨损机理、动态响应特征及监测等关键科学问题尚未完全解决,关键性技术仍有待进一步突破。

"复兴号"与"和谐号"部件供应商　　　　　　　　　　表7-1

部件/系统	供应商	
	复兴号	和谐号
车轮	智奇、BVV、太原重工、马鞍山钢铁	智奇、BVV、CAF、新日铁
轴	智奇、BVV、太原重工、CAF、晋西车轴	智奇、BVV、CAF
轴承	Timken、舍弗勒、明治、斯凯孚	Timken、舍弗勒、明治、斯凯孚
齿轮器	戚墅堰、重庆凯瑞、采埃孚	福伊特、明治、采埃孚、戚墅堰
牵引电机	中车永济电机	中车永济电机

二、牵引供电方面

牵引供电系统方面还需继续关注与注意的问题主要有以下几个。

(1)高速铁路牵引供电系统能耗、高效、节能环保等方面的问题尚待研究。高速铁路牵引供电系统能耗主要包括牵引供电网络损耗(如牵引网线路阻抗损耗、牵引变压器损耗)、机车传动系统损耗(如车载变压器、整流器、逆变器损耗)和运行阻力损耗(如线路条件、空气阻力、摩擦阻力损耗)。对于机车特别是高速列车能耗的构成研究相对较少,损耗机理不清晰,能效提升方法不明确,部分研究以国外高速铁路数据为基础,定性分析居多,很少定量研究我国高速铁路的实际运行能耗状况。

(2)新能源是国家战略和必然趋势,新能源资源丰富,符合高速铁路线路分布特点,但未得到综合利用。光伏发电技术虽然是当前的研究热点,但对其的研究主要集中在分布式光伏发电系统、光伏电站、微电网等领域,对光伏发电与铁路系统相结合的研究为数尚少。风电多通过电力系统间接向牵引供电系统供电。电气化铁路对电力系统产生的谐波一定,但是当电力系统处于最小运行方式时,电铁就有可能对风电场产生影响,破坏风电机群的安全与稳定运行。此外,当电铁与风电场同时接入同一地区的电网时,电铁谐波会使风电场变压器的附加损耗增加,造成风电机组产生附加损耗、附加振动及补偿电容器的过电流跳闸甚至损害。

(3)高速铁路供电模式没有革新和突破,新的供电模式需要启动研究,未来才能引领发展。我国采用25kV工频单相交流电向电力机车供电。然而,在长期应用过程中发现工频单相交流制式存在如下不足:电力牵引负荷为单相非线性冲击负荷,功率大,在运行过程中有较大的负序电流注入电网,导致电力系统三相不对称运行;牵引负荷不仅是负序源,而且也是谐波源,对沿线通信产生不利影响,高次谐波还会使电网电压波形产生畸变;牵引负荷是移动性和随机性的大负荷,牵引电流及其阻抗变化范围很大,造成接触网电压波动亦很大,影响了电力机车的正常运行;列车过分相时必然有速度损失问题,给高速电气化铁道的发展带来不利影响。

（4）互联网、信息融合、大数据等信息技术的飞速发展适合解决高速铁路供电问题,可应用互联网思维来降低能耗,增加能效。但是,目前的检测系统均有对应的检测分析软件或程序,但均缺乏统一性,缺少数据的统一收集、分析、诊断的综合性数据处理平台。此外,铁路供电调度作业绝大多数仍停留在传统的人工操作方式上,部分操作步骤由远动系统完成,整个作业流程存在以下三个问题:管理效率低;存在安全隐患,倒闸表和工作票依靠值班员口述,容易造成漏听和误编,从而引发调度事故;资料不便存储共享。

（5）新材料、新技术发展迅速,新材料、新装备的运用能够有效提高牵引供电系统可靠性,节能增效,但相关技术并不成熟。例如,燃料电池在各个领域已经有了一定的应用,但对于燃料电池混合动力机车,燃料电池在面对剧烈变化的负载时,难以快速调节自身功率,故单独使用时无法满足机车工作时功率变化快的需求。

（6）特殊山险地区、高原等极弱电网条件下如何使牵引供电系统安全可靠、稳定高效、节能环保地运行。特殊山险地区、偏远地区由于其地理条件限制,在维持其牵引供电平稳方面存在不利因素,缺乏强电网支撑是复杂大坡道和高原山区高标准电气化铁路建设面临的主要困难。

三、通信信号方面

尽管中国铁路列控系统技术取得长足进步,但仍然受到当时技术条件的限制,存在系统结构复杂、轨旁设备过多、建造与运维成本高、维修难度大等问题,影响了我国轨道交通通信信号技术的进一步发展及高速铁路技术走向世界的步伐。通信信号方面主要面临的问题包括以下几个方面。

1. 铁路信号技术方面

（1）系统不够优化,轨旁设备过多。目前我国列控系统虽然功能强大,但是系统结构过于复杂,轨旁设备偏多,导致系统造价高、日常维修、养护工作量大、设备管理复杂,影响了我国列控设备的走出去战略。因此,需要在技术基础上,优化系统功能及系统结构,减少设备数量,使系统更简洁,功能效率更加强大,安全性更高,维修维护更加方便。

（2）智能化程度不高。目前铁路信号系统虽然已经逐步实现网络化,但缺乏人类所具有的各种智能、处理不确定性和不精确性的能力,以及对环境因素和过程动态感知及时调整控制策略的能力,难以实现多目标的决策,智能化程度不高。

（3）没有形成与控制系统相配套的信号监测体系。尽管我国围绕各种信号设备开发了许多监测及记录装置,但是各监测检测系统缺乏互联互通,监测数据缺少关联性、综合性,不能有效共享,不能实现系统的智能分析与设备状态趋势预测,故障判断和维护方案主要依靠人工经验,总体上仍停留在传统的维修维护模式上。随着高速铁路大规模开通运营,信号设备维护工作难度加大,目前的监测维护模式的弊端将更加突出。因此,要实现真正意义上的现代化铁路信号系统,不仅需要先进的控制设备与网络,还需要建设覆盖面全、功能完善的综合监测系统,对信号设备运用状态进行全面、实时和科学的检测与监测,并进行智能化分析,提高维修维护综合智能化水平,保障列车安全运行。

2. 铁路通信技术方面

（1）通信网络容量和覆盖面不足,现有窄带通信系统综合承载能力和容量有限;网络制式不统一,无法满足未来大容量、高密度业务的接入需求。

（2）网络智能化水平低,网络可重构能力差;业务网应用分散造成运维和管理不便捷且成本较高。

（3）网络的安全性存在不同程度的漏洞,无法满足铁路网络高安全性的要求;大部分现有网络无法传送高精度时间同步信息,卫星定位技术尚未形成规模性应用。

3. 新技术、新理论应用不足

近年来,随着信息技术的发展,新技术、新理论层出不穷,但是铁路通信信号系统对新技术、新理论应用不足。车地信息传输仍然以 2G 移动通信为基础,卫星定位技术、人工智能技术、物联网技术、大数据理论与技术未被采用。因此,需要对铁路通信信号技术进行全面、科学的研究,提高通信信号系统技术水平,提高智能化水平,进一步保障列车安全运行。

四、运输组织方面

1. 旅客综合服务水平有待增强

旅客服务伴随着轨道交通的运行而生,从简单的导向标识、广播通告,到复杂的服务咨询、出行引导,甚至多种多样的爱心服务、商业服务都可以笼统地归结到旅客服务体系中。目前,我国轨道交通运营企业多以完成基本的出行服务为首要目标,也有部分企业以经营服务为主要目标。

随着社会经济发展和人民生活水平的提升,人民对美好生活的向往也体现在对轨道交通全方位、多元化的服务需求上,表征为区域轨道交通系统服务供给现状与旅客精细化、多元化的旅行需求之间的矛盾。旅客期望更加精细化、准确化的运输服务,涉及更智能全面的实时出行导航服务、更快捷便利的出行过程、更开放交融的信息服务、更灵活多样的票制票价等方面。而目前旅客全出行过程中,存在诸多换乘不便、环节冗余、服务缺失等现象,如铁路换乘地铁时重复安检、高速铁路列车上难以获取城市轨道交通运营的实时信息等。

2. 总体运能和运营效率有待提升

由于目前不同制式轨道交通运输计划都是独立编排,无法充分利用轨道交通复合网络的总体运输能力,在应对节假日或重大活动期间大客流等情况时,存在运能利用不充分的现象。而通过协同优化理论方法的运用实现运输计划的协同编制,可合理配置各制式轨道交通的维修天窗、冗余时间和跨制式旅客协同输送模式,以提升全网的总体运能和运营效率。

在衔接多条线路的轨道交通枢纽运转方面,也存在运能和效率提升的空间。如实现直通运输,可在一定程度上降低换乘客流压力,缩短列车在枢纽站的占用时间,通过疏解换乘节点的压力提升全网点线通过能力。通过实时信息的传递和大数据等新技术在客流预测上的应用,还可优化列车停站方案、压缩旅行时间以提升全网总体通过能力。

3. 应急响应与运维效率有待提高

区域轨道交通的应急响应与运维效率是确保轨道交通运输服务高可用性、高可靠性的关键。目前,在应对一些非正常情况下的突发事件时,各制式、各运营主体的轨道交通各自为政,相对独立地处理异常情况。这在一定程度上削弱了区域轨道交通系统的整体应急响应与运维效率。特别是当各轨道交通系统之间存在先后交互影响时,必须待优先级高的系统实施特殊运输组织和应急维修处置后,优先级低的系统才能逐步采取措施恢复系统运输能力和服务水平。

目前各系统在风险源的辨识分析、突发事件的应急响应、列车运行的实时调整等方面均是独立进行的,未能实现风险预警信息、应急处置信息多精度、多对象、对范围的协同发布和共享,应对非正常情况时很难通过单一系统的调度指挥系统做到风险源即时追踪监测、现场救援情况的实施监测与效果反馈以及调度指挥集中协同控制,这些信息的传递过程增加了系统出现全局或部分失效后的恢复时间。

4. 信息交互共享水平不高

虽然目前已实现多元化的信息传播渠道,但是多系统、跨制式之间的信息交互共享水平仍不高。

对旅客而言,只能通过单一系统的多种信息传播渠道查询和掌握该系统的相关信息,当旅客需要跨制式出行时,必须要切换不同的信息获取途径查询不同系统的列车运行信息和相关服务信息。

对运营单位而言,运营信息仅在单位内部存在共享,与其他运营主体或非商业用途的科研单位之间的共享程度不高,对于旅客全方式出行过程中涉及的多个环节缺乏有针对性的出行诱导和个性化信息服务,在应对突发事件时,也难以做到与其他出行过程中涉及的轨道交通系统间的信息交互。

对政府而言,多数情况下只能单向地向运营单位索取相关运营信息或者是由运营单位向政府相关职能部门反馈运营信息,缺乏一个信息共享平台,供政府部门决策调整相关政策或是督促运营单位优化运输组织方案,以更好地为旅客出行服务。

第五节 高速铁路发展趋势与政策建议

一、发展趋势与展望

德国西门子、日本联合财团(川崎、三菱为代表)、法国阿尔斯通、加拿大庞巴迪,这些国际轨道交通制造业跨国巨头的高速铁路车辆产品设计理念和制造技术世界领先,目前已经研发第4代技术。这些国家在高速铁路的技术上各有优势和劣势,也各有自己鲜明的技术特点。简单地总结,这些国家的设计理念基本上都异曲同工,围绕的还是能源、效益、经济和生态的"环境友好性"研发理念,这些理念贯穿各个产品的设计环节。

近10年来,由于我国高速铁路技术的迅猛发展,国内外铁路专家面对庞大的中国高速铁路市场进行了很多层面的技术博弈,尤其在动车组研究技术方面也在寻求很多重要的技术突破。拥有原创性技术和自主知识产权的中国高速铁路车辆产品逐渐增加,固有的设计思维和传统经验的束缚被逐渐打破。

近5年来,面对未来的国际、国内高速铁路激烈的竞争市场,各个国家从不同的角度和技术层面积极吸收和运用当代先进科技成果,进行技术创新,其深度和广度可以称得上一次跨时代的高速铁路技术革命。比如我国提出的绿色生态设计列车;德国逐渐完善的VELARO-D高速列车设计平台;日本面向国际高速铁路市场的环境友好性概念列车(efSET、E7 系列车);法国融入最新技术的 AGV 列车(铰接式、发动机分置和能源反馈技术),庞巴迪的 ECO4 概念列车 ZEFIRO,韩国 KTX-400 计划项目中采用的碳纤维车体技术等。在这些最新研制的列车中,牵引供电方式经历交流、直流、交直流混合以及未来燃料电池为动力方式的不断转变。采用宽体的车体技术和独立轮对的技术实现低地板和无台阶的动车设计、能量反馈和再生制动的技术等。

在现有技术的基础上,未来高速列车的发展将逐渐趋向于更高速、更安全、节能环保、智能化和谱系化。

1. 更高速

更高速度一直是世界铁路长期关注的重点,国内外开展了大量研究和试验,推动铁路运营速度不断提升。未来,更快的高速铁路仍是我国铁路发展的重要方向之一。高速铁路运营速度的提升包括既有高速铁路提升和新建高速铁路提升两种类型。一方面,需要通过持续深化技术创新,不断提高新建高速铁路的运营速度,例如我国正在研制时速 400km 等级的高速列车 CR450,也已开工建造时速 400km 的成渝中线高速铁路线路;另一方面,通过技术升级改造提升既有高速铁路的运营速度也是我国高速铁路未来发展的重点工作之一。

2. 更安全

安全是高速铁路运输最基本的要求,高标准、全过程、稳定可控的安全运营是高速铁路永恒追求的目标之一。为确保高速铁路安全运行万无一失,我国将持续完善高速铁路系统安全保障体系,针对突发事件构建精准应急体系,全方位提高高速铁路运输系统的报告可靠性、可用性、可维修性和安全性(Reliability Availability Maintainability Safety,RAMS)水平。在基础设施方面,推广使用新材料、新技术、新工艺,提高基础设施质量和使用寿命,注重预防性养护、维护,及时消除安全隐患,形成集安全技术、安全管理和安全预防于一体的保障体系。

3. 节能环保

发展绿色铁路、降低铁路能耗及污染排放量成为铁路发展重点。在设计、施工、运营、管理、维护等各个阶段融入绿色发展理念,对既有高速铁路应依靠铁路技术进步,对既有设备进行更新改造,尽可能降低环境污染,减少能源消耗、提高沿线绿化水平。主要措施涉及提高高速列车牵引制动效,减轻列车质量,减小列车的运行阻力;降低列车牵引能耗,研究列车在区间的牵引控制节能操纵序列,快速求解列车最节能控制曲线,使列车运行中的能耗降到最低。新材料与新技术在推动高速铁路快速发展的过程中也扮演着非常重要的作用,在牵引供电领域,新材料与新技术着重关注节能降耗领域,通过技术与材料的进步实现牵引供电系统节能增效的目标。

4. 智能化

未来世界范围内高速铁路领域的竞争将在很大程度上取决于数字化、智能化、智慧化水平,我国也正在开展智能化高速铁路的研制工作。结合高速列车运行安全性评估、关键部件失效性评估、可靠性和服役性能评估的系列模型库,对列车服役可靠性进行评估,预测影响高速列车运行安全性的潜在因素,为高速列车全寿命周期管理和最优化设计提供依据。在决策知识库和安全评估模型的基础上结合动态数据与历史数据的融合结果,建立相应的决策方法库和推理机制。研究决策标准库的表达方式,开发多系统交叉的专家知识库,研制决策支持专家系统,并制定与应用管理平台的数据接口,全面为智能列车安全决策服务。

针对智能综合交通系统的要求,研究智能化、网络化的通信系统关键技术,研究满足多制式轨道交通协同的新一代智能交通运输通信平台,实现多地域多种交通制式通信系统的互联互通、协同服务。进行多网络、多技术融合的泛在网技术研究,以量子通信在铁路通信传送技术中的应用为契机,使得信息传送技术取得突破发展,多种传送方式相互结合,融合各专业之间的通信差异,实现多网络、多技术融合的泛在网和通信与服务的无缝连接,达到网络无处不在的一体化综合交通通信体系。随着物联网、云计算、大数据、人工智能、5G等新一代信息技术的飞速发展,智能高速铁路将持续深化新技术与高速铁路的集成融合和应用创新,不断完善智能高速铁路关键技术体系。

5. 谱系化

深入落实高速列车谱系化设计理念,依据不同需求设计不同系列列车,形成基于需求的高速列车产品谱系。设计出多种不同功能或相同功能、不同性能的系列列车,可以同时满足车辆的功能属性和环境属性,一方面缩短车辆研发与制造周期,增加列车系列,提高产品质量,快速应对市场变化;另一方面,减少或消除对环境的不利影响,方便重用、升级、维修和产品废弃后的拆卸、回收和处理。

二、政策建议

(1)加强创新型人才和技能型人才队伍建设,建设人才梯队。加强人力资源开发,抓好人才队伍建设,加强专业技能培训,全面提升人员专业素质,实施阶梯式人才培养模式。造就具有世界级影响力和大局观的战略型科学技术人才,加大学科带头人培养力度,培养一批领域内具有较高知名度的专家、高水平学术和技术带头人,带动青年人才迅速成长,引导构建结构层次合理的系列研究队伍和科技攻关团队。

(2)促进产、学、研、用协调融合,助力轨道交通高品质发展以及学科的持续健康发展。引导轨道交通领域企业与政府机构、产业需求深度融合,建立由政府主导、各级企事业单位参与的良性科研投入机制,最大化地整合和优化配置资源,合力解决轨道交通及学科发展面临的问题与挑战。

(3)促进学术交流合作。积极鼓励业内专家到相关企业进行实质性的兼职工作,从工程实践中提炼关键科学问题,形成需求导向的研究方向。积极鼓励大型研究机构或企业与国家自然科学基金委员会设立联合资助项目。通过举办和参与国际、国内学术会议和研讨会,加强同北美、欧洲和日本等国家和地区国际一流学者的合作和交流,有计划地邀请在海外留学和工作的优秀华人学者回国进行交流和合作,为海内外专家学者提供广阔的合作空间。

(4)重视铁路规范与标准建设。着眼于未来中国铁路技术引领发展目标,形成具有中国特色的轨道交通设计、建造、施工与管理技术,最终形成具有完全自主知识产权的中国标准。

(5)建立合理的轨道交通安全保障法律法规和管理体系。理顺政府、企业、机构、行业之间的关系,在政府指导下,发挥行业协会的桥梁和纽带作用,积极培育独立第三方咨询机构,制定完整的法律法规和技术标准,构建完善的轨道交通建设与运营保障体系。

本章参考文献

[1] Masashi Ishizuka Kawasaki's. Approach to US high speed rail[C]// Japan : Rail Conference Kobe, 2013.

[2] 董锡明. 近代高速列车技术进展[J]. 铁道机车车辆, 2006, 26(5): 1-11.

[3] 佐藤芳彦. 欧洲高速列车最新技术发展动向[J]. 国外机车车辆工艺, 2010(2): 1-6.

[4] 石津一正. 欧洲高速车辆发展动向[J]. 国外铁道车辆, 2000, (3): 1-6.

[5] TAKESHI K, TAKASHI Y, TOSHIHIKO M. Rail-way-vehicle technologies for european railways[J]. Hitachi Re-view, 2008, 57(1): 61-65.

[6] YASUSHI Y, TAKENORI W, SUMIYUKI O. Versa-tile, environmentally-friendly, and comfortable railway systems[J]. Hitachi Review, 2008, 57(1): 9-17.

[7] KATSUTOSHI H, HIROFUMI S, HIDEO K, et al. Environmentally friendly railway-car technology[J]. HitachiReview, 2008, 57(1): 18-22.

[8] 栗山敬. 日本为国外开发的新型高速铁道车辆"efSET"[J]. 国外铁道车辆, 2011(4).

[9] 李瑞淳, 王骏. 德国高速列车综述[J]. 国外铁道车辆, 2005, 42(6): 1-6.

[10] Martin Steuger. Velaro-customer oriented further development of a high-speed train[J]. Erlangen ZEVrail, 2009, 133(10): 1-16.

[11] JOCHER E. On track to target achievement[J]. London : Capital Market Day, 2013.

[12] 戴维布里金肖. 法国新一代高速列车AGV[J]. 国外铁道车辆, 2001(4): 25-27.

[13] Alstom Transport. The AGV, a cutting-edge technology integrator[J]. Inno-trans Berlin. September, 2008.

[14] Salwa Fouda. ECO4-bombardier's new formula for total train performance[C]// Canada : Bombardier Calgary, 2009.

[15] Bombardier Inc. Annual information form for the year ended December 31, 2013[R]. Bombardier Inc, 2014.

[16] 乔英忍. 我国铁路动车和动车组的发展(上)[J]. 内燃机车, 2006(1): 2-4.

[17] 乔英忍. 我国铁路动车和动车组的发展(中)[J]. 内燃机车, 2006(2): 1-3.

[18] 满勇, 刘颖琦. 高铁列车技术创新演进研究: 中日两国的对比[J]. 中国科技论坛, 2021(01): 176-188.

[19] 翟婉明. 中国学科发展战略·轨道交通工程[M]. 北京: 科学出版社, 2022.

[20] 翟婉明, 赵春发. 现代轨道交通工程科技前沿与挑战[J]. 西南交通大学学报, 2016, 51(2): 209-226.

[21] 王宝权, 杨荣成. 高端装备行业之动车组篇——动车组需求增量不减, 复兴号开启国产新时代[R]. 深圳: 招商银行研究院, 2020.

[22] CHEN Z, ZHOU Z, ZHAI W, et al. Improved mesh stiffness calculation model of spur gear pair with tooth profile deviations[J]. Mechanism and Machine Theory, 2020(149): 103838.

[23] CHEN Z, ZHAI W, WANG K. Vibration feature evolution of locomotive with tooth root crack

propagation of gear transmission system[J]. Mechanical Systems and Signal Processing, 2019 (115):29-44.

[24] LIU Y, CHEN Z, WANG K, et al. Dynamic modelling of traction motor bearings in locomotive-track spatially coupled dynamics system[J]. Vehicle System Dynamics, 2021:1-30.

[25] ZHOU Z, CHEN Z, SPIRYAGIN M, et al Dynamic response feature of electromechanical coupled drive subsystem in a locomotive excited by wheel flat[J]. Engineering Failure Analysis, 2021 (122):105248.

[26] 卢春房. 高速铁路技术发展趋势[J]. 现代交通与冶金材料, 2021, 1(03):1-5.

[27] 卢春房, 王德. 中国高铁安全运营技术体系与保障措施[J]. 中国安全科学学报, 2019, 29(08):1-9.

[28] 谢毅, 肖杰. 高速铁路发展现状及趋势研究[J]. 高速铁路技术, 2021, 12(02):23-26.

[29] 沈志云. 关于高速铁路及高速列车的研究[J]. 振动. 测试与诊断, 1998(01):4-10, 73.

[30] 王同军. 中国智能高铁发展战略研究[J]. 中国铁路, 2019(1):9-14.

[31] 熊嘉阳, 沈志云. 中国高速铁路的崛起和今后的发展[J]. 交通运输工程学报, 2021, 21(05):6-29.

第八章 CHAPTER 8

民航发展趋势与科技展望

胡华清　陈文来　彭　峥

第一节　中国民航发展基础

民航业是重要的战略性产业。截至 2020 年底，我国已建成民用运输机场 241 个、通用机场 339 个（不含港澳台地区，下同），基本形成以世界级机场群、国际航空枢纽为核心、区域枢纽为骨干、中小机场为重要补充的国家综合机场体系，基本建成安全高效的空中交通管理体系。64 家航空公司运营 3903 架运输飞机，通航国内 237 个城市，通航全球 62 个国家的 153 个城市，完成旅客周转量 6311 亿人·km，在综合交通中占比达 32.8%，完成旅客运输量 4.2 亿人次，首次超越美国成为全球第一。民航安全体系持续完善，安全水平保持国际领先水平。以航班正常为核心的运输服务品质实现根本性扭转，航班正常率连续三年超过 80%。围绕机场布局建设了一批临空经济区，积极服务国家大飞机战略，建成了国家发展新的动力源——北京大兴国际机场。民航业在抗击新冠肺炎疫情中展现了责任担当，在服务全面建成小康社会、推进区域协调发展、推动全方位对外开放中发挥了重要作用。

总体上，经过几代民航人的接续奋斗，我国民航综合实力位于国际前列，实现了由航空运输大国向航空运输强国的转变，有力支撑了国家重大战略实施，有效服务了人民安全便捷出行需求，积极促进了现代产业体系构建。

第二节　中国民航发展趋势

站在全面开启多领域民航强国建设新征程的历史新起点上，我国民航发展面临的内外部发展环境条件正在发生深刻变化，民航发展呈现国际化、大众化、智慧化、绿色化、协同化、市场化发展趋势。

一、国际化

国际化是民航业的基本特征，也是我国民航实现由航空运输强国向全方位民航强国迈进的必由之路。民航是唯一能通达全球的网络化运输方式，是承担国际旅客运输的核心力量，在跨国、跨洋运输中发挥着其他运输方式难以替代的作用，在服务国家全方位对外开放、推动"一带一路"建设等方面发挥着重要战略支撑作用。

面向未来，一是国际航空运输网络拓展加快。短期内，受新冠肺炎疫情影响，国际交流受到抑制，但从中长期看，疫情终将得到控制，全球经济形势总体向前，国际分工合作形成新格局，国际航空将焕发新机。未来，国际航空运输将成为我国民航增长的主要动力，要实施更加开放的航权政策，着力提升国际枢纽机场和航空运输企业的国际竞争力，加快构建通达全球的航线网络，全面服务国家对外开放战略。二是规则标准和技术产品"走出去"加快。预计到"十四五"末，我国将成为全球最大的航空运输市场，这必然要求我国在国际民航体系中发挥更大作用。要着力培养通晓国际规则、精通对外谈判的国际化人才，加强与国际规则的衔接，统筹做好国际合作和对外斗争，坚决维护我国民航发展权益和发展空间。要加快提升引领国际规则标准制定的能力，推动更多的中国标准上升为国际标准,不断增强国际影响力和话语权。积极运用我国主导制定的国际规章、标准,带动民航技术、装备、产品、服务"走出去"。

二、大众化

航空服务大众化是民航强国建设的基本要求,是践行"人民航空为人民"的应有之义。改革开放以来,我国民航旅客运输量从1978年的230万人次增长到2019年的6.6亿人次,航空运输以服务中高端公务、商务旅客为主向以服务人民大众日常出行为主转变。当前,我国航空运输人均出行次数仅为0.47人次,低于世界0.60人次的平均水平,远低于美国的2.82人次,巨大差距蕴藏着巨大潜力。

面向未来,航空大众化进程将进一步加快。一是支撑航空出行的经济基础长期向好。我国已开启全面建设社会主义现代化国家新征程,人民生活将更为富裕,中等收入群体比例将明显增加,航空出行将成为人们的日常生活方式。根据相关统计,当前全国仍有10亿人尚未坐过飞机,随着收入的提高,未来这部分庞大人口将成为航空运输市场的生力军。根据《新时代民航强国建设行动纲要》,到2035年我国人均航空出行次数将达到1次以上,市场规模将是2019年的2倍以上。二是航空服务覆盖范围将更加广阔。根据《国家综合立体交通网规划纲要》,我国民用运输机场数量将由2020年的241个增加到2035年的400个左右,航空有效服务范围将覆盖所有地级行政单元和95%以上的县级行政单元,人民享受航空服务的可及性和便捷性将大幅提升。此外,我国民航正在积极实施基本航空服务计划,推进"干支通、全网联",将极大地加速航空服务大众化的发展进程。

三、智慧化

以信息技术为核心的新一轮科技革命正在孕育兴起,数字化浪潮正在深刻变革民航的生产、服务和消费模式,智慧化已成为现代民航体系的重要特征。在外部资源约束日益趋紧的条件下,通过科技赋能,挖掘技术效率潜力,是支撑民航可持续发展的必然选择。当前,我国民航运行、装备和服务等领域仍存在突出的技术短板,自主水平不高,这些技术短板已成为民航加快提升有效供给能力的主要瓶颈和风险来源。

面向未来,我国智慧民航建设将迎来广阔空间。一是外部环境更加优越,我国数字经济发展进入快车道,新型基础设施加快部署,数字产业化和产业数字化转型全面推进,大数据、云计算、5G、人工智能、区块链、北斗导航等新技术的经济性、普适性和可靠性逐步增强,降低了民航业与之融合的门槛和成本。二是内部条件日趋完善,支撑智慧民航建设的制度、规章、标准、政策体系逐步建立,创新活力将得到全面激发,未来新技术、新应用、新业态将不断涌现,民航海量数据优势以及数据作为新生产要素的关键作用将得到充分发挥,智慧民航建设将逐步转向全业务、全流程、全要素数字化转型提升的新阶段。

四、绿色化

推进民航绿色化发展是民航强国建设的重要任务,是民航高质量发展的必然要求,是建设生态文明、打造美丽中国的重要举措。近年来,我国民航高度重视绿色发展,在节能减排、油改电、推进生物燃油应用方面取得了一系列成效。当前,我国民航业正处于成长期,航空运输市场仍将保持较快增长态势,同时也对国土资源、空域资源、环境承载能力提出了更大需求。然而,我国环境容量有限、生态系统脆弱,生态保护红线、环境质量底线、资源利用上线已成为必须严守的三条红线。国家已向全世界庄严宣布,中国将力争2030年前实现碳达峰、2060年前实现碳中和。国际民航组织(ICAO)提出了国际航空碳抵消和减排计划(CORSIA)。未来,我国民航发展面临的资源环境约束日益增强,要求加快转变增长方式。

面向未来,聚焦国家"碳达峰、碳中和"目标,我国民航必须加快形成绿色发展方式和出行方式,把绿色发展理念融入民航强国建设的各领域和全过程,以航空器节能减碳为核心、以提高空管效率为抓手、以绿色机场建设为保障,在标准体系、新技术应用、管理水平、环境保护、产业构建、考核评价等方面加快构建绿色民航治理体系,加快建立绿色发展新模式。

五、协同化

民航与其他交通方式,与区域经济、产业发展的协同融合是重要发展趋势。一是民航与其他交通方式的协同融合发展加快。党的十九大作出了建设交通强国的战略部署,中共中央、国务院先后印发了《交通强国建设纲要》《国家综合立体交通网规划纲要》,开启了各种交通方式协同融合发展的新阶段。民航作为一种点对点的运输方式,迫切需要与其他交通方式进行衔接,发挥各种交通方式的比较优势和组合效率,为旅客、货邮提供门到门、端到端的高效运输服务。当前,我国已有32个机场接入了干线铁路、城际铁路或城市轨道,形成了一批以机场为核心的综合交通枢纽,主要机场均在积极谋划进一步完善机场综合交通网络。面向未来,随着国家综合立体交通网提速建设,民航与其他交通方式融合进一步加快,"无缝衔接、立体换乘"理念深入落实,旅客联程运输和货物多式联运加快推进,机场与城市、机场与城市群的地面交通连接效率将大幅提升,更好地满足人民群众的便捷出行需求。

二是民航与区域经济、关联产业的协同融合趋势加快。航空运输的高效服务,日益成为构建现代产业体系不可或缺的战略资源。以航空为核心的快递物流业正加快资源整合,与电子商务、先进制造等产业的衔接与融合日趋紧密,积极支撑了零库存、柔性制造等先进生产模式发展。在对外经贸领域,航空运送货物价值占比达18.3%。全国各地依托运输机场规划建设了近百个临空经济区,以机场为平台的枢纽经济发展加快,日益发挥着区域发展新动力源的功能作用。随着国产大飞机和北斗导航等国产民航装备的加快研制和部署,民航与高端制造业的联动互动将更为密切,将有力推动交通民航向产业民航转型。

六、市场化

市场化改革是激发民航发展活力的关键。改革开放以来,我国民航经历了四个阶段的系统性改革,使原来军民合一、政企不分的民航管理体制,逐渐转变为政企分离、机场属地化管理、多种所有制企业公平竞争的民航管理体制。党的十八大以来,我国民航开启了全面深化改革的新阶段,形成了"一二三三四"总体发展思路和"1+10+N"的深化民航改革工作总体框架,市场化改革提速,进一步放松市场准入管制,推进运输价格、收费政策、时刻航权资源配置政策改革,市场在资源要素配置中的决定性作用不断增强。通过持续推进民航业的市场开放程度,有力调动了各参与主体的积极性、主动性、创造性,激发了市场活力。

发展无止境,改革亦无止境。面向未来,民航的市场化改革依然任重道远。围绕航权、时刻、运力、设施、资金、人才等民航发展关键资源要素,要求全面增强市场化配置能力,健全要素市场运行机制,加快破除制约资源要素有效配置的体制机制性障碍。针对数字经济时代智慧民航建设形成的数据这一新型要素,要求在确保数据安全、公众隐私的前提下,加快构建市场化的配置机制,发挥数据赋能作用。民航业具有公益性和半垄断特性,要求正确处理好政府与市场的关系,在市场机制能够充分发挥作用的领域,进一步简政放权,在市场机制不能充分发挥作用的领域,要更好发挥政府作用,保障人民群众航空出行的权益。

第三节 民航科技重点领域发展展望

当今世界正在经历新一轮科技革命和产业变革,民航与科技的交叉融合加速推进,发展模式正在孕育新的突破。要积极把握我国民航发展趋势,坚持创新引领,加快突破基础设施、运行服务、运输装备和绿色民航等重点领域的技术瓶颈,提高民航核心装备系统的自主可控水平,支撑新时代民航强国建设。

一、机场建设领域

我国航空大众化进程进一步加快,为满足市场需求持续较快增长,未来一段时期我国民航仍处于基础设施集中建设期,要加快突破机场规划建设领域关键技术,推进机场与其他交通方式的高效融合,扩大优质增量供给。

(1)推进复杂条件下机场规划建设技术创新。坚持效率优先、功能优先,提升大型枢纽机场多跑道、多航站楼的规划设计和建造能力。聚焦"一市多场"等建设需求,加强与城市规划、综合交通、环境保护等多学科领域的交叉融合,提升大型枢纽机场选址、规划和建设技术。加快突破机场与综合交通无缝衔接、一体化布局建设技术。针对我国西部地区地形地质条件复杂、东南沿海岛礁众多等自然特点,进一步突破复杂地形条件下的机场选址和建设技术,有效拓展民航服务范围。

(2)推进机场设计建设运维数字化转型。推进BIM技术、仿真技术在机场设计建设领域的应用。进一步创新数字化设计技术,推动BIM与地理信息系统、云计算、物联网、虚拟现实、3D打印、数字孪生等技术的融合,实现机场设计、建设、运营管理一体化衔接。聚焦智慧民航发展趋势,创新机场规划设计理念,加快探索适应未来智慧场景的设施布局、流程设计。加快智能建造在机场建设领域的创新应用。突破机场设施状态智能感知、性能预测预警、维护决策等技术,提升机场设施智能维护技术水平。

二、运行服务领域

把握新一轮科技革命与产业变革机遇,推进民航与大数据、云计算、人工智能、区块链、北斗导航、新一代通信技术等新兴技术的融合,强化自主可控水平,加快构建安全可靠、运行高效、服务优质的新一代民航运行服务体系。

（1）推进新一代空管系统研制部署。面向未来我国民航的超大规模运行系统，统筹运输航空、通用航空等飞行需求，以安全、容量和效率为核心，围绕空域组织管理、协同流量管理、繁忙机场运行、机场群运行、低空飞行、基于航迹的运行、多模式间隔管理、军民航联合运行、基于性能的服务等运行概念，加快探索以航迹管理为核心的先进空管运行模式，实现空域资源的精细化利用，全面提升空管运行效率。面向长远发展需求，开展新一代空中交通管理系统的原型开发和技术验证。以枢纽机场运行为重点，加快推进航空器、车辆、场道、设施间的智能互联，实现机场资源一体化调度，提升多主体协同运行效能。

（2）推进智慧运输组织技术创新。面向超大机队规模运输组织管理，推进航空器运行控制、航班管理、排班派遣、飞行监控、机务维修、收益管理的智能化水平，加快突破航空公司新一代运行管理关键技术，满足大机队、大网络和多枢纽等运行新特点。针对通程联运、跨航司中转、行李直挂、旅客联程运输、货物多式联运等综合运输组织，推进规则、标准、服务和信息对接，提升中转效率和旅客体验。

（3）推进安全运行与智慧监管技术创新。推进航空安全领域大数据应用，以航空器快速存取记录器（Quick Access Recorder，QAR）等数据资源为基础，建立航班安全运行监测和飞行品质评价体系，突破实时监控、风险识别、主动预警等关键技术，提高航空安全管理的针对性和及时性。聚焦机场运行安全和空防安全，推进无人机坪、航空器智能引导、飞行区防相撞、跑道防入侵、飞行区智能巡检、智能安防预警等技术创新。创新航空事故调查方式及事故原因分析验证手段，着力提升航空事故调查和分析能力。推进智慧监管，按照大平台共享、大系统共治、大数据慧治的思路，创新打造民航智慧监管体系。加快构建民航数据整合共享机制，实现民航治理领域大数据资源的全面汇聚、共享和应用。

（4）推进旅客出行服务与航空物流保障技术创新。加快突破面向旅客的全流程智慧出行服务关键技术，推进全流程自助、"无纸化"通关、行李全流程跟踪、综合交通一体化运输等业务创新，按需提供个性化、智能化服务，着力缩短旅客综合出行时间，实现人享其行。加快突破面向航空货运的智慧物流关键技术，推进无人货站、智能分拣和装卸设备研发应用，促进物流提质增效降本，实现物畅其流。加快构建联通各市场主体的航空物流信息服务平台，推进航空货运电子化。构建物流大数据平台，发挥数据决策作用，提高物流效率，保障产业链供应链安全稳定。

三、运输装备领域

以国产民机研制和商业化运营为重点，加强技术攻关，完善航空器维修保障体系，提升适航审定能力，推动民航与产业的协同融合，构建辐射功能强大的现代民航产业。

（1）推进国产民机谱系化发展和商业应用。积极推进国产 ARJ21 支线飞机和 C919 单通道飞机的商业应用，加快研发双通道宽体飞机，完善国产民航运输飞机产品谱系。以可靠性、经济性和舒适性为导向，持续推进国产民机技术升级改造，提升国产飞机的市场竞争力。加强技术攻关，突破大涵道比涡扇发动机、航电系统等关键部件研发制造的技术瓶颈，提高国产自主水平。针对我国不同区域运营环境，推进直升机、通用飞机和无人机的系列化发展。开展超声速运输机、清洁能源飞机、高速直升机、超长航时无人机、亚轨道飞行等技术方案研究。

（2）推进航空器维修保障技术创新。以全寿命周期的理念推进航空器的研发制造，推进飞机部件的模块化和智能化水平，实现航空器状态的实施感知和监测。加强信息技术与航空维修业务的结合，推进增强现实、虚拟现实等技术在航空维修领域的创新应用，提高自动识别、网络远程维修、自动测试系统、便捷辅助设备等航空维修领域的自主创新能力。加强科技攻关，提高航空发动机、综合航电等核心部件的自主维修保障水平。

（3）加快构建新一代适航审定技术体系。围绕国产航空器、发动机、机载设备的适航审定需求，建立健全适航审定基础理论、标准规范。针对新一代机载系统、新型飞机、先进发动机等航空产品，加快形成自主可控、系统完备的适航审定技术体系与试验验证体系。深化双边合作，重点推动欧美对我国航空产品和零部件的适航认可，推动国产航空产品、技术服务和规章标准走出去。

四、绿色民航领域

应对资源环境约束，着力推进航空器节能减碳，加快绿色机场建设，提升民航整体运行效能，加快构建民航绿色发展技术体系，实现资源节约、环境友好。

（1）推进航空器节能减碳和动力变革。推进航空发动机能耗效率提升技术攻关，降低民航能耗和排放。推进可持续航空燃料等航空可替代燃油科技研发和适航认证。聚焦国家"碳达峰、碳中和"战略目标，超前谋划飞机动力变革，前瞻性开展氢燃料飞机、电动飞机、太阳能动力飞机等关键技术攻关。

（2）推进绿色机场技术创新。积极推动耐久性、长寿命、可再生材料在民航机场建设工程的应用，推进机场绿色建造、清洁能源替代、资源循环利用等关键技术研发和产品应用，提升民航机场设施耐久性和绿色发展水平。实施机场噪声治理科技攻关，构建大型机场噪声监测和管控体系，突破机场噪声管控等关键技术，实现机场与环境的和谐发展。

● **本章参考文献**

[1] 中国民用航空局. 新时代民航强国建设行动纲要[Z/OL]. [2018-7-8]. http://www.caac.gov.cn/XXGK/XXGK/ZFGW/201812/t20181212_193447.html.

[2] 中国民用航空局综合司,等. 中国民航发展阶段评估报告[M]. 北京:中国民航出版社,2021.

[3] 中国民用航空局. 2020年民航行业发展统计公报[Z/OL]. [2021-10-19]. http://www.caac.gov.cn/XXGK/XXGK/TJSJ/202106/t20210610_207915.html.

[4] 傅志寰,孙永福,等. 交通强国战略研究（全三册）[M]. 北京:人民交通出版社股份有限公司,2019.

[5] 彭峥,胡华清. 民航强国科技创新的战略要求及发展方向[J]. 科技导报,2020,38(9):32-38.

[6] 中国民用航空局. 智慧民航建设路线图[Z]. 2022. http://www.caac.gov.cn/XXGK/XXGK/ZCFB/202201/t20220121_211212.html.

第九章
CHAPTER 9
智慧港口发展现状与展望

刘长俭　陈　冲　于汛然

第一节 智慧港口建设背景及相关特征

一、智慧港口建设背景

港口作为全球综合交通体系的枢纽节点,承担着85%以上的进出口商品运输任务,在全球经济贸易发展中发挥着十分重要的作用。在当今世界,港口对现代技术的应用能力和智能化程度,在一定程度上体现了一个国家的科技创新水平和现代物流服务发展程度,也决定了一个国家港口和国际物流供应链的国际竞争力。图9-1为上海国际港务(集团)有限公司(以下简称上港集团)洋山四期自动化集装箱码头鸟瞰图。

图9-1 上港集团洋山四期自动化集装箱码头鸟瞰图

注:图片来源于上港集团官网。

2008年,IBM公司在发布《智慧地球:下一代领导人议程》报告会上,首次提出"智慧地球"概念,随后又提出"智慧城市"概念。智慧交通是智慧城市的一部分,而智慧港口又是智慧交通的重要组成部分。

当前,全球港口正加快推进智慧港口建设。以集装箱自动化码头为例,截至2020年上半年,全球共有51个建成和在建的自动化码头,其中亚洲为22个。在51个码头中,2010年之后建成和在建的有36个,其中近一半是全自动化码头。可见,近几年自动化码头建设步伐明显加快。

近年来,国内加快推进智慧港口建设。特别是集装箱自动化码头掀起新一轮建设高潮。例如,厦门港开启我国第一个全自动化集装箱码头探索;上海港建成世界单体最大的洋山四期集装箱全自动化码头;青岛港推进"氢+5G"自动化集装箱码头建设(图9-2);天津港推动无人电动集卡规模化应用;宁波舟山港加快建设5G智慧港口;广州港、重庆果园港等积极尝试新式自动化集装箱码头建设;神华黄骅港、烟台港等在大宗散货自动化码头方面也正在进行积极探索。

总体上看,我国智慧港口建设取得积极成效,呈现出以自动化集装箱码头建设为引领,传统集装箱码头、堆场自动化改造为支撑,大宗散货码头智能化改造为辅助的发展格局,呈现码头生产运营自动化带动港口设施建设、运营管理、管理决策等港口作业全链条智能化,再到港口、船舶、车辆、集疏运、口岸通关等上下游业务智慧化,然后加快向港航服务、物流金融、信息、贸易等整个港口服务生态圈智慧化转变。

图9-2　青岛港自动化集装箱码头鸟瞰图

注:图片来源于http://news.cctv.com/2020/12/31/ARTIuVCZQpdwNcFu4lLvThqq201231.shtml。

二、智慧港口的主要特征

智慧港口是以通过科技创新降低港口运营成本、提高港口服务效率、更好提升港口在物流供应链体系中的竞争力等为主要目标,利用物联网、移动互联网、大数据、人工智能、云计算、区块链等新一代技术,在泛在信息全面感知和互联的基础上,实现车、船、货、港、人等要素之间紧密连接与协同互动,以自动装卸、智能监管、智能决策等为主要工作模式,并能提供安全、经济、高效、高品质服务的现代化港口形态。图9-3为招商局集团有限公司(以下简称招商局集团)妈湾智慧港鸟瞰图。

图9-3　招商局集团妈湾智慧港鸟瞰图

注:图片来源于https://www.cmhk.com/main/a/2021/k16/a43005_45549.shtml。

智慧港口具有以下主要特征：

（1）全面感知。利用物联网、传感器网络等技术，实时感知、获取生产各环节、各作业对象相关信息，并使现场信息数字化，实现现场物联网、远程传输网络、数据集成管理等。

感知能力主要取决于前端传感设备、通信技术等，动态采集进出港船舶、货物、堆场设备、库存信息、集疏运车辆、人员及其他与生产运营相关的信息。

网络传输主要实现前端传感设备与数据中心的数据传输和交互。通过互联网、局域网、无线数据网等网络技术，实现有线与无线结合、专线与互联网结合，将传感设备获取的信息数据准确、高效地传输到港口数据中心。

（2）智能决策。智慧港口利用大数据分析技术，将前端设备采集的信息分类处理并建立统一的信息数据库。各用户和接入方可在权限范围内使用数据库信息，形成物理上相对分散、逻辑上统一的数据共享中心。在基础决策信息被感知收集的基础上，通过大数据分析、挖掘，对复杂计划、调度、装卸等问题作出高效、正确决策，下达指令并监控执行。

（3）自主装卸和运输。在智能决策基础上，设备自主识别、确定装卸和运输对象，自主决策，并且安全、高效、正确自动（或自主）完成作业任务。

图9-4所示为青岛港自动化集装箱码头作业场景。

图9-4　青岛港自动化集装箱码头作业场景

注：图片来源于http://news.cctv.com/2020/12/31/ARTIuVCZQpdwNcFu4lLvThqq201231.shtml。

（4）全程参与。通过云计算、大数据、移动互联网等技术，港口相关方可利用多种终端设备，全面融入统一服务平台，实现各方需求供给的深入交互，使港口综合服务平台最大限度优化整合多方需求与供给，实现港口服务的快速响应。

（5）智能应用系统。围绕港口具体业务，根据各方需求，开发相应的子系统，为港口自动化、智能化管理提供技术支持。这些子系统主要包括智能闸口管理、港口生产管理、港口电子商务、电子口岸、港口物流服务、港口供应链服务等系统。

第二节　中国智慧港口建设总体进展

近年来,我国智慧港口示范工程建设取得积极进展,主要体现在以下几个方面。

一、码头作业自动化

自动化码头建设引领码头作业全程无人化、智能化新局面。青岛港和上海港已建成自动化集装箱码头并投入使用(图9-5),采用"远程操控双小车岸桥 + 自动导引车(Automated Guided Vehicle,AGV) + 自动操控轨道式起重机"生产方案,在码头操作系统(Terminal Operating System,TOS)统一计划、调度等指令下,不同码头作业单元协同开展工作,不断提高码头作业效率,节省码头人力70%以上。天津港也正在加快建设智能化集装箱码头。2021年10月17日,全球首个"智慧零碳"码头——天津港北疆港区C段智能化集装箱码头正式投产运营。

图9-5　上港集团洋山四期自动化集装箱码头
注:图片来源于上港集团官网。

二、水陆业务协同联动

集装箱货车身份验证、预约等方式提升了港口码头、集装箱货车车队等作业效率。上海港"e卡纵横"平台、厦门港智慧物流协同平台、天津港电子商务平台等均采取集装箱货车预约制,合理安排集装箱货车进出港作业,减少集装箱货车在港时间,有效提升了集装箱货车运营效率和港口码头效率;青岛港通过验证身份实现闸口放行,较大提升了港口集疏运的安全性和效率。

三、相关单证电子化

港口大力推动云数据中心和业务单证电子化建设,规范内外部、上下游数据流转。天津港完成舱单、放行、进出门等18类港口作业主要业务单证电子化;青岛港完成20类港口作业主要业务单证电子化。上海港通过实施设备交接单无纸化,每年可节约单证印刷和传递成本 4 亿元。

四、港口物流链整合

近年来,我国港口持续推进港口物流运营模式创新,推动物流链信息共享。上港集团依托江海联运业务综合服务平台,实现江海联运装卸作业协同和通关业务协同;大连港通过整合多式联运业务信息资源,构筑内陆综合集疏运体系。

上港集团建设的江海联运综合服务平台(图 9-6),实现了上海港与长江港口江海联运装卸作业和通关业务协同,实现了相关业务串联和全程可视化,提高了港口供应链业务协同能力;大连港以口岸为核心,整合了多式联运业务信息资源,构筑了内陆综合集疏运体系,推动了上下游物流节点作业协同和信息共享,有效支撑了集装箱铁水联运业务。

图 9-6　上港集团长江集装箱江海联运综合服务平台

注:图片来源于上港集团官网。

五、新技术应用

我国港口积极探索推进车联网、物联网、大数据、北斗、区块链、5G 等新技术在港口领域的应用,建立大数据云计算中心,为智慧港口建设奠定基础。在北斗应用方面,青岛港实现车辆、作业机械设备的实时定位、监控管理;河北港口集团实现基于北斗技术的定位、防碰撞和可视化管理;上海港、青岛港利用区块链技术推动进口接卸数字化;在 5G 运用方面,天津港、上海港、厦门港、宁波舟山港均在"5G + 自动驾驶"领域进行探索实践。图 9-7 所示为天津港无人驾驶集装箱货车编队。

河北港口集团在港口作业车辆、船舶和港口作业机械设备上应用主要基于北斗技术的多功能终端,实现定位、监控、防碰撞及可视化管理;青岛港建设首个国内港航企业私有云平台;天津港加快 5G 网络部署,实现无人驾驶集装箱货车 5G 全景高清视频回传功能。宁波舟山港利用高分辨率遥感测绘、视频监控、无人机等智能采集终端,通过三维建模、地理信息系统(Geographic Information System,GIS)等技术,实现对危险货物重点区域的二维、三维视频展现,提高港口危险货物监管能力和水平。

图 9-7　天津港无人驾驶集装箱货车编队
注：图片来源于 https://www.sohu.com/a/498444564_468661。

第三节　国内典型智慧港口建设案例

当前，国内外领先的港口已开始积极探索智慧港口建设，打造智慧化港口生态圈，通过人工智能、5G 等技术，推动码头这一传统物流节点转型。

一、上港集团

近年来，上港集团依托资源与技术优势，运用 5G、大数据、云计算、区块链等技术，建设港口智能化运营、管理与服务系统，加快港口业务平台化转型，推动新业态发展，助力口岸营商环境优化，成效显著。

1. 推进洋山四期自动化码头建设

建成全球规模最大、智能化程度最高、拥有完全自主知识产权的洋山四期全自动化集装箱码头（图 9-8）。自 2017 年 12 月开港以来，洋山四期各项生产指标均超过预期，2018 年集装箱吞吐量达到 201 万 TEU（Twenty-feet Equivalent Unit，标准集装箱，后同），2019 年 327 万 TEU，2020 年超过 420 万 TEU，已基本实现了码头建设初期目标。2020 年 10 月，洋山四期码头以 45.5 万 TEU 刷新码头月度吞吐量纪录。上港集团自主研发的智能作业管控系统不断迭代升级，为洋山四期码头持续在智能化程度上保持全球领先提供了有力支撑。

目前，上港集团正推进"基于大数据驱动的超大型集装箱码头智能化作业管控技术"研发。预计到 2022 年，项目将完成我国首个拥有完全自主知识产权的超大型自动化集装箱码头智能操作系统的升级研发，实现整体桥式起重机平均台时效率提升 10% 以上、单体码头年吞吐能力提升 50% 以上和作业人员减少 70% 以上。图 9-9 所示为上港集团洋山四期自动化码头远程控制室。

图9-8　上港集团洋山四期自动化码头全景图

注：图片来源于上港集团官网。

图9-9　上港集团洋山四期自动化码头远程控制室

注：图片来源于上港集团官网。

2. 推进传统集装箱码头自动化改造研究

目前，上港集团正在开展"传统集装箱码头自动化改造创新性研究项目"研究，系统研究实施传统集装箱码头自动化智能化改造的系统性方案，拟突破不间断运营、锁钮自动拆卸等改造项目面临的特有技术难题与瓶颈。目前已完成部分大型装卸和水平运输自动化设备的改造和测试，智能设备控制系统（Intelligent Equipment Control System，IECS）开发启动，相关成果将在同类型码头中推广应用。

3. 开展洋山港智能重卡示范运营

上港集团正与上海汽车集团股份有限公司、中国移动上海公司联合打造"洋山港智能重型货车示范运营线"。项目制定实施了"深水港物流园区—东海大桥—洋山港"智能重型货车运营技术方案，对自动驾驶关键技术进行研发和应用测试，推动智能重型货车与港区生产场景进一步融合，在园岛之间实现智能转运，助力提高东海大桥通行能力。未来，洋山港智能重型货车示范项目将依托洋山港铁公水集疏运体系建设，探索自动驾驶赋能的世界级枢纽港一体化智能绿色物流生态系统构建，实现基于数字化、智能化基础设施支持的车路协同自动驾驶规模化示范应用。

4. 平台化、无纸化、区块链赋能智慧港口建设

全港业务网上受理比例提升至 98.4%，实现预约进港、计划改配、在线审核等功能，与上海国际贸易单一窗口深度对接，推进一网通办。上海港进口预约率达 85% 以上，出口预约率达 50% 以上，码头作业兑现率超过 90%，缓解了港区周边道路拥堵状况。

单证电子化多平台高效推进。2019 年，上港集团全面推行集装箱装箱单、设备交接单、提货单三大单证电子化，上海港外贸集装箱进出口业务全面进入无纸化时代。电子 EIR（Equipment Interchange Receipt，设备交接单）平台实现全面推广，且功能不断整合和拓展，上海港的 7 家集装箱码头、80 余家船公司、30 余家船代、105 家堆场、3800 多家订舱货代、46000 多名集装箱货车驾驶员在电子 EIR 平台实现了互联互通、信息共享；平台日均业务流量 6 万单以上，在节省企业时间的同时，每年还为企业节约成本超过 4 亿元。电子提货单（Electronic Delivery Order，EDO）平台于 2019 年 11 月实现行业全覆盖，并结合开展区块链技术试点，目前 EDO 签发基本实现业务全覆盖。长江口岸单证电子化平台经建设推广，于 2019 年 10 月正式上线。

长江港航区块链综合信息服务平台初现成效。平台通过将现有的业务模式"数字化""平台化"，叠加区块链技术，形成安全透明、高效便捷的多方共享服务网络平台，实现全物流链的动态跟踪，提高各参与方的运营效能，降低综合物流成本。2020 年 9 月平台发布以来，已实现沿江主要口岸数据标准化和内河航运数据全覆盖，大力推动了点对点联盟航线与公共定班轮服务上线试点与运营，推动了区块链技术运用与航运业务融合发展。

二、天津港

天津港加强互联网、大数据、人工智能等新技术与港口各领域深度融合，瞄准国际一流水平，推动港口运营智能化，创新业务服务模式，构建开放合作新生态。天津港把智慧港口作为建设世界一流强港的主攻方向之一，对标国际先进，加大协同创新，发挥后发优势，全力打造具有鲜明特色的智慧港口模式。

1. 提升码头生产智能化水平

紧密结合 5G、区块链、人工智能、物联网等新一代信息技术，创新港口生产运营模式，全面提升生产运营自动化、智能化水平。

一是实施集装箱码头操作系统一体化。实现了 1 套系统对全部 6 家集装箱码头生产要素的集约化管理，将运营数据进行集中管理，并对操作流程进行统一。

二是推进码头快速通关。推进港口与海关的信息互通与业务融合，推动集装箱一体化操作系统、智能闸口与海关系统的数据交互，实现海关指令信息对码头作业流程的嵌入式协同，码头通关效率提升 65%，成功打造全国领先的关港协同新模式。

三是推广无人电动集装箱货车应用。2018 年率先发布全球首台无人驾驶电动集装箱货车，实现了码头水平运输"零排放"。与目前自动化码头使用的自动引导车相比，具有成本低、更智慧、更高效、更节能等优势。2020 年 1 月 17 日，由我国自主研发制造的 25 台无人驾驶电动集装箱货车在天津港进行全球首次整船作业，达到全球自动化码头领先水平（图 9-10）。

图 9-10　天津港 C 段智能化集装箱码头启动运营作业

注：图片来源于 https://www.sohu.com/a/498444564_468661。

四是创新实施智能理货新模式。大力推进"岸边智能理货系统"，全港所有集装箱码头的全部 80 台岸桥智能理货改造，高精度实现理货作业全过程跟踪，智能识别准确率超 95%，实现了码头岸边理货操作的智能化、无人化；相较传统理货方式，理货效率提高 30%，人员投入减少 50%。

五是打造智能化集装箱码头行业新标杆。2019 年底北疆港区 C 段智能化集装箱码头开工建设。在设计上，该码头拥有双悬臂轨道吊边装卸、无人驾驶电动集装箱货车水平运输等多项全球首创的技术和工艺，集成自主研发的智能调度、智能操作、智慧交通、智能闸口、智能理货、智慧能源、智能监控、智能安防等领先系统。

2. 建设智慧服务平台

着力打造一批线上服务平台，大力推进"单一窗口"和线上线下协同服务能力，构建"端到端"一站式全程物流线上服务体系，促进与上下游产业的有效衔接、业务协同。

一是完善"一站式"电子商务平台。依托天津港电子商务网，优化整合港口线上线下业务，建立集装箱业务受理中心和客户服务中心，打造统一对外服务平台，为客户提供 24h 线上业务受理、信息查询、预约提箱等服务。目前，平台注册企业超过 9000 家，用户线上办单量占比超过 85%，集疏港车辆预约准到率达到 90%，集装箱业务单证电子化率达到 100%。

二是搭建内陆营销网络物流信息系统。天津港在京津冀及"三北"地区优化布局百余家直营店加盟店，把港口服务搬到内陆"家门口"，逐步建立立体型、多层次的物流服务网络体系。在此基础上，天津港加快构建统一的内陆营销网络物流信息系统，拓展升级货代管理、箱管服务、集中结算等功能，打造"一站式"服务平台。

三是打造多式联运信息平台。大力推进港口、航运、铁路、公路等信息运输环节资源整合，推进与铁路部门铁水信息交互标准规范的制定，以及运价信息、运力信息的互联互通，打造以天津港为枢纽的集装箱公水、铁水联运大物流系统。

3. 推进智能节能改造升级

以科技创新为手段,以智慧港口建设为契机,助力世界一流绿色港口建设。

一是创新实施数字化环境监测。推进生态智能环境监测管控系统建设,全面加强内部污染源分析,着力构建智慧减排的"环保管家"体系。着力搭建环境监测网,加强企业在线环境动态监测和大数据分析,努力打造全天候、多层次的智能多源感知系统。借助调度指挥中心,融合高度智能、互联的智能监控与预警应急指挥系统,完善环境预警和风险监测网络,形成立体网格化管理格局。

二是加快绿色智慧型干散货码头升级。通过建设码头智能控制中心,改造10台装卸生产设备和17条皮带机,升级环保数据监测和智能洒水系统,在提高设备作业效率的基础上,降低码头运行能耗,实现生产作业全过程的精准动态抑尘。

三是推进集装箱码头智能节能改造升级。坚持发挥既有资源优势,实施集装箱码头北区堆场自动化升级改造,周转能力提高11%,设备利用率提高35%,自动化轨道桥单箱用能较主流(端作业)工艺模式下降约60%,创造世界自动化码头建设"边生产、边改造、边调试、边投产"的"天津港模式"。

面向未来,天津港将以设备设施智慧化为基础,以港航数据融合化为核心,以运营管理智能化、贸易物流便利化、创新共享生态化为方向,加快推动天津港智能化达到国际一流水准。

三、山东港口

1. 建设实践

山东省港口集团有限公司(以下简称山东港口)坚持多维度集成的设计理念和原则。多维度集成包括从通信等基础设施到设备、生产、管理、服务、决策的一体化运营,从港口、航运到金融的跨行业延展,以及从装卸、物流、海关到客户的价值链贯通等。

根据山东港口建设国际领先的智慧绿色港、物流枢纽港、产城融合港、金融贸易港、邮轮文旅港的五大战略定位,根据现有模式与能力的差距,按照管控、协同、创新的路径,就六大方向进行布局,分别为数据决策透明化、平台服务生态化、战略管控一体化、生产调度智能化、设备作业自主化和基础框架智慧化。

2020年5月19日,交通运输部批复山东港口作为智慧港口建设试点单位,同时山东港口确定"一二三"的战略部署。"一"是指"一套标准体系",即形成一批覆盖局部技术到整体数字化业态的智慧港口标准体系;"二"是指"两大平台",即山东港口智慧大脑平台和山东港口云生态平台;"三"是指"三大工程",即自动化集装箱码头信息系统工程、传统码头智能化改造工程和智慧港口信息基础设施工程。

2. 应用场景

在自动化码头方面,山东港口不断优化提升青岛港集装箱全自动化码头等工程。青岛港集装箱全自动化码头采用垂直岸线布置,实现全要素信息流广泛互联、全流程自动化、一站式智能化港口服务(图9-11)。项目解决一键锚定、永续充电、自动摘锁、自动引导车轻量化等世界性难题,作业效率提升30%,人员数量缩减50%以上。日照港集装箱自动化堆场推进新型平行岸线全自动化码头建设,运用5G通信、试用无人集装箱货车,外来车辆能够深入堆场,传统码头与自动化码头可混合使用,从而大幅降低建设成本和综合能耗。

图 9-11　青岛港自动化集装箱码头作业中

注:图片来源于 http://news.cctv.com/2020/12/31/ARTIuVCZQpdwNcFu4lLvThqq201231.shtml。

在干散货码头方面,烟台港干散货自动化码头综合运用卫星定位、激光扫描、三维仿真、大数据等技术,实现装卸作业设备的自动化控制和堆场3D数字化管理,建成作业流程全自动的大型专业化干散货码头。改造后的码头综合装卸效率提升8%,耗电量平均降低5%,混配精度偏差控制在0.06%~0.17%之间。

在件杂货方面,山东港口采用人工智能深度学习算法实现木材、钢材的智能理货,改变传统码头室外理货方式;在粮食作业中引入全密闭、全天候和全自动作业系统和机器人码包装火车工艺。通过多年的实践,山东港口逐渐建立起涵盖集装箱、干散货、油品和件杂货作业的全体系、全流程自动化系统。

山东港口正在整合"云港通""舟道网"等综合物流服务平台,搭建起车、船、货、港、查验单位沟通信息、业务办理的万能接口;推进外贸钢材、大宗商品交易区块链应用,建设"山港易付"金融平台,构建起"互联网+港口+业务"的新型业态;通过建立太阳能光伏、风力、氢燃料、储能供电和LNG(liquefied Natural Gas,液化天然气)等综合供能系统,建设智慧绿色能源生态平台,实现循环、低碳、绿色发展。

四、黄骅港

黄骅港智慧港口建设主要体现在煤炭生产系统的智慧化建设方面,主要包括4个部分:一是设备管控智慧化;二是生产管控智慧化;三是环境管控智慧化;四是安全管控智慧化。

1. 设备管控智慧化

设备管控智慧化分3个层次:一是单机系统智慧化,包括翻车机智能化、堆料机智能化、取料机智能化和装船机智能化;二是协同智慧化,包括翻堆作业协同和取装作业协同;三是决策智慧化,即生产调度指挥智慧化。

黄骅港设备管控智慧化经历多个阶段:2015年,实现翻堆作业远程集控;2016年,实现取料机无人化作业;2017年,无人堆场全面投用;2018年,实现首台装船机远程作业;2019年,远程装船全面投用;2020年,智能装船全面投用,协同作业全面投用。

设备管控智慧化改造前,煤炭港口翻车机、堆料机、取料机、装船机4种作业岗位设备全部由工人现场操作,全年全天候作业,工人劳动强度大,作业环境恶劣,作业效率难以有效保证。设备管控智慧化改造后,黄骅港完成翻车机、堆料机、取料机、装船机等全流程设备智能化改造,实现设备的智能化作业。堆场作业配员减少62%,堆场堆存能力、取料效率均提升10%,公司配煤精度大幅提升;职工转至生产控制大楼集控室工作(图9-12)。目前,公司设备管控智慧化较为成熟,截至2020年8月底,公司已完成堆场无人化作业量30125万t,已完成远程装船作业量22557万t。

图9-12 黄骅港散货工艺的智慧化改造

注:图片来源于http://hebei.news.163.com/20/0611/14/FERKO8R80415987E.html。

2. 生产管控智能化

提高设备利用率、处理好各环节的组织关系、提升智慧化水平是黄骅港需要解决的问题。一是要解决智能堆场建设问题,优化货源分布,提升堆存能力,加快货源周转;二是做好路径规划,明确主辅流程,减少流程冲突,提升计划精准性;三是进行生产智慧决策,使排船计划更加精准,堆场数据实时更新,车辆安排指导性更强,从而提升船货匹配性。

通过研究,公司已经基本掌握堆场、流程等使用规律,相关系统已经于2020年9月建成上线。通过将常用业务进行数字化、信息化统计,公司实现生产、设备、财务、用电、航道的数字化管控。目前,黄骅港生产数据分析平台已经做到生产关联业务信息化、业务报表分析可视化和生产全流程实时在线监控。

3. 环境管控智慧化

黄骅港着力通过物联网、大数据和信息集成等手段,实现对粉尘、污水等环境要素的智慧化管控,实现水系统远程集控,实现环境、水网实时监控和环境应急指挥调度。实施环境管控后效果显著,根据2019年公司监测数据,公司含煤污水实现零排放,雨污水回收利用占用水总量一半以上,成功实现生态循环,每年创造经济效益1500万元;黄骅港被评为国家首个煤炭港口AAA级工业旅游景区。

4. 安全管控智能化

(1)皮带机安全管控。一是火灾隐患管控,利用远红外热成像、感温电缆、自动喷淋系统等实现皮带机安全管控,自动扑灭初期火灾;二是建设黄骅港消防联网集中监控平台,实现51套消防系统集中监控,5350个消防监控点实时监控,实现日常消防安全监控管理。

(2)设备安全管控。在实现装船智能管控的同时,必须做好船舶和装船机等设备的安全管控。一是船舶建模,根据船舶基础数据对船舶进行建模,对船舶运行路径进行规划,实现智能化作业过程的主动防碰;二是设备定位,安装北斗CORS(Continuously Operating Reference Stations,连续运行参考站)定位系统,对船舶、装船机以及相关移动设备进行精准定位,为作业过程路径规划提供支撑;三是防碰撞监护,通过激光、雷达、各类软硬限位等组成智能防碰撞系统,为设备安全管理提供末端防护网。

五、广州港

广州港智慧港口建设主要内容如下。

1. 大数据中心

港口作为多种运输方式的交汇点,也是物流链上的重要节点,其生产经营过程沉淀了大量的数据资源,这些数据涵盖了货物进出闸数据、装卸船数据、理货数据、视频数据、船舶AIS(Automatic Identification System,船舶自动识别系统)数据、拖车GPS数据、航线数据、货物流向数据、货物通关放行数据、物联网数据、设备运行数据、财务数据、人事数据等。广州港在全面感知的基础上,通过对港口生产操作、业务经营管理、外界关联数据的采集汇聚,形成了港口大数据中心。

2. 智能作业平台

智能作业平台是智慧港口的重要组成部分,通过智能闸口地磅、智能理货、智能远控、自动化码头等建设,利用大数据中心数据进行人工智能算法深度挖掘,实现港口内部操作从手工化向智能化、远控化和自动化发展。广州港集团AI技术应用,是国内首次采用单侧箱识别方案解决老码头闸口场地受限等问题。该技术突破了传统OCR(Optical Character Recognition,光学字符识别)箱号识别的技术瓶颈,AI视频流移动侧箱识别准确率达96%。智能作业平台的建设,让传统码头作业更加高效、安全、智能。图9-13展示了广州港南沙四期工程(自动化码头)实船联合调试的场景。

3. 智慧监控平台

智慧监控平台拥有视频监控、无人机、北斗定位等多种智能感知手段,还能结合三维建模、GIS等技术,实现对港口重点区域全空间视觉与数据融合的多维度展现。广州港各个港区的现场作业情况、三维电子地图,通过视频监控平台一目了然。

4. 智慧调度平台

智慧调度平台是广州港作业的指挥中心。基于大数据,应用人工智能算法、仿真技术等,优化大船、驳船及拖轮作业调度,实现智慧化港口生产与辅助作业综合最优。智慧生产调度系统通过大数据中心汇聚各项数据,借助数据中心的数据库引擎和人工智能算法,通过可视化大地图和视频监控,全港的生产调度指挥在鼠标的拖拽和点击下就能完成;智慧拖轮调度实现了拖轮作业与引航作业的协同,船长用手持平板就能签证,系统能自动生成电子化拖轮作业签单;驳船作业调度与大船靠离泊时间点密切相关,驳船作业调度系统有效衔接,高效作业,轻松实现驳船预报、确报、办单和费用支付。图 9-14 所示为广州港南沙四期工程(自动化码头)远程控制室。

图 9-13　广州港南沙四期工程(自动化码头)实船联合调试

注:图片来源于 2021 年 6 月 3 日的《广州日报》官方账号。

图 9-14　广州港南沙四期工程(自动化码头)远程控制室

注:图片来源于 2021 年 6 月 3 日的《广州日报》官方账号。

5. 智慧物流平台

以港口大数据驱动,整合港口上下游物流链、信息链与价值链,促进物流链上下游高效协同,降低物流与交易成本,构建智慧港口大物流。智慧物流平台包括智慧陆路运输平台、智慧水路运输平台和智慧铁路运输平台。通过智慧物流平台,实现南沙港区集装箱拖车企业(约350家)、集装箱拖车(约5600辆)、集装箱拖车驾驶人员(约6000名)及集装箱拖车运输相关从业人员的统一管理。

6. 智慧服务平台

智慧服务平台以客户为中心,充分发挥互联网的扁平化、交互式、快捷性等特点,提供可视化物流跟踪、电子支付、线上通关服务,未来将推出供应链金融、大宗商品信用、智慧拼箱、跨境电商、退税、外汇结算等服务,给予港口客户更精准、更高效、定制化的智慧港口服务体验。广州港统一电子支付平台整合港口、金融、物流客户等多方资源,提供全面的网上电子支付解决方案,为港口物流电商等业务提供安全可靠的资金支付通道。正在建设的广州港电子签章平台综合应用数字认证、时间戳、数字文件指纹等技术,建立电子证据的区块数据链,打通电子证据与司法服务通道,有效实现电子化文件的防伪造、防篡改,实现安全可靠的无纸化商务处理。

7. 技术支撑平台

围绕大数据这个核心资产,通过应用人工智能、区块链、云计算、物联网等信息技术,在保障数据安全的前提下,推动港口转型升级。

六、招商局港口

1. 招商智慧港口解决方案

招商港口提出融合码头生产、客户服务、管理决策、社会协调等"四位一体"的智慧港口解决方案。

在码头生产方面,自主研发招商芯平台并深度融合各种现代化技术。作为智慧港口的核心部分,平台通过自主研发的集装箱码头生产操作系统(CTOS)、散杂货码头生产操作系统(BTOS)、园区生产操作系统(LTOS)等操作系统,用智慧大脑为岸边、堆场、水平运输、闸口、作业计划和控制等提供智力支持。在客户服务方面,招商e-Port平台以"港口+互联网"推进客户服务模式创新,通过数据挖掘为客户提供敏捷、高效的服务。在管理决策方面,该平台通过搭建业务流程和信息共享、智能分析决策、全球指挥监控等模块,优化管理模式,推动码头管理与智慧生产、智慧服务相匹配。

在社会协调方面,智慧港口追求与绿色环保、政府管理、社会责任协调发展。

2. 招商智慧港口(妈湾智慧港)具体建设实践

作为招商智慧港口解决方案的典型应用场景,妈湾智慧港于2020年8月26日完成阶段建设。妈湾智慧港是粤港澳大湾区第1个智慧港口,是深圳市5G应用示范项目(图9-15)。该项目有9大智慧元素,分别为招商芯、自动化、招商e-Port、5G应用、人工智能、北斗系统、区块链、智慧口岸和绿色低碳。

妈湾智慧港依托自主研发,紧紧围绕9大智慧元素打造世界一流智慧港口,为传统码头智慧化升级提供方案和经验。以下是4个具体应用场景介绍。

(1)招商芯-智慧生产系统(CTOS)。招商芯-智慧生产系统作为整个招商特色智慧港口解决方案的核心,是招商港口结合我国自有知识产权的5G通信、北斗、大数据、人工智能、区块链等新技术以及国产定制化装备,自主研发打造的智慧生产平台。其中,自动化集装箱码头的CTOS分为智慧闸口、智能计划、作业可视化、堆场自动化、水平运输自动化、岸边自动化6个部分。

图9-15　招商局集团妈湾智慧港

注:图片来源于https://www.cmhk.com/main/a/2021/k16/a43005_45549.shtml。

(2)5G-无人驾驶混合作业。传统港口改造自动化码头,各方面条件都不如新建码头。妈湾智慧港通过无人驾驶拖车实现码头堆场水平运输自动化;基于5G低时延、高可靠的移动通信,实现车辆远程遥控信号传输;利用高清地图和高精定位,融合边缘计算,提供高可靠、低成本的无人驾驶拖车方案。

(3)人工智能-智能配载、智能堆场。一是兼容AI模型,根据AI模型的成熟度,分阶段接入AI算法模型,降低码头船舶计划、堆场计划的工作强度和复杂度;二是通过拥有机器学习能力的AI模型,智能配载可将配载效率提升到6min/千自然箱,智能堆场计划能够实现堆场箱位智能化管理。

(4)北斗-VR数字孪生。北斗基于基站本地化的定位可以精确至3~5cm。此外,通过数字孪生技术高精度仿真模拟现场作业,实现现场作业与作业数据实时关联、可视化管理。

3. 招商智慧港口方案特色

(1)拥有自主知识产权的智慧码头操作系统即招商芯。这是招商港口自主研发、以打造世界一流港口核心操作系统为己任的智慧生产平台,其中CTOS对标Navis,已进入行业第一梯队(图9-16)。

(2)方案具有较好的经济、商业可行性,且充分利用了存量码头的设施、设备、楼宇、自主研发技术等,经测算,预期项目能达到招商港口要求的投资回报率。

(3)打造服务于客户、有利于业务模式创新的智慧港口开放平台招商e-Port。招商e-Port建设目标是打造港口数字化生态圈和服务港口行业的智慧港口开放式平台。截至2020年8月,该平台已覆盖全国29个码头,现有注册企业用户共4100家,个人用户共3.2万个。2019年平台流水达81亿元。

图 9-16　招商局集团妈湾智慧港作业过程

注：图片来源于 https://www.cmhk.com/main/a/2021/k16/a43005_45549.shtml。

（4）对传统码头的轮胎式集装箱起重机（Rubber-Tyred Container Gantry Crane，RTG）进行远控改造，并融入智慧港口一体化生产。妈湾智慧港一体化运作的妈湾集装箱码头（MCT）已完成36台RTG远控改造并全部投入使用，是全球规模最大的RTG远控改造应用码头。

招商港口将5G通信、物联网、大数据、人工智能、数字孪生等新一代前沿技术与招商芯智慧操作系统深度融合、一体化应用，将在港区内实现岸桥远控、场桥远控、无人驾驶、无人机、高清AR全景监控、智能配载、仿真模拟等应用的高度协同。

第四节　中国智慧港口建设面临的形势

一、智慧港口发展的机遇期

1. 习近平总书记高度重视智慧港口建设

习近平总书记提出："要志在万里，要努力打造世界一流的智慧港口、绿色港口，更好服务京津冀协同发展和共建'一带一路'。"[1]对我国港口发展提出新期望，为智慧港口建设提出了新要求、指明了新方向。

2. 国家系列政策文件为智慧港口发展提供指导

《交通强国建设纲要》《国家综合立体交通网规划纲要》，以及《关于建设世界一流港口的指导意见》《关于大力推进海运业高质量发展的指导意见》《数字交通发展规划纲要》等系列政策文件对智慧港口的发展目标、发展方式、发展路径等提供了明确指导。

---

[1]　出自《习近平在京津冀三省市考察并主持召开京津冀协同发展座谈会》（新华社北京1月18日电）。

《交通强国建设纲要》对港口发展提出具体的要求:港口建设要科技创新、富有活力、智慧引领,要为科技强国建设当好先行,要打造绿色高效的现代物流体系。

《国家综合立体交通网规划纲要》提出,推进智慧发展,推进交通基础设施数字化、网联化,鼓励物流园区、港口、机场、货运场站广泛应用物联网、自动化等技术;加快既有设施智能化,推动船岸协同、自动化码头和堆场发展。

《数字交通发展规划纲要》提出到2025年港口发展的目标:基础设施和运载装备全要素、全周期地实现数字化升级迈出新步伐,数字化采集体系和网络化传输体系基本形成;初步实现北斗导航、5G、卫星通信系统的行业应用;实现物流服务平台化和一体化,港口公共服务能力显著提升。

《关于推动交通运输领域新型基础设施建设的指导意见》要求,推动交通基础设施数字化转型、智能升级,在智慧港口建设方面做到:引导自动化集装箱码头、堆场库场改造,推动港口建设养护运行全过程、全周期数字化,加快港站智能调度、设备远程操控、智能安防预警和港区自动驾驶等综合应用;建设港口智慧物流服务平台,开展智能航运应用;应用区块链技术,推进电子单证、业务在线办理、危险品全链条监管、全程物流可视化等。

3. 港口资源整合有助于智慧港口系统化规划建设

随着省级港口集团整合模式(如山东、江苏港口集团等)和跨区整合模式(如上港集团、招商局港口)的推进,港口集团区域整合工作基本完成。港口大集团化运作的管理模式将更有利于做好区域智慧港口的顶层设计,统一规划、统一建设,为区域智慧港口建设带来新机遇。

4. 新一代信息技术广泛应用为智慧港口建设提供了可能

北斗、5G、区块链、云计算等新一代信息技术正在给智慧港口发展带来新的变革,在无人驾驶、物流跟踪、港口调度、单证电子化等应用场景中为智慧港口建设提供新动能。新一代产业技术革命蓬勃发展,智慧港口建设应顺应数字化发展趋势,不断将大数据、区块链、物联网、5G通信、人工智能等新技术应用于港口生产和管理。

二、智慧港口建设面临的问题及挑战

1. 码头自动化改造成本高

老旧码头受技术和自然条件限制,只能局部实施自动化、智能化改造,码头作业效率会受到影响。因此,老旧码头自动化改造,特别是低成本改造技术更是当务之急,应加快对通用自动化码头改造方案的研究和应用。

2. 港口集疏运信息共享不充分

港口集疏运公路、铁路信息共享方面还存在较大的障碍。目前,很多港口已建立综合性信息服务平台,但与集疏港的铁路、公路信息共享还存在一定障碍,口岸相关单位业务协同较为困难,无法有效发挥联动效能。

3. 港口物流链业务协同能力不高

港口还未形成更大范围跨业务、跨组织、跨部门、跨系统的在线协同。全程物流信息共享和业务协同较困难,特别是客户"门到门""端到端"的全程可视化信息服务还有很大的发展空间。智慧港口的核心功能是信息感知、共享和决策支持。目前,国内港口各相关单位及部门分别隶属于不同部门管辖,系统数据相对分散,导致"信息孤岛"的现象存在。

4. 信息资源基础比较弱

信息资源基础不一致,系统升级和二次开发困难,信息资源基础不能适应信息化建设和业务发展需求。有的港口系统信息采集渠道单一,手段落后,信息量不够全面,传输渠道不畅通,对采集的信息加工处理能力薄弱,使得信息资源潜力无法充分发挥。

5. 认识理念还有待深化

建设真正的智慧港口不应仅局限于港口信息化,而是将云计算、大数据、自动化装卸设备、地理信息系统等先进的信息技术和自动化技术综合应用于港口物流及生产运营的各个环节。

三、国外智慧港口建设经验

1. 新加坡港

新加坡港作为亚太地区最大转口港和世界最大的集装箱港之一,一直高度重视打造智慧港口、持续推进模式创新,强化巩固其国际航运中心地位。2012年,新加坡港面向全球征集新一代集装箱港口创新技术方案,希望未来10年实现"表现力、生产力、可持续发展"三大目标提升,并从运营效率、可执行力、绿色环保等方面布局智慧港口。

一是大力推进码头运营智能化,实现集装箱自动配载和跟踪、实时控制堆场上和船上的装卸作业,降低人工强度,保证安全生产和服务稳定性。

二是建立无缝衔接的网络化运输体系,优化多式联运网络,推动整合与集成港口物流链资源,强化港口物流价值链服务。

三是积极创新业务模式,构建互联互通的信息平台,打通港口上下游环节的数据流,实现港口与海关、海事、商检等口岸单位的信息一体化,提高大通关效率和口岸部门服务水平。

四是提出大数据治港概念,整合物流信息资源,开展基于大数据的基础建设、生产管理、客户服务、市场预测、应用创新等服务,优化港口物流流程并提高港口物流服务质量。

五是打造良好的港口生态圈,与港口物流链相关方广泛建立战略合作伙伴关系,突出以人为本、生态绿色、环保节能、港城一体化和可持续发展。

2. 鹿特丹港

鹿特丹港作为欧洲最大的贸易港和世界信息大港,以打造全球性枢纽港和欧洲临港产业集聚区为战略目标,重点围绕港口物流"flexibility(柔性)"和"accessibility(可达)",积极推进智慧港口建设。

一是构建便捷、安全、高效、可靠的港口集疏运体系,强化腹地运输网络体系,优化内陆多式联运网络。

二是大力推进码头运营智能化,在全球率先建立自动化码头系统,大幅提升港口运作效率与服务质量。

三是围绕以港口为核心枢纽的综合物流体系,加强港口物流上下游资源整合与集成,促进港口全程物流链服务业务协同与高效衔接,推动国际贸易便利化。

四是构建互联互通的国际运输信息系统平台,实现港口与港口、港口与相关机构以及港口所在物流链之间的信息通联与共享,提高港口物流链一体化服务水平。

五是广泛与港口物流链相关方建立战略合作伙伴关系,加强政企合作。

3. 汉堡港

汉堡港以打造安全、高效、协同、绿色、可持续发展的"智慧港口"为目标,于2012年10月出台了《港口发展规划2025》。汉堡港改变了传统港口物流发展模式,提出了港口物流服务链理念,重点围绕码头运营智能化、物流价值链服务、港区服务升级、生态环境优化改造等方面推进智慧港口建设。

一是充分利用易北河沿岸空间资源,加强港口物流基础设施建设,进一步优化和提升港口自动化生产力。

二是通过自动化码头、现代化堆场和物流服务基地的建设,大幅提高港口运营智能化水平与作业效率。

三是优化与完善腹地多式联运网络服务体系,从陆路交通、水路交通和铁路交通等方面打造智能交通系统,强化亚欧大陆运输中转枢纽地位。

四是构建现代化控制中心和港口大数据中心,搭建面向客户电子商务平台,为货主、仓储经营商、船公司、货代等物流链上的客户提供一体化服务。

五是从创新政策服务、推动港产城和谐共处、加强港航合作、提升价值链服务、加强生态人文环境建设等方面,积极推进港口生态圈建设。

第五节 智慧港口发展趋势及关键技术展望

结合我国智慧港口建设实践、未来规划建设情况,以及考虑我国智慧港口建设未来面临的形势要求,初步总结未来智慧港口建设发展的主要趋势。

一、智慧港口建设发展趋势

1. 港口生产运营智能化

码头智能化是智慧港口建设最重要和最基础的部分。通过现代信息技术、自动化技术、人工智能技术的综合应用,建立自动智能感知体系,进一步提升港口运营效率与供应链服务水平。未来将应用物联网、大数据、5G、北斗导航、人工智能算法等技术,系统集成,加快推广远程控制、无人化机械设备;将大力推广无人集装箱货车和车路协同技术应用于港区水平运输和港口后方一定距离的集疏运体系中,降低运营成本、提升运输安全水平;将推动无人机、机器人等应用于港口安全监测、安防巡检等领域;将深度应用大数据分析技术,感知、传输、挖掘港航设施设备、生产运营、上下游客户等相关数据信息,辅助决策管理,不断提升自动化码头的自主决策和智慧化判断能力;将持续加大码头操作管理系统的技术迭代更新,形成自主知识产权,引领世界智慧港口建设与发展,贡献中国智慧和方案。

2. 港口物流服务协同化

未来智慧港口以基于数据驱动的物联网信息平台为工具,整合物流链、价值链信息资源,解决信息"孤岛"、信息不对称等问题,提升物流贸易便利化和业务效率,实现基于信息平台的智能化港口管理和决策,降低成本、提高效率。继续推动数字化、人工智能技术与港口物流业务链的融合应用,打通港口物流上下游环节的信息流、数据流,实现高效互联互通。

通过广泛利用大数据智能分析技术、移动互联网、云计算等手段,整合港口物流链信息资源,充分挖掘数据背后所隐藏的潜在价值,打通物流供应链的"信息孤岛",促进商业模式创新与业态创新,营造更智能化的运营环境。

广泛应用物联网、云平台技术,推动铁水、公水、水水等运输方式高效衔接,完善全程物流服务;加强与政府口岸、海关等部门的信息沟通互换,提高通关、退税和外汇结算等业务效率,促进国际贸易便利化;广泛采集港口物流链上下游客户端信息,打通港口物流上下游环节的数据流,汇聚各物流参与方的业务需求,优化港口物流业务流程。

充分利用港口处于物流供应链中心的先天优势,利用船舶靠离泊、车辆进出港、货物进出港种类及其流量流向等数据,通过对各方面信息的收集、分析和整合,挖掘数据背后贸易、物流等时空分布特征和需求特征,创新物流链各环节的增值服务。

利用大数据分析技术,深度挖掘数据背后特点和规律,提供可视化物流跟踪、大宗商品信用、拼箱、跨境电商、电子支付、线上通关、退税、外汇结算等服务,利用数据构建信用征信体系,提供融资租赁、贸易融资、交易支付、保险理财等金融服务产品。

3. 港口生态圈价值化

智慧港口生态圈既涵盖港口自身,也包括港口价值链的整体优化。加快数字化技术应用,推动基础设施、装备、生产运营、管理决策、上下游业务链服务等全面数字化转型,强化系统架构和设计,建设港口大脑,实现基于数据驱动的港口智能化运营与管理。创新发展理念与商业模式,重构港口生态体系和业务流程。加强港航物流链资源整合与集成,组织政府、企业和相关利益方合作共建,创新运营和商业模式,全方位满足客户需求,实现服务价值提升。

二、智慧港口建设中关键技术发展趋势

1. 自动化技术

自动化技术在智慧港口建设领域的应用主要在两个方面:一方面,将先进的传感器、机器视觉、自动定位、远程控制、设备智能诊断等技术应用于港口装卸设备,如集装箱码头堆场轨道式起重机、无人驾驶自动导引车、散货码头堆取料机等,使装卸设备自动化和无人化;另一方面,基于物联网对港口生产运营信息的感知,利用计算机智能系统,运用自动化技术实现自动化、智能化操作,促使港口运作更加智能和安全,实现无人化,包括无人值守闸口、智能堆场、智能理货、自动引导车水平运输和自主装卸等自动化作业。自动化作业是实现港口生产智慧化的硬件基础。

当前,自动化集装箱码头建设技术已经比较成熟,有大量的实践基础,形成了若干成套关键技术和核心自主知识产权,但在其他货类生产作业的自动化、传统集装箱码头自动化改造等方面还有很大的应用潜力和空间。码头自动化,一般分为半自动化、高度自动化、完全自动化三个阶段。

目前,我国集装箱自动化码头建设,整体上仍处在高度自动化阶段,距离完全自动化还有较长的一段路要走。这个过程,要实现全部作业流程自动化,管控系统和辅助系统自动化,码头作业实现全场景、全时域的无人化,需要重点突破解决自主学习、自主决策、物流链高度信息化等关键技术,这也是未来自动化码头突破的重要方向。

2. 物联网技术

物联网是通过射频识别、红外感应、全球定位、激光扫描等信息传感设备,将任何物品与通信网络相连接,进行信息交互和实时通信,以实现智能化识别、定位、追踪、监控、管理的一种网络技术。一方面,通过射频识别、全球定位系统等,采集数据信息,与港口设施之间相互对应,以数据化物联方式呈现,实现港口内信息数据交换,全面掌控港内作业情景;另一方面,通过无线感应和远程监管,实现集装箱号、堆场编号、闸口序号等数字化管理和应用。

港口作业货物种类多、量大,快速、准确识别各环节的作业对象、状况以及货物状态非常重要。利用物联网技术采集港口各个作业环节、设施设备和货物信息,是实现港口业务数字化、智慧化的基础手段。

通过应用 RFID、GPS、温/湿度传感器等技术,目前港口已经能够实现基础信息的采集。随着传感器和网络技术的不断进步,新形式的物联网应用不断涌现,基于信息采集技术正逐渐转变为全面、深度的智慧感知技术。

随着传感器技术不断成熟,智慧感知将更加注重不同类型原始信息的融合提取,实现现场环境的全面感知。结合智能云计算等技术,还可以实现信息的深度感知。未来,物联网技术将进一步深化创新及其在港口领域的精细化应用,特别是在感知技术方面,将进一步强化深度感知和智慧化感知的探索;在传感器技术方面,更加注重对多元信息的及时化格式转变,实时转换成标准结构化数据进行高效传输。

3. 移动互联网技术

移动互联网主要通过智能移动终端,采用移动无线通信方式,获取相关信息、办理相关业务和开展相关服务互动。利用移动终端,可对港口业务和服务相关信息作出快速响应,使港口业务链各参与方随时随地跟踪业务、货物状态,获取相关信息,接受指令并进行相关操作。移动互联网技术是改善港口与客户之间的关系,提升港口客户服务满意度的重要方法之一。移动互联网技术在港口领域的应用主要有两大方面。一方面,协助现场作业和提供敏捷服务。港口现场作业人员通过移动终端,实时采集作业现场环境、货物、运输工具等信息并及时反馈结果。另一方面,通过移动智能终端上的信息平台,港口客户可以便捷地获取港口业务相关信息和办理相关业务,如物流状态跟踪、业务预约办理、结算支付等。未来,移动互联网技术将在港口信息互通和服务互动中广泛应用、无所不在。

4. 大数据技术

大数据分析和挖掘是智慧港口建设过程中的关键技术。根据大数据建立智能分析模型,预测未来业务情况,实现精细流程管理和智能化决策、管控等。大数据分析的主要目的是通过对海量数据的分析,实现数据可视化,利用分析结果进行资源优化配置和智慧决策。利用大数据技术,对港口的生产运营等结构化数据和视频监控、传感器等非结构化数据进行分析处理和挖掘,发现背后特点和规律,提高业务分析和预测的准确性、针对性,提供更贴近客户需求的个性化物流服务。

在港口应用的数据技术中,电子数据交换(Electronic Data Interchange,EDI)平台、GIS平台、CCTV(Closed Circuit Television,闭路电视)视频监控平台等技术已比较成熟,系统建设重心逐渐转移到基础数据采集和上层应用设计上。在智慧港口建设的支撑层面,则要求港口企业更注重自身数据的治理、海量数据的智慧分析和多元化数据的开放共享等,即港口大数据中心的建设。

在数据中心建设和技术升级过程中,关键的一项技术是数据中心云计算技术。云计算技术主要是使用虚拟化技术对计算、存储资源进行弹性分配,实现计算及存储资源的集约化管理,改变系统运行过度依赖服务器硬件实体的模式。在传统数据中心向云计算中心过渡时,涉及已有系统的适用性改造、部分模块的重新开发,因此在应用云计算技术时,需要着重考虑技术的兼容性,分步过渡。

为了解决各港口企业内系统信息"孤岛"的问题,可以采用数据仓库的分布式服务、集中式管理模式。对港口的数据资源进行分类梳理,使用ETL(Extract-Transform-Load,抽取-转换-加载)工具从每个业务系统中提取出业务数据,经清洗、过滤后,汇集到面向部门或者面向业务领域的数据集市中。通过聚类、关联等操作,不同数据集市中的数据再次融合,去除错误数据后汇聚到港口统一的数据仓库中。数据仓库负责存储多维度的高质量数据,为管理层决策分析提供支持;同时,数据仓库向数据集市提供数据,数据集市再向各业务子系统提供数据服务。

因此,未来大数据分析技术,特别是云计算技术、数据仓库技术等,是解决港口生产运营具有海量数据特色实际,采集、解析、分析和深度挖掘数据背后规律,开展智能化决策,真正实现港口生产作业无人化的关键底层技术。

5. 5G 技术

5G技术是智慧港口建设的重要技术支撑,能满足视频远程控制对低延时、高可靠等要求,也可避免非蜂窝技术成本高、抗干扰能力不强、稳定性差等问题。

5G技术在智慧港口建设领域的应用方向主要有:基于5G网络开展港口大型港机远程控制的研究和应用,实现桥式起重机、门式起重机的远程精准高效控制,提升集装箱作业效率和操作安全性,已进入常规化投产阶段;利用5G高清视频回传+AI视觉分析技术,开展智能理货的研究和应用,实时对集装箱箱号、残损等信息自动采集、识别,提升港口理货的准确率及效率;开展港口封闭区域内无人驾驶集装箱货车或IGV(Intelligent Guided Vehicle,智慧型导引车)的研究和应用,实现集装箱码头水平运输自动化,提升运输效率和安全;基于5G网络开展港口现场监控多路视频回传、智能识别和定位技术等的研究和应用,提升港口安全水平。基于5G技术开展港口大型港机远程控制、智能识别、定位技术等智慧化方面的研究和应用,推动"5G+门式起重机远程控制""5G+桥式起重机智能理货"、无人驾驶集装箱货车等应用落地及规模使用。

6. 人工智能技术

人工智能应用领域广泛,涉及问题求解、机器学习、专家系统、模式识别、机器人学习等领域。人工智能在港口作业的各环节都有涉及。在集装箱识别环节,可以取代人力识别和光学识别;建立集装箱全程数据联通,自主识别装卸区、堆场区、运输区数字箱号。在集装箱水平运输环节,无人驾驶集装箱货车应用多感应装置和无人驾驶技术,实现堆场信息、岸桥信息等之间的互动和交换,在封闭空间内大规模、高速作业。

当前,人工智能技术主要应用于港口生产计划、调度过程中,可实现码头泊位智能调度、堆场智能规划、设备智能调度等,提升港口生产运作效率,降低运作成本。人工智能技术在港口服务应用方面,可实现智能客服、智能搜索、智能推荐与设计等,提升服务效率和客户服务体验。

目前,人工智能技术在港口处于比较初级的应用阶段,主要集中在港口生产作业一线。人工智能技术主要应用于集装箱流转运输环节,用于实现集装箱全流程识别、集装箱水平运输环节以及场桥、岸桥垂直运输环节等单点技术方案。虚拟现实技术、机器人技术等由于技术成熟性以及配套设施的限制,在港口中的应用并不多。但可以预见,随着这些技术的不断成熟和推广,人工智能技术等将会广泛融入港口的生产及服务中。

未来,人工智能技术应用领域,也将由港口生产领域逐步拓展到港口生产、运营管理、物流增值服务、智慧决策等领域。随着算力、算法技术的创新突破,人工智能将在智慧港口智慧决策、港口生产完全自动化等方面发挥关键作用。因此,人工智能自身技术发展程度以及在港口领域的应用程度,将在很大程度上决定智慧港口的智慧化程度。

第六节　推进中国智慧港口建设的政策建议

当前,国内智慧港口建设步伐加快,但缺乏总体规划、系统指导,针对全国层面、分省级政府层面的智慧港口建设的顶层规划尚处空白。智慧港口建设,在快速推进的背后,容易导致各个港口企业各自规划,各自开展技术研发和场景应用,缺乏国家和行业的标准规范指导,也缺乏智慧港口建设的评价指标来进行客观评价。同时,智慧港口建设过程中共性、关键性基础技术的开发和应用,也没有系统化的统筹考虑和指导。为此,需要从顶层规划、评价体系、标准制定等工作推进层面和关键技术研发方向、路线图等技术推进层面,全面谋划智慧港口建设发展问题。

一、推进智慧港口建设工作层面的建议

1. 强化统筹规划和系统设计

建议从国家和区域经济发展、科技创新发展趋势、港航产业布局角度统筹规划、系统设计,明确国家和各省市智慧港口发展目标、重点及相关政策。

建议从规划建设、生产运营、客户服务、管理决策等全过程全周期,系统设计智慧港口建设顶层框架和总体方案,防范新的信息屏障和"信息孤岛"产生,加快各业务环节有机融合,形成整个智慧港口生态圈,以真正发挥智慧港口的综合功能优势。

2. 建立评价指标和标准体系

建议遵循前瞻性、可操作、可比较等原则建立智慧港口评价指标体系,同时,加快推进智慧港口建设标准体系的建立,制定智慧港口通用和关键技术标准,解决智慧港口建设过程中的共性问题。

3. 推广智慧港口示范工程成果

建议继续推进智慧港口建设示范,推广在自动化码头、智慧港口物流服务、智慧港口生态圈等方面的技术创新和建设成果,通过示范效应带动全国智慧港口发展。

二、智慧港口建设的关键技术清单及路线图建议

结合智慧港口建设中面临的共性、关键性技术需求,建议推动建立联合相关港口、科研院所和高科技企业的技术创新联盟,重点开展基于车路协同的无人驾驶集装箱货车在港口水平运输和集疏运体系中的应用等智慧港口建设中的关键领域研发,突破自动化技术、物联网技术、大数据技术、人工智能技术、5G 技术等在智慧港口建设中的应用,提升智慧港口核心技术的国产化率,实现港口作业关键系统的自主可控。结合目前智慧港口建设相关领域及技术研发进展及推广应用情况,本书提出了主要的突破路径建议以及初步预计的技术突破时间表,见表 9-1。

智慧港口建设相关领域及技术路线图　　　　　表 9-1

序号	智慧港口建设的关键领域	涉及的主要关键技术	主要突破路径建议	预计突破的时间表
1	基于车路协同的无人驾驶集装箱货车在港口水平运输和集疏运体系中的应用	自动化技术、物联网技术、大数据技术、人工智能技术、5G 技术等	开发高精度动态地图; 特殊场景车路协同系统开发; 开发多类型车辆交互、控制技术; 开发复杂路口、复杂环境交互和控制技术	2025 年,广泛应用于相对封闭区域; 2035 年,向全路段商业化推广
2	传统集装箱码头堆场的智慧化改造	自动化技术、物联网技术、大数据技术、人工智能技术、5G 技术等	研发传统集装箱码头堆场的自动化场桥系统改造升级; 研发传统集装箱码头堆场的自动化水平运输系统改造升级; 研发传统集装箱码头堆场智能化改造的操作运营管理系统	2025 年前,广泛推广应用
3	智慧港口集疏运系统	物联网技术、大数据技术、移动互联网技术、5G 技术等	开发具有商业化实际应用价值的集装箱铁水联运综合服务平台; 开发具有商业化实际应用价值的其他货类铁水联运服务平台; 开发具有商业化实际应用价值的多式联运信息共享和服务平台	2025 年,完成典型港口铁水联运服务平台开发,并商业化推广; 2030 年,完成其他服务平台开发,并商业化推广
4	智慧港口物流服务协同系统	自动化技术、物联网技术、移动互联网技术、大数据技术、5G 技术、人工智能等	推进"单一窗口"建设;推动港口物流相关单证无纸化;推动智能理货、智能堆场等高效联通; 开发具有商业化实际应用价值的高效联通港口业务链的相关参与方的港口综合物流服务平台	2025 年前,典型港口完成先行示范; 2035 年,完成商业化推广
5	智慧港口大脑	自动化技术、物联网技术、移动互联网技术、大数据技术、5G 技术、人工智能等	建设智慧港口大数据中心; 开发高效感知、传输技术; 加快 5G 技术在港口生产运营管理中的广泛应用; 加快云计算、数据仓库技术等在数据中心建设中的广泛应用; 人工智能技术的日趋成熟,加快其在港口生产管理等领域的应用; 重点加快面向人工智能的超大规模算力、算法技术的突破	2025 年前,初步建成; 2035 年前,成熟并大规模商业化推广应用

续上表

序号	智慧港口建设的关键领域	涉及的主要关键技术	主要突破路径建议	预计突破的时间表
6	智慧港航基础设施和装备数字化改造和提升	自动化技术、物联网技术、大数据技术、5G技术、BIM技术、GIS技术等	加快港口规划技术创新,完善顶层设计; 加快推广GIS+BIM技术在港口设施规划建设中的应用; 加快现有基础设施的数字化改造和技术提升; 加快智能化装卸、运输、作业设备研发	2025年前,完成相关规划技术创新,完善部分设施改造; 2035年前,完成大部分的基础设施和装备的升级改造,建成"会说话"的设施和装备

● 本章参考文献

[1] 郭子彦.勇攀科技高峰,建设一流强港——上港集团加快推进智慧港口转型升级[J].上海国资,2021(08):78-79.

[2] 王婵,洪雪婷,周璐.武汉中远海运港口:"智慧港口"引领"长江出海"[N].中国远洋海运报,2021-08-13(A02).

[3] 张欣.上海智慧港口建设的思考和建议[J].中国港口,2021(05):20-22.

[4] 徐孟强.助力打造5G智慧港口[J].通信企业管理,2021(04):18-21.

[5] 王书章,艾明飞,余信强,等.青岛前湾联合集装箱码头智慧绿色港口体系建设[J].港口科技,2021(03):18-21.

[6] 盘艳芳.鹿特丹智慧港口建设发展模式与经验借鉴[J].中国航务周刊,2021(06):48-49.

[7] 何为,于仁.青岛港:智慧港口建设的"中国方案"[J].金桥,2021(02):16-21.

[8] 孙付春,杨斌.山东港口的智慧绿色港口建设实践[J].港口科技,2020(12):1-3.

[9] 刘林.黄骅港煤炭港口智慧转型实践[J].港口科技,2020(12):4-6,25.

[10] 李克武.面向数字未来的智慧港口建设方案[J].港口科技,2020(12):7-9.

[11] 刘连功.智能化技术在智慧港口建设中的应用[J].港口科技,2020(12):10-12,34.

[12] 葛云峰.智慧港口整体解决方案[J].港口科技,2020(12):13-17,38.

[13] 罗本成.从新加坡港看全球智慧港口的发展趋势[J].中国港口,2020(11):5-9.

[14] 李玉彬.招商智慧港口解决方案及实践应用[J].港口科技,2020(10):4-7.

[15] 林榕."十四五"时期智慧港口建设形势与展望[J].港口科技,2020(10):1-3.

[16] 林榕."十四五"智慧港口建设的三个目标[J].中国航务周刊,2020(38):27.

[17] 刘敏毅.招商港口智慧管理平台[J].港口装卸,2020(04):65-68.

[18] 曹稀遐,周庆运.智慧港口 开启航运创新生态系统[J].上海信息化,2020(08):34-38.

[19] 吴海乐,陈扬,贾来国.北斗系统在智慧港口领域的应用[J].卫星应用,2020(07):22-27.

[20] 余林锋.广州港智慧港口建设的实践与展望[J].产业创新研究,2020(13):4-5,15.

[21] 蔡银怡,蔡文学,郑冀川.智慧港口的构成与建设内容探讨[J].物流工程与管理,2020,42(05):21-23.

[22] 褚斌.全力打造世界一流智慧港口 持续开创蓬勃兴盛天津港新局面[J].中国水运,2020

(04):6-8.

[23] 程紫来,吴海斌.广西北部湾智慧港口建设发展模式[J].中国港口,2020(03):29-33.

[24] 荆彦明.智慧港口技术发展研究[J].设备监理,2020(03):41-42,47.

[25] 李红,王大成,刘婷.我国智慧港口建设中的问题及发展建议[J].水运管理,2020,42(01):23-25.

[26] 任建东,焦明倩.浅谈新型智慧港口的建设——以青岛港为例[J].科技与创新,2019(23):49-50,52.

[27] 蔡中堂.智慧赋能推动港口转型升级——日照港智能化建设成果及发展目标[J].水运管理,2019,41(09):1-2,17.

[28] 任海涛.面向港区的智慧港口解决方案[J].港口科技,2019(08):4-6,9.

[29] 殷林.我国智慧港口建设实践和发展思考[J].港口科技,2019(08):1-3.

[30] 罗本成.新加坡智慧港口建设实践与经验启示[J].港口科技,2019(07):1-3,17.

[31] 刘元华,郭乙运.青岛港打造智慧港口物流电商生态圈的实践[J].中国港口,2019(06):48-50.

[32] 邢振寰.大数据在智慧港口中的应用[J].通信电源技术,2019,36(03):139-140.

[33] 何西华,王龙,王均伟.推进散货智能无人理货系统 加快智慧港口建设——岚山港务有限公司在信息化建设中的探索和实践[J].产业创新研究,2019(02):25-26.

[34] 罗本成.鹿特丹智慧港口建设发展模式与经验借鉴[J].中国港口,2019(01):20-23.

[35] 黄桁.上海港智慧港口建设路径[J].港口科技,2018(07):7-8,33.

[36] 申爱萍.智慧港口:港口未来的发展方向[J].人民交通,2018(07):40-42.

[37] 罗本成.智慧港口:探索实践与发展趋势[J].中国远洋海运,2018(06):32-35.

[38] 马巍巍.对我国智慧港口建设的认识与思考[J].水运管理,2018,40(01):4-6.

[39] 黄雨琪.宁波港智慧港口建设与港城经济发展战略选择[J].港口经济,2017(08):34-36.

[40] 唐国治.泸州港智慧港口建设如火如荼[J].中国港口,2017(05):17-21.

[41] 张文杰,邢军.智慧港口发展趋势研究[J].港工技术,2017,54(02):86-88.

[42] 陶德馨.智慧港口发展现状与展望[J].港口装卸,2017(01):1-3.

[43] 高虹桥,邵文渊,刘婷,等.智慧港口的技术框架[J].港口科技,2017(02):1-5,52.

[44] 刘兴鹏,张澍宁.智慧港口内涵及其关键技术[J].世界海运,2016,39(01):1-6.

[45] 包雄关.智慧港口的内涵及系统结构[J].中国航海,2013,36(02):120-123.

[46] 谢文卿,吴佳璋.疫情加速港口智慧化转型[N].中国水运报,2021-08-08(001).

第十章 CHAPTER 10
船舶技术发展现状与展望

刘佳仑 《《

近年来,国内外航运业以提高水上交通运输的经济效益为目标,着眼于运输载体船舶的升级改造和船岸通信网络的构建,积极开展绿色智能船舶研究,努力提升船用设备的数字化管理能力和系统的智能服务水平,推广应用清洁能源和布局新型低碳环保能源装备研发。绿色智能船舶技术承载着交通强国建设和"碳中和、碳达峰"等国家战略,坚持需求牵引,及时总结和梳理船舶技术的发展态势,明晰共性关键技术和重点研究领域,对于提升水路运输的"绿色、安全、智能、韧性"水平,抢占航运科技前沿,重塑国际影响力,实现由跟跑并跑到领跑创新式跨越发展,具有重要意义。

第一节 概 述

随着人工智能、移动通信、新能源、新材料、物联网等高新技术与船舶装备的融合应用,船舶专业化、自动化、轻量化、生态化水平不断提升,船舶技术整体呈现安全便捷、绿色低碳、智能高效的发展态势。国际海事组织(International Maritime Organization,IMO)、国际标准化组织(International Organization for Standardization,ISO)启动法律法规梳理修订和标准化路线研究,为船舶技术营造良好的发展环境,国际主要船级社先后发布了有关船舶技术的规范或指导性文件,我国通过设立智能船舶1.0、基于船岸协同的船舶智能航行与控制关键技术、内河绿色智能船舶科研项目等重大科技专项,大力推进船舶技术创新。

一、国际船舶绿色智能技术研发背景

水路运输主要承担载运量大、位移距离远的客货运输,其运输能力强,贸易成本低,相较公路、铁路、航空、管道运输,具有较强的货物适应能力,在能耗、效率、生产、建设、维护等经济技术指标方面表现出良好特性。欧盟交通白皮书中提出了"到2030年30%路程300km以上的道路交通将被铁路或者水路运输替代,到2050年该比例将超过50%"的发展目标。船舶作为水路交通的主要运输载体,在促进流域经济发展、优化产业布局、服务对外开放等方面发挥着不可或缺的作用,航线网络遍布世界主要国家和地区,运输服务不断扩能增质。

在国际上,欧盟交通白皮书中提出了"到2030年30%路程300km以上的道路交通将被铁路或者水路运输替代,到2050年该比例将超过50%"的发展目标。挪威船级社(DET NORSKE VERITAS,DNV)预测:按照IMO提出的减排战略,2030年左右能降低大约50%的碳排放,2050年降低70%左右的碳排放,在21世纪达到零碳排放的目标。2012年MUNIN项目最早启动了远程驾驶船舶的概念和可行性论证研究,2014年挪威研究理事会和康斯伯格投入了SESAME e-Navigation项目研究,旨在验证新一代船舶交通管理系统的概念和突破颠覆性技术,基于船岸通信实现对航行环境和会遇态势的感知融合与协同决策。2018年,日本国土交通省设立了船舶远程驾驶示范项目,以建设岸基驾控中心和实现远程操作为目标,欧盟于2019年启动的自主船舶项目将选取安特卫普港附近弗拉芒区运营的一条350t内河驳船为对象进行远程驾驶和控制能力测试,韩国2020年启动了自主水面船舶研究项目,以实现中小型船舶有人在船的远程操作(L2级)和商业化推广应用为项目愿景。

日本邮船、大宇造船、三星重工等企业相继启动了80000DWT氢燃料散货船、125000t级苏伊士型氨动力邮轮和23000TEU型氨动力集装箱船舶的设计工作。世界首艘零排放集装箱船舶Yara Birkeland在罗马尼亚下水舾装,船长80m,采用7MW·h电池作为船舶动力源,可容纳120个20ft(约6.1m)TEU。美国首艘零排放氢燃料电池船"Sea Change"号在加利福尼亚州旧金山湾投入运营,船长70ft(约21.3m),能够搭载75名乘客,配备了由360kW燃料电池和容量为246kg储氢罐的氢能源电池组,集成了100kW·h锂离子电池和两个300kW电力推进系统,最高时速可达22nmile/h(约35.4nkm/h)。法国米其林公司启动了充气式风帆系统研究工作,具备自动伸缩、充气功能,利用风能作为推进动力。

欧洲、美国、日本、韩国等国家和地区积极推动绿色智能船舶技术,并促使IMO于2017年正式将智能船舶列为新增议题。2018年4月,IMO第99届海安会明确发展水面自主航行船舶,并启动国际航运法规的梳理和修订工作,国际上主要船级社先后发布了有关智能船舶的规范或指导性文件。2019年6月,IMO发布了《水面自主船舶试航暂行指南》,明确了水面自主船舶的试航要求,以保障其试验的安全和效率。同时,海安会批准了海上自主水面船试验的临时准则,并指出在进行智能船舶试验时,应至少提供与相关文书所提供的相同程度的安全保障措施和环境保护措施。

世界各国相继启动了各类智能船舶技术攻关,推出了各自的智能船舶发展计划和智能船舶规范。欧盟地平线计划先后批复了NOVIMAR(荷兰主导)、AUTOSHIP(挪威主导)、MOSES(荷兰主导)、AEGIS(挪威主导)、NOVIMOVE(荷兰主导)等重量级项目,旨在打造若干智能航行的智能船舶、提出一批基于智能船舶的新概念;日本财团在2019年提出2040无人航运系统计划,拟在2040年实现近海航区无人驾驶船舶50%的替代率,并提升整体航运的运行效率和安全性;作为另一个造船大国,韩国产业通商资源部与海洋水产部于2020年提出到2025年掌握无人值守的远程驾驶技术,2030年实现世界50%智能船舶建造市场份额。

二、国内船舶绿色智能技术研发背景

"十二五"以来,工业和信息化部、科学技术部、交通运输部等部门持续投入,支持船舶装备技术绿色化、智能化发展。2018年,工业和信息化部设立高技术船舶科研项目——"智能船舶1.0"专项,选择散货船、油轮和集装箱船舶进行智能化技术研发,示范船舶获得了智能航行、智能能效、智能机舱等智能船舶符号。2019年,科学技术部设立国家重点研发计划——基于船岸协同的船舶智能航行与控制关键技术研究,旨在开展支撑船舶智能航行的岸基信息支持、通信及网络安全和远程驾驶技术研究,开发内河船舶重点航段的智能航行系统、沿海船舶航线智能优化及自主航行系统。2020年,工业和信息化部设立高技术船舶科研项目——绿色智能内河船舶创新专项,开展内河船舶技术体系架构研究,明确智能化、绿色化技术发展路径。

2015年,国务院发布《中国制造2025》,将高技术船舶和海洋工程装备作为十大重点发展领域之一。2019年9月,中共中央、国务院印发《交通强国建设纲要》,明确了交通强国建设的重要方向和任务,明确指出要提升智能船舶的自主设计与建筑能力、开发新一代智能交通管理系统、加强基于船岸协同的内河航运安全管控与应急搜救技研发、打造绿色高效的现代物流系统、推进大宗货物及中长距离货物运输向铁路和水运有序转移。可见,发展绿色智能船舶、提升水路运输的智能和安全水平是交通强国战略的发展重点,是未来水路交通的重要任务。为响应"交通强国"的总体战略目标,多部委陆续发布了《智能船舶发展行动计划(2019—2021年)》《智能航运发展指导意见》《关于大力推进海运业高质量发展的指导意见》《内河航运发展纲要》等多份指导文件,旨在推动我国绿色智能船舶的高质量发展。

《智能航运发展指导意见》提出加快推进物联网、云计算、大数据、人工智能等高新技术在船舶、港口、航道、航行保障、安全监管以及运行服务等领域的创新应用,重点突破状态感知、认知推理、自主决策执行、信息交互、运行协同等关键技术,显著提升航运生产运行管理智能化水平。开展复杂场景感知、自主协同控制、调度组织优化、信息安全交互等核心软件与平台研发。建立智能航运技术协同创新集成平台,开展智能船舶、智能港口、智能航保等成套智能航运技术集成攻关。研究开发智能航运测试评估检测检验方法、技术与工具系统,制定智能航运检验检测评估规范标准。

《自主货物运输船舶指南》提出了包括场景感知、航行控制、轮机装置、通信与信号设备、船体构造与安全等在内的功能目标和规定;《智能船舶规范(2020)》增加了远程控制船舶和自主操作船舶在设备配备、状态监测与健康管理、设计原则与性能等方面的要求;工业和信息化部发布了《船舶总装建造智能化标准体系建设指南》,明确将新一代信息技术应用、通信网络架构、供应链协同、远程运维和系统接口等关键技术指标包括在标准体系的构建当中;《绿色生态船舶规范》在原绿色船舶规范能效、环境保护和工作环境三方面要求基础上,对船舶绿色环保要求做了重新定位,划分为生态保护和环境保护两大要素,多维度构建绿色生态船舶指标体系,提出了涵盖温室气体排放、防止外来生物转移、环境友好、水污染排放控制、大气污染排放控制、有害材料使用控制等各类别的技术要求。

第二节 船舶智能化发展现状与技术应用情况

智能船舶是指通过搭载先进传感元器件、控制装置和执行单元,融合船舶运行工况、航行环境信息和移动通信网络,综合利用自动控制、人工智能、系统科学和数据科学等手段,实现人-船-岸高度协同、数据交互共享,为航行作业和船舶管理提供技术支撑,提升船舶的安全性和运营效率。船舶智能化发展路径见表10-1。

船舶智能化发展路径　　表10-1

智能等级	名称	定义	主体		
			驾驶操控	环境交互	失效应急
0	无自动化	由驾驶全权操作船舶,系统可提供危险提示、危险预警和其他驾驶所需信息			
1	增强驾驶	常规人工驾驶,不减员。系统根据环境信息增强感知能力。人:系统工作负荷比≈9:1	驾驶人和系统	驾驶人	驾驶人
2	辅助驾驶	常规人工驾驶,少量减员。系统执行部分如自动加减速驾驶等。人:系统工作负荷比≈7:3			

续上表

智能等级	名　称	定　义	主体		
			驾驶操控	环境交互	失效应急
3	船端人船协同	系统驾驶，适当减员。 系统可提供决策或控制的引导信息。 人：系统工作负荷比≈5∶5			
4	岸端人船协同	系统驾驶，大量减员。 系统完成所有驾驶操作及环境监控，根据系统请求，船长需提供适当干预。 人：系统工作负荷比≈3∶7	系统	系统	
5	自动驾驶	系统驾驶，全部减员。 根据系统请求，船长可不作出相应。 人：系统工作负荷比≈1∶9			系统

一、国外船舶智能化发展现状与技术应用情况

2017年，罗尔斯·罗伊斯与马士基集团的拖轮公司Svitzer在丹麦哥本哈根港成功展示了"Svitzer Hermod"号拖轮远程驾驶系统靠离码头、掉头、航行及驶回船坞的远程遥控功能。2018年，IMO第99届海安会明确了海事自主水面船舶的定义与自主操作等级，将自主操作水平划分为自动操作和决策支持、船员在船值守的远程驾驶、无人在船值守的远程驾驶和自主操作船舶。同年，罗尔斯·罗伊斯与芬兰渡轮运营商Finferries在芬兰图尔库市帕拉伊宁和瑙沃港间以一条53.8m长的Falco号汽渡为对象开展了渡轮自动驾驶试验，其技术指标见表10-2。

Falco号渡轮自动驾驶试航技术指标　　　　　表10-2

指标	内容
通信方式	4G（第四代移动通信技术）、Wi-Fi、卫星保证足够的通信带宽
感知水平	在岸基驾控中心实时显示水平方向上船舶正前方左右舷各90°，正后方左右舷各22.5°
控制方式	自动驾驶、辅助驾驶、远程遥控
态势分析能力	使用海事雷达进行目标捕捉和标绘
动力配备	双全回转推进器
决策水平	350m外静态障碍物避碰决策

2019年，日本邮船根据IMO发布的《水面自主船舶试航暂行指南》在"Iris Leader"号上对各海试项目进行了测试，试航从中国新沙开始，中途停靠日本名古屋港，以横滨为终点港。古野感知推出了ENVISION AR导航系统，提高驾驶员对于航行环境的感知和运动态势的预测分析，保障航行安全。2020年，瓦锡兰集团与新加坡PSA Marine在一条27m长的港作拖轮上完成了IntelliTug项目的首期海试，包括虚拟场景和真实航行避障的集成化测试，通过建立考虑海试环境影响的数字孪生模型，在虚拟和现实环境中实现平行驾驶与智能控制。韩国现代重工集团为SK Shipping的25万t级散货船安装了由其与韩国科学技术研究院共同研发的HINAS智能航行辅助系统，通过分析运动图像确定与过往船只的碰撞风险并在能见度不良状况下精确定位障碍物位置和识别运动特征，基于现实增强技术提供避碰决策支持。康士伯集团在挪威霍尔滕港和莫斯港之间完成了Basto Fosen VI号渡轮从码头到码头的全自动化操作，船舶控制与操作误差控制在2s以内，通过船舶性能服务平台优化燃料消耗和节省运营成本。

皇家加勒比邮轮公司"银海起源"号邮轮在鹿特丹港附近 Goeree-Overflakkee 海岸完成了远程驾驶海试,建立了高传输速率的船岸网络连接以缩短通信时延,通过动力定位系统控制船首推进器和全回转推进器,将船舶与期望位置距离误差控制在 10cm 以内。法国海事事务部根据 IMO 发布的《水面自主船舶试航暂行指南》对 SeaOwl 远程驾驶项目进行了海试和认证,由法国船级社基于其自主运输指南(NI 641)提供风险分析参考框架,对地中海土伦港附近的"VN Rebel"号拖轮远程操纵功能的可用性和应急响应能力进行了验证和评估。

欧盟自主机器人协作式拖曳项目通过应用机器人优化船舶应急救援过程的拖曳连接作业,苏黎世联邦理工学院研制了远程操作的验船机器人,可执行测距避障和实时视频反馈等操作任务,韩国现代重工研发了焊接成型圆角机器人,美国海军研发了舰载消防机器人,通过多模态传感器实现环境探测和感知增强,SeaRobotics 应用水下机器人去除船体附着水生物和堆积污渍。

日本国土交通省远程驾驶示范项目以吉野丸拖轮为对象进行了远程控制,韩国三星重工以 T8-拖轮为对象开展了远程驾驶试验,应用 LTE(Long Term Evolution,长期演进技术)/5G(第五代移动通信技术)全方位实时监视航行视景。比利时 SEAFAR 公司于 2020 年在一条 135m 长的驳船 Zonga 号上进行了远程驾驶过闸试验,由船舶侧/基础设施侧融合多源信息,实现协同感知,岸基控制中心提供支持和辅助,实时集成分析船舶运行状况,具备同时管理和操作多条船舶的功能;2021 年在集装箱船舶 Deseo 上实现了由泽布吕赫港到安特卫普港的全航程远程操作,其技术指标见表 10-3。

比利时 SEAFAR 公司远程驾驶技术指标 表 10-3

指标	内容
通信方式	5G 通信传输,船-船、船-岸、船-云实时数据交互
感知水平	在岸基驾控中心实时显示水平方向上船舶正前方左右舷各 112.5°,正后方左右舷各 45°
控制方式	自动驾驶、辅助驾驶、远程遥控,控制权切换由岸基批准,在岸基驾控中心同时管理多艘船舶
决策水平	提供远程驾驶决策支持,存储与调取历史航行数据,具备在途监测预警和故障诊断运维功能
态势分析能力	融合船岸感知信息,识别目标运动特征和驾驶行为,预测会遇态势,规划航行路径

NOVIMAR 提出了船舶编队(Vessel Train)的概念,由满员的领航船对不同尺度、规格和操纵特性的跟随船舶进行引导,在自研的集成化船载导航平台实时显示编队中各船舶的运动信息与航行视景,设定船舶的航速、航向,通过船舶编队系统的辅助或自动引导模式实现跟随控制或循迹控制。2020 年 2 月按照 1:16 比例在两条模型船上对其远程交互、航迹跟随、紧急停船和系统计算能力进行了为期两周的模型试验,并于 2021 年 3 月在荷兰哈灵水道以 WeBarge 公司运营的驳船为领航船,Scylla 公司运营的客轮为跟随船,对船舶编队的智能避碰、桥区航行和 180°旋回能力进行了实船测试。

二、我国船舶智能化发展现状与技术应用情况

2017 年 12 月 5 日,上海船舶研究设计院中船系统院设计的"大智"轮投产应用,总长 179m、船宽 32m、深 15m,载重量 3.88 万 t,具备自主学习、选择最优航线、提前发现事故隐患的能力(图 10-1)。安装我国自主研发的全球首个会自主学习的船舶智能运行与维护系统(SOMS),能利用传感器、物联网、机器学习等技术手段,通过光纤网为智能系统高速传送数据,实现全船各系统及设备的

信息融合及共享。

图 10-1 "大智"轮实拍图

2018年1月16日,"中远海运白羊座"轮交付使用(图 10-2)。该船是目前中国船厂完工交付的最大最先进的集装箱船,船长 400m,型宽 58.6m,型深 30.7m,最大载重量达 19.7 万 t,是目前世界上尺度最长的船舶之一,该船在设计中充分贯彻绿色环保理念,搭载了智能船舶能效系统,具有油耗低、装箱量大、智能化程度高、适港性强等优势,船舶装载量、营运快速性和安全性能指标均属世界先进,能耗水平远低于市场上同级别集装箱船,能效指数低于基准值 50% 左右,满足 10 年之后的国际排放标准。船上还预留有使用 LNG 燃料的装置系统,以满足特定航线大容量 LNG 燃料舱未来的改装需要。

图 10-2 "中远海运白羊座"轮实拍图

2017年12月,中国船级社、武汉理工大学、珠海市政府和云洲智能在上海国际海事展上联合发起"筋斗云"号小型无人货船项目。随后,由专注于船舶智能航行系统研发的云航智能,开展沿海货船自主航行的需求论证和评估,考虑到陆岛补给等短途运输需求,最终确定建造"筋斗云 0 号"作为初代试验和示范运行平台。2019 年 11 月,"筋斗云 0 号"下水交付,12 月完成"筋斗云 0 号"远程遥控和自主航行试验,并在上海海事展上发布自主航行技术成果,实现了自主货船远程遥控、自主循迹、会遇避碰和遥控靠离泊,引起业界广泛关注(图 10-3)。

2021 年 6 月 26 日,由武汉理工大学国家水运安全工程技术研究中心牵头研发的国内首艘 64TEU 内河绿色智能集装箱船"国创"号在江苏泰州下水(图 10-4)。该船总长 64.95m、型宽 12.5m、型深 3.4m,总吨位 994t。示范船采用了多项行业内首次应用的创新技术,根据船舶绿色、智能的技术需求,开展了纯电池集成模块移动电源、直流电力推进、无轴轮缘驱动、船岸协同安全辅助驾驶等多项创新技术研究,是我国首艘自主研发、设计、建造,拥有完全自主知识产权的内河绿色智能集装箱船。该船将在安吉上港码头至上海外高桥码头长度超270km的内河航线上开展商业化运营,每船每年可减少燃油消耗13万L、CO_2排放340t,具备绿色、环保、科技、创新等突出特点,并在我国水运交通领域创下多项第一:第一艘模块化电池动力组内河船舶;第一艘采用换电模式运营的内河船舶;第一艘采用无轴轮缘推进系统、智能船舶辅助驾驶系统的内河船舶;第一艘获得绿色船舶三级认证的内河船舶。

图10-3 "筋斗云"号实拍图

2021年9月14日,我国首艘具有智能航行能力、面向商业运营的运输货船——"智飞"号在青岛造船厂有限公司试航(图10-5)。"智飞"号集成并安装有交通运输部水运科学研究院、智慧航海(青岛)科技有限公司等多家科研机构和企业完全自主研发的自主航行系统,采用中船重工第七〇四所研发的大容量直流综合电力推进系统,首次在同一船舶上实现直流化、智能化两大技术跨越,具有人工驾驶、远程遥控驾驶和无人自主航行三种驾驶模式,能够实现航行环境智能感知认知、自主循迹、航线自主规划、智能避碰、自动靠离泊和远程遥控驾驶。通过5G、卫星通信等多网多模通信系统,可以与港口、航运、海事、航保等岸基生产、服务、调度控制、监管等机构、设施实现协同。

a)

图 10-4

b)

图10-4 "国创"号

图10-5 "智飞"号

三、船舶智能技术发展态势分析

1. 船舶自主等级划分

根据劳氏船级社的规定,可以将具有网络功能的船只划分不同的为自主级别。在级别描述中确定了三个主要任务:决策、执行和故障处理,见表10-4。

劳氏船级社自主等级划分　　　　表10-4

编号	决　策	执　行	意外处理
AL 0	Ⅰ.人	Ⅰ.人	Ⅰ.人
AL 1	Ⅱ.人在环路(基于船上数据)	Ⅰ.人	Ⅰ.人
AL 2	Ⅲ.人在环路(基于船-岸数据)	Ⅰ.人	Ⅰ.人
AL 3	Ⅳ.人工监督(船端)	Ⅳ.人工监督(船端)	Ⅳ.人工监督(船端)
AL 4	Ⅴ.人工监督(岸端)	Ⅴ.人工监督(岸端)	Ⅴ.人工监督(岸端)
AL 5	Ⅵ.少量监督	Ⅵ.少量监督	Ⅵ.少量监督
AL 6	Ⅶ.无监督	Ⅶ.无监督	Ⅶ.无监督

IMO 将 MASS(Maritime Autonomous Surface Ships,海上自主水面船舶)进行自主化层级划分为四个层级。第一级,船舶拥有自动化处理以及决策支持功能:海员在船操作和控制船上系统和功能。有些操作可以是自动化的,有时可以无人监督的,但海员在船可随时接管。第二级,海员在船但实现远程遥控:从其他地点控制和运营船舶,海员在船可以操作和控制船上系统和功能。第三级,实现远程遥控但海员不在船:从其他地点控制和运营船舶。第四级,完全自主船舶:船舶操作系统可自行决策并采取行动。

2. 船舶自主控制系统

自主水面货船的系统结构是以有动力的船体为平台,搭载通信设备、控制设备和特殊功能设备进行货物运输,主要是通过地面的基站或母船的控制中心完成自主水面货船的远程控制。自主水面货船系统主要分为船端、岸端、通信系统三部分,如图 10-6 所示。

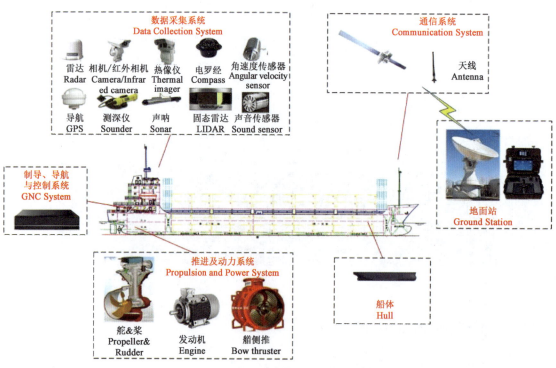

图 10-6 自主水面货船的系统构成

1) 船端

船端主要包括船体结构、推进与动力系统、数据采集系统及制导导航控制系统(Guidance Navigation and Control,GNC)。船端通过感知自主水面货船周围环境信息和自身航行姿态信息,通过 GNC 系统调用对应的任务功能程序模块,实现自主操控功能。船端控制平台包括多种传感设备、通信设备、执行机构等。

(1)船体结构。不同船体结构的自主水面货船负载能力不同,负载能力强的自主货船能够安装多功能任务包,从而使得单个自主货船可以同时完成更多的作业任务。

(2)推进与动力系统。舵、螺旋桨、发动机等是自主水面货船推进系统中不可缺少的重要设备,其性能直接影响着船舶航行的经济性和安全性。

舵布置包括单舵、双舵、四舵,种类有 Square Head、Round Head、NACA 系列、IFS 系列、Wedge 系列、鱼尾舵及襟翼舵等。目前舵的研究领域比较先进的是自动舵,其发展共经历机械舵、PID 舵、自适应舵、智能舵 4 个主要阶段,自动控制操舵方式比人工操舵方式更加灵敏和准确。

螺旋桨布置包括单桨、双桨及多桨,不同的桨舵配合使得船舶产生不同的操纵效果,直接影响船舶的运动性能。除船尾安装螺旋桨外,为实现自动靠离泊需要安装侧推装置,如艏侧推。艏侧推即艏侧推进器,是一种装在船舶艏部的特种推进器,采用可变或固定螺距桨叶。艏侧推装置除了可变螺距桨外,还包括电机或油马达、变距泵组、重力油泵等,作用是用来提高船舶的操纵性,精确保持船位,便于停靠码头,不需要拖船协助。

当前推进方式主流有螺旋桨推进、喷水推进,新型推进方式有吊舱推进、无轴轮缘推进等。由于无轴轮缘推进与传统桨舵相比具有全回转、适量推进、精确控制等特点,与吊舱推进器相比具有推进效率高、减振降噪、防缠绕、正反转改向快、空间利用率高等优点,可以作为海事自主货船的优先选择。

目前,船舶动力95%为柴油机动力,当前新型动力源主要有LNG、锂电池、燃料电池、可再生能源(太阳能、风能)、核能等。自主水面货船以采用清洁动力源为目标,在保证船舶航行动力的同时应遵循环保理念。

(3)数据采集系统。船端安装有数据采集设备,如GPS和DGPS(Differential Global Position System,差分全球定位系统)、S波段和X波段雷达(可以在恶劣天气条件下使用)、KA和W波段雷达(可以检测近距离目标)、声呐、罗盘、测深仪、雷达(可以识别近距离目标并精确测量距离)、摄像机和红外摄像机(用于白天和夜晚监测)、热像仪及角速度传感器、声音捕获和检测传感器等多种传感器,以检测船舶周围环境和自身航行姿态信息。智能终端采集各设备数据最终汇总发送至GNC系统,实现信息处理。

(4)GNC系统。制导、导航与控制分系统,承担全部运动控制任务。对于自主水面货船来说,GNC系统是自主水面货船运动控制的核心系统,支配自主水面货船的行动,其主要功能是连接各类船载传感器、执行机构驱动器以及特定任务设备,实现数据预处理以及协议转换功能。控制系统是自主水面货船航行中重要的子系统。在自主操纵下,货船必须具备根据外界环境对运动控制进行调整的能力,从而降低自主水面货船的航行风险。GNC系统的具体设计要求包括:①具备多种数据接口模式;②数据输出方式统一;③具备足够的数据处理能力,能够融合多源异构传感器信息,进行深度数据分析。

2)岸端

岸基设备用于提供人机界面,实时监控船舶自身和周围环境信息,了解船舶航行动态,并可向船端控制平台发送操作指令,实现遥控操纵,同时实时存储数据信息,用于后期数据分析。常用岸基设备主要有PC机、岸基雷达、摄像头、射频识别等。为适应自主水面货船多能源换装或补充需求,岸基应具备接触网式、成组更换式、靠岸快充式、无线供电式等能源供给系统。

3)通信系统

通信系统包括船舶本身数据间通信及船岸信息通信。实现船岸之间各数据的稳定传输,是确保自主水面货船系统正常稳定工作的基础。利用岸端设备、通信技术以及船载终端等通信设施监控航行在港湾和进出港口的船舶,即为船舶交通服务(Vessel Traffic Service,VTS)。

根据任务要求,自主水面货船应具有4种通信方式:水下、水上、陆地、太空。水下通信能够与潜艇通信,水上通信能够进行自身与船船间通信,陆地指本船与岸站进行通信,空中指本船与无人机通信。

综上所述,自主水面货船系统组成3部分不可或缺,一艘基本自主水面货船应采用智能舵,安装舷侧推并具有自动靠离泊能力,选择高效的推进方式(如无轴轮缘推进)与节能环保的动力源,采用先进的 GNC 技术、稳定的通信设备,再配合 AIS、闭路监控电视、船舶远程识别与跟踪、船舶交通服务等系统,通过大数据、船联网和云计算等手段,实现对航运船舶的远程、实时、全程监管与服务,构成智慧海事监管系统。

3. 船舶远程驾控技术

目前,已投入应用的"无人艇"在智能航行领域多采用远程遥控和自主航行两种模式。远程遥控用于"无人艇"进出码头、航行于通航密集区域时的在线操纵,自主航行模式用于执行任务时通航环境简单条件下的循迹航行和紧急避障。公开资料显示,"无人艇"的远程遥控多通过自建的 LTE 网络,采取远程操作人员实时操作的方式(图 10-7)。

图 10-7 "无人艇"远程遥控的直接结构

然而对于货船,其航行范围较大,不可能使用专用网络进行点对点通信,而使用公用网络通信势必带来通信不可控的风险。此外,由于货船的远程控制多应用于航行在港区、通航密集的航道、分道通航等特殊区域,船舶在操纵过程中需要频繁地进行转向、保向、保速、加减速操作,如采用远程遥控的直接结构,船舶在通信时延等问题的影响下航行稳定性将极度不可控。

"人机共融"就是人与机器人从单一的人类控制机器人,转变为人类与机器人在同一空间共存,既能紧密协调工作、自主实现自身技能又能保证安全而不至于担心机器人失控,这是一种更加自然的作业状态。美国卡内基-梅隆大学机器人研究院院长 Martial Hebert 称:"人和机器人应该是互动的,不仅是人在操控机器人,机器人也会提供一些反馈帮助人更好地调整工作,这是一个双向的协同,不再是传统的单向协同。""人机共融"的理念和技术促使人与机器在协作领域内进行交互和协同工作。当前,相关应用已经从基础的机械加工和协助,发展成了通过相互协作完成不同环境下的复杂任务。"人机共融"关键技术包括结构设计与动力学设计、共融机器人的环境主动感知与自然交互、智能控制和决策方法、体系构建和操作系统完善等方面。在船舶领域,船体和设备的设计已经较为成熟,船舶的感知系统已广泛应用且日趋成熟。

参考"人机共融"的概念,为了实现智能远程驾驶,需要介入控制器,构建船舶网络控制系统(Ship Networked Control System,SNCS)。由于传统的船舶操纵和控制多以船舶自身为核心,所有的操纵和控制行为都发生在本地,系统内部通信的时延和操纵设备的反应时延很短;内部网络和设备间物理连接简单,几乎不会产生感知、控制信息的丢失。关于船舶控制时延的研究多针对船舶惯性带来的运动响应时延,而非系统控制过程的时延。此外,Wärtsilä、Rolls Roylce 等团队实现船舶远程驾驶的细节采取了技术保密。为数不多的相关基于网络控制的船舶控制文献将网络时延影响作为未知的非线性函数处理,累加进改进的鲁棒自适应控制器,借助神经网络进行逼近,但缺乏对网络前馈和反馈链路上时延的分析和量化,在神经网络进行逼近的过程中无法快速应对不确定性数量级跃迁带来的逼近精度抖动。因此,并无太多针对船舶远程操纵和控制的相关研究。

相较船舶领域,针对网络控制系统(Networked Control System,NCS)的研究可以追溯到20世纪80年代,Yoram等首次将控制系统和通信网络结合在一起研究,探讨了系统具有随机时延问题的建模问题。该领域的研究在医疗机器人、服务机器人、水下机器人和无人机等相关领域行业的研究更为广泛。其具备实现远程控制的能力,可实现设备的资源共享,操作和维护简便,已成为控制界的研究热点。

SNCS分为闭环结构和开环结构。

(1)闭环SNCS系统一般由控制端、通信网络和被控对象组成。其工作原理为:传感器通过采样卡(Data Acquisition,DAQ)将被控对象的状态和姿态输出进行离散化作为感知信息,然后通过通信网络传输至控制端,控制端所计算的控制信号通过通信网络传输至被控对象,最后通过零阶保持函数产生连续的时序控制信号,通过执行器控制被控对象。其控制逻辑如图10-8所示。

图10-8 船舶网络控制系统控制逻辑(闭环结构)

(2)开环SNCS结构是将控制器放在船舶现场,现场控制器直接对被控对象进行完全控制,远程控制端仅作为监督方,在必要时进行决策干预(图10-9)。这种模式的特点是下放了更多的自主权到船舶自身。但是对于这种方式,整个控制的过程的通信中仅有前馈信息,系统响应较慢,远程控制端在一定程度上容易被隔离在闭环控制外,在紧急情况下容易失去船舶的控制权,使船舶处于不可控状态。因而,在研究过程中需要综合对比两种结构的优劣,根据应用场景的区别,通过改变控制器的部署地点,寻求更佳的远程驾驶控制效果。

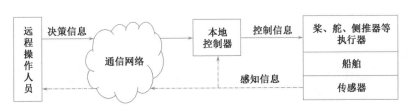

图10-9 船舶网络控制系统控制逻辑(开环结构)

智能船舶远程驾驶作为应急操作的手段,在智能系统出现异常或通航环境和航行任务复杂度超越系统智能度的情况下进行人工介入;由于货船的航行受通航规则和进港指南的约束,在特定的区域需要引航员的辅助,通过远程驾驶可以为引航提供条件,还可以为海上救援等精细化操作提供基础;也可以作为船舶航行时航次计划的变更发布端口,以及船舶自主航行出现伦理与法规相悖时的最终决策端口。

船舶远程驾驶的实现不可避免地将通过通信网络进行数据交换。虽然高速以太网技术、现场总线技术、信息压缩技术的发展为NCS的可靠性和开放性提供了保障,但是受限于通信网络的带宽、通信网络设备软硬件的稳定性、随机变化的通信网络负载和传输机制,SNCS在船岸协同的通信过程中将不可避免地遇到以下3个问题:①时延问题。感知和控制信息在通信网络中传输时的路由机制使信息的传输路径不确定,而网络复杂情况和该路通信的数据包通路大小也因受通信协议影响而不尽相同,这些影响的时变性使网络时延产生不确定性,该不确定性同时将随着通信距离的加大进一步复杂和难以控制。②丢包问题。因为网络信号不绝对稳定、网络节点的缓冲区容量和路由器处理能力有限,加之网络负载状况是不确定的,所以通信网络工作时会引起缓冲区溢出和路由器拥塞等问题,这些问题会导致信息传输出现数据包随机和突发性丢失。③通信网络断路。船-岸之间的通信链路在遭遇由通信设备软硬件问题或网络安全问题导致的通信网络断路时,远程驾驶通信网络的断路势必会导致船舶运动控制信号的缺失,使船舶的运动处于完全不可控的状态。以上船舶远程驾驶通信网络问题会给远程驾驶相关的人员、船舶、货物和环境安全带来极大的风险和挑战,因此需要关键技术的应用和适当的安全机制补充予以应对。

在实现船舶远程驾驶的过程中,运动控制、运动建模和自主决策同样重要。对于航行在限制水域的船舶和靠离泊的船舶,以下3个问题尤为重要:①运动控制。船舶的运动具有很强的惯性、时滞性和非线性,操纵结构体现为欠驱动性,设备的响应时间长,且受风浪流等环境影响后的运动更为复杂,因此控制船舶克服自身的操纵性不足,应对不确定的环境干扰,增加了船舶稳定地执行航次计划的难度。②运动建模。船舶的运动模型既是船舶远程驾驶网络丢包补偿的基础,又是很多智能控制器构建的基础。船舶的水动力有很强的非线性特征,船体、桨、舵之间响应又有很强的耦合,风浪流等环境干扰的影响使船舶运动模型的构建更为复杂。③自主决策。船舶远程驾驶给船舶的驾驶模式带来了无人化的风险和挑战,处于远程驾驶模式的船舶应具备适当的自主决策能力,可以应对复杂的通航环境,用以解决各种不确定因素给船舶带来的风险。智能感知技术是船舶远程驾驶技术实现的基础。目前,船舶的感知技术已趋于成熟,融合雷达、AIS、电子海图、测深仪等设备的综合船桥系统可以为智能船舶提供航行必要的感知信息,相关的算法也已在实船使用过程中证明了可靠性。

参考 MUNIN 项目对远程控制的界定,远程驾驶需要在有效通信的基础上反馈感知信息作为远程控制中心人员的决策依据,在考虑"人机共融"的理念上,远程驾驶的技术等级可分为如下3级:

(1)RL1。远程实时驾驶——船员在岸端通过通信网络发布操纵信号,实现船舶桨、舵等设备的控制,实现船舶的远程操纵。

(2)RL2。远程自动驾驶——船员在岸端发布操纵目标,借助控制器生成船舶桨、舵等设备的控制信号,实现船舶的远程自动驾驶操纵。

(3)RL3。远程自主驾驶——船员在岸端发布航次计划或变更航次计划至船端,借助控制器和智能决策生成船舶桨、舵等设备的控制信号,实现船舶的远程自主驾驶操纵。

基于以上分析,船舶远程驾驶的实现和各关键技术间的关系如图10-10所示。由图10-10可以看出:①远程驾驶可以通过通信链路直接发布船舶桨、舵等设备的控制信号实现RL1远程驾驶;②为了消除通信网络带来的随机时延,通过引入时延预测器和补偿器消除船舶控制中的不稳定性,保证安全控制船舶完成进出港、靠离泊或密集水域的频繁转向、保向、保速和加减速等复杂操纵;当系统的反馈感知信息传输通道发生信息丢包时,激活丢包补偿机制,利用辅助模型使用上一刻的状态变量进行状态估计替代状态反馈变量,使控制器可以正常提供当前的控制量,实现 RL2 远程自动驾驶;③在通信网络前馈和反馈通路均无法保证安全的状况下,在 N 倍控制间隔时间内保持使用上一刻可用控制信号,超过安全阈值后切换至船舶安全机制或自主决策模式,以保障船舶、货物和环境的安全;同时,船端的自主决策功能可以实现基于岸端的航次计划发布或变更,完成船舶规定阶段内或紧急状态下的自主决策,最终实现 RL3 远程自主驾驶。

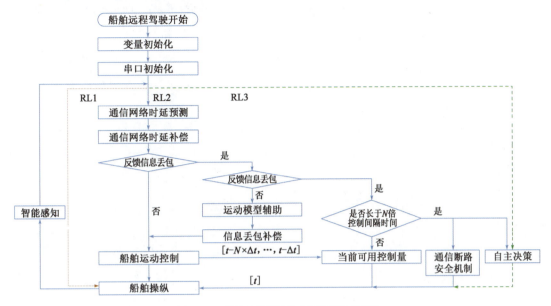

图 10-10　船舶远程驾驶技术等级和实现流程

4. 智能船舶测试技术

船舶智能航行测试应包括试验、验证、评估三个环节:试验被测系统有无指定功能(试有无);验证其功能呈现结果的对错(验对错);评估被测系统的性能好坏、智能高低和效能优劣(评好坏)。船舶智能航行测试过程需重点以智能航行、信息通信、船岸协同、系统集成为对象,测试其功能、性能、智能和故障响应能力,面对物理测试的安全性、效率性、覆盖性问题及虚拟测试的真实性问题等诸多挑战,采用以虚实融合为核心思想的测试方法予以应对。对于复杂的船舶智能航行系统,既需对每个系统进行独立测试,也需对集成系统的协同运行予以测试。测试内容应该涵盖所有指定的技术标准。测试范围可划分为以下四类。

1) 功能测试

功能测试指针对船舶智能航行系统具体预期实现的各功能模块与相关操作指令,按照其技术流程和操作说明进行测试。功能测试内容需内含船舶智能航行系统各操作指令有效执行、各功能模块有序运行的各项测试。2020 年 3 月 1 日起正式生效的《智能船舶规范》将智能船舶分为智能航行、智能船体、智能机舱、智能能效管理、智能货物管理、智能集成平台、远程控制船舶以及自主操作船舶共八大功能模块,为智能船舶未来的发展提供了参考与指导。船舶智能航行功能测试内容应重点围绕智能航行、远程控制船舶与自主操作船舶三个功能模块展开为子功能,子功能至少应当涵盖航路规划、智能感知、航迹规划、避碰决策、航速推荐、迹向控制、船岸通信、船船通信、应急操纵、通信保障、能效优化等。通过将各子功能按需组合,即可形成不同船型、不同航域、不同场景、不同工况下的船舶自主离泊、自主航行、自主避碰、自主靠泊等具体航行任务。航行子功能分解和航行任务按需组合,符合当前各企业、高校、研究所、事业单位等机构的研究分工,有利于促进各机构之间的相互合作,推动船舶智能化相关技术研究、系统研发、装备研制与标准制定。

2) 性能测试

性能测试指被测船舶智能航行系统实现其预期功能的能力及功能完成的优劣程度。在传统船舶的性能测试中,通常是通过船模阻力试验、敞水试验、自航试验、旋回试验与 Z 形试验等试验手段对船舶航行性能进行综合测试。针对船舶智能航行性能测试,同样需要利用上述试验手段,针对船舶浮性、稳性、抗沉性、快速性、耐波性、操纵性等重要的基础性能开展测试。此外,由于船舶智能化、少人化,性能测试还需要内含安全性、稳定性、响应性、可靠性等性能评估指标,传统船舶性能测试方法已经不能满足智能船舶的技术要求,亟须针对船舶智能航行控制系统的自适应性与鲁棒性进行测试,以及快速且精确地对集成系统在典型及极端工况下的性能进行仿真分析,提供性能评价模型。此外,需面向船舶安全性能与极限性能测试,建立针对船舶整体性能的综合定义与评估模型,对船舶基本性能、参数精度和性能评价进行系统级的规范化、规程化测试。

3)智能测试

智能测试主要围绕船舶智能航行系统能否作出类人思维的决策过程进行测试。智能测试是智能化船舶区别于传统船舶的根本因素,是船舶智能航行测试需重点关注的内容。智能测试需重点围绕船舶智能感知、智能理解、智能决策、智能控制等关键能力构建测试体系。其中,智能感知旨在利用精确的、可靠的传感器及船岸协同辅助设施为船舶提供航行环境的全方位感知;智能识别主要通过基于深度学习的图像识别与多源异构融合的数据分析为船舶提供可靠的障碍识别、风险识别;智能决策致力于利用深度学习算法自主规划、设计最优安全航线,将航行过程分解成多个航行子任务,并于动态中感知学习、实时理解航行环境,不断优化更新航线;智能控制旨在设计具备良好鲁棒性和自适应性的控制器,构建能够根据规划路径进行跟踪控制和切换控制的控制模型,形成能够普遍适应随机外部环境变化的船舶自主控制能力。

4)响应测试

响应测试主要测试船舶智能航行系统在故障模式下的响应能力与效率,致力于确保系统可以按照规则和标准安全地处理故障。响应测试是保障船舶智能航行安全性的重要测试内容,故障响应与排除测试过程可按照以下依据进行设计:①当船舶出现软件或硬件故障时,船舶智能航行系统能否及时检测出故障发生位置与故障原因;②检测出故障发生位置与原因后,系统能否判断故障是否可自主修复;③若故障可自主修复,系统是否能够就当下船舶航行现状拟订故障排除计划;④当明确故障不可自主修复后,系统能否依据当前船舶性能使自身处于一个相对安全、稳定的航行状态。通过故障注入技术可对被测系统进行响应测试。通过故障模式模拟,以遵守系统操作规则和保障人员安全为前提,测试船舶在故障模式下的响应能力。

第三节　船舶绿色化发展现状与技术应用情况

一、国外船舶绿色化发展现状与技术应用情况

1. 太阳能

太阳能船舶是指通过在船上安装光伏发电系统把可利用的太阳光先转化为电能,暂时储存在电池中,然后用来推动或供应电力设备。由于能量密度和能量转换效率较低,船用光伏发电系统的功率水平一般是从几百瓦到几千瓦不等,因此,太阳能光伏发电系统在小型船舶上通常作为主

电源为船舶航行提供动力,而在大型船舶上则作为辅助电源为船舶照明等用电需求小的系统提供电能。近几十年来,随着光伏电池转换效率的提高,光伏发电在船上的应用呈现快速增长的趋势。

2007年5月8日,瑞士MW—Line公司制造的太阳能船"Sun21"号(图10-11)成功横渡大西洋抵达美国,这是世界上第一次完全使用太阳能而无须燃料实现横穿大西洋的航行。该船重12t,顶部安装了65m² 的太阳能电池板,光伏发电系统的额定功率为40kW,在满电状态下可连续航行18h。

图10-11 "Sun 21"号

2009年11月,全球首个以太阳能为动力的大型货船"御夫座领袖"号(图10-12)在日本神户的船坞下水,进行试航并取得成功。该船由日本的邮船株式会社与新日本石油公司合作改装,所安装的328块太阳能电池板的电能可以用来驱动船只的推进器、液压设备和舵机。光伏发电系统的额定功率为40kW,可满足6.9%的照明需求或0.2%~0.3%的动力需求。

图10-12 "御夫座领袖"号

2012年,由瑞士为PlanetSolar公司研发的太阳能船"图拉诺"号(图10-13)成功完成了为期18个月的环球航行,其动力完全由船身上覆盖的537m² 太阳能电池板提供。

图 10-13 "图拉诺"号

2. 风能

风能是一种清洁、可再生能源,分布广泛。船舶航行于海上,利用风能可节省燃料,有效减小船舶污染物的排放,提高经济效益。现阶段对于风能在水陆交通领域的研究包括风帆助航和风力发电。其中风帆助航包括三种技术:翼型风帆、天帆、转筒帆。

(1)翼型风帆。翼型风帆在本质上是由传统软质帆演变而来,在航翼型帆船大多采用性能更好的硬质帆,形状一般是三角形和矩形。为了优化助航效果,翼型风帆帆面的伸展与收缩以及角度需要实时调整,调整装置包括液压机构和电动机等机械装置。2019 年 10 月,日本商船三井宣布与日本东北电力公司合作,在煤炭运输船上安装硬翼型帆动力装置,为东北电力公司的火力发电厂运输煤炭。2021 年,瑞典公司 Wallenius Marine 设计了一款纯风力风帆船舶"海洋鸟"号,用于货车运输。该公司于 2021 年开始接受订单,第一艘船计划在 2024 年下水。

(2)天帆。天帆外形与风筝相似,帆面由轻质材料制成,通过牵引绳连接到船头。为了充分利用风能,天帆下挂有控制器件与驱动器件,以控制风帆飞行高度和飞行姿态。在天帆研究和应用方面,2007 年,德国制造了一艘风筝助航船白鲸天帆号并投入航行。这艘船除装备常规动力系统外,还安装了一个面积达 160m² 的巨型风筝,该风筝由超轻合成纤维制成,在风速达到 13km/h 时,风筝为船提供的动力相当于普通风帆的 4 倍,船上的发动机可以全部停止工作。

(3)转筒帆。转筒帆主体由垂直于甲板,可做回转运动的转筒和两端的端板组成。转筒帆的工作原理是马格努斯效应,通过改变转筒的转速、转向等来控制受力大小及方向。关于转筒帆研究和应用,2010 年 8 月,世界第三大风力涡轮机制造商——德国 Enercon 公司的一艘滚装船"E-ship"首次执行从埃姆登到爱尔兰的都柏林的运输任务。该船的动力系统包括两部分,主动力由一套柴电推进系统提供,辅助动力由布置在船首和船尾的 4 个转筒帆提供。转筒提供的动力与柴油-电力推进系统共同作用,有风时不仅可以减少螺旋桨的负荷,还能达到节约燃油、减少 CO_2 排放的效果。在从荷兰到葡萄牙长达(2264.35nkm)的航程中,节省燃油 23t,减少 CO_2 排放量 73t。

3. 燃料电池

燃料电池是唯一同时兼备无污染、高效率、适用广、无噪声和具有连续工作和积木化的动力源,被认为是新世纪最有前途的清洁能源,是替代传统能源的最佳选择。因此,燃料电池技术的研究开发受到许多国家的政府和跨国大公司的极大重视。围绕燃料电池在船舶的应用,各国分别在规划与标准、技术研发和示范应用方面开展了大量工作并取得了很大的进展。各国围绕氢燃料电池开展了在船舶上的示范应用。

2018年11月,美国Golden Gate Zero Emission Marine(GGZEM)公司的首艘氢燃料电池客船"Water-Go-Round"号开工建造。这艘70ft(21.34m)的混合氢燃料电池铝制双体船由Incat Crowther公司设计,Bay Ship&Yacht公司建造,于2019年9月完工。该船能搭载84名乘客,由双电机、燃料电池和电池组供电,最高航速可达22kn。这艘船的动力由2台300kW的电机提供;电力则由360kW的氢化物质子交换膜燃料电池和锂离子电池组提供。加满氢气后可运行两天,并实现100%零排放。

2019年9月25—28日,超级豪华游艇概念船"AQUA"在摩纳哥游艇展上亮相。该船由荷兰公司Sinot设计,全长112m,速度为17kn,续航里程约6945km,完全依靠液氢运行。

2020年9月,日本启动了大功率燃料电池船舶商业化示范项目,并计划在2024年在横滨港口海岸试航,这是日本首次尝试开发商用燃料电池船舶。

4. 纯电动船

纯电动船,即全部设备或绝大部分设备需要用电或采用电力传动的船舶。随着动力电池技术愈发成熟,船舶电动化成为绿色航运首选。从技术和实用性上来讲,电动船受制于电池续航能力、充电速度和充电设施分布情况等,对于一些长距离航行、大批量运送货物的沿海及远洋运输来讲,难以满足现实需求,但在中短途运输、中小量运输的内河航运方面,电动船则有着光明的未来。

2015年5月19日,全球第一艘纯电动渡轮"Ampere"在挪威西部的松恩峡湾正式投入运营(图10-14)。该船总重1598t,船长80m,型宽22m,吃水深度3m,最高时速9.3kn,可装载120辆小汽车和360名乘客。"安培号"储能系统采用三元锂离子聚合物电池,整个储能系统总容量为1040kW·h。该船可消除排放,并将燃油成本降低60%。

图10-14 "Ampere"号

2019年5月,美国Maid of the Mist公司订造了两艘新的纯电力推进环保客船。这两艘新船将完全由高容量电池组提供动力,将成为首批由美国建造的全电力推进船。每艘船将配备两个电池组,总容量为316kW·h。客船能在乘客上下船期间对电池进行充电,岸基充电仅需7min,就可支持蓄电池组为总功率400kW的电力推进电机提供电力。

2020年11月,全球首艘纯电动"无人"集装箱船"Yara Birkeland"号(图10-15)完工交付。该船由挪威VARD船厂建造,船长80m、宽15m、能够装载120个标准集装箱,正常航速6kn,最大航速13kn,电池组总容量7~9MW·h。

图10-15 "Yara Birkeland"号

5. 氨内燃机

氨燃料易储存和运输、能量密度较高、产业基础完善、生产成本低,具有明显的优势。业界正逐步开展氨内燃机的研发工作。不论从排放角度,还是从技术角度,或者从经济性角度出发,氨燃料较氢燃料具有明显优势,内燃机成本也明显低于燃料电池。所以,氨较氢燃料可能更易于在船上应用。

围绕氨燃料动力船舶,韩国和日本积极开展关于氨内燃机的研发,抢占绿色动力能源技术制高点。2020年7月,现代尾浦造船设计的50000载重吨氨动力中程成品油船(MR型船)获得了英国劳氏船级社原则性批准(AIP),预计2025年实现商业化运营。日本邮船(NYK)、日本造船联合(JMU)和日本船级社(NK)签署联合研发协议,合作商业化以氨气为主要燃料的氨动力氨气运输船(A-FAGC)和氨气浮式储存电气化驳船(A-FSRB)。其中,A-FSRB配备专门用于氨气的浮动储存和电气化设施,以稳定氨燃料供应;A-FAGC可使用货物中的氨作为船用燃料。

6. 甲醇内燃机

甲醇燃料是一种液体燃料,故其使用方式与传统的汽、柴油相似,而且甲醇燃料的原料资源较多,燃烧后排放的污染物一般低于传统燃料,因而受到人们的广泛关注。就减排效果来说,甲醇发动机与LNG发动机相差无几,能使SO_x、NO_x、PM排放分别减少99%、60%、95%,从而很好地满足海事法规要求。甲醇燃料来源丰富,燃烧性能优良,可完全或部分取代石油作为内燃机燃料,不但能缓解石油供应紧张的矛盾,还能显著降低有害物质的排放,具有较强的经济效益和社会效益。围绕甲醇内燃机在船舶的应用,国外开展了相关的示范应用研究。

2016年4月20日,由韩国现代尾浦造船为挪威Westfal-Larsen公司建造的全球首艘甲醇动力运输船"Lindanger"号在现代尾浦造船命名交付。该船采用MAN B&W ME-LGI二冲程双燃料发动机,可使用甲醇、重燃料油、船用柴油或汽油作为燃料。与传统使用船用柴油的船舶相比,这艘甲醇运输船能够减少95%的SO_x排放和30%的NO_x排放。

2021年2月,马士基宣布,将于2023年启用以甲醇为燃料的支线集装箱船。据韩国造船业界透露,现代尾浦造船已与马士基集团签署了包括备选订单在内的3艘3500TEU级甲醇动力集装箱船的建造意向书。该型3500TEU级集装船是全球首批甲醇动力支线集装箱船,也是目前全球最大的甲醇动力船,其总长、型宽、型深等指标均超过目前最大规模的5万t级甲醇动力运输船。

7. 氢内燃机

通过燃烧氢来提供动力的内燃机称之为氢内燃机。氢内燃机的工作原理与传统内燃机的工作原理相似,沿用了曲柄连杆机构、配气机构、固定件等结构形式,由于燃料不同,需要全新匹配燃烧系统、供应与喷射系统和电子控制与管理系统。与传统的柴油机相比,氢内燃机有以下优点:①通过使用氢燃料可以获得更高的压缩比,提高了内燃机的热效率;②氢气为气体燃料,在汽缸内可以有效扩散,燃烧特性更好;③氢燃料的热值高,来源广泛,无污染,燃烧时最清洁,除生成水和少量氮化氢外不会产生其他对环境有害的污染物质。与传统的柴油机相比,氢内燃机存在以下不足:①存储和运输成本要比柴油机高;②产生同样热量,燃料占用的存储空间大。

目前,氢内燃机的发展依然有较大的挑战。除了氢内燃机的相关技术外,由于氢气储运价格昂贵、所需的储存空间较大等因素,造成氢内燃机在船上的应用还处于研发阶段,但氢/柴油双燃料内燃机已经在船上实现了应用。

日本致力于在2030年前引入超低排放或零排放船舶,将开发清洁替代视为促进绿色船舶的有效途径,在实践方面致力于超级生态船舶的概念设计,其中就包括氢燃料船,正在开发80000DWT散货氢燃料船、20000TEU集装箱氢燃料船概念设计的同时确定发展氢燃料内燃机。2021年4月,日本川崎重工、洋马公司和日本发动机公司宣布将共同开发全球首台用于大型船舶的船用氢燃料发动机。其中,川崎重工开发中速四冲程发动机,洋马开发中高速四冲程发动机,而日本发动机公司将专注于开发低速二冲程发动机,三家企业可以并行完成船用主机、辅机、发电机等各种用途的产品,以及将研发船用氢燃料储存和供应装置,实现氢燃料推进系统的系统集成。

二、我国船舶绿色化发展现状与技术应用情况

1. 太阳能

太阳能在我国船舶的应用也越来越多,主要应用于旅游观光船和滚装船。2010年,由全球最大的晶体硅太阳能电池生产商尚德电力投资,中国船舶集团702研究所设计和制造了我国第一艘太阳能混合动力邮轮"尚德国盛"号(图10-16)。该船顶装有面积为$48m^2$的"太阳翼",年发电量可达17841kW·h,相当于每年节约标准煤约6.282t,每年减少CO_2排放量约15.705t。该船在2010年上海世界博览会期间被指定为搭载中外宾客的专用船。

2012年12月17日,武汉理工大学承担的工业和信息化部高技术船舶科研项目"太阳能在大型滚装船上的应用"立项,具体实施改造的"中远腾飞"轮(图10-17)于2016年3月完成安装调试并成功营运。该船运载量为5300车位,安装有总面积为$1050m^2$的太阳能电池板,构成总容量143.1kW的太阳能光伏系统,采用当时国内最大、世界领先的120kW光伏离并网技术。该系统的投入使用,相当于降低了船舶柴油发电机组120~143kW的功率消耗。根据测试,按照阳光充足的情况下每天可提供16h的供电,相当于每天节省燃油0.46t。

图 10-16 "尚德国盛"号

图 10-17 "中远腾飞"轮

2021年6月4日,南京金陵船厂为意大利 Grimaldi 公司建造的第五艘 7800m 车道货物滚装船"ECO VALENCIA"号(图 10-18)在仪征厂区顺利交付。该船总长 238m,型宽 34m,航速 20.8kn,采用了超长双轴系设计,配备了面积为 350m² 的太阳能电池板,配合电池组使用,综合容量为 5MW,可以在不增加油耗的情况下运输更大的货物量,从而提高运输每吨燃油消耗的效率,在港口时为酒店提供负荷,保证零排放和降低噪声。

2. 风能

我国自 20 世纪 80 年代开始就开展了针对风帆助航的研究,前期的研究主要集中于小型内河与沿海船舶,近年来受 IMO 政策影响,提高了对风帆助航船舶技术研发与实船应用的支持力度,已开展了大型远洋船舶的风帆助航研究和应用。当前我国所研究的风能在船舶上应用的形式主要是风帆助航,风帆类型主要是翼型风帆和转筒帆,还未见天帆的应用。

图 10-18 "ECO VALENCIA"号

(1) 翼型风帆的应用。1989 年 3 月,我国建成第一艘电子控制的全自动 3000t 风帆货轮。该船前后各设一帆,面积为 $70m^2 \times 2$,采用微型计算机控制、液压操帆和主机自动控制系统,不仅可以根据航向或风速风向的变化由危机自动控制帆的最佳转角,以产生最佳帆动力,而且还可以根据风帆推力大小,自动调节主机加速性和转速,使帆-机-船达到最佳匹配,以取得最佳节能效果。2018 年 10 月,由大连船舶重工集团在为招商轮船建造的 30 万 t VLCC 上配备了翼型风帆(图 10-19)。这是我国首次在大型远洋船舶上应用风帆,充分证明了翼型风帆在超大型船舶节能减排方面的有效性,不论是风帆样机的尺寸,还是所安装船舶的吨位,均为国际领先,标志着我国在船舶风力资源推广应用方面取得重要进展。目前,翼型风帆二期项目正在稳步推进中。

图 10-19 翼型风帆

(2) 转筒帆的应用。转筒帆在船舶的应用主要有江苏海通海洋工程装备有限公司为希腊船东 Victoria Steamship 建造的 64000t 散货船"AFROS"轮,如图 10-20 所示。

"AFROS"轮全长 199.9m,型宽 32.26m,航速可达 14.4kn,于 2018 年 1 月 18 日命名交付。"AFROS"轮是全球首艘装有甲板风动节能装置的散货船,转子高度 18m,最大转速 450r/min。使用时根据安装在雷达桅杆上的风速风向传感器信号,来控制转子转速及转向,获取最大推力。按理论计算,投入使用后可在相同航速下日均降低主机油耗 4t 左右。

图 10-20 "AFROS"轮

3. 燃料电池

我国对燃料电池的研究相对国外较晚，但针对燃料电池在船舶上应用研究早在 21 世纪初就开始了。早期的研究主要针对集装在小型游艇上，随着燃料电池技术的进步，燃料电池应用船舶的功率也逐渐增加，但目前还未见燃料电池在大型船舶上应用。

2019 年第 20 届中国国际海事展期间，中国船舶集团 712 研究所展出了 RZS-120K 型船用燃料电池发电模块。该发电模块可与船用燃料电池监控装置和船用有机液体制氢装置，组成 500kW 级船用氢燃料电池系统，可用于内河游船、港作拖船、渡船、公务船、科考船、滚装船及邮轮等。2021 年 1 月 28 日，武汉众宇动力获得中国船级社颁发的首张船舶用燃料电池产品型式认可证书，不仅填补了国内空白，也标志着氢燃料电池船舶商业化应用向前迈进了一大步。本次通过认证的众宇 TWZFCSZ 系列燃料电池系统是众宇动力公司完全自主研发、设计和生产的产品，具有噪声低、损耗小、发电效率高、环保等优势，无传统内燃机的炭烟、NO_x 等有害物质产生，也不产生 CO_2。

2021 年 1 月，我国第一艘燃料电池游艇"蠡湖"号（图 10-21）通过试航，标志着我国燃料电池在船舶动力上的实船应用迈出关键一步。该船由大连海事大学新能源船舶动力技术研究院牵头建造，船长 13.9m，采用 70kW 燃料电池及 86kW·h 的锂电池组成混合动力，设计船速 18km/h，续航里程 180km，可载乘员 10 人。

图 10-21 "蠡湖"号

2021年5月26日,广东省内推出首艘氢能源船舶"仙湖1号"(图10-22),该船由广东中氢博创产业发展有限公司研发,采用了30kW氢燃料电堆,续航时间可达10h以上,具有高环保性、高舒适性和低能耗、低噪声的显著特点。

图10-22 "仙湖1号"

4. 纯电动船

随着动力电池技术的发展,纯电动船在我国逐步发展,越来越多的内河船采用动力电池为船舶提供动力。早期的动力电池主要用于小型游艇,近些年动力电池也逐步在内河一些千吨级的散货船和集装箱上示范应用。

2017年11月12日,全球首艘2000t级新能源纯电动散货船"河豚"号(图10-23)在广州广船国际龙穴造船基地吊装下水。该船由广船国际建造,总长70.5m,装载货品为电煤,主要航行于珠江内河等水域。该船安装有重达26t的超级电容和超大功率的锂电池,整船电池容量约为2400kW·h,理论上2h可以充满电;船舶在满载条件下,航速最高可达约7kn,续航里程可达80km。在航行中全程不消耗燃油,实现碳、硫等废气污染物及PM2.5颗粒零排放,达到《内河绿色船舶规范》的绿色船舶-Ⅲ最高等级。

图10-23 "河豚"号

2020年1月2日,国内首艘千吨级纯电动客船"君旅"号(图10-24)在湖北武汉和汉口间试运行往返。该船由武汉旅游发展投资集团投资打造,中国船舶集团712所研发制造,总长53.2m、总宽14.3m、型宽10.80m,航速(10±0.2)kn,可容纳乘客300人,续航时间约为8h(按照7kn航速)。船上安装有重达25t的大容量锂电池组,整船电池容量为2.28MW·h,晚上充电4~5h就可以满足白天8h的续航需求。相比同尺度燃油动力船舶,该船每年可省油近百吨,无碳、硫等废弃污染物排放。

图10-24 "君旅"号

5. 氨内燃机

我国在氨内燃机方面的研究起步较晚,近10年来,相关研究机构意识到氨内燃机的优势,并开展研究。针对氨内燃机在船舶上的应用研究是近几年才开始。2019年,上海船舶研究设计院结合主机厂商的最新成果,完成了18万t氨燃料散货船的开发设计,并取得劳氏船级社的AIP证书,该船型全程氨燃料推进,满足主机零碳排放要求。2020年10月,江南造船有限责任公司与劳氏船级社及瓦锡兰合作,研发设计的氨燃料动力超大型液化气体运输船(VLGC)获得AIP证书,此次氨燃料动力VLGC原则性认可在全球范围内尚属首次。

6. 甲醇内燃机

目前,我国关于甲醇内燃机的研究处于世界先进水平,部分地区已经开始了甲醇混合燃料的示范工程,并取得了阶段性成果,几家甲醇发动机企业相继建立,有些机型已具备了批量生产能力。

2019年7月23日,国内首艘甲醇燃料动力船艇"江龙"号(图10-25)在中山市神湾江龙船艇科技园正式下水。该船长约40m,宽8m,型深2.7m,自重172t,是江龙船艇联合广西玉柴机器股份有限公司等企业与天津大学内燃机燃烧学国家重点实验室共同研发的试验船,是国内首艘实现下水、具有"甲醇/柴油二元燃烧技术"自主知识产权的甲醇燃料动力船艇,这船不仅填补了我国在甲醇船艇设计建造领域的空白,对于甲醇燃料在国内船艇领域的推广及产业化应用亦具有积极的示范性意义。在双燃料模式之下,"江龙"号经济性提升10%以上,CO_2减少96%、THC(Total Hydrocarbons,气体中含有碳氢化合物的总量)减少99%、烟度减少54%。

图 10-25 "江龙"号

事实表明,甲醇有可能成为一种极为重要的代用燃料,其应用前景较为广阔。但是,燃料甲醇时也存在着一些问题有待解决,主要有以下几个方面:功率不足,冷起动困难;甲醇对金属有较强的腐蚀性,对塑料和橡胶有溶胀作用,因而会损坏内燃机部件;甲醇燃料发动机排气中含有未燃醇、甲醛和甲酸等非常规排放物。

7. 氢内燃机

我国对氢内燃机的研究开始于20世纪80年代初,虽大都仅限于高等院校原理探索,但发展迅速。浙江大学曾与日本武藏工业大学合作进行液氢发动机的试验研究,研究发现氢气发动机的异常燃烧、动力增加及 NO_x 减少在很大程度上取决于正确的喷氢系统、喷射正时及点火正时。北京理工大学通过与长安汽车集团合作,开展了多项有关氢发动机内容的研究,在2006年10月攻克了综合电子控制、运行安全技术、氮氧排放控制等难关,研发出了氢内燃机样机,为我国氢能应用技术开辟了新途径。2007年6月,北京理工大学与长安集团共同研制的国内第一台氢内燃发动机,在长安集团点火成功。

三、船舶绿色技术发展态势分析

目前船舶能源形式仍以化石能源为主,各种船舶新能源利用模式处于探索阶段,我国尚未提出明确的船舶新能源发展路线图。由于船舶新能源种类多样,内河船舶吨位、航程、需求功率等各异,船舶新能源利用的设计方案各不相同,需要提出船舶新能源利用的谱系化设计方案。新能源船舶常涉及不同供能系统的协同控制,合理的功率分配和平稳的模式切换对能源的高效利用和系统的正常运行至关重要,需要研究相应的协同控制技术。船舶动力电池的热失控、船舶氢燃料泄漏等问题给新能源船舶的安全运行带了巨大威胁,需要制定船舶新能源利用的安全保证措施。船舶新能源利用的系统设计,船舶多能协同控制,船舶新能源利用安全保障等问题亟须系统解决方案。

国内外在船舶新能源利用方面已开展相关研究和示范工程,如在船舶上安装太阳能光伏发电系统;采用包括翼型风帆、天帆、转筒帆等形式的风帆助航;配备燃料电池系统作为主动力或者辅助动力;采用蓄电池系统作为船舶主要供能装置等。但目前对象船舶仍是少数,船舶新能源利用的系统设计方案普适性较差。现有船舶新能源多用于辅助系统,多能源协同供能将是新能源船舶的发展趋势,船舶多能源协同控制技术还有待于开发和验证。船舶新能源利用的安全保障措施及相关指南仍需进一步完善。船舶新能源利用的系统设计、协同控制与安全保障是水路交通载运工具绿色化过程中的研究重点。

船舶新能源利用是实现水路交通载运工具绿色化发展的有效途径,主要体现在船舶新能源利用的系统设计、协同控制与安全保障等方面。船舶新能源包括氢/氨能源、蓄电池、太阳能、风能等。船舶新能源利用的系统设计是指针对具体船型,结合航程、航速等实际需求,选取适合的船舶新能源,设计相匹配的应用模式。船舶新能源利用过程常涉及不同供能系统的协同作用,船舶多能源协同控制是针对不同航行工况进行功率分配,保证系统高效运行。船舶新能源安全利用的重要性不言而喻。构建船舶新能源利用基础理论,攻克船舶新能源利用关键技术,是船舶绿色化发展需解决的关键问题之一。

针对以上问题,应进一步推进 LNG 燃料作为解决航运减碳问题的过渡性替代燃料;利用 LNG 燃料基础设施,逐步扩大生物 CH_4、碳循环 CH_4 的使用;继续推进千吨级以下电动船舶及干线换电模式电动运输船舶的发展,通过增强电池能量密度、提升电池推进效率等方式满足大型运输船舶长时间续航需求;加快氢燃料电池动力船舶项目试点,实现长江内河小型船舶直至大型运输船舶的应用;重点开展氨动力、甲醇动力等船舶设计,船用碳捕捉设备、大型氨运输船、氢运输船、CO_2 运输船等新型船舶设备的研发;致力于超级生态船舶的概念设计,开发氢燃料船、氨燃料船、CO_2 捕集船,探索集装箱船、散货船未来实现生态化发展的可能性。

第四节 绿色智能船舶发展现状及关键技术

一、绿色智能船舶技术发展现状

(1)智能船舶技术是当前全球造船工业竞争的焦点,是公认的高附加值、高技术船舶,市场估值为 900 亿~1600 亿美元(来源于 MayFlower 无人船项目)。

当前活跃在绿色智能船舶研发一线的产学研单位,不仅包括船舶与海洋领域的著名科研机构(如 MARIN、DST、NTNU、TU Delft、SINTEF 等)、传统的造船厂(如韩国现代、日本三菱等)、传统的船用设备商(瓦锡兰等)、海事科技企业(如 Kongsberg 等)、港务公司(鹿特丹港务公司等),还吸引了众多的域外企业参与绿色智能船舶的研发(IBM 公司等)。可见,绿色智能船舶已经成为当前船舶领域新的增长点和热点。

(2)在研自主运输船舶项目中,主要以中短途、近岸、内河运输船舶为对象,重点突破自主航行技术,以实现远程驾驶为分阶段目标。

智能航行是智能船舶的重要标志,也是各类智能船舶项目现阶段攻坚的难点与重点。大部分绿色智能船舶项目在发展目标上都以实现完全自主航行,即自主避碰、自主靠离泊等为终极目标。但在实施计划中,都设置了远程驾驶功能的研发、远程驾控台设计等研究内容。可见,在现阶段直接实现船舶的全自主航行还存在一定的技术难点,分步实现自主航行并逐步验证技术,成为各国一致的选择。

此外,在研究对象上,当前直接面向大型船舶的智能航行项目相对较少,且智能化程度相对较低(如日本的 SSAP 项目);而大部分项目面向中短途(MOSES、AEGIS)、近岸与内河(NOVIMAR)船舶。这类船舶具备以下特点:船舶操纵性良好易于控制;船舶造价相对较低;试验与测试场景相对灵活。

(3)船舶智能航行的实施路径主要包含船本论与船岸协同论,两种实施路径并存。

从当前项目中可以发现,目前实现船舶智能航行的主要路径包括船本论与船岸协同论。其中,船本论是指依靠提升船舶自身感知、决策和控制能力实现自主航行动;船岸协同论是指依靠岸基支持实现远程驾驶到自主航行的渐进式发展。

(4)绿色智能船舶研发中测试场地建设不可或缺。

在绿色智能船舶发展较早或已成体系的国家(如挪威等),绿色智能船舶的研发不仅包含功能开发,也包含了智能船舶测试场的建设。如挪威、德国、芬兰与我国都在积极建设绿色智能船舶的测试场地,并积极探索绿色智能功能的测试方法与标准。

(5)绿色智能船舶各项标准是当前各国研究的另一个焦点。

绿色智能船舶项目的另一个研究重点是制定各类绿色智能标准。目前,日本、韩国、挪威、荷兰等智能船舶项目中都强调了对未来绿色智能船舶规则、规范与国际标准的研究工作,各国都希望通过前期的研究,尽早提出成熟的绿色智能船舶法律法规体系,并推动各自标准的国际化进程。

二、绿色智能船舶关键技术领域

船舶绿色智能技术研究必须结合我国航运业的实际情况和发展优势,着重在绿色智能船舶设计、绿色智能船舶自主航行、绿色装备与能效控制技术、绿色智能船舶安全、绿色智能船舶测试验证与规范标准五个方面取得突破。

1. 绿色智能船舶设计

船舶设计是开发绿色智能船舶的基础环节,也是船舶实现绿色、智能目标的重要保障。绿色、智能是当前全球各国造船业和航运业关注的重点发展方向,也是各国合作的重点领域。其中,船型开发、绿色环保节能、智能技术应用是船舶开发和应用的基础。通过综合不同水域的需求及特点,研发具有代表性的船型,实现绿色智能在船型开发上的应用,最大限度推进航运业的绿色、高效、安全发展。

研究内容包括:①梳理船型、航道等特征,明确未来绿色智能船舶的总体功能及技术指标;②着眼于全生命周期,借助智能技术的应用,综合船型优化技术、高效推进系统、附体节能应用技术、绿色能源应用技术以及智能设备应用等环节,开展绿色船舶设计方法研究,并提出适用于内河、沿海及岛屿间船舶的船型;③开展基于绿色智能船型特点的试验技术研究,形成试验评估技术方法,支撑绿色智能船型的开发,最终完成基于绿色智能船型的概念设计方案。

2. 绿色智能船舶自主航行

绿色智能船舶自主航行是未来航运发展的重要载体。以内河区域性船舶、中欧沿海型船舶、岛屿间运输船舶为对象，研究船岸协同的船舶增强感知、智能决策、自主控制与测试验证等关键技术，构建船端自主控制终端、岸基远程驾控系统与虚实融合测试平台，为制定国际技术标准提供支撑，促进船舶装备与运营服务智能化。

面向绿色智能船舶增强、辅助、远程、自主等不同发展阶段需求，依托船用设备智能化与船岸协同通信，研究感知、决策与控制核心技术，探索内河、沿海与岛间货运船舶应用。研究内容包括：①绿色智能船舶多源异构信息融合感知与智能决策；②绿色智能船舶船岸协同与人机协同的远程驾驶技术；③绿色智能船舶单体自主航行与异构船舶编队控制；④绿色智能船舶虚实融合的自主航行测试验证评估。

3. 绿色装备与能效控制技术

绿色和环保是内河与近海船舶的发展趋势，船舶的排放和安全问题需要新能源技术和智能技术的融合应用。通过能量管理与优化，提升新能源、混合动力和传统动力船舶的环保水平；通过视情维护，保障船舶设备的健康运行，从而减少异常排放，并降低新设备带来的安全隐患；通过对船舶设备的智能集成与综合管控，满足复杂水域船舶航行安全与环保的双重要求，实现船舶整体效能的提升。

针对内河与近海船舶的环保要求，以及复杂水域航行中遇到的排放和安全问题，开展船舶设备绿色与控制技术研究，包括：①智能船舶设备绿色与能效控制总体技术研究；②绿色船舶动力系统方案配置与能效评估技术研究；③新能源动力推进系统应用关键技术研究；④多动力船舶能量管理与优化关键技术研究；⑤绿色智能船舶机电设备系统决策与自主控制方法研究；⑥绿色船舶设备视情维护、智能集成与综合管控技术研究。

4. 绿色智能船舶安全

未来几年，智能船舶的不断推广应用会形成智能船舶、普通船舶混合航行的情况，航行安全是智能船舶推广应用面临的难题之一，另外对于绿色智能船舶网络与数据安全的测试与评估研究仍处于初级阶段，船舶网络及数据的潜在风险不能得到有效的识别和控制。新型动力及新燃料系统的推广使用也是未来绿色船舶发展的趋势，需要提前布局研究。

具体研究内容包括：①绿色智能船舶航行安全技术及示范验证。针对船舶辅助及自主航行、远程控制、复杂系统运行的安全可靠技术研究，构建船舶航行风险预测模型，预测及评估船舶航行行为，对潜在事故实现提前预警。②绿色智能船舶赛博安全风险评估技术研究。针对绿色智能船舶网络、数据安全风险评估与测试验证，搭建包括脆弱性识别、漏洞扫描、数据质量分析等模块的网络数据安全评估平台，开展绿色智能船舶网络及数据安全评估。③绿色智能船舶新燃料应用风险评估研究。识别绿色智能船舶新型动力及新燃料系统的安全风险及隐患，采用相关风险评估理论，开展风险识别与应对措施研究。

5. 绿色智能船舶测试验证与规范标准

绿色智能船舶近年来成为航运业发展的热点，我国绿色智能船舶相关技术研究进入新阶段，亟须通过测试验证、规范标准及公约规则制修订等工作，提出面向新型绿色智能船舶的测试验证方法与规范标准，为绿色智能技术在船舶中的实际应用提供规范服务，支撑绿色智能船舶在不同场景中的示范应用。

具体研究内容包括：①开展绿色智能船舶测试验证关键技术研究。开展面向绿色智能船舶典型运输作业周期和任务特点的测试场景设计、基于场景的智能航行测试验证方法等关键技术研究。②开展绿色智能船舶的规范标准体系研究。开展自主航行、自主靠离泊、内河船岸协同交互、安全管控、网络安全、数据可靠性、清洁能源及新能源等系列规范标准的研究，建立体系框架及重点标准。③开展绿色智能船舶公约规则的制修订研究。全面梳理典型类型的智能船舶实施现行国际海事公约规则适用性，识别监管障碍，分析解决措施，提出相关公约和规则修订方案。

第五节 绿色智能航运发展趋势及关键技术

一、绿色智能航运发展趋势

国内外的新形势、新趋势对航海技术与海事保障科技发展提出了新的更高的要求，迫切需要航海技术与海事保障科技加快实现从支撑为主向创新引领型转变，争取尽快使我国航运科技水平进入世界先进行列，以科技创新驱动海洋经济发展，为建设海洋强国、交通强国作出更大贡献。我国已由航海大国、海事大国转向航海强国、海事强国，并且在世界航海和海事领域中已经发挥着举足轻重的作用。同时，借助第三次工业革命技术成果和如火如荼的第四次工业革命技术，航运技术呈现出智能化、绿色化和弹性化的发展趋势。

1. 航运智能化

近年来，随着计算机、传感器、通信等技术的快速发展，信息物理系统、物联网和大数据等技术加速应用到航运系统中，加之人工智能技术的发展，使得航运智能化成为当前及未来重要的发展趋势。一大批科学家以智能航运为主要研究目标，聚焦于智能船舶与智能航运系统的发展。其中，一部分研究人员聚焦船舶航行的人工智能意识构建、船舶通航环境与航行状态的智能感知、航行态势风险辨识与预测、船舶自主航行路径规划与动态避障、先进控制算法探索、智能传感器布设与信息融合处理、动力系统的轻量化、新式推进技术与原型系统研发；另一部分研究人员则聚焦航运系统的智能化管理，希望通过智能化技术，提升水上交通的管理效率和安全。在这一方面，虽然各国海事机构对海事智能化建设的进度和侧重点不同，但总体上思路相近，即借助互联网、E-航海等技术实现一体化的管理，借助互联网、共享技术实现协同管理，再借助人工智能、大数据技术实现智能化。

2. 航运绿色化

现代船舶正朝着标准化、大型化和多功能化发展，具备安全、绿色和可持续等特性的绿色船舶和绿色水运是未来的重要发展趋势。为实现绿色航运发展，开展船舶节能减排方法理论、能效控制与新能源综合利用、绿色航道运行方法等前瞻性研究，努力推动水运交通行业转型升级，形成更加集约高效、生态友好的绿色发展方式，成为当前航运绿色化研究的重点领域和方向。

3. 安全韧性的航运

韧性理论是最近十年间发展起来的一种安全理论，旨在表现系统应对和耐受破坏以及从破坏中恢复的能力。构建富有韧性的航运系统正在成为学术研究界积极倡导的研究方向。以航运突发事件的生命周期为视角,依托大数据、人工智能等新兴的计算技术,增强航运从业人员对航运安全的认知水平,从事故隐患的风险分析、异常事件的前兆识别、事故过程的主动干预、到破坏发生后的应急救援等各个阶段,围绕预防措施和抗逆策略构建连贯的知识链。与此同时,人员因素和组织因素在船舶航行和海事监管中的作用也日益受到重视,通过仿真训练、平行推演等技术手段提高人因可靠性,为航运业中各种类型的操作和决策提供稳定的工作流和执行动力。在此基础上,借助不断提高的机器学习能力,从历史事件中学习航行风险的发生规律,从已有航运事故案例中提取应急决策的方法,准确认识风险产生和演化模型,建立不断完善的风险和应急管理知识库。

二、绿色智能航运关键技术

1. 新一代航运系统体系架构

新一代航运系统是利用高新技术实现航运系统"船-港-货,人-机-环"要素融会贯通、自洽共享,运输船舶组织运营呈现"岸基驾控为主、船端值守为辅"的新型水路运输系统,由绿色智能船舶、数字生态设施、可靠岸基支持、韧性运营服务组成,以信息物理系统为基础构建数字化创新技术体系,船舶、港口、航道和客货等单元物理分散但信息互联共享,显著提升运输服务的绿色、安全、智能和便捷水平。新一代航运系统总体呈现智能化、绿色化、韧性化的特征。

1)智能化

通过构建数字化的创新技术体系,增强水路交通组织运营的智能化程度和数据应用水平,信息互联、系统共建,航运要素单元、功能系统和架构系统的网联化水平得以提升,功能/架构系统高度集成、数据信息充分共享、设备设施协同联动、技术业务深度融合。建立内河岸基驾控中心,探索船岸协同的运行控制、岸基远程驾驶等功能应用,突破人机协同控制和运输船舶编队航行等关键技术,研发基于"云-管-端"的云计算基础平台、船载智能终端和船联网云控平台,支持"人-船-岸-云"的高度协同。研发具有普适性的基础设施侧支持设施,不断提升环境感知与态势评估水平,融合多源异构信息实现载运装备/航运基础设施侧的协同感知。

2)绿色化

以水路交通装备绿色化、轻量化与高效环保为方向,突破船舶装备和港航基础设施的轻量化、绿色动力、综合能效提升与排放控制等关键技术,研制轻量化船舶、港航装备和水路交通载运工具绿色动力系统,材料服役性能和生命周期不断提升。形成多能源协同利用的动力形式,推广LNG节能环保船舶、纯电动及燃料电池动力船舶,构建环境友好、可持续发展的水路运输绿色化谱系。加强太阳能、风能、氢能等可再生能源在船舶和港口的应用,开展污染物、碳排放循环利用和智能化监测与预警技术研究,建设船岸协同的排放检测与监管系统,提高航运排放监管水平。

3)韧性化

通过应用绿色化、智能化的装备设施和支撑系统平台,使得船-港-货、人-机-环的运行流程趋于韧性化;持续提升系统的可持续性与普适性,使得系统对于自然环境、运行冲突的应变能力得以增强,保持原有功能和恢复可达性。建立航运系统高阶评价模型,实现交通态势推演和复杂航运网络风险预测,缓解船货匹配和场桥泊位调度优化等问题,统筹管理、按需分配,减少资源的闲置和浪费。突破船舶在途行为预警和远程驾驶信息安全防护技术,提供综合会遇态势决策支持,提升全生命周期诊断运维的精度、维度与鲜度,完善航运动态感知和精准管理保障体系,强化航运安全基础保障能力建设。

新一代航运系统以实现乘客和货物的舒适搭载与个性化、高效精准位移为服务导向,绿色智能船舶、数字生态设施、可靠岸基支持和韧性运营服务等独立运作而又随机关联的组件、要素和系统适时交互、协同作业。物理世界与信息空间的人、机、物、环境、信息等要素构成平行映射,联通相关的流程、功能、数据,交通要素行为分层涌现、信息交互共享、域内/域间协作、自主运行管理,实现系统内资源配置和运行的按需响应、动态优化,是船舶、交通、信息和通信等多系统协同发展的典型复杂信息物理系统。各要素单元、功能系统间具有松耦合关系,整个系统为耗散结构,处于远离平衡态的自组织状态,其信息物理结构如图10-26所示,是新一代航运系统体系架构的基础。

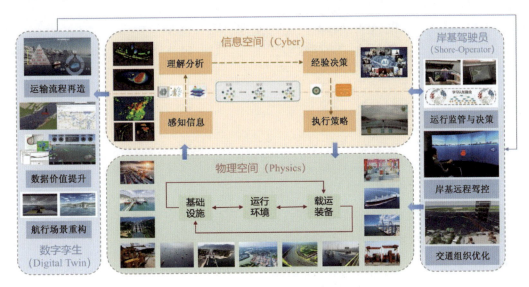

图10-26　新一代航运系统的信息物理结构

新一代航运系统具有明显的层级特征,分为要素单元级、功能系统级和架构集成级(System of System,SoS),各架构集成级以任务为导向搭建总体架构,从数据传递到能量传递的总成,以共享资源与能力构成一个实用性更强的系统,实现个体所无法达成的整体效果,与多个系统的权值相比,功能更为广泛、性能更加优越。在对新一代航运系统功能逻辑梳理分析的基础上,应用信息物理系统的层级结构提出了新一代航运系统的物理框架,主要包括绿色智能船舶、数字生态设施、可靠岸基支持、韧性运营服务四个部分,其整体框架如图10-27所示。

(1)绿色智能船舶:乘客与货物承运的主要载体,包括常规船舶、增强驾驶船舶、辅助驾驶船舶、远程驾驶船舶和自主航行船舶,由航行脑系统、绿色动力系统、船用机电设备、通信导航单元、船舶健康运维共同组成。

(2)数字生态设施:实现船舶时空位移的通道链路与重要节点,包括数字生态航道、智慧绿色港口和信息基础设施建设三个方面,具体为电子航道图、全息助航设施、数传通信网络与港口自动化装备。

(3)可靠岸基支持:运输船舶的协同指挥平台和新一代航运系统的指令发布终端,完成在航船舶的驾控,对航运全过程进行监管,在紧急情况下介入操作,船东和海事监管机构可在移动终端或第三方平台实时监测和获取信息,由综合集控中心、岸基通信设施、远程驾控系统和移动服务终端等组成。

(4)韧性运营服务:开放、共享、协同的水路交通管理与服务系统/平台,支持面向具体航行场景、安全管理、物流服务功能需求的个性化定制,提供韧性化运营服务和交通流量预测、航运风险评估、物流组织调度、水上应急救援和船舶运行控制等功能。

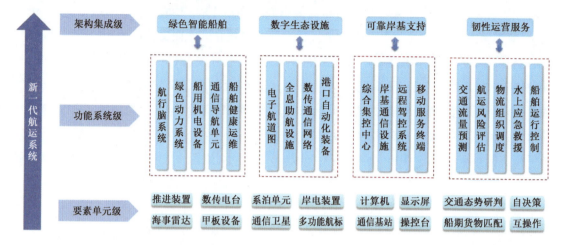

图 10-27　新一代航运系统的整体框架

2. 新一代航运系统关键技术

新一代航运系统的构建和实现主要包括航运系统规划设计、绿色智能航运装备、数字生态航道建养、船舶运行智能控制、交通运营组织、水上应急救援和测试验证评估等关键技术。

1)航运系统规划设计技术

明确不同应用场景业务层的功能模块建设内容,探索不同交通运输网络拓扑结构与交通动力学时空演化规律、网络承载力、可靠性之间的动态耦合及匹配关系,建立新一代航运系统装备技术谱系,制定相应的规范标准和法律法规。开展航运资源协同配置理论和方法体系研究,对航线网络进行规划设计,在客流分布时空不均衡及运力资源有限的情况下,提高交通网络运营组织能力、降低乘客出行和货物运输成本,为研判交通运行状况和决策的执行提供有力支撑。研发航运系统仿真平台,分析交通运输网络结构的可达性、可靠性、鲁棒性与抗毁性,实现航运系统的可视化推演,综合环境规制、市场情况等,合理组织和安排船舶的运输生产活动,尽可能取得最大效益,从而帮助航运企业处理好外部环境与内部条件之间的动态平衡。

2)绿色智能航运装备技术

坚持装备先进适用、运输便捷高效的发展目标,研发以不同动力形式、应用场景船舶为核心的新型航运装备与岸基运行控制、港口自动化操作、船-港-货组织调度等为代表的新型航运系统。衔接公路、铁路等多式联运需求,提高换乘换装水平,开展端-网-云架构下自动驾驶集装箱货车、轨道平台、大型无人机等港口货物集疏运设备研究与应用,完善集疏运体系,打造集约高效、功能协同的现代化港口,实现水路交通物流协同发展。研发无轴轮缘推进、绿色能源动力系统等船舶绿色化关键设备,分阶段、分步骤、分船型推广,探索发展纯电力、燃料电池等动力船舶。建立船舶靠港的岸电保障,完善水上绿色综合服务区、液化天然气加注码头等绿色服务体系建设,构建以碳中和、零排放为目标的港口能源系统相融合的绿色港口技术体系。

3)数字生态航道建养技术

通过电子航道图、多功能航标推动航道终端的标准化,融合基础设施、气象条件、地理信息和水深等实时感知数据,应用数字孪生技术实现全生命周期的航道整治,包括航道协同化设计、参数可视化施工、动态管理与维护、虚拟航标等,提高航道运维的智能化程度。突破航道要素全息感知、信息安全交互等技术瓶颈,制定多功能航标信息传输协议和数据压缩方法,研发航标运行状态监测与应急反应系统和数字航道技术的集成应用平台,实现航运信息系统数据的安全有序运行和共享。坚持生态优先的发展理念,构建资源节约、环境友好的生态航道技术体系,突破生态航道智能建养技术,加强船舶与港口的节能减排、污染防治技术研究和设备研发,建立航运排放控制标准,开发船岸协同排放检测系统,提高污染物、碳排放监管水平。

4) 船舶运行智能控制技术

运用移动通信技术,构建内河航运船岸协同信息传输网络及其软硬件技术体系,研发内河航运岸基安全管控平台和基于移动服务终端的运行控制系统,实现船舶的远程监管和航行、靠离泊、避碰操作。形成人机协同的驾驶权柔性切换机制,搭建并发任务执行框架以识别系统和人因失误,突破远程故障诊断、在途监测预警技术,提升故障工况下的运行能力,实现远程故障诊断、智能决策分析、视情自动维护和静态障碍物预报、偏航提示、人工接管请求和动态会遇局面预警。面向人机混合增强智能、自主智能系统等典型交通应用场景和新一代航运系统建设过程,以客货流转为牵引,不断提升自执行与互操作能力,使其在一定程度上可独立于人的干预完成相应功能任务,考虑船型尺度、驱动形式、控制方法等差异开展船舶编队控制技术研究,构建具有灵活性、高容错的编队结构,完成编队内/间的相对速度和机动性约束、编队系统的动态性能响应。

5) 交通运营组织技术

原有交通系统的建设和应用相对割裂,交通运营组织多处于被动交通响应和优化层面,需要推进跨部门、跨区域信息合作共享,建立综合航运数据服务中心,消除交通要素间数据共享不足、实时性差、信息延误的现状,以数据分析为基础实现交通管理的科学化和智能化,完成综合航运网络的组织调度和多运行主体的协同作业。突破航运主体碎片信息标准化、基于集成的智能决策分析等技术瓶颈,将离散分布的航行油耗、船舶服务、租船管理等数据整合为物流运输过程中可监控的状态流,按需响应形成科学决策。合理调配船港货,完成船舶、港口、场桥、泊位等资源的配置和协同调度优化,提供船舶运力分布预测、港口运营效能分析、航运金融风险测算等服务和灵活的航运物流解决方案。基于平行控制理论设计船舶航行风险管控系统,形成海事动态网格化监管方法,对水域内船舶、船员等风险进行辅助、跟踪监管,支撑船舶安全航行与可视化海事监管。

6) 水上应急救援技术

面向水上交通安全管理的业务连续性建立常态监管、异常干预和应急处置的一体化应对,不断强化水上交通动态感知预警、人命快速有效救助、船舶溢油与危化品处置等核心能力建设,研发适用于急流、浊水、深水条件的船舶救捞装备,推进内河干线运输、区域航段北斗导航与卫星的常态化应用,构筑功能完善能力充分的航运安全体系。实时融合应急救援过程水上、水下救援人员和智能无人设备等施救信息,实现水上交通常态监管和应急处置中多尺度、可视化、信息精准的数据保障和闭环控制,促进水上交通应急处置组织实施的智能化和数字化。针对水上交通各类突发事故或险情的应急救援需求,研发水上交通立体应急救援关键装备与多单元协同作业系统,通过加强无人机、水下机器人等新兴装备技术的推广应用,有效增强现场施救作业人员、智能无人设备和决策中心间的协同能力,基于多元救援协同通信与控制理论,提供能够适应空中、水面和水下立体救援任务的决策支持。

7）测试验证评估技术

面向新一代航运系统的要素单元级、功能系统级和架构集成级制定统一的测试验证评估标准，融合虚拟仿真和物理试验的优势，测试功能有无、验证结果对错、评估性能优劣。通过促进软件平台、通信技术、硬件系统的深度融合，针对系统整体架构研究科学性、完整性的应用及验证需求，考虑研发、操作、运行等不同特征阶段的属性，研发多功能、可广域配置的测试验证平台，实现各类硬件设备的可靠测试。综合物理世界和信息空间的安全威胁、标准化链接与通信协议等方面，运用复杂系统数字孪生的手段，突破虚实融合的体系测试验证评估技术，实现定性评价与定量评估。开展基础测试场景群构建方法研究，应用平行控制理论，以场景、事件、任务为驱动，设计模块化、可剪裁的测试系统，建立物理域与虚拟世界的强关联，配套相应的测试验证与应用服务环境，循环迭代地测试、验证与评估各组分系统的软件、硬件与连接。

三、绿色智能航运发展展望

绿色智能航运发展面向加快构建自主研制、先进精良、绿色智能、标准协同的水上交通运输装备体系要求，按照开放、创新、安全、科学的原则，开展船舶领域态势感知、规划决策、协同控制、学习推理等方面的关键理论与核心技术研究，建立贯穿混合智能、自主智能与群体智能融合迭代过程的智慧航运体系，形成符合技术实现与资源配置要求的航运业技术体系、标准体系、测试验证体系、公共服务体系，有力保障航运的安全性和可靠性，提升经济性和环保水平，为相关公约法规的建立和完善提供有力支撑，促进人工智能、物联网、大数据等技术与航运科技的深度融合，推动智慧航运技术产品与服务的落地应用，实现航运业态重塑，全面提高航运安全水平和运营效率。

2021—2025 年：基本完成我国新一代航运系统发展顶层设计与基础理论研究，理清发展思路与模式，组织开展共性技术攻关和公益性保障工程建设，突破一批制约新一代智能、绿色和安全航运系统发展的关键技术，建立起新一代航运系统技术试验、试点和示范环境条件，新一代航运系统发展的基础环境基本形成。优先开展新一代航运系统基础理论、人机共融的智能航行、智能航行测试方法、海事智能无人系统设计、绿色生态航运系统框架、极地航运的环境保护、韧性航运系统设计、深远海安全保障、高海况下一体化应急等方面的核心理论、技术与方法的研究。

2026—2030 年：构建全球新一代航运系统发展创新中心，具备国际领先的成套技术集成能力，新一代航运系统法规与技术标准体系框架初步构建，形成以高度智能化为特征的航运新业态，航运服务、安全、环保水平与经济性明显提升。优先开展混合船舶群体的编队航行、航运系统异构智能体的感知与认知、异构智能体的协同控制、生态友好的航运能源融合理论、航运系统韧性管理模式等方面的核心理论、技术与方法的研究。

2031—2035 年：全面掌握新一代航运系统核心技术，形成以智能、绿色和安全为特征的航运新业态，形成新一代航运系统的技术标准体系，航运服务、安全、环保水平与经济性水平全方位提升，为建设交通强国、海洋强国发挥关键作用。优先开展基于自主学习的船舶自主驾驶、面向各类智能船舶的自主海事监管保障系统等方面的核心理论、技术与方法的研究。建设世界一流的国际航运物流中心，推进 21 世纪海上丝绸之路建设。

本章参考文献

[1] 严新平,吴超,马枫.面向智能航行的货船"航行脑"概念设计[J].中国航海,2017,40(04):95-98,136.

[2] 严新平,柳晨光.智能航运系统的发展现状与趋势[J].智能系统学报,2016,11(6):807-817.

[3] 严新平.智能船舶的研究现状与发展趋势[J].交通与港航,2016(1):23-26.

[4] Lloyds Register. ShipRight Procedure-Autonomous Ships (2016)[R/OL].[2021-10-18]. https://goo.gl/ROyXyD.

[5] SCHIARETTI M,CHEN L,NEGENBORN R R. Survey on Autonomous Surface Vessels:Part I - A New Detailed Definition of Autonomy Levels[C]// International Conference on Computational Logistics,2017.

[6] SCHIARETTI M,CHEN L,NEGENBORN R R. Survey on Autonomous Surface Vessels:Part II - Categorization of 60 Prototypes and Future Applications[C]// International Conference on Computational Logistics,2017.

[7] International Maritime Organization. Interim guidelines for MASS trials[R]. International Maritime Organization,2019.

[8] 中国船级社.智能船舶规范[R].北京:中国船级社,2020.

[9] 中国船级社.自主货物运输船舶指南[R].北京:中国船级社,2018.

[10] 刘佳仑,杨帆,马枫,等.智能船舶航行功能测试验证的方法体系[J].中国舰船研究,2021,16(01):45-50.

[11] 严新平,李晨,刘佳仑,等.新一代航运系统的体系架构与关键技术研究[J].交通运输系统工程与信息,2021.

[12] 王远渊,刘佳仑,马枫,等.智能船舶远程驾驶控制技术研究现状与趋势[J].中国舰船研究,2021,16(01):18-31.

[13] 第七届教育部科技委能源与交通学部.中国能源与交通领域战略研究报告[M].北京:科学出版社,2020.

[14] WANG S,MA F,YAN X,et al. Adaptive and extendable control of unmanned surface vehicle formations using distributed deep reinforcement learning[J]. Applied Ocean Research,2021,110:102590,ISSN 0141-1187,https://doi.org/10.1016/j.apor.2021.102590.

[15] LI C,YAN X,LI S,et al. Survey on Ship Autonomous Docking Methods:Current Status and Future Aspects[C]//The 30th International Ocean and Polar Engineering Conference. International Society of Offshore and Polar Engineers,2020.

[16] RAMOS M A,THIEME C A,UTNE I B,et al. Human-system concurrent task analysis for maritime autonomous surface ship operation and safety[J]. Reliability Engineering & System Safety,2020(195):106697.

[17] WU C. Intelligent unmanned systems:important achievements and applications of new generation artificial intelligence[J]. Frontiers of Information Technology & Electronic Engineering,2020,21

(5)：649-651.

[18] 张卫东,刘笑成,韩鹏.水上无人系统研究进展及其面临的挑战[J].自动化学报,2020,46(05)：847-857.

[19] CHEN L,NEGENBORN R R,HUANG Y,et al. Survey on cooperative control for waterborne transport[J]. IEEE Intelligent Transportation Systems Magazine,2020.

[20] LI S,LIU J,NEGENBORN R R. Distributed coordination for collision avoidance of multiple ships considering ship maneuverability[J]. Ocean Engineering,2019(181)：212-226.

[21] 陆化普,肖天正,杨鸣.建设城市交通大脑的若干思考[J].城市交通,2018,16(06)：1-6.

[22] 田宇,周强,朱本飞.自动化集装箱码头双循环AGV与场桥的集成调度研究[J].交通运输系统工程与信息,2020,20(04)：216-223,243.

[23] 徐武雄,初秀民,雷进宇.内河繁忙水域船舶航行风险平行管控系统设计[J].中国航海,2018,41(01)：64-69.

[24] KARPAGAM G R,KUMAR B V,MAHESWARI J U,et al. Smart Cyber Physical Systems：Advances,Challenges and Opportunities[M]. Chapman and Hall/CRC,2021.

[25] TAO F,ZHANG H,LIU A,et al. Digital twin in industry：State-of-the-art[J]. IEEE Transactions on Industrial Informatics,2018,15(4)：2405-2415.

[26] ZHU F,LV Y,CHEN Y,et al. Parallel transportation systems：toward IoT-enabled smart urban traffic control and management[J]. IEEE Transactions on Intelligent Transportation Systems,2019,21(10)：4063-4071.

第十一章 CHAPTER 11

交通管理技术现状与发展趋势

李瑞敏

自从20世纪60年代计算机技术、通信技术等被用于交通管理领域以来,以交通信号控制系统为代表的道路交通管理技术获得了不断的发展及完善。但与此同时,快速发展的城市化、机动化也给道路交通管理技术的发展提出了新的需求。到20世纪90年代,以道路交通管理技术为主要内容之一的智能交通系统的概念在全球得以统一和兴起,从而进一步推动了交通管理技术的发展。

进入21世纪的第二个十年后,大数据、人工智能、移动互联网等技术的快速发展,使得整个社会快速进入了数字化的时代,道路交通管理技术也不例外,在众多高新技术的推动下近年来获得了快速的发展。

2019年9月,中共中央、国务院印发《交通强国建设纲要》,明确指出"大力发展智慧交通。推动大数据、互联网、人工智能、区块链、超级计算等新技术与交通行业深度融合。推进数据资源赋能交通发展,加速交通基础设施网、运输服务网、能源网与信息网络融合发展,构建泛在先进的交通信息基础设施。构建综合交通大数据中心体系,深化交通公共服务和电子政务发展。推进北斗卫星导航系统应用。"由此,交通管理技术的发展即将进入新的篇章。

第一节 交通管理面临的问题与挑战

半个多世纪以来,交通管理技术从传统的交通系统管理(Transportation System Management,TSM)发展到主动交通管理(Active Traffic Management,ATM)、交通需求管理(Travel Demand Management,TDM),再到目前的交互式交通管理(Interactive Mobility Management,IMM),交通管理无论从技术到理念都得到了较大的发展。然而,社会经济的发展及人民生活水平的提高为交通管理提出了进一步的需求,总体而言,当前我国的交通管理面临的问题与挑战主要体现在如下几个方面。

(1)精准、全面的感知体系尚未建立。近年来,随着各类检测手段和设备的发展,可以为交通管理提供数据支撑的采集方式越来越多,从传统的基于道路的线圈、地磁、视频、雷达再到基于车辆的浮动车、车路协同等数据,都可以从不同的角度、不同的抽样、不同的地点为交通管理提供数据支撑。然而,受制于覆盖范围、采样精度、抽样比例等因素,目前一方面是难以对已有的多源数据进行良好的融合,另一方面各种数据类型的缺陷又使得无法真正实现对交通系统的精准、全面、实时的感知,从而在实现交通管理智能化的过程中缺乏坚实有效的数据支撑。

(2)智能化的交通管理技术体系需要进一步提升。虽然近20年来我国的交通管理技术得到了极大的发展,各类软硬件系统得到了建设,在交通管理工作中发挥了重要的作用,然而,受对交通系统的本质认识、交通工程基础设施的有力支撑以及先进的ICT(Information and Communications Technology,信息与通信技术)与交通工程技术的有机结合等限制,目前交通管理技术在集成性、主动性、智能化等方面还存在着较大的不足,例如未能将宏观、微观层面的主动交通管理与交通需求管理进行充分的整合应用等,未来需要结合人工智能技术的发展不断提升。

(3)闭环反馈型的交通管理技术应用机制尚未建立。交通管理工作的最终目的是提升交通安全水平、改善交通运行效率、实现人民出行满意等,而目前在交通管理工作中更多关注于政策措施的出台、技术手段的应用等,但是在应用已有的数据、技术基础等,来实现对交通管理技术应用的效果追踪评估并与发展战略、目标等进行对比分析从而实现循环的优化提升方面尚有不足,在很大程度上影响了交通管理手段应用效果的发挥。

第二节　交通管理典型技术分析

结合目前交通管理技术的发展,本书主要从如下几个方面进行分析。

一、智能感知技术

21世纪以来,随着计算机技术的发展,人工智能和大数据开始兴起,交通行业也迎来了较大的变革。其中,智能感知技术作为交通智能化的关键技术,在近两年得到了飞速发展。智能交通管理系统中的智能感知技术主要是指随着近年来各类新兴检测技术的兴起,可以通过各类的新型检测技术实现对交通运输领域的全方位的感知。

1. 研究现状

在交通管理领域应用的传统交通检测技术主要包括地感线圈、地磁、超声波、红外、多普勒雷达、视频等检测技术,近年来,人工智能技术的发展使得视频检测技术达到一个新的高度,而雷达-视频一体机(雷视一体机)的出现也逐步开始实现"全息路口"的概念。此外,车路协同在自动驾驶和新型路侧感知设备的加持下也得到了快速发展。雷视一体机融合了雷达和视频监控技术的优势,使得路侧感知的性能得到了全面升级。全息路口则基于最近的检测设备,在交通运行中应用全面的感知技术,从而实现交通"全路段一张图"管理、交通流量分析、交通延误分析以及交通环境检测等功能。智能车路协同是采用先进的无线通信和新一代互联网等技术,全方位实施车车、车路动态实时信息交互,并在全时空动态交通信息采集与融合的基础上,开展车辆协同安全控制和道路协同管理,充分实现人、车、路的有效协同。目前已有众多企业可以提供相应的设备。同时,在智能交通系统建设的推动下,浙江、江苏等省份的一些城市已经将新一代智能感知设备投入使用。浙江桐乡、江苏无锡等城市的车路协同项目也在推进,以探索构建基于车路协同的新一代智能交通系统的数据底盘。

2. 发展趋势

智能感知技术具备实时智能分析能力,能够实现全域检测和实时优化,使得交通主体更加智能化和信息化,使得海量的交通信息更加简明化和精确化。但由于雷视一体机、全息路口、智能车路协同还属于新兴发展技术,因此,我国的路侧感知设备更新换代还未完全普及。未来,智能感知技术的发展趋势包括:

(1)目前的雷视一体机等先进的交通检测技术继续发展完善;

(2)车路协同系统的完善将带来更大比例的车路协同车辆在道路上的运行,从而推动车路协同检测技术的发展;

(3)未来智能感知技术必然要与自动驾驶深度融合,催生从低维传感器信息融合向多维网联协同感知,从离散交通主体主动、被动协同控制向大规模群体智能群策群控的衍化趋势。

二、智能信号控制

作为城市道路交通管理的最核心领域之一,交通信号控制系统已诞生半个多世纪,如今随着计算机技术、电子通信技术等的发展向着智能化、网联化的趋势发展。

1. 研究现状

目前关于城市交通信号控制的研究与发展主要体现在如下三个方面:

(1)信号配时的智能优化。目前,先进的信号配时优化的逻辑和理念向着高度网联与区域协同、多模式交通信息融合和场景导向的控制目标的方向发展,充分利用各种数据来源以及主动交通管理措施等实现对城市交通信号配时的智能化优化。例如洛杉矶交通部 LADOT 主导实施了"洛杉矶信号协调"(Los Angeles Signal Synchronization)计划,并于2013年完成,计划实施后全市25个子区的主干线速度明显提升、延误明显下降。

(2)新一代交通信号控制系统的开发。目前国内外交通信号控制研究领域开始了基于各种新型的检测数据进行新一代交通信号控制系统的开发工作,例如 TransSuite 系统、Surtrac 系统和 Sitraffic FUSION 等。底特律于2018年建设了号称"世界最智能的信号交叉口",这是一个由传感器、视频检测和网联交通信号组成的系统,覆盖了底特律市中心的5个交叉口。

(3)数据驱动的交通信号控制评价。基于多源高精细度的交通检测数据,多个不同的研究部门开发了相应的基于云端的交通信号控制评价系统等,例如 Sensys network 的 SensTraffic 平台、美国 FHWA 推动的 ATSPM(Automated Traffic Signal Performance Measures, ATSPM)以及 INRIX 的 NRIX Signal Analytics 信号评价技术等。

2. 发展趋势

近年来交通信息采集技术、人工智能决策技术等的发展为交通信号控制系统的发展带来了新的机遇,未来随着检测数据精细化、控制技术智能化等的发展,交通信号控制系统将体现出如下的发展趋势:

(1)海量数据的深度应用。未来的交通信号控制系统能够汇集和融合多源检测数据,包括传感器数据、网联环境下的交互数据,以及第三方提供的非结构化数据等,以便为各种交通信号控制优化需求提供数据支撑。

(2)实时响应与系统智能优化。检测数据的全面化、精准化可以为交通运行状态的估计及预测提供有力支撑,从而可以进一步实现基于交通流数据的前瞻性的主动式信号控制。

(3)高度集成的功能体系。未来的交通信号控制系统在完成核心的信号控制功能外,会集成更多的模块,如与信号控制密切相关的信息发布、事件响应等功能。

三、智能视频监控

交通视频监控系统的发展大体可划分为两个阶段,传统的视频监控系统和智能化的视频监控系统。目前,通过引入人工智能等相关技术,视频监控系统在高清视频设备的支持下基本实现了智能化的识别与感知,在交通管理领域得到了日渐丰富的应用。

1. 研究现状

近几年,高清视频监控技术发展迅速,智能交通视频监控系统也得到了前所未有的发展。同时,随着人工智能技术在 21 世纪的迅猛发展,AI、VR/AR 技术也在视频监控领域得到了应用。近年来在众多技术的支撑下,高清视频监控、多种违法抓拍、人脸识别、精细化交通状态分析等应用在交通管理领域得到了广泛推广,为改善城市交通管理水平提供了强有力的支撑。

2. 发展趋势

未来,结合视频技术的发展,交通视频监控系统的发展将向着"高清化、数字化、网络化、智能化"的趋势发展。即:实现摄像头的高清化甚至超高清化,实现视频传输、储存等环节的数字化,视频监控范围的网络化,以及将人工智能技术等融入视频分析从而达到智能化的交通视频实时分析与控制等。

四、智能信息发布技术

交通信息发布是指运营者在出行者出行前或出行过程中提供出行信息的服务,是实现主动化的交通管理的重要手段,近年来随着各类信息服务技术的发展得到了快速发展。目前常用的交通信息发布的方式包括个人移动终端、车载终端、电子站牌、站场查询终端、交通广播、交通电子屏、短信服务平台和 Web 网站。

1. 研究现状

目前比较有代表性的交通信息服务系统主要有如下几类。

(1)基于路侧可变信息板的信息发布方式:主要向道路上的出行者提供实时的前方道路的相关交通信息,目前在全球各地都有较多的应用。

(2)以电话、网络为主的交通信息服务方式:以美国的"511 交通信息系统"为例,可以通过 511 的电话号码、网络及个人智能移动终端等实现对各类交通出行相关信息的查询。

(3)以车载终端为主体的交通信息服务方式。以日本的 VICS 系统为代表,通过车载终端实现对各类出行信息的获取,实现导航等功能。

(4)互联网公司提供的出行信息服务。国内以百度、高德等地图服务商提供的实时交通信息服务以及导航服务为代表,国外以 Waze、HERE 等地图服务商为代表为出行者及管理者提供各类出行信息服务。

2. 发展趋势

目前的交通信息服务已经在移动互联网等技术的推动下取得了明显的进展,在道路交通管理中发挥着越来越重要的作用。未来在新的信息采集、处理及发布技术的推动下,交通信息智能发布将呈现出如下发展趋势:

(1)打造基于出行公众位置的伴随式交通信息服务。充分基于实时检测的出行者的当前位置及其他相关基础信息,为出行者提供实时响应的伴随式交通信息服务、气象信息服务、应急事件信息服务、交通管控信息服务、停车信息服务、旅游信息服务、休闲等,实现全方位实时的信息服务。

(2)公私合作整合信息与平台,打造基于个性化的用户定制化的信息服务。

五、"交通大脑"

"交通大脑"可视为对交通管理中心平台发展到一定阶段后应具备类人的推理、思考能力的一种期待。随着大数据和人工智能等新兴技术的飞速发展,人类已进入了"数据时代"。"交通大脑"正是依据海量的交通大数据,引入物联网、人工智能、云计算等技术,基于深度学习与反馈的迭代更新,对交通网络进行智能计算、模拟以及预判,给出精准、个性化的系统解决方案,从而实现全局最优的目标。"交通大脑"应具有典型的感知能力和思考能力,即"交通大脑"可通过各种传感器及各类共享数据对交通网络有一个全面的感知,进而通过智能分析对当前道路能力进行预判。

1. 研究现状

"交通大脑"的称谓尚主要限于国内,目前已有不少的企事业单位从事此类研究开发与实践工作,不同企事业单位"交通大脑"的立足点和产品的核心功能有所差异,有的是聚焦通过给用户提供精准个性化的出行建议和出行诱导从而实现宏观调控、缓解城市交通拥堵,有的侧重于基于视频的人工智能分析技术实现对交通行为的分析与违法行为的抓拍等,以协助交通管理部门精准化的出警和数据资产的精准管理;有的则侧重于交通数据的整合、存储、管理以及智能算法、模型的构建及辅助决策支持等;还有的则基于大数据底座深度挖掘交通对象的运行特征,从而支撑交通管理的决策等。这些不同类型的"交通大脑"目前结合部分城市智能交通系统的发展建设也在多个城市得以落地和实践。

2. 发展趋势

"交通大脑"的概念提出时日较短,目前的成果主要是在具备基础的自主认知和学习能力的前提下,从实现全域感知、为出行者提供个性化精准服务信息、支撑智能化交通管控入手,来优化城市交通运行状况和交警管控业务。但目前,城市"交通大脑"建设的过程中还存在以下 4 个问题:①数据汇聚与处理问题;②智能化交通基础设施问题;③交通大脑与已有传统智能交通系统的兼容问题;④交通数据的安全问题。

针对这些问题,未来"交通大脑"的发展趋势应是继续完善数据采集基础设施、完备数据通信,充分引入人工智能等技术,利用智慧的计算平台给用户提供个性化的系统服务,从而不断拓展"交通大脑"的应用场景,引领智能化转型。

第三节　未来发展趋势

一、发展目标

未来交通管理技术的发展目标主要包括:充分融合多源异构的检测数据形成对交通系统的全面感知、识别、诊断与评价;充分利用当前快速发展的各类先进技术,如 ICT 技术、人工智能技术实现交通管理的真正智能化;满足出行链全过程管理,实现交通管理与个性化的出行服务的协同与融合；面向都市圈、城市群等区域化发展需求，实现多模式、跨区域的智能交通管理技术体系的建设与发展。

二、发展趋势

结合当前的技术发展趋势及社会经济发展需求，未来交通管理技术主要有如下发展需求及发展趋势。

1. 建立立体、精准的交通系统感知体系

未来的交通管理技术发展中，感知体系的发展主要需要从两个方面突破：一方面要利用新一代发展的视频、雷达等技术，在已有雷视一体融合的基础上，通过人工智能、数据融合等技术的进一步发展，建立低成本、高精度的路侧检测设备体系，为交通管理提供重点位置的高精数据，该方面预期到2025年将有较大突破；另一方面要借助车路协同、自动驾驶等技术的发展，不断提高浮动车的渗透率、检测精度等，以较低的成本实现较大范围内的较高精度的检测，从而实现对交通系统较为全面的检测和识别，该方面预期到2030年将有较大变革。

2. 建立主动、智能的交通管理技术体系

交通管理技术的核心是主动应对交通运行状况变化的需求，同时充分实现管理技术的智能化。人工智能技术的革命性发展，近年来为交通管理技术的智能化提供了坚实的技术基础。未来，结合自动驾驶等技术的发展，需要充分整合人工智能技术，开发从信息处理、事件检测，到信号控制优化、应急指挥调度、管理辅助决策等多个领域的智能化技术，从而实现交通管理的真正智能化。该方面的推进是一个长期的工作，从目前开始，到2025年有初步的突破，到2030年结合自动驾驶技术的发展形成基本实现智能化的交通管理技术体系。

交通管理技术的另一个发展趋势是主动化，即结合多源海量的检测数据，充分利用数据融合、数据挖掘、人工智能等技术，实现对交通流运行状态的在线实时预测等，能够对交通、出行和设施的需求作出超前期预判从而进行实时动态的响应，以提高对交通运输系统的动态监控、控制和干预的能力。随着检测技术的发展，该领域可期待到2025年取得实质性的进展。

3. 实现交通管理技术与其他技术的集成

未来交通管理技术的发展将聚焦于集成性、主动性和协同性的提升，将会与自动驾驶技术、车路协同技术、混合网络技术等在内的新技术进行集成，利用移动信息和大数据技术从被动控制转向主动管理，并实现路网的细化和控制区域的扩大。因此，在未来的发展中，应当结合自动驾驶、车路协同等技术的逐步成熟，实现交通管理技术与此类先进技术在数据整合、措施整合、应用整合等方面的集成。例如，将原本一分为二的集中式交通管理和车内用户信息服务进行交互，形成车辆和交通管理中心之间数据交换的通用模式等，从而实现对出行者整个行程链的动态管理。该方面的突破将在2025—2030年之间实现。

4. 跨区域的交通管理技术的发展与集成

随着都市圈、城市群等较大范围的建成区的不断发展，未来的交通管理技术需要考虑跨城市、跨区域乃至跨省之间的协同，需要覆盖较大的范围，协调较多的机构，串联较大的区域。因此，需要通过数据共享、主动管理、信息服务、协同指挥等方式来实现跨区域的交通管理技术的发展与集

成,从而尽可能安全高效地运营现有的多模式、跨区域的综合交通运输系统,以保持交通系统的机动性和安全性。该领域的突破将在 2025 年达到一个新的阶段,而随着我国城市群等的进一步融合与发展,在 2030 年将形成个别有代表性的区域性交通管理系统。

交通管理未来关键技术清单见表 11-1。

交通管理未来关键技术清单　　　　　　　　　　　　　表 11-1

编号	关键技术	期待突破时间(年)
1	路侧的精准的可负担得起的检测设备	2025—2030
2	车路协同技术	2030
3	车载检测技术的相对普及	2025
4	多源数据整合实现交通状态精准估计技术	2025
5	数据驱动的常态非常态交通预测技术	2025
6	新一代智能化交通信号控制技术	2025—2030
7	新一代主动交通管理技术	2025
8	在线交通仿真技术	2025
9	交通走廊多模式综合管理技术	2025
10	应急指挥调度技术	2025
11	伴随式出行信息服务技术	2025
12	交通管理与出行服务的集成应用技术	2030

第四节　小　　结

近年来,随着全球机动化进程的不断加快以及各种高新技术的快速发展,道路交通管理领域也在不断发展,信息采集技术日渐丰富、数据获取日渐精准全面、交通控制智能化程度不断提升、信息服务实现实时性个性化、智慧停车优化停车资源、综合交通管理系统迈向集成主动,这些发展都从不同角度和层面反映了当前道路交通管理技术的发展水平。

面向未来,各类相关高新技术继续发展,一些新兴的理论技术方法不断涌现,而城市化、机动化依然是社会经济发展的主题,因此,未来的交通管理技术发展将朝着集成化、智能化、主动化、协同化等方向发展,从而为客货运输体系提供良好的管理支撑和保障。

● 本章参考文献

[1] DEY K C, et al. Vehicle-to-vehicle (V2V) and vehicle-to-infrastructure (V2I) communication in a heterogeneous wireless network-Performance evaluation[J]. Transportation Research Part C: Emerging Technologies, 2016(68): 168-184.

[2] CHEN D, et al. Towards vehicle automation: Roadway capacity formulation for traffic mixed with regular and automated vehicles[J]. Transportation research part B: methodological, 2017(100): 196-221.

[3] GONG S, DU L. Cooperative platoon control for a mixed traffic flow including human drive vehicles and connected and autonomous vehicles[J]. Transportation research part B: methodological, 2018

(116): 25-61.

[4] JIN I G, et al. Experimental validation of connected automated vehicle design among human-driven vehicles[J]. Transportation research part C: emerging technologies, 2018(91): 335-352.

[5] LEE S, et al. Stability analysis on a dynamical model of route choice in a connected vehicle environment[J]. Transportation Research Part C: Emerging Technologies, 2018(94): 67-82.

[6] 田宗忠,王奥博.美国交通信号配时实践与技术综述[J].交通运输系统工程与信息,2021.21(05):66-76.

[7] 何遥.智慧城市中的交通大脑[J].中国公共安全,2019(11):68-73.

第十二章 CHAPTER 12

车路协同与自动驾驶技术发展现状与展望

陆 洋　王天实

第一节　车路协同的意义和内涵

车路协同系统（Cooperative Vehicle Infrastructure System，CVIS）是以路侧系统和车载系统为基础进行构建，通过无线通信设备实现车车、车路信息交互和共享以实现实时信息服务、交通安全预警、动态交通组织和各种深度交通服务的智能交通系统。借助该系统可以实现全方位的车车、车路之间实时信息交互、交通运行安全高效和出行即服务的"人享其行"。在全时空动态交通信息采集融合的基础上，进行车辆主动安全控制和道路协同控制管理，实现交通拥堵实施识别、诊断、对策方案生成以及方案实施，从而保证交通安全、破解交通拥堵、提高交通效率。

车路协同的最基本功能是协同交通环境中实现信号控制实施优化、科学交通管理和数据的共享，其服务对象是车辆、出行者和交通管理，在信号传输要求上比车联网更严格。车路协同系统需要考虑车辆和道路间的协同优化问题，将道路管控集成化，实现道路系统总体最优。通过车辆自动化、网络互联和系统集成，最终构建形成车路协同系统。

在此基础上，车路协同将大幅提升安全预警、交通组织、破解拥堵、应急响应、节能减排和自动驾驶服务等多方面的应用支撑和不同领域的业务联动。

车路协同在交通智能化中的作用如图 12-1 所示。

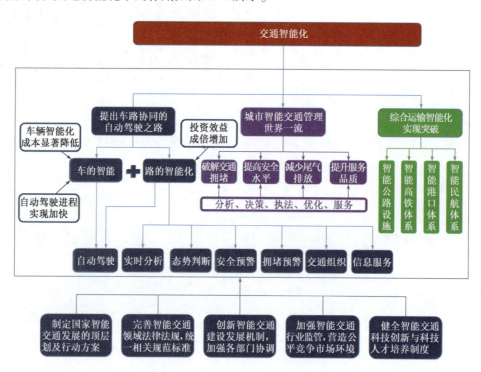

图 12-1　车路协同在交通智能化中的作用

车路协同作为实现交通智能化的重要途径之一，车的智能化和路的智能化发展齐头并进，结合城市智能交通管理、综合运输的智能化发展，实现交通系统实时分析、态势判断、安全预警、拥堵预警、交通组织、信息服务和自动驾驶七大功能，深度实现交通的智能化，为交通系统运营、解决城市交通问题等提供解决方案。车路协同能够实现车辆与道路的双向"赋能"，为交通管理、智慧交通提供有力的智能化手段，助力未来智慧城市的发展。

第二节 智能基础设施与边缘计算

新基建的核心发展思路之一就是大幅提升基础设施的智能化水平,打造智能基础设施,使得"聪明的路"与"聪明的车"相互配合,完成包括自动驾驶、交通控制、高级驾驶辅助等一系列的智能化功能。而任何智能化的功能都需要依赖对于车行环境内的车辆或者其他主体的信息感知,因此打造更加全面、可靠、实时的路侧环境感知体系是未来车路协同发展的核心步骤之一和基本前提。围绕"聪明的路"的建设包括两个重要的技术方向,即多源感知技术和边缘计算技术。

一、多源感知技术

如图 12-2 所示,多源感知体系包括车辆本身状态感知、道路感知、行人感知、交通信号感知、交通标识感知、交通状况感知、交通流状态感知、气候环境状态感知等。在复杂的路况交通环境下,单一传感器无法完成环境感知的全部,必须整合各种类型的传感器,利用传感器融合技术,使其为智能网联汽车提供更加真实可靠的路况环境信息。

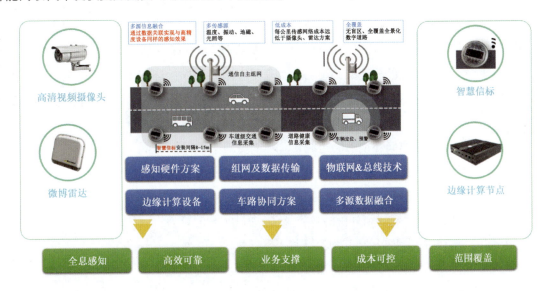

图 12-2 多源感知体系

其中,车辆本身状态感知包括行驶速度、行驶方向、行驶状态、加减速、车辆位置等;道路感知包括道路类型检测、道路标线识别、道路状况判断、是否偏离行驶轨迹等;行人感知主要判断车辆行驶前方是否有行人,包括白天行人识别、夜晚行人识别、被障碍物遮挡的行人识别等;交通信号感知主要是自动识别交叉路口的信号灯、如何高效通过交叉路口等,经常也会通过系统整合直接从信号控制系统获得控制信息;交通标识感知主要是识别道路两侧的各种交通标志,如限速、弯道等,及时提醒驾驶员注意;交通状况感知主要是检测道路交通拥堵情况、是否发生交通事故等,以便车辆选择通畅的路线行驶;交通流状态感知指车流的流量、速度、密度等基础指标;气候环境状态感知包括对天气状态和雨雪雾等环境信息。

在路侧综合感知体系中,可以综合采用摄像头、车检器、超声波、毫米波、激光雷达等路侧设备,以及流动车辆的传感器,进行交通信息采集和道路状态感知,将这些多源的交通信息进行汇聚和建模,从而能全面、直观、动态地反映道路交通状况。

而另外一个数据的来源是智能车体本身。车辆在行驶过程中将产生海量的数据,这些数据包括车辆的位置、速度、轨迹、加减速、转向盘操作、车辆控制状态等一系列详细的信息。这些信息可以通过车路协同通信体系被发送到路侧边缘计算节点。边缘计算节点则将多个车辆的信息汇总计算,再与其他信息进行融合。将产生于路侧、车辆、行人等不同交通要素的各类传感器信息进行融合分析,可形成对交通状况的全面感知,包括交通流量的时空分布,如准确感知在城市的某一时刻某一路段上有多少辆车;交通事件检测,如是否产生了交通事故或者交通隐患;结合路面状态和环境状况,进行未来交通流量预测、规划与预案等。

二、边缘计算技术

边缘计算,是指在靠近物或数据源头的一侧,采用网络、计算、存储、应用核心能力为一体的开放平台,就近提供最近端服务。其应用程序在边缘侧发起,产生更快的网络服务响应,满足行业在实时业务、应用智能、安全与隐私保护等方面的基本需求。

随着物联网和5G技术的发展,硬件系统与硬件系统之间的传输带宽在迅速增大。而数据的加工将海量的原始数据真正转换为具有价值的信息,这个过程中边缘计算发挥着重要作用。边缘计算一般分为数据接入、数据清洗、数据格式化、数据存储、数据融合加工、设备控制等一系列功能。这些功能对于路侧智能的构建是必须的。尤其是在车路协同的环境下,无论是来自路侧的感知设备采集的数据还是来自联网车辆的数据都需要经过边缘计算设备进行加工,然后再转发到数据的使用者。

因此我们可以对车路协同环境下的边缘计算功能做一个汇总:

(1)路侧智能硬件的信息接入和处理;

(2)车路协同环境下来自车辆的海量连接管理与车辆数据接收与转发;

(3)在边缘侧执行用于控制和分析的各类算法,提供实时的算力;

(4)路侧的智能设备驱动与硬件功能管理;

(5)分布式信息存储,保存大量原始数据;

(6)分布式模型训练,提升AI算法的训练能力。

三、车路协同下的车路云协同智能

未来车路协同环境的核心就是构建一套连接车、路、云、人的网联信息系统,使得在道路交通环境中的信息和数据可以在端、边、云三个层次之间自由、高速地流转和计算,从而支撑包括自动驾驶、车路协同控制等多个上层应用。因此,车路协同环境中,未来的智能化基础设施建设将围绕路侧智能、车端智能和云端智能几个方面开展(图12-3)。

(1)路侧智能。路侧智能指能够感知、收集、计算、融合、发布道路环境中的任何静态和动态信息的智慧公路中的所有硬件和软件。路侧智能负责收集道路环境中与车辆行驶和安全相关的信息并进行融合加工,这些信息通过V2X通信技术被发往车载终端和云中心平台,从而为各种车路协同应用场景提供道路环境信息基础。

（2）车端智能。车端智能提供车体的智能化升级,包括接受来自路侧和云端的信息、辅助驾驶员进行信息处理和预判、综合车载感知装置和路侧信息进行高级辅助驾驶和自动驾驶、通过车与车通信完成协调驾驶等高级应用场景。因此,车端智能既是智能网联的核心也是车路协同的应用载体。

（3）云端智能。云端智能综合了大数据、云计算、大规模AI算法训练、信息可视化、用户识别、人机交互等多种信息技术,成为连接人、车、路、智能设备和互联网信息的信息集成中枢。通过云端智能,智慧城市和小镇才能够真正将个体的信息汇总成为大数据,并进行分析和应用。同时,通过连接交通管控中心与智能网联中心,云平台打通车路协同与交通管控,做到真正的基于车路协同通信的交通管控优化,提升道路交通系统的运行效率。

路侧智能、车端智能、云端智能三者相互配合、信息互通共同创造各种车路协同应用。

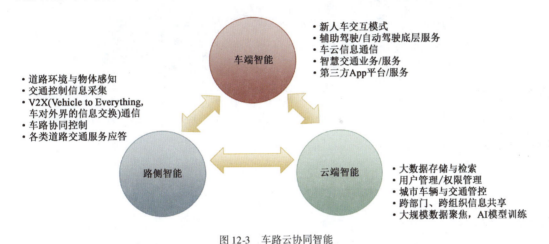

图12-3　车路云协同智能

第三节　智能网联及其与车路协同的关系

智能网联汽车(Intelligent Connected Vehicle,ICV)是车联网与智能汽车的升级组合。智能网联汽车搭载先进的车载传感器、控制器、执行器等装置,采用先进算法,并融合现代通信与物联网技术,实现车与其他交通参与者、交通基础设施、管理平台等的信息交换共享,实现安全、舒适、节能、高效行驶。

《国家综合立体交通网规划纲要》提出推动智能网联汽车与智慧城市协同发展,建设城市道路、建筑、公共设施融合感知体系;推进智能网联汽车(智能汽车、自动驾驶、车路协同)应用。未来,我国将推动智能网联汽车与智慧城市协同发展,通过建造城市道路、建筑、公共设施融合感知体系,打造城市动静态数据融为一体的智慧出行平台。其中,车路协同为最主要的实现途径。

车路协同中的智能网联车辆,通过道路感知和定位设备(如摄像头、雷达等)对道路交通环境进行实时高精度感知和定位,按照协议进行数据交互,实现网络互联。

车路协同是智能网联汽车落地的基础和平台(图12-4)。一方面,城市完善的基础设施为智能网联汽车提供了先进的感知技术和信息支撑,城市快速发展的新型基础设施为智能网联汽车提供了网络服务,城市为实现智能网联汽车转变为智能终端提供了多样化数据;另一方面,智能网联汽车的优势可以有效改善城市交通水平、提升功能区域规划、完善基础设施建设,从而更好地解决城市交通拥堵问题,提升城市管理成效和改善市民生活质量。此外,智能网联汽车将成为打破"数据孤岛"的重要节点,把动态数据汇总起来,让城市数据更丰富、更智慧。

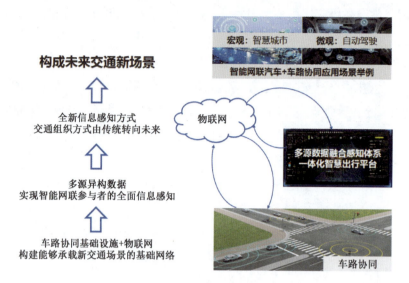

图 12-4　车路协同

以自动驾驶为代表的未来交通方式的发展需要一个循序渐进的过程。在自动驾驶车辆投入实际应用的过程中,车路协同可以为其提供发展基础和支撑。在完全实现全面自动驾驶之前,智能网联车辆可以成为自动驾驶车辆发展的框架基础,并在此基础上不断完善,以实现未来交通的全面自动驾驶场景。

第四节　车路协同的应用场景分析

车路协同是未来交通管理的一张对策工具箱,通过多源数据融合的平台与基础设施、车辆之间实时通信,能够在危险预警、信号优化、动态交通组织、设施导航等方面得到应用,提升城市交通管理水平。

一、危险预警、车辆安全强化

通过路侧智能的物体感知系统,实现对运动目标(行人、机动车辆、非机动车辆)进行目标跟踪与轨迹监控,并将危险的状态或者潜在因素推送给车辆,为驾驶员提供安全预警。该功能的主要实现场景包括车辆碰撞预警、行人预警、障碍物预警、事故预警、信号预警等。

其中,车辆碰撞预警为在跟车、并线过程中,如果发现周围车辆的轨迹与当前车辆的预判轨迹具有冲突的可能性,车路协同系统会通过智能车辆的辅助驾驶系统对驾驶员进行警告。

行人预警是在车辆行进过程中,对于道路或者交叉口范围内的行人位置和速度进行判断,如果行人与当前车辆的行驶轨迹有冲突的可能性,智能车辆会对驾驶员进行安全提醒。

障碍物预警与上述两种预警类似,只是对象为固定的障碍物。

事故预警是指在车辆行进过程中,如果前方突发事故,路侧智能和云端智能经过信息处理,将事故的具体信息等统一发送给路径上游的行驶车辆。事故预警的作用在于防止二次事故的发生并通知上游车辆对自己的行进路径和速度进行动态调整，从而优化车辆的通行效率并减少能耗。

信号预警是指对信号灯的状态以车路协同的方式实时动态同步给经过交叉口的车辆。同时，对于在黄灯期间有可能驶入交叉口的车辆，根据其行驶速度、位置和黄灯时间，建议其驶入交叉口或者停止。

上述预警功能的最终输出结果都体现在智能车辆的驾驶终端系统上。

二、信号优化

传统的信号优化主要依赖地磁或者雷达采集的数据来进行配时的优化，车路协同环境下的信号优化无论在信息的丰富程度还是实时性方面都将有主要的突破和提升。影响信号控制效率的重要因素包括路网状态信息感知的准确性和控制算法的逻辑。

在车路协同的环境下，感知数据的丰富程度大大地扩展了，包括来自路侧和车辆两个方面的数据。路侧智能依旧可以从例如地磁、雷达、红外等传统感知设备获取车流的信息，并且由于边缘计算设备的不断更新和完善，这些信息还可以与高清视频的识别结果或者激光雷达的点云数据融合，从而提升用于信号优化信息的精确度。另外，车辆的轨迹数据也会大力协助优化方案的生成。

传统的信号优化在大范围的协调控制中，需要大量车辆在路网中的行驶状态作为输入信息。而这类信息仅依靠路侧的感知设备很难获取，车路协同系统以智能车辆为检测器收集个体车辆的轨迹信息，为信号优化算法提供基础信息。

三、动态速度控制、主动绿波

车路协同系统还可以根据道路系统当前的交通流状态，动态计算车流的最优化行驶速度，使道路内车流的整体行驶更加安全和节能。动态速度控制需要基于车路协同系统，相关的建议行驶速度信息会发放到车辆内的辅助驾驶或者自动驾驶系统中，从而实现自动化的动态速度调节。动态速度可以让交通流整体更加平滑，车辆的加速和减速次数减少，通过优化行驶轨迹达到节能减排的目的。

在装有交叉口的道路网络中，这种速度控制就演变为主动绿波系统。主动绿波是指在车路协同的环境下，如果每一个通过的车辆都能够准确且实时地知道信号的状态，那么车辆就可以根据信号的状态主动调整自身的速度，从而更加平滑地实现加速和减速，实现车辆行驶轨迹与交叉口信号控制的配合。尤其是车辆行驶在一条比较长的干线时，这种主动绿波的方式会大大提升道路系统的效率并减少能源消耗。另外，微观的信控策略也可以与从车辆传递过来的位置和速度等信息进行联动，实现微观上更加合理的信号配时。

四、动态交通组织、网络流量均衡、动态基础设施

动态交通组织需要根据路网节点和路段的特点，制订交通流信号控制方案、信息诱导方案等交通组织方案，合理组织交通流，使之在道路网上均匀分布，避免局部路段、局部时段的交通拥挤

和阻塞。

网络流量均衡针对道路网中交通流的分布规律和路网各个部分的通行能力，利用控制和调节手段使交通流量在不同的时间和空间里都能在道路网上均匀分布，避免发生交通拥挤和阻塞现象。

动态基础设施在基础设施实体之上，增加动态数据的收集、分析，整理实时动态的基础设施使用方案并提供给用户，帮助用户作出最优选择。

车路协同应用动态基础设施实时数据，通过通信技术将基础设施与车辆相连接，根据网络流量均衡的系统最优目的生成动态交通组织方案，并为用户提供交通诱导信息。

五、设施导航、下一代导航系统

传统非车联网时代的地图导航基本是由导航软件完成的，随着车联网的发展和高精度地图绘制技术的进步，在车路协同和车联网时代，车辆的导航会出现智能手机与车载智能平板导航相互结合的态势。

车载平板属于智能车辆控制的一部分，通过车路协同系统车辆可以获取最为接近真实世界的高精度地图，因此智能导航将成为新一代智能车辆的基础功能之一。这种新式导航不但包含现有导航的特征，还能进一步与各类车路协同控制功能结合，例如动态速度导航及主动绿波等。

另外，下一代导航系统在出行信息的获取方面会更加突破传统的导航系统。随着物联网和智慧城市的发展成熟，各类服务设施和交通枢纽的内部及周边的信息都会以数字化信息的形式，借由车联网体系传输至各位驾驶员。因此，停车服务、加油充电服务、公共交通换乘服务、购物生活服务等都将被纳入智能车辆的导航系统中。

六、车路协同辅助高等级辅助驾驶与自动驾驶

车路协同下的高等级辅助驾驶是指单体车辆通过与周边车辆、路侧及平台的信息实时共享，为驾驶员提供各类高级辅助驾驶应用，实现包含驾驶盲区全角度预警、异常天气及湿滑路面预警、突发干扰事件预警、基于车路协同的特殊车辆优先通行等涉及通行安全与效率的预警、协同功能，实现全路网最优化的高效安全通行。

在实现车路协同下的高等级辅助驾驶基础上，基于车路协同构建的智能网联车-路-云环境，支持自动驾驶测试和各类自动驾驶场景的实现。车路协同系统为自动驾驶提供包括路侧感知信息、高精度定位信息、自动驾驶决策、路径规划等信息，实现车辆编队高速安全行驶、无信号交叉口控制、车流有效引导等多项功能，同时支持自动驾驶其他场景的开发与应用。

第五节 自动驾驶的发展现状分析

世界范围内对于自动驾驶的研究起步很早，1995年美国就已经研发了应用于车辆的视觉导航系统并进行了成功的试验。此后，日本、欧洲以及我国在自动驾驶和车辆辅助驾驶等方面均进行

了研究。此外,在政府层面,各国政府也纷纷制定了扶持自动驾驶发展的相关政策和法律法规、规范等。

一、自动驾驶技术发展现状

自动驾驶作为公众关注度极高的科技之一,引发了全世界的科研浪潮。世界各国的车辆企业、互联网企业及科研机构等均对此进行了大量的研究和试验。

1. 车辆企业的整车研发

特斯拉于 2020 年世界人工智能大会上发布了其 Autopilot 和 FSD(Full Self-Driving)自动辅助驾驶功能。于 2014—2016 年,AP1(Autopilot1)实现了自动巡航、自动转向、自动辅助变道、自动泊车、召唤等辅助驾驶功能;2016—2018 年,AP2(Autopilot2)升级了召唤功能,并新增自动辅助导航驾驶。2021 年,特斯拉发布全自动驾驶(FSD)V9 测试版,利用多相机融合实现的 Birdeye View 下的纯视觉感知(完全不使用激光雷达和毫米波雷达)实现自动驾驶功能。

小鹏汽车在感知硬件方面应用了 5 颗毫米波雷达、12 颗超声波雷达、双频高精度 GPS,还支持高精度地图定位以及 V2X 技术。当前,小鹏 P7 为其智能化程度最高的车型,在研发过程中,特意增加了更适合中国道路状况的交通锥识别与避让、大型货车规避、夜间超车提醒、故障车辆避让、拥堵道路超级跟车、高速公路及部分城市主干道等使用场景,并可应对暴雨天、夜间、高复杂路况、无全球定位信号等多种极端情况。

2. 互联网公司的车辆研发

谷歌公司利用激光测距仪、GPS、视频摄像头、车载雷达、微型传感器等技术成功研制出自动驾驶汽车 Waymo,其能够实现躲避障碍物与遵守交通法规,并与谷歌数据中心相连接实现导航功能,其无人驾驶汽车于 2012 年在美国内华达州获得上路牌照。目前,Waymo 已在超过 25 个城市的公共道路上行驶了超过 2000 万 mile(约合 3219 万 km)。他们还在模拟环境中行驶了数百亿英里。此外,Waymo 正在美国经营出租汽车服务,真正地实现在没有驾驶员的情况下运送乘客。

百度无人驾驶车项目于 2013 年起步,由百度研究院主导研发,其技术核心是"百度汽车大脑",包括高精度地图、定位、感知、智能决策与控制四大模块。其中,百度自主采集和制作的高精度地图记录完整的三维道路信息,能在厘米级精度实现车辆定位。同时,百度无人驾驶车依托国际领先的交通场景物体识别技术和环境感知技术,实现高精度车辆探测识别、跟踪、距离和速度估计、路面分割、车道线检测,为自动驾驶的智能决策提供依据。

3. 芯片企业的计算平台研发

2021 年,NVIDIA 推出了下一代自动驾驶汽车 AI 计算平台——NVIDIA DRIVE Atlan。在自动驾驶汽车平台选择上,英伟达占据了大半个江山,经过多年的技术积累,已经在车载领域形成了广泛的应用生态。从 2018 年 Parker 的问世到现在,其算力提高了几百倍。不仅如此,英伟达还为用户探索了一套完整的自动驾驶解决方案,包括感知、定位、地图绘制、规划和控制、驾驶员监控、自然语言处理和智能驾驶舱功能等。Atlan 融合了 NVIDIA 在 AI、汽车、机器人、安全和 BlueField 数据中心中的所有技术,可实现安全可靠的 AI 计算,拥有 ASIL-D 级的安全岛,保证自动驾驶系统运行的稳定性和安全性。

二、自动驾驶相关政策法律

在自动驾驶技术如雨后春笋般蓬勃发展的背景下,各国政府对于自动驾驶技术的发展也提出了相应的扶持政策。

美国以创造应用环境为主,包括支持自动驾驶技术的研究、相关的法律政策的制定以及基础设施的建设。欧盟依托历次框架计划项目对自动驾驶开展了长期持续的资助,开发了一系列试验车型(如 Cyber Cars 系列、HAVE_IT 等)。日本则依托优势资源,发挥大型汽车企业的主体作用,鼓励其开展国际研发合作。

2020 年,我国 11 个部委联合发布《智能汽车创新发展战略》,明确指出智能驾驶汽车是国家战略发展方向。同时,地方政府对智能驾驶发展也极为重视,纷纷出台各项鼓励与扶持政策,例如广州市发布《广州市关于智能网联汽车道路测试有关工作指导意见(征求意见稿)》,允许企业开展载客测试,允许货运等行业进行编队行驶测试;北京市交通委员会、公安部交通管理局、公安部经济和信息化局联合印发《北京市自动驾驶车辆道路测试管理实施细则(试行)》,允许自动驾驶测试主体进行载人载物和编队行驶测试。

三、自动驾驶研究现状总结

自动驾驶领域已经有了成熟的研究体系,理论体系也在不断进步,但是整体来讲,当前的自动驾驶技术依然在技术指标和运行环境等方面存在局限性,同时对于自动驾驶,也尚有法律和伦理道德等问题亟待解决。

实际的交通系统是一个复杂的巨系统,系统内包含大量自主意识的交通参与者,许多突发状况无法预测,只能靠驾驶员的经验随机应变。而当前自动驾驶的环境模型依旧较为理想化,无法适应复杂的交通环境。此外,与自动驾驶相关的法律法规、技术标准等也需要紧跟发展不断修订完善。

当前自动驾驶在部分场景已经得到了实际应用,例如工业园区、码头、仓储等,可以有效节约劳动力,提升劳动效率。同时无人化作业在当前疫情的环境下,可以减少例如港口等人流量大的劳动场景中的人员接触,对于疫情防控也有着实际的应用意义。

第六节 基于车路协同的自动驾驶

车路协同自动驾驶由智能车辆、智能道路两大关键部分组成,其中智能车辆可以是不同网联等级和自动化程度的车。而智能道路可包括道路工程及配套附属设施、智能感知设施(摄像头、毫米波雷达、激光雷达等)、路侧通信设施(直连无线通信设施、蜂窝移动通信设施)、计算控制设施(边缘计算节点、MEC 或各级云平台)、高精度地图与辅助定位设施、电力功能等配套附属设备等。车路协同下的自动驾驶在不同的发展阶段能够实现不同的应用场景,且在此发展过程中,有一系列的关键技术亟待解决。

一、车路协同下自动驾驶发展阶段划分

智能车辆的自动驾驶技术在发展和成熟的过程中可以实现的功能不断强化。自动驾驶首先作为驾驶辅助手段帮助人类驾驶员进行辅助驾驶,随着其对于环境感知能力不断加强,逐渐拥有驾驶判断响应和车辆控制能力,自动驾驶可以逐步解放人类驾驶员的部分任务,直到技术成熟完全接管。国家市场监督管理总局、国家标准化管理委员会针对自动驾驶功能发布了《汽车驾驶自动化分级》(GB/T 40429—2021),将自动驾驶划分为 6 个等级,见表 12-1。

自动驾驶等级与划分要素的关系　　　　表 12-1

分级	名称	持续的车辆横向和纵向运动控制	目标和时间探测与响应	动态驾驶任务后援	设计运行范围
L0 级	应急辅助	驾驶员	驾驶员和系统	驾驶员	有限制
L1 级	部分驾驶辅助	驾驶员和系统	驾驶员和系统	驾驶员	有限制
L2 级	组合驾驶辅助	系统	驾驶员和系统	驾驶员	有限制
L3 级	有条件自动驾驶	系统	系统	动态驾驶任务后援用户(执行接管后成为驾驶员)	有限制
L4 级	高度自动驾驶	系统	系统	系统	有限制
L5 级	完全自动驾驶	系统	系统	系统	无限制*

注:* 表示排除商业和法规因素等限制。

在不同自动驾驶等级的条件之下,智能车辆和智能道路之间的协同也分为不同的阶段,见表 12-2。

不同阶段智能车辆和智能道路之间的协同　　　　表 12-2

阶段	子阶段	适用标准	典型应用场景举例
阶段 1:信息交互协同	无	《合作式智能运输系统 车用通信系统应用层及应用数据交互标准》(T/CSAE 53—2019)	碰撞预警、道路危险提示等
阶段 2:协同感知	阶段 2.1:初级协同感知	《合作式智能运输系统 车用通信系统应用层及应用数据交互标准(第二阶段)》(T/CSAE 157—2020)	交通参与者、交通事件等协同感知,2.2 阶段所需的感知能力远高于 2.1 阶段
	阶段 2.2:高级协同感知	《基于车路协同的高等级自动驾驶数据交互内容》(T/CSAE 158—2020)	
阶段 3:协同决策控制	阶段 3.1:有条件协同决策控制	《合作式智能运输系统 车用通信系统应用层及应用数据交互标准(第二阶段)》(T/CSAE 157—2020);《基于车路协同的高等级自动驾驶数据交互内容》(T/CSAE 158—2020);《自主代客泊车系统总体技术要求》(T/CSAE 156—2020)	协作式换道、无信号等协同通行、紧急车辆优先等
	阶段 3.2:完全协同决策控制	暂无	完全自主编队通行

(1)阶段 1:信息交互协同车辆与路侧进行直连通信,实现车辆与道路的信息交互与共享,通信方式可以是 DSRC(Dedicated Short Range Communication,专用短程通信技术)或 LTE-V2X(车联网)。

(2) 阶段 2：协同感知（阶段 2.1：初级协同感知，阶段 2.2：高级协同感知）在阶段 1 的基础上，随着路侧感知能力的提高，自动驾驶的感知和决策的实现不仅依赖于车载摄像头、雷达等感知设备，而且需要智能道路设施进行协同感知。协同感知分为初级协同感知和高级协同感知两个分阶段。

①阶段 2.1，初级协同感知。道路感知设施相对单一、部署范围有限、检测识别准确率较低、定位精度较低，达不到服务于 L4 级自动驾驶车辆的要求。

②阶段 2.2，高级协同感知。道路感知设施多样、道路全面覆盖、检测识别准确率高、定位精度高，能够服务于 L4 级自动驾驶车辆。

(3) 阶段 3，协同决策控制（阶段 3.1 有条件协同决策控制，阶段 3.2：完全协同决策控制）。在阶段 2 协同感知的基础上，道路具备车路协同决策控制的能力，能够实现道路对车辆、交通的决策控制，保障自动驾驶安全、提高交通效率。

①阶段 3.1，有条件协同决策控制。在自动驾驶专用道、封闭园区等环境下实现协同决策控制，或实现 AVP 自主泊车。

②阶段 3.2，完全协同决策控制。在任何时间、任何道路和交通环境下，都可实现车路全面协同感知、协同决策控制功能。

二、车路协同的关键技术

车路协同系统关键技术主要包括车路协同系统平台、多模无线通信技术、状态协同感知技术、大数据融合处理技术、群体协同决策控制技术和信息交互安全技术等。采用这些关键技术将完成智能车路协同系统的基本构建和应用服务，是实现车路协同应用与推广的基础。

1. 车路协同系统平台

智能车路协同系统由以信息为核心的、提供不同层次功能的五层平台和一个支撑体系组成，如图 12-5 所示。智能车路协同系统五个层次的功能平台，从下至上依次为信息采集融合平台、信息交互共享平台、信息协同处理平台、信息安全保障平台和信息功能服务平台，它们分别完成不同层次下以信息为中心的层次化功能，即信息采集融合、信息交互共享、信息协同处理、信息安全保障和信息功能服务等；同时，智能车路协同系统通过制定的统一的系统标准与管理支撑体系对接外部系统。

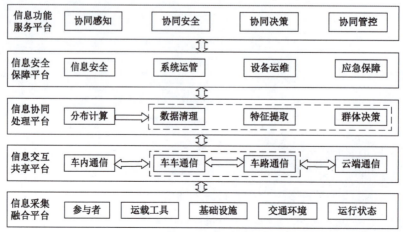

图 12-5　智能车路协同系统的检成

2. 多模无线通信技术

考虑车辆的高移动性和道路交通所处的广域环境，采用单一的无线通信模式无法满足实际应用需求，而需要采用多模无线通信技术，以保障所有交通主体能够实现任何时间、任何地点和任何交通主体基于现存通信模式的互联互通，这是构建智能车路协同系统的技术基础和必要条件。目前，可支持车路协同技术在不同场景、条件和功能下应用的无线通信模式有 DSRC、EUHT（Enhanced Ultra High Throughput，超高速无线通信技术）、WANET（无线自组织网络）、Wi-Fi（无线网络通信技术）、红外、蓝牙、2G/3G/4G、LTE-V（车联网）和 5G 等。

3. 状态协同感知技术

随着传感器网络技术、无线通信技术和智能信息处理技术的快速发展，自动感知和泛在感知技术的出现，极大地改变了传统交通系统的检测方法和手段，宽覆盖、长寿命、高精度、网络化和移动性的多维状态感知已成为智能车路协同系统的重要且基础的内容。

现代交通状态的感知内容，包含实施对道路环境如干线公路和城市路网等不同交通环境的感知，也包含交通实体如路侧系统和车载系统等不同载体的感知，还包含对交通方式如步行、骑行、公共交通、地铁和私家车等不同出行模式的感知。因此，智能车路协同系统借助这些新型的智能感知新技术和新装备，可提供面向交通控制与管理的综合交通状态感知系统化体系和方法。

现代交通状态技术与传统状态感知技术的最大区别，就在于近年来引入的传感器网络、车联网、物联网和下一代互联网等技术，由此催生了宽覆盖、长寿命、高精度、网络化和移动性等新特性。这些新技术的最新发展，有效拓展了交通状态和信息的获取途径和手段。

4. 大数据融合处理技术

随着交通状态感知手段和信息交互技术的不断更新，可获得的交通信息呈现出丰富、海量和异构等特点，如何对这些数据进行协同处理和综合分析并最终形成决策信息，对于智能车路协同系统具有非常重要的意义。

在智能车路协同系统中，数据融合和协同处理是整个系统的基础，其绝大部分功能的实现都需要建立在完备的交通信息之上。由于智能车路协同系统的服务都是基于各类异构、动态、海量数据的处理为核心的应用集合，即都是基于对所谓的交通大数据实施的协同处理的应用集合；且由于这些海量数据存在异构性、规模性与复杂关联特征，其处理需要具有高度灵活的协同机制，需要综合有效地利用复杂环境下的多源异构数据，融合相互互补的数据并消除数据冗余，即需要目前所谓的基于云计算的信息融合方法，从而在数据级、特征级和决策级三个层面实现交通数据的多层融合与协同处理。

在现阶段智能车路协同系统的研究和发展过程中，发展交通数据融合与协同处理技术，实现包括出行者、运载工具和交通环境等在内的多源交通数据融合与协同处理，研究包括安全状态、道路状态、混合交通和尾气排放等在内的交通数据融合与协同处理新技术与方法，并实现面向效率与环保的多模式绿色出行诱导，将是我国未来智能车路协同系统发展的重要内容之一。

三、车路协同技术未来发展展望

基于车路协同的发展阶段规划以及发展过程中需要突破的关键技术，展望车路协同技术的未来发展方向,愿景如下。

1. 车体智能与路侧智能并行发展

随着边缘计算、移动互联、车路协同技术产品的发展与成熟,未来车体智能与路侧智能将出现一定程度的并行发展。两者之间具有不同的分工,又基于通信协议进行协作。车体智能是进行车辆控制和制订驾驶策略的核心基础,而路侧智能将更加偏向于采集和处理环境数据,从而为车辆提供更加全面的周围环境信息并节省算力。

云端智能则是另外一个重要的方向,属于能够连接和黏合两者的云端基础设施。车端智能、路侧智能、云端智能的关系如图12-6所示。

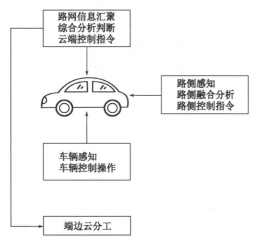

图12-6 车端智能、路侧智能、云端智能的关系

路侧智能的发展既依赖感知技术的发展,也依赖边缘计算技术的发展。路侧智能可以将大量单体车辆难以观测或者观测成本过大的信息传递给车体,从而辅助车体内的智能进行驾驶策略的生成。这些核心信息包括但不限于车体位置、速度、行人、障碍物、车流统计信息、信号灯信息、交通法规、交通组织信息等。有些动态信息,如果仅依靠车体检测则成本太过高昂,甚至是不可行的。

因此,未来在新基建领域,路侧智能的资金投入也会大幅增加。这些投资将确保各类自动驾驶车辆和高级辅助驾驶车辆以更加安全和高效的方式在道路网中通行。

2. 车辆的驾驶行为及智能化程度呈现飞跃

不同于传统的道路行驶环境,在智能网联环境下,车体的驾驶智能化程度将出现飞跃式的提升。

商用车中具有L3甚至L4级别的自动驾驶能力的车辆比例将提升,从而使得路面上的车辆普遍都具有一定程度的辅助驾驶或者自动驾驶智能化水平。这些升级车辆将造成对于新的路侧智能的基础设施的强劲需求,而这些需求又反过来推动路侧智能的发展,从而进一步强化车体智能。

因此,未来5~10年城市道路和高速公路上的智能驾驶车辆的迅速增长将在很大程度上改变道路的交通流状态和交通组织及控制形态。

3. 基于互联网的交通控制及组织

由于相当比例的车辆将具有自动驾驶或者辅助驾驶的功能,因此网络整体的交通控制和交通组织方式将发生较大的发展变化。传统的交通控制或者组织模式仍然是以路侧的固定感知设备为主要手段,但是随着车辆的数据普遍得到采集,以及路侧智能的增强,海量的车体数据和轨迹数据将可以应用到各类交通控制优化和交通组织上。这些交通控制和组织包括:

(1)信号优化。利用车联网大数据对城市的信号灯配时进行大范围优化,从而提升道路网络通行能力。

(2)速度控制优化。利用车联网大数据对高速公路、快速路的速度根据交通拥堵的程度进行动态控制,从而提升驾驶安全性和路网通行效率。

(3) 实时路径导航。对网络中的车辆,透过车联网系统,根据网络中的流量分布以及拥堵情况进行实时的路径导航,从而实现流量的均衡分配。

(4) 区域交通组织。通过分析车联网大数据,城市系统层面可以对整个区域进行交通组织的优化。通过交通组织优化可以大大提升局部的交通状态,甚至解决一些因为需求大于供给造成的系统性拥堵。传统的交通组织从数据收集到实时的周期过长,而且由于数据匮乏,易出现因为数据不足而导致的策略失当。车路协同下的海量数据正好可以解决这些问题。

(5) 动态道路利用。例如潮汐车道、交叉口禁止左转、动态车道等控制手段,在车路互联协同模式下,更容易发挥控制的效果。

4. 车辆安全及事故处理的数据化

根据我国的智能网联规划,未来所有智能网联汽车的行驶数据都将根据协议上报给对应的云平台进行管理,这对于交通事故发生后的责任认定、原因分析等具有至关重要的作用。由于高级辅助驾驶和自动驾驶车辆和人工驾驶车辆的碰撞是不可避免的,因此基于行驶大数据的事故还原、分析、原因和责任认定将是智能网联数据的重要应用。同时,由于各类信息预警系统的充分发展,交通流的安全性也将大大提升,尤其是轻微剐蹭类事故的数量将会大为减少。

本章参考文献

[1] 陆化普.智能交通系统主要技术的发展[J].科技导报,2019,37(6):27-35.

[2] 常振廷,谢振东,董志国.面向公交营运管理的车路协同应用场景研究[J].智能网联汽车,2020(03):93-96.

[3] 李清泉,熊炜,李宇光.智能道路系统的体系框架及其关键技术研究[J].交通运输系统工程与信息,2008(01):40-48.

[4] 赵祥模,惠飞,史昕,等.泛在交通信息服务系统的概念、架构与关键技术[J].交通运输工程学报,2014,14(04):105-115.

[5] 李小鹏.国务院关于建设现代综合交通运输体系有关工作情况的报告——2021年6月7日在第十三届全国人民代表大会常务委员会第二十九次会议上[J].中华人民共和国全国人民代表大会常务委员会公报,2021(05):1051-1056.

[6] 《中国公路学报》编辑部.中国汽车工程学术研究综述·2017[J].中国公路学报,2017,30(06):1-197.

[7] 《中国公路学报》编辑部.中国交通工程学术研究综述·2016[J].中国公路学报,2016,29(06):1-161.

[8] 全国汽车标准化技术委员会.汽车驾驶自动化分级:GB/T 40429—2021[S].北京:中国标准出版社,2021.

[9] 清华大学智能产业研究院,百度Apollo.面向自动驾驶的车路协同关键技术与展望[R].北京:清华大学智能产业研究院,百度Apollo,2021.

[10] 徐志刚,李金龙,赵祥模,等.智能公路发展现状与关键技术[J].中国公路学报,2019,32(08):1-24.

第十三章 CHAPTER 13

世界一流交通服务关键技术与发展展望

焦朋朋　赵鹏飞

推进交通服务发展和提质增效是交通运输体系建设的本质要求与根本目的。交通服务的发展依赖于先进高效的工具、技术装备以及相应的基础设施和管理服务模式,以满足交通服务过程中的软硬件需要。基于此背景,本章首先对世界一流交通服务技术进行分类梳理;其次,剖析世界一流交通服务所需的基础理论与关键技术;再次,对世界一流交通服务技术的应用前景进行分析;最后,提出我国实现世界一流交通服务技术发展的对策建议。

第一节 世界一流交通服务相关技术发展现状

根据交通服务技术的属性和载体的差异,从客货运输技术、载运工具开发技术、计算机技术三个方面,对当前世界一流交通服务相关技术的概念、研究及应用等方面进行分析和总结。

一、客货运输服务技术

交通运输组织的一体化和智能化是提升交通运输效率、降低交通运输成本的重要途径,也是近年来交通客货运输发展的核心方向,形成了客运"一卡通"、智慧公交、货运多式联运"一单制"、出行即服务、网约车服务、地下物流等相关重要技术。

1. 客运"一卡通"

客运"一卡通"可以实现持卡跨地域、跨交通方式使用,既节省乘坐运输工具时购票、验票和付费的时间,又减少携带现金和找零的麻烦,是便捷出行的得力助手。随着信息通信技术的发展,客运"一卡通"的业务在国内外得到了迅速普及,为市民的公共交通出行带来了极大的便利。

国外客运"一卡通"发展起步较早,较为有名的包括日本的 SuicaCard、韩国首尔的 T-MoneyCard 以及英国的 OysterCard 等。其中,日本发行的一卡通具有以下特点:①种类繁多、覆盖面广:Suica、Pasmo、Icoca、Pitapa 等近十种 IC 卡相互兼容,这些卡片可以用于乘坐火车、地铁和公交车等,使用规模范围广泛,几乎覆盖整个日本。②普及率高:Suica 于 2001 年 11 月推出,截至 2018 年,JREast 已经发行了 6940 万张,可在 47.63 万个销售点使用,每天有 660 万次交易。

韩国所发行的一卡通中最普及、最常见的是 T-money 卡,也是国外游客来韩国旅行时最常购的交通卡,该卡还可提供多种其他服务,其中公共服务包括停车、拥堵收费等;娱乐购物服务包括快餐店、书店、公园、便利店、自动售货机等消费。T-Money 卡可在韩国境内全国通用。此外,该一卡通的普及率较高,现阶段为公交车93%,地铁100%,出租汽车30%。

英国发行的客运"一卡通"俗称"牡蛎卡",利用该卡可以乘坐地铁、公交车、电车、DLR(伦敦码头区轻轨)、伦敦 1~9 区之内的火车、O2 附近观景缆车等公共交通工具。该卡的一大特色是实行价格优惠政策:分时段的票价优惠,在非高峰期乘坐轨道交通会有打七折、分群体的票价优惠等。

从国内来看,交通联合(China T-union)是我国交通运输部主导,北京中交金卡科技有限公司负责运营的一卡通互联互通系统。交通联合一卡通是具有支付功能的预付费卡,持交通联合卡可在支持交通联合的公共交通系统(公交车、出租汽车、轨道交通、轮渡等)刷卡付费。交通联合卡在非发卡地使用时,具体优惠方式、优惠额度及适用范围由当地人民政府研究确定。

2015年7月7日,长春市轨道交通集团有限公司成为首个交通联合正式入网机构,并于2015年6月29日发行符合交通联合标准的长春轨道客运"一卡通"。2015年10月30日,符合交通联合标准的江苏客运"一卡通"在镇江首发。2015年12月25日,符合交通联合标准的北京市政客运"一卡通"(即京津冀互联互通卡)在北京首发。随后,各地区陆续发行交通联合卡,各手机品牌亦在陆续开发交通联合卡的空开、空充功能。

所在城市的新版交通卡或公交车身等处,只要卡面上或公交车身上贴有一个红绿底色白字书写的"交通联合 China T-union"标识,就表明这个城市已经加入全国客运"一卡通"通互联互通项目,就可以实现与该项目中其他城市的公交一卡通行。截至2020年底,全国已实现303个地级以上城市客运"一卡通"互联互通。2021年3月10日、12日,浙江省、山西省分别开始发行符合交通联合标准的第三代社会保障卡。截至2021年6月,"交通联合卡"全国发行总量达到1.05亿张,可在超过900个城市使用。

交通联合系统使全国各地的交通系统串联起来,使各城市间的联系更加密切,"一卡刷遍中国"使得出行更加方便、快捷,同时标志着我国各地区发展的协同化、一体化、同城化正有序地开展和推进。

2. 智慧公交

智慧公交是智慧城市的有机组成部分之一,它将传统的公交运营管理模式升级为云服务模式,可极大提高城市公交系统的智能化管理水平及运载能力,并面向交通部门及公众提供多样化的公交信息服务,满足城市公交管理部门在管理方面及居民出行方面的需求,进一步推进智慧城市的建设。

智慧公交对缓减日益严重的交通拥堵问题有着重大的意义,其主要技术功能包括实时车辆指挥调度、移动视频监控、报警及转发、车载录像和电子站牌等。

实时车辆指挥调度技术是指通过GIS、GPS、北斗导航等定位技术为公交企业提供方便的手段与公交车进行实时的沟通,了解情况,下发指令,甚至进行远程控制。调度功能主要包括车辆定位监控、车辆实时调度、求救和越界报警、车辆信息查询、统计信息查看和设备管理。

移动视频监控技术是指监控中心可通过3G/4G/5G无线网络,实时监控公交车辆运行位置、运动轨迹和车厢内的情况。当发生紧急事件时,监控中心可以实时监控前端车辆内的状态,做到及时报警。

报警及转发技术是指车载前端设备可向视频监控指挥平台发出报警信号,再由其转发给服务器,启动相关联动控制业务。值班室负责监控的工作人员在发现警情也可以发出报警,报警信息传送给公安专网上进行处理。

车载录像技术是指车载前端具有录像功能,硬盘录像机可记录事件发生时现场的视频、音频,作为公安现场执法和事后取证的依据。

电子站牌技术可大大方便广大乘客乘车。乘客在车站最想知道的就是下一趟车何时到站,车上是否拥挤,坐上车多久能到目的地。这些都可以通过电子站牌和监控中心,通过光纤等方式进行信息交互,通过站牌的显示设备呈现给乘客。

智慧公交应用场景从其服务的对象角度,可划分为三大类,分别为智能+乘客端服务场景、智能+运营企业端场景、智能+城市交通管理场景。

（1）智能+乘客端服务场景：面向城市公众，通过智能+方式提高公共交通服务的准时性、舒适性、安全性、省时性，以增强公共交通服务吸引力。

①行前服务。用户出行前，智能线路规划功能与智能出行时间规划功能，基于路况分析预测提供车辆到站时间发布、行程时间预估，帮助乘客合理安排行程，减少乘客在站点候车等待的焦虑感，提高用户对公共交通出行方式时间可控性认知；与此同时，基于公众出行需求进行分析预判，公共交通营运企业得以提早进行智能车辆调度，使得公共交通运力资源与潜在需求达到匹配，在一定程度上降低车厢与场站人群拥挤程度。

②场站服务。场站内的智能票务服务与智能安检服务，分别依托城市居民线上支付体系、线上信用体系，实现减少安检、检票等环节时间目的。此外，智能调度功能与智能场站客流分析功能结合，将实现及时增派车辆，降低场站人流拥挤度，提高公共出行舒适度。同时，智能场站消费推荐，则基于用户消费偏好与定位信息，为用户个性化推送周边消费场所，满足用户出行以外的其他日常购物需求。

③在途服务。行车途中，智能车辆设备状态实时监控功能与智能驾驶员驾驶状态监管功能，将为乘客的出行安全构筑屏障。此外，未来智能+公共交通服务将对局部易形成拥堵路段，实现基于车路协同的指挥调控，以保障相对其他交通出行工具，公交车辆拥有一定的优先通过权重，提高公共交通出行方式的省时性。

（2）智能+公共交通企业运营场景：面向公共交通运营服务商，为其提供服务优化、安全管理、盈利探索、运营模式创新四类产业赋能，以智能+业态促进行业企业经营痛点得到改善。

①服务优化。智能车辆调度功能与智能线路规划功能，凭借数字化功能，对城市居民日常出行需求进行量化分析，重构供给端运力资源以最大限度满足公众需求，在一定程度上减少公众绕路、换乘，提高公共出行直达性。

②安全管理。智能设备维护功能，通过智能机器人代替人工方式，进行车辆及轨道巡检，提高检测效率，实现潜在故障及时预警，减少由于故障造成的突发性停车，保障公共出行的安全可靠性。此外，智能安全管理功能，基于场站与车辆内的客流分析与全貌监测，降低公共交通场站人群踩踏等事件发生风险，实现对扰乱社会治安秩序事件、危害公共安全事件的提早感知与应对，提高公共出行服务的安全保障。

③盈利探索。商户智能营销功能，建立场站线下商户与用户间的数字化连接，对公共交通用户采取用户分层、智能推荐、转化复购等智能化营销手段，实现为场站周边智能商业体引流，达到扩展企业盈利渠道的目的。

④运营模式创新。公共交通运营服务企业内部，将打通企业自身的 ERP(Enterprise Resource Planning，企业资源计划)、HR(Human Resource，人力资源)、OA(Office Automation，办公自动化)、财务系统、线下票务、场站管理、周边商业体等环节，实现企业日常运营决策数字化，提高企业内部运营效率。

（3）智能+城市交通管理场景：智能+城市交通管理场景下，面向城市交通管理者，以智能公共交通管理平台为载体，提供智能道路交通分析预判、智能道路疏堵、智能规划决策、智能交通量化评估。值得注意的是，其"分析判断—决策定制—量化评估"动作将形成闭环，对城市交通体系服务进行持续迭代打磨，提高城市运转效率。

目前，我国在智能公交方面实行了试点制。截至 2020 年 11 月，交通运输部共公布两批共 37

个公共交通智能化应用示范试点城市。根据各城市交通运输主管部门公布信息,以上示范城市中有10个城市(上海、长沙、合肥、天津、西安、呼和浩特、南京、南昌、株洲、宁波)的部分示范建设项目已经完成相关评审验收工作,符合交通运输部《城市公共交通智能化应用示范工程建设指南》的要求,而其他城市正在进一步建设中。

3. 货运多式联运"一单制"

货运多式联运"一单制"是指货运过程中,涉及使用一种以上运输方式,如公路、铁路、海运或空运,将货物从供应商运送到买方的货运,在此过程中仅需要一次性订单即可。

从国内来看,为了促进多式联运"一单制",从国家和地方两个层面分别制定了相应的鼓励政策。早在2017年,国家发展改革委、交通运输部、中国铁路总公司印发《"十三五"铁路集装箱多式联运发展规划》,提出研究构建双层集装箱运输通道方案,促进我国集装箱多式联运更好发展。2019年,中共中央、国务院印发《交通强国建设纲要》,提出推动铁水、公铁、公水、空陆等联运发展,推广跨方式快速换装转运标准化设施设备,形成统一的多式联运标准和规则。2020年8月,交通运输部发布《关于推动交通运输领域新型基础设施建设的指导意见》,提出引导建设绿色智慧货运枢纽多式联运等设施,提供跨方式、跨区域的全程物流信息服务。2021年1月,交通运输部发布《关于服务构建新发展格局的指导意见》,指出深化多式联运示范工程,推广多式联运运单,推动多式联运"一单制"。

此外,在地方层面上,2021年4月1日山东省交通运输厅和山东省财政厅联合发布了《关于开展全省多式联运"一单制"试点工作的通知》;2021年4月14日,福建省交通运输厅印发了《打造特色多式联运"一单制"模式》。这些文件都旨在促进多式联运的高效推进。

截至2020年,有70个多式联运示范工程完成集装箱多式联运量约480万TEU。全国港口完成集装箱铁水联运量687万TEU,同比增长29.6%。但国内多式联运起步晚,规模较小,比例低。2018年,我国多式联运在物流运输中所占仅为2%左右,远低于一般发达国家。2016年,我国铁路集装箱运量为761万TEU,占当年铁路货运总量的5%左右,不仅远低于发达国家的相应比例(30%~40%),而且低于铁路适箱货物的比例(10%)。2016年,我国主要港口海铁联运量为87.8万TEU,在全国港口集装箱吞吐量中所占的比例不到2%,而在北美洲、欧洲,海铁联运的比例普遍在20%~30%之间。

国外货运多式联运"一单制"起步较早,其中较为先进的是美国和欧洲。美国提出并强化了以多式联运为主导的发展目标,制定实施了系列发展战略与政策措施,经过多年大力持续推进,美国多式联运实现了蓬勃发展,并为美国经济社会发展注入了强大活力和动力,主要表现在如下几个方面。

一是多式联运总量实现高速增长。1997—2011年,美国多式联运货运量由2.17亿t增加到16.2亿t(增长了6.5倍),占货运总量的9.2%;预计到2040年,美国多式联运的货运量将达到35.75亿t,占货运总量的12.5%,货运价值量将增加到近10万亿美元,占货运总价值的25.3%。美国公铁、公水、铁水联运运量占全部多式联运运量比例分别为53%、34%、13%,相应周转量占比分别为57%、29%、14%,表明公铁联运成为主要的联运方式。

二是各运输方式比较优势充分发挥、集装箱运输占据绝对优势。美国多式联运需求主要集中在东部海岸港口到芝加哥等内陆地区,因此美国的多式联运具有距离长、附加值高的特点。美国

500mile(804km)以下的货物运输中多式联运的占比仅为1%,而2000mile(3219km)以上的占比则达到了18%,其价值占比达到了34%。其中铁路运输占据主导地位,800km以上一般由铁路承担。与此同时,集装箱运输比例快速提升。2013年,美国铁路多式联运规模为1280万集装箱(半挂车),达到历史最高水平。收入方面,多式联运占到美国铁路总收入的22.9%,超越煤炭成为铁路收入的主要来源。而就结构而言,1990年,集装箱只占到美国铁路多式联运量的44%,到2000年,这一数字上升至69%。由于双层铁路集装箱的发展,2013年集装箱占到美国铁路多式联运的比例达到创纪录的88%。近年美国TOFC(铁路半挂车驮背运输)和COFC(铁路集装箱驮背运输)的运量比例变化也清晰地表现出这一特点。

三是集疏运体系不断健全。美国不仅交通基础设施发达,而且由专用线、枢纽和终端节点组成的多式联运集疏运体系比较完善。美国交通部对全国港口、机场、货站等进行了全面评估,最终确定了全国517个多式联运物流节点,其中机场作为物流节点的数量达到99个。为保证这些节点的集疏运,政府为616个节点建设了1222mile(1967km)的公路专用线,见表13-1。其中,对于一些货运量较大的节点,确保有多条集疏运线路;而对于另外一些站点,则确保与国家公路网无缝对接。

美国多式联运节点的种类和数量   表13-1

多式联运类型	数量(个)	公路专用线长度(km)
港口(海运、河运)	253	532
航空	99	221
货车/铁路末端	203	354
管道/货车末端	61	115
合计	616	1222

四是市场主体实现集约发展。在美国政府多式联运政策导向和放宽运输市场管制政策下,美国形成了一大批适应并推动多式联运发展的市场主体。目前,全美共有4.5万家多式联运企业,它们均可签发"联运提单",提供全程联运服务,为客户选择优质的运输服务和最经济的运输方式。铁路方面,美国铁路货运形成了东西各2家和南北1家的五大铁路货运企业格局,成为美国公铁联运的主要承运人;公路运输历经淘汰重组,形成了数家拥有数万辆车辆资产的大型企业。全球最大的快递物流企业FedEx在全球375个机场开设空陆联运业务,拥有634架货机、4.7万辆集装箱货车,在全球设有1200个服务站及10个空运快件转运中心,提供次晨达、次日达、隔日达以及普达等多样化快递服务。

4. 出行即服务(MaaS)技术

出行即服务(Mobility as a Service, MaaS)是将各种运输方式整合在统一的服务体系中,从而充分利用大数据决策,最优调配资源,最大限度满足不同出行需求的一体化出行服务生态,并以统一的信息服务平台来对外提供出行规划、预定、支付、清分、评价等服务,可通过提高公共客运系统的服务水平来尽可能减少公众对私人小汽车系统的依赖。

MaaS技术源于欧洲,一种说法是最初于1996年提出。在2014年欧盟智能交通系统(Intelligent Transport Systems, ITS)大会上,MaaS的概念又一次被提出,并自2015年世界ITS大会起逐渐成为全球智能交通领域的热门议题。2016年,欧盟ITS协会牵头成立全球首个区域性MaaS联盟,为全球MaaS理论、模型方法和技术应用等最新的发展奠定基础。

自 MaaS 诞生以来,全球很多城市已经开始进行 MaaS 示范应用。大多数应用示范中均整合了至少 3 种交通方式,公共交通、地铁或电车、出租汽车等多源信息将通过统一的平台处理、融合、发布多模式交通状态、多模式交通智能衔接、多模式交通出行链匹配优化、出行规划、路径引导、服务评估等信息,实现 MaaS 体系下的多模式交通信息服务。英国根据面向的不同人群,以及面向不同公共政策等维度,整理了 MaaS 技术可以实现的事情,具体可分为 MaaS 提供商、数据提供商和运输服务提供商等多个层面,把这些零散数据和服务整合起来,从而为目标客户提供定制服务。

一些国家陆续尝试研发 MaaS 信息平台。戴姆勒旗下的全资子公司 MoovelGroup,创建一款城市移动出行用操作系统,可访问多款移动出行服务,实现数字化、互联化及按需服务,该公司还将展示其移动应用及按需(On-demand)产品。

Moovel 的产品是新款移动出行服务,基于先进算法提供智能行程管理,基于动态规划出行路线实现实时更新交通信息服务。德国软件开发商 PTV 推出 Maasmodeller 工具,可提供新交通服务选项的预投放建模,软件可帮助车队运营商确定其投入上路行驶车辆的数量,基于城市交通数据及出行需求构建特定出行需求考量范围模型,从而实现各交通出行业务模式最优化。

大众汽车集团、英特尔子公司 Mobileye 和 ChampionMotors 公司宣布 2019 年在以色列实施自动驾驶网络汽车预约服务"NewmobilityinIsrael"(以色列新出行),即 AI + MaaS。2019 年,以色列公司 Optimus 提供动态实时平台,该平台可优化公共交通的配置资源,基于专用算法及云端技术分析乘客需求和预期事件实时变化趋势,提供最优出行线路。

日本高速公路客车大厂 Wler 基于人工智能与汽车感应设备研发 MaaS 网络约车系统。JR 东日本(JREast)于静冈县伊豆半岛进行 MaaS 试验,JR 东日本使用德国汽车大厂戴姆勒(Daimler)旗下 MaaS 平台厂 Moovel 开发的手机 App"Izuko",强调一步到位的交通预约服务出行者可实时预定交通行程。

MaaS-London 的运营主体是本地成立的出行即服务运营公司,致力于打造多模式交通出行信息服务平台。MaaS-London 的技术核心在于提供一个整合平台,进行信息技术和交通基础设备的交互集成,提供实时交通信息、出行规划和出行方案评估综合功能。

国内出行服务平台的合作方包括本地出行服务运营商、互联网公司和城市间客运公司等,其中本地出行服务运营商包括公交公司、长途客运公司、出租汽车公司、汽车租赁公司等;互联网公司包括如高德地图、百度地图、嘀嗒打车等网约车公司,去哪儿网、携程等出行和旅游服务公司,拼多多、大众点评等电商。

阿里和高德地图联合推出城市大脑·智慧交通系统,打通数据孤岛,形成全局出行规划,最大化道路资源,驱动交通出行服务。腾讯公司和东华智慧城市提出"MaaS 智慧交通体系",集成广东交通的思考、运算、决策系统,基于交通大数据分析,判断、决策和管理运营广东多模式 MaaS 交通出行。百度"交通大脑"利用互联网、人工智能、大数据分析优化交通管理体系,提升道路通行效率。其中感知层实时分析道路变化、路口交通状况、车辆轨迹等信息,决策层通过大数据的索引计算出最优化的道路通行配时和出行规划建议,输出层对道路网络进行优化更换配合百度大脑要求的智慧信号灯路侧感知设备。

5. 网约车服务技术

网约车服务,是网络预约出租汽车经营服务的简称,是指以互联网技术为依托构建服务平台,接入符合条件的车辆和驾驶员,通过整合供需信息,提供非巡游的预约出租汽车服务的经营活动。网约车根据市场业务类型的不同可以分为网约出租汽车、网约快车、网约专车、顺风车和代驾等。这种技术的应用极大地改变了大城市里人们寻找交通工具的方式。通过一个应用程序,乘客可以召唤车辆到他们的位置。

网约车服务的核心目的与巡游车相同,两者都提供即时单程出行服务。两者之间的区别在于客户与服务的交互、可变定价模式以及对共享经济的利用。

网约车服务围绕便捷与简单的主题进行设计,旨在通过技术使用户体验尽可能愉快。考虑到智能手机越来越普及,用户可以通过智能手机 App 在一个城市的任意地点在线约车。

而相比之下,巡游车只能在大城市或在机场和酒店等特定的地点进行扬招。由于网约车的迅速壮大,其他公司也开发出类似的 App,例如 Curb、Flywheel 等已开始与出租汽车开展合作。一些网约车服务公司提供额外的约车选择。例如,用户可以通过该公司的手机网站预约 Uber 的车辆。更为便利的是,乘客可以使用智能手机的位置追踪功能来指定上车地点,这对于在不熟悉地区的用户非常有帮助。此外,相比呼叫一辆巡游车,等待网约车的时间通常更短。支付方式对于驾驶员来说也更方便,用户可以在到达目的地后自动支付费用,不需要额外输入任何信息。

除了使用便捷以外,网约车服务通过对乘客与驾驶员提供补贴,还能实现更低的费用。为了在新市场中建立自己的客户群,网约车公司经常会投入大量资金,通过折扣券和奖金来提供补贴。另一个显著的特点是价格采用动态定价模式,该模式基于驾驶员资源与一个地区的网约车需求。如果一个地区约车的人多,驾驶员又不够,乘车费用将成倍增长。这鼓励了驾驶员在高需求地区运营,因为他们将获得更多收入,从而使供需达到平衡。

2009 年 Uber 公司成立后,网约车服务也开始出现。从这时起,网约车服务通过共享经济带来的优势取得迅速成长,Uber 与 Lyft 这两大网约车公司在美国崛起。Uber 2016 年约达 680 亿美元的最高市值使得网约车服务为大众所知,这一市值甚至超过了通用、福特、本田等整车厂。

我国拥有全球最大且仍在持续增长的出行需求和市场,而网约车出行现已成为城市出行必要的交通工具之一。2017—2019 年,我国网约车市场规模稳步增长,2019 年达 3080 亿元,首次超过 3000 亿元;2020 年受新冠肺炎疫情影响稍有下降,但也达到约 2980 亿元。网约车的渗透填补了城市人口增速超过巡游车供给的出行缺口,2014—2019 年市区人口超过 400 万的中大型城市(31 个)人口的年复增长率为 4.5%,而巡游车车辆增速仅为 1.2%,打车出行供给端未能满足新增人口的需求。我国近年来网约车市场年增长率接近 50%。市场快速的发展离不开头部企业前期对用户的补贴培养,它们让越来越多的用户习惯打车出行。场景服务、消费升级以及越来越多的车企厂商和地图厂商入局出行行业,带动了三四线甚至四五线城市用户的打车需求。

6. 地下物流技术

地下物流系统(Underground Logistic System,ULS),是指利用自动导引车(Automatic Guide Vehicle,AGV)和两用货车(Dual Mode Truck,DMT)等运载工具,通过超大型地下管道、隧道等运输通道,运输固体货物的一种新型运输供应系统(第五类交通运输系统)。简言之,地下物流系统就是在地下建立起一套运输网络,将其前端仓储和终端配送环节与地面相连,使整套物流系统在地下通道内进行运输。地下物流系统作为城市基础设施的一部分,能突破现有交通网络运输能力的瓶颈,实现城市地下空间的综合利用,其环保、高效等优点引起越来越多国家的关注。

20世纪90年代以来,许多发达国家在地下物流系统的可行性、网络规划和工程技术方面做了大量的研究和实践。其中,以英国、荷兰、德国、日本和美国为代表的国家,已初步采用了地下物流系统。

(1)英国。英国对于ULS的应用研究有近百年的历史。自1928年以来,伦敦街道下20m处存在一个皇家地下邮件轨道系统"MailRail",全长37km,每天运营19h,每年工作286天,在其最高峰时每天处理9个州超过400万个信件和包裹,现在他们计划通过该系统向英国首要购物街——牛津街配送货物。此外,伦敦还拥有一条全新的自动化地下管道运输系统,管径为2.74m,行驶速度为60km/h,共可载货50t。

(2)荷兰。针对性和标准性是荷兰建设ULS最为明显的特性。众所周知,荷兰拥有世界上最大的花卉市场——阿姆斯特丹花卉市场,为了确保鲜花高效、高质量的运输,1996年1月,荷兰开始研究如何连接重要交通枢纽,如首都阿姆斯特丹国际机场、hoofddorp铁路中转站,形成阿姆斯特丹花卉市场地下物流系统。花卉的运输均在地下完成,只有到达终点时才将花卉呈现在地上。2004年,荷兰已完成阿姆斯特丹花卉市场地下物流系统的建设,并且应用于商业运输。

(3)德国。德国对于ULS的研究主要集中在未来三维城市交通运输系统的建设上。自1998年以来,德国进行了一项名为"地下运输和供应系统"的联合研究,并将其定义为CargoCap。为了促进CargoCap智能系统与传统运输供应系统的协作,该系统以托盘为载货平台,实现标准化运输。该项目计划在鲁尔地区建立一条由三相交流电动机驱动的地下货运系统,该系统长约80km,管径为1.6m,以36km/h的速度恒定运行。更特别的是,被雷达监控的CargoCap智能系统能够有效降低能耗、提高运输速率并做到零排放。

(4)日本。日本对物流隧道网状结构的研究进行了更深层次的分析。目前已投入两个用于商业运输的气力管道系统,其中之一用来运输隧道砂石,该系统全长约5km,速度可达$100m^3/h$;另一个用来将矿石从矿井运送到水泥混厂,该系统全长约3.2km,每年可运输200万t矿石。此外,日本发明了标准载荷为2t的DMT,该运载工具不仅能在地上利用电池供电进行人工驾驶,而且可以在地下特定导轨上利用电能进行自动驾驶。2000年,日本将地下物流技术列为政府重点开发的高新技术领域之一,提出建立总长201km、仓储设施106个的地下物流系统。预计该系统将在整个东京地区运载超过1/3的货物,地面车辆也将能够增加30%的速度行驶。

(5)美国。2000年,美国TexasA&MUniversity和荷兰TechnischeUniversityDelft的专家学者提出美国休斯敦地下物流系统项目,对其进行可行性分析并设计初步规划。据报道,该项目将使用AGV作为运载工具。

除以上代表性国家之外,瑞士也对地下物流系统进行了深入研究,其建设计划已提上日程。为缓解城市压力,瑞士提出建立"CargoSousTerrain地下物流系统"(CST),其技术和商业可行性的研究已于2015年通过确认。

由互联网技术操控的"CargoSousTerrain地下物流系统"通过隧道连接物流中心与城市中心。根据瑞士的地下物流规划,在隧道顶板上,3个输送机能够以60km/h的速度运输小包裹,沿路线分布的枢纽可作为与其他运输工具的接口。据报道称,CST项目的一期开发需要投资超过35亿瑞士法郎,预计2030年完成从尼德比普到瑞士最大城市苏黎世长约70km的管道建设任务,其建设工作将在2023年开始。

从国内来看,随着城市现代化的发展和物流技术水平的提高,我国对地下物流系统的研究主要集中在理论层面,在实践应用方面也进行了踊跃的探索。

1998年中国工程院院士钱七虎提出在我国发展城市地下空间,并呼吁开展对地下物流系统的研究。2003年,田聿新与聂小方分析了新兴城市地下物流系统发展情况及其优势。2004年,钱七虎院士结合国外地下物流系统发展经验和北京市交通现状,明确提出利用地下物流解决特大城市交通问题,代表着我国地下物流系统应用研究开始里程碑式建设。此后,城市交通、物流、地下工程、装备制造等各领域专家学者对城市地下物流系统节点选址、线路优化、可行性分析等的研究便层出不穷。

多所高校也相继成立了地下物流系统研究小组,积极投入我国地下物流系统建设中。2017年,我国成立了第一个地下物流专业委员会,由上海市政总院牵头联合解放军理工大学、北京交通大学、上海海事大学及同济大学共同发起成立,成为地下物流领域的研究创新、行业技术交流、专业技术人才培养的专业服务平台。2018年11月,国际地下物流协会和中国岩石力学与工程学会地下物流专业委员会联合主办了"第八届国际地下物流大会",论述了世界地下物流系统的主导概念和设计,阐述了未来城市地下物流系统的发展趋势,并探讨了相应政策和管理等经济性问题。

中国正奋力谱写应用城市地下物流系统的新篇章。2004年广州提出建设垃圾分类管道传输系统,引入瑞典相关技术,以减少垃圾处理产生的污染并实现就地资源再利用。2014年,我国自主研发了"LuGuo种子输送分类贮藏智慧系统",其地上轨道物流可以流畅衔接地下管道物流,实现智能配送、精准分流,自动送达入户。

虽然现阶段我国投入使用地下物流系统的实例不多,但也不乏政策鼓励和支持,各科研院所和企业等在地下物流系统理论研究以及实践探索方面都做了大量工作。以京东为代表的电子商务公司正积极探索建设地下物流系统。在2017全球新一代物流峰会上,京东表示已经开始规划磁悬浮技术在物流管理方面的应用,并与美国MagplaneTechnology签订战略合作协议,共同开发地下物流磁悬浮管道技术即"地下胶囊物流系统",以建立地面和地下智能轨道交通网。在2019年4月举办的雄安城市物流发展论坛上,京东透露已经着手布局雄安地下物流系统。2019年11月初,京东发布了"地下胶囊物流系统"的快递配送概念视频。将包裹装入智能胶囊,依靠磁动力转化为旋转不停的动能,利用穿梭在城市楼宇下的地下管道,配合京东智能收货、无人分拣系统、无人机无人车送货,完成全流程智能化的物流配送。这也意味着一场颠覆性的物流革命即将开始。

在我国,城市地下物流系统越来越受到重视,研究和规划地下物流系统正是大势所趋。虽然世界范围内对ULS的研究与实践已长达近30年,然而至今仍无正式运行的现代城市地下物流系统。

二、载运工具开发

世界一流交通服务一直追求用快捷、经济的方式实现人或物的位置移动。载运工具的技术进步将进一步改变交通服务过程中的运营速度结构。快捷的前提就是速度的提升,从而带动交通运输系统需求结构和运输方式布局的变化。

1. 超级高速铁路

超级高速铁路是一种以"真空钢管运输"为理论核心的交通工具,具有超高速、高安全、低能耗、噪声小、污染小等特点。因其胶囊形外表，被称为胶囊高速铁路，也称飞行铁路、飞速铁路（简称"飞铁"），其列车称为飞行列车。超级高速铁路采用磁悬浮＋低真空模式。

从国外来看，2017年5月12日美国超级高速铁路1号公司（HyperloopOne）首次在真空环境中对其超级高速铁路技术进行了全面测试，利用磁悬浮技术，实现了70mile（113km）的时速。同年7月测试时速达到310km。2017年8月29日，中国航天科工公司在武汉宣布，已启动时速1000km"高速飞行列车"的研发项目，后续还将研制最大运行时速2000km和4000km的超级高速列车。2018年4月，特斯拉公司、SpaceXCEO埃隆·马斯克宣布，旗下"超级高速铁路乘客舱"将进行测试，目标运行速度为音速的一半，并在1.2km内完成制动。

俄罗斯是世界上国土面积最大的国家，因此这项类似超级高速铁路的交通运输项目将是一个浩大的工程。不过俄罗斯铁路公司正考虑与美国超级高速铁路1号公司（HyperloopOne）合作，后者将可能为俄罗斯提供技术支持。该运输项目已经获得国际经济开发服务运营商GordonAtlantic的支持，并已开发出承担座舱重量的磁悬浮技术。

从国内来看，西南交通大学在20世纪80年代就开始了磁浮技术的研制，1997年获批国家863计划项目"高温超导磁悬浮实验车"，正式开展高温超导磁浮车的研究。2001年初，学校研制的世界首辆载人高温超导磁悬浮实验车"世纪号"在北京举行的"863计划15周年成果展"上初次亮相，引起了广泛关注。2004年12月29日，一场由八名"两院"（中国科学院、中国工程院）院士参与、多名国内专家出席的研讨会召开。众多学界专家参与此次会议的主要议题是"真空管道高速交通"。2021年1月13日，我国"超级高速铁路"驶出实验室，采用西南交通大学原创技术的世界首条高温超导高速磁浮工程化样车及试验线在四川成都正式启用，标志着我国高温超导高速磁浮工程化研究实现从无到有的突破，具备了工程化试验示范条件。样车预期运行速度目标值大于600km/h。

2. 自动驾驶汽车

自动驾驶汽车，又称无人驾驶车、电脑驾驶车、无人车、自驾车，为一种需要驾驶员辅助或者完全不需驾驶员操控的车辆。作为自动化载具，自动驾驶汽车可以不需要人类操作即能感测其环境及导航。完全的自动驾驶汽车仍未全面商用化，大多数均为原型机及展示系统，部分可靠技术才下放至量产车型，逐渐成为现实。

自动驾驶汽车能以雷达、光学雷达、卫星定位及电脑视觉等技术感测其环境。先进的控制系统能将感测资料转换成适当的导航道路，以及障碍与相关标志。根据定义，自动驾驶汽车能透过感测输入的资料，更新其地图资讯，让交通工具可以持续追踪其位置。通过多辆自动驾驶车构成的无人车队可以有效减轻交通压力，并因此提高交通系统的运输效率。

自动驾驶汽车的展示系统可追溯至20世纪20—30年代，第一辆能真正自动驾驶的汽车则出现于1980年代。1984年，卡内基梅隆大学推动Navlab计划与ALV计划；1987年，梅赛德斯-奔驰与德国慕尼黑联邦国防大学共同推行尤里卡普罗米修斯计划。从此以后，许多大型公司与研究机构开始制造可运作的自动驾驶汽车原型。21世纪以后，伴随着资讯科技的进步，自动驾驶技术更是突飞猛进，全自动驾驶的车辆在试验车辆上已经被制造出来，特斯拉汽车率先推出特定环境下的自动驾驶汽车。

2014年1月，InductTechnology公司推出了世界上第一款智能、全电动无人驾驶汽车Navia，适用于步行街、工厂园区、机场、主题公园、商业综合体、大学等场合。Navia 时速 12.5mile/h（约合 20.1km/h），最多可搭载 8 名乘客，已基本达到美国高速公路管理局（NHTSA）无人驾驶车辆级别表的 L4 级别。在行驶时，车辆需要通过雷达、摄像头、计算机和传感器等形成一个彩色的动态三维图，进而识别道路及道路上的车辆、行人、物体等。

2019 年 9 月，由百度和一汽联手打造的中国首批量产 L4 级自动驾驶乘用车——红旗 EV，获得 5 张北京市自动驾驶道路测试牌照。同年 9 月 22 日，国家智能网联汽车（武汉）测试示范区正式揭牌，百度、海梁科技、深兰科技等企业获得全球首张自动驾驶车辆商用牌照。2019 年 9 月 26 日，百度在长沙宣布，自动驾驶出租汽车车队 Robotaxi 试运营正式开启。2019 年 10 月，新华社记者试乘了一辆自动驾驶汽车，整个试乘过程中，记者总体感觉安全、平稳和舒适。据《北京市自动驾驶车辆道路测试报告》显示，北京市自动驾驶开放测试道路 200 条共计 69958km，安全测试里程突破 268 万 km。

3. 飞行汽车

城市空中出行（Urban Air Mobility，UAM）是一种新型的交通方式，其所依靠的是飞行汽车，即陆空两用车，当公路拥堵时可以利用天空实现飞行，巧妙地避免了交通拥堵带来的不便。

越来越多的汽车厂商进军先进空中交通（Advanced Air Mobility，AAM，由美国宇航局官方定义，包括自动驾驶飞机和自动驾驶飞行汽车）领域。现代汽车公司公布了自己的计划，提出将于 2028 年推出一款全新 5 座自动驾驶电动飞行汽车，并在 2030—2040 年间通过技术巩固扩大市场份额，形成类似网约车的运营格局，让乘客使用"打车"应用程序从"垂直机场（vertiport）"即可简单等候飞行汽车，就像传统出租汽车一样。

现代汽车公司曾在 2020 年 CES 国际消费电子展上展出过一台 S-A1 个人飞行汽车（PAV）概念原型，与上述现代最新计划的飞行汽车非常相似。S-A1 专为城市旅行而设计，是一款小型电动多旋翼 VTOL 飞机。为了提高乘客的舒适度和减少噪声污染，这款飞行汽车设计上减轻了电动机的重量并使用碳纤维复合材料。现代官方的数据表明，五座版 S-A1 可以 180mile/h（约合 290km/h）的速度巡航，最高爬升高度为海拔 2000ft（约合 610m），行程长达 60mile（约合 96km），从而实现城际旅行。现代汽车公司表示，当时 S-A1 概念原型并不是完全自动驾驶，但未来可能会逐步淘汰飞行员。

4. 快递无人机

无人机快递（UAV Express），即通过利用无线电遥控设备和自备的程序控制装置操纵的无人驾驶的低空飞行器运载包裹，自动送达目的地，其优点主要在于能解决偏远地区的配送问题，提高配送效率，同时减少人力成本；缺点主要在于恶劣天气下无人机会送货无力，在飞行过程中无法避免人为破坏等。

早在 2014 年，谷歌便首次推出无人机送货服务，2019 年底谷歌无人机送货服务获得美国联邦航空管理局认证。

2019 年 10 月，中国民用航空局向迅蚁公司所属的杭州送吧物流科技有限公司颁发了《无人机物流配送经营许可》，这是国内首张城市物流无人机试运行"牌照"；随后，京东、顺丰等研发的大型固定翼无人机也投入使用。

无人机快递的实质是对低空空域的广泛使用，个别试验性运行尚无大碍，当无人机快递广泛普及形成比较密集的低空交通流时,空域管理与管制就必不可少。2020年12月29日,中国国家邮政局发布了《无人机快递投递服务规范》邮政行业标准(以下简称"标准"),该标准于2021年1月1日起正式施行。该标准主要是针对空机质量116kg(含)以下且最大起飞质量150kg(含)以下的空速不超过100km/h的无人驾驶航空器开展的快递投递服务,对于无人机快递投递服务的服务主体、服务条件、服务流程、服务评价、服务安全和服务赔偿等作了明确规定,为邮政快递企业和快递无人机运营企业未来从事无人机投递服务提供了标准借鉴。作为我国首个无人机快递服务行业标准,它的发布与实施,对于提高快递末端服务水平,保障无人机快递投递服务安全,促进中国无人机快递服务与产业发展具有重要意义。

三、计算机技术

计算机信息技术以高效性和集成能力,为交通运输系统的建设提供了充分的技术支持,提高了运输效率,优化了资源配置,减轻了交通的压力。从计算机被用于交通系统开始,计算机信息技术在交通服务系统中的运用越来越广泛。

世界一流交通服务方面的计算机技术的先进性可大致归纳为三个方面:一是交通场景的再现化技术,主要体现在交通仿真方面;二是计算机的算力技术,主要体现在基于人工智能、边缘计算、云计算的交通管控等大规模实时计算方面;三是交通数据采集与挖掘技术,主要体现在以物联网、区块链大数据为代表的交通大数据生成与分析方面。

1. 基于VR的交通仿真技术

虚拟现实(Virtual Reality,VR)技术又称灵境技术,它基于现实世界中交通流的特征来实现视景系统中车辆的交通行为的仿真,将现实交通环境中对驾驶的客观干扰性因素在视景中反映出来。借助VR技术,使虚拟驾驶训练不再受到时间、场地和气候的限制,既保证训练质量,又具有经济与环保的优点。在交通领域,VR技术已经应用于交通安全教育、轨道交通建设、驾驶培训、站内导航等方面。

(1)利用VR技术,通过创建虚拟交通体验场景和实现人机交互功能构建的交通安全教育培训系统,不仅能让广大交通参与者身临其境般融入虚拟交通环境中,以体验各种交通行为来学习交通安全知识,而且还可以通过逼真的虚拟交通环境中的各种训练来提高各项交通安全技能,例如用于实现醉酒驾驶交通事故模拟体验等。

(2)交通安全沙盘对市民交通安全教育具有良好作用。在全景虚拟现实VR交通生命安全体验馆里,安全宣传人员通过卡通形象,向市民作出简单易懂的交通规则说明,同时通过现场模拟真实交通环境,使儿童能够在学习过程中了解到"过马路走人行横道""如何识别信号灯""横穿马路危险性"等交通安全常识。

(3)VR技术也可用于轨道交通仿真系统。轨道交通仿真就是运用三维虚拟与仿真技术模拟出从轨道交通工具的设计制造到运行维护等各阶段、各环节的三维环境,用户在该环境中可以"全身心"投入轨道交通的整个工程之中进行各种操作,从而拓展相关从业人员的认知手段和认知领域,为轨道交通建设的整个工程节约成本与时间,提高效率与质量。

(4)VR技术在驾驶培训领域的应用。把VR前沿技术运用在驾培模拟器上,不仅实现了驾驶培训的标准化，保证了驾驶培训水平，并且还开发了仿真道路驾驶，通过模拟实际道路情况，让学员能够把理论知识马上运用到实际道路场景中去，避免拿了驾照还不敢上路、上路了还不会开车的尴尬局面。

（5）VR技术应用于站内导航。针对部分旅客对火车站内部结构不熟悉的情况，2017年春运期间，南昌铁路局在南昌西站、福州站、厦门站等管内重点车站推出了VR全景导航。湖北汉口、武汉火车站也在官方微博、微信首次提供VR站内360°全景导航功能。

（6）VR技术在道路桥梁方面的应用。由于道路桥梁需要同时处理大量的三维模型与纹理数据，导致这种形势需要很高的计算机性能作为后台支持，但随着近些年来计算机软硬件技术的提高，一些原有的技术瓶颈得到了解决，使VR技术的应用获得了前所未有的发展。

2. 人工智能

人工智能亦称智械、机器智能，指由人制造出来的机器所表现出来的智能。通常人工智能是指通过普通计算机程序来呈现人类智能的技术。人工智能技术核心具体包括计算机视觉、机器学习、自然语言处理、语音识别等。

通过利用人工智能的相关技术，可以为交通管理等现实问题提供更优的解决方案。如通过建议替代路线，在交通拥堵时实时跟踪交通灯，有助于有效地管理交通，最终遏制环境污染，建设可持续发展城市；人工智能在预测天气和交通模式、道路管理、警报生成等方面为值班人员提供解决方案。这些系统可以帮助驾驶员、通勤者和行人在他们开始旅行之前做好预案；通过人工智能技术的支持，可建立一个有效的公共交通系统，有助于规划和决策过程。人工智能还可以减少道路事故的数量，根据路况预测事故，提醒驾驶员注意道路安全等。在汽车制造过程中，人工智能解决方案也可以使汽车行业受益，如在传感器、摄像头和其他技术中都可以融入人工智能技术。汽车内置的一些人工智能解决方案已经成为乘用车和商用车领域的重要组件。

3. 边缘计算

边缘计算作为物理世界到数字世界的桥梁，是数据的第一入口，拥有大量、实时、完整的数据，可基于数据全生命周期进行管理与价值创造。边缘计算在交通领域的应用体在智慧城市运输和设施管理等基于地理位置的应用上，对于位置识别技术，边缘计算可以对基于地理位置的数据进行实时处理和收集，而不必再传送到云计算中心进行相应操作。边缘计算在智能交通中的应用主要集中在以下几个方面。

1）智慧停车方面

随着手机网络、全球定位系统、北斗车载导航、车联网、交通物联网的发展，智慧停车系统成为城市"数据大脑"的重要组成部分。而移动边缘计算作为5G网络关键技术之一，将其应用于智慧停车管理，采用近端采集、中端处理、远端管理的分布式部署方案，实现停车资料的实时性管理，同时提供可视、可选自服务的信息化解决方案。边缘计算助力智慧停车趋向成熟、完善，智能停车管理方式大步迈进，加速科技与商业融合。

2）交通管控方面

基于边缘计算的信号控制服务系统融合通信、传感器接入、数据存储、计算、控制、服务于一体，实现群体智能化、区域协同自适应的虚拟化，其强大的检测器接入能力、基于边缘计算的交通场景辨识、基于全息数据和时空模型的交通信号优化，以及多协议对接能力也可以在不用更换信号机的情况下实现基于路口智能感知的信号实时自适应,以最低的成本实现路口设备的智能化升级。此外,在城市视频监控系统的应用上,可以构建融合边缘计算模型和视频监控技术的新型视频监控应用的软硬件服务平台,以提高视频监控系统前端摄像头的智能处理能力,进而提升城市交通管理水平。

3) 车路协同方面

一般来说,车路协同主要涉及三个端口:车端、路侧端和云端,其中路侧端和云端因为车路协同环境下计算节点下沉至边缘层(即路侧)的需求而经常被同时提及。智能车载系统负责车载端的海量数据实时处理和多传感器数据融合,保证车辆在各种复杂的情况下稳定、安全行驶;智能路侧系统负责路况信息搜集与边缘侧计算,完成对路况的数字化感知和就近云端算力部署;通信平台负责提供车车、车路间实时传输的信息管道,通过低延时、高可靠、快速接入的网络环境,保障车端与路侧端的信息实时交互。高算力需求、高移动性、高可靠性和实时性成为车路协同主要的技术挑战,而边缘计算在车路协同领域也将会有更多技术突破空间。

4. 云计算技术

云计算作为一种全新概念的信息服务模式,以其自动化 IT 资源调度、高度信息部署以及优异的扩展性,成为解决智能交通目前所面临的关键技术手段。

随着通信技术和交通载运工具的发展,智能交通呈现出数据信息海量、应用负载波动大、信息实时处理性能高要求、数据需求共享、高可用性及高稳定性等要求,使得云计算与大数据技术成为智能交通系统的重要支撑。云计算可以动态地满足整体方案中各个应用系统,针对交通行业的需求,如为基础设施建设、交通信息发布、交通企业增值服务、交通指挥提供决策支持及交通仿真模拟等,能够全面满足开发系统资源平台的需求,还能够快速满足突发系统的需求。具体来说,云计算在交通服务方面应用的典型有如下几种。

1) 智慧公路

云计算、人工智能、大数据等新一代信息技术与交通行业深度融合,构建高速视频云、交通大数据中心体系,全面赋能高速公路监控、通信、收费业务系统重构、数字化、智慧化转型,基于云计算技术,构建视频云、交通大数据平台,帮助交通行业用户实现更丰富的创新应用。基于云边协同架构,将实时感知车辆、人员、态势,低时延、处理响应,发挥云计算优势,实现跨路段、跨地域,数据统一治理、安全管理统一规范,从而提升应用系统延展性,并显著降低管理、运维成本。

2) 智慧铁路

云计算能够为铁路提供可管理、可连通、安全、可靠的信息化环境。一方面,目前信息化运营系统基本已进入平稳运行阶段,对 IT 硬件设备的需求较为平稳,转而加大了对软件升级改造和服务的投入;另一方面,铁路近几年的基础建设呈跨越式发展,铁路新干线、客运专线、高速铁路、客运车站等大量出现,也带动了很多 IT 新项目的建设以及 IT 基础设施的建设投入。

3) 智慧港口

智慧港口的要义在于全面感知、智能决策、自助自动、全程参与和持续创新。建立在港口领域多年的实践积累之上,融合了云计算、物联网、移动互联与大数据等创新技术为一体的智慧港口整体解决方案,获得了业界的积极反响。

依托云计算技术,可为港口智慧化升级提供从 IaaS(Infrastructure as a Service,基础设施即服务)、PaaS(Platform as a Service,平台即服务)平台和SaaS应用的端到端解决方案,涵盖云管理、云运营、云运维、云安全与场景化应用等。一体化交付能解决港口业务系统运维复杂、存在扩容瓶颈、机房空间不足等问题,实现投资成本与运维成本优化、资源按需自动分配、运维自动化简易化等,有助于港口将精力投入核心业务之中,聚焦技术驱动下的业务创新转型。

4)智慧地铁

城乡一体化建设如火如荼,地铁以"准时、舒适、安全、环保"的特点成为人们日常生活首选出行方式。云计算能够为地下轨道交通行业客户提供一站式的解决方案。通过对业务数据的存储、计算与分析,以业务数据为驱动,致力于构建服务于千万乘客的智慧地铁系统平台。轨道交通行业中,客信系统、车辆调度系统、信号控制系统等轨道交通核心业务系统高度依赖信息化,通过云计算与大数据技术集稳定、效、灵活等特性于一体,为地铁业务支撑、运营决策、简化管理等全方面带来了创新价值。

云计算的出现和逐步成熟,为智慧交通公众服务平台建设提供了新的思路和方法。基于云计算的智慧交通服务可以实现在数据融合基础上的创新服务,以及公众交通服务的集中管理、分布部署、统一发布和维护,满足用户的个性化需求,从而提高整体交通行业的信息化水平。

5. 区块链技术

区块链是分布式数据存储、点对点传输、共识机制、加密算法等计算机技术的新型应用模式。这种技术建立了一种去中心化的、不可篡改的可信的分布式账簿,提供了一套安全稳定、透明、可审计且高效的记录交易以及数据信息存储、交互的方式,因而可以保证上传的交通信息很难被篡改,提升了信息可信度,为智能交通应用提供了技术支撑和保障。该技术在交通中的应用大致可分为以下几个方向。

(1)实景路况数据。通过区块链技术,具备时间戳、空间戳加影像刻画的不可篡改的反欺诈能力,是足以采信的客观证据,可广泛复用于交通违法处罚证据、货运险备证、网络货运平台的税务稽核备证等多个方面,也必将为车主金融征信提供动态空间行为能力的标签,呈现"越活跃,越可信"的客观特征,是对传统静态征信的有力补充。

(2)货运险备证。目前,由于货运车辆风险数据缺失,货运险现场取证难,缺少风险控制的手段,导致货运险保费收入大,但赔付风险也高,造成货运险承保率与市场需求不匹配。基于区块链的多媒体存证技术,为货运险风险控制提供了有效的技术保障,实现了反欺诈和远程核保的功能,并将极大地促进网络货运平台业务的发展。

在物流运输过程中,让参与运输的平台、车队、驾驶员形成数据共识,驾驶员主动拍摄采集装卸货物、行驶、停车全过程的照片和视频证据并上传存证到云端区块链,该数据即可用于驾驶员风险自证,又可为保险公司、交通管理部门提供远程事故责任认定依据,法院还可据此裁定理赔纠纷,实现一份证据多家复用。

(3)车联网信息保护。车联网技术的核心是,每一辆车利用车载单元与其他车辆、固定基站之间的通信,一方面实现交通信息的大范围协同与共享,另一方面通过这些信息实现自身的智能避障等功能。然而,信息一旦泄露或者被黑客篡改,原本想保护用户安全的智能避障功能可能会成为危害用户生命的工具。

将车联网采集的信息上链到区块链平台,形成一个去中心化、分布式存储的大数据共享市场,利用区块链的共识过程、封装块来传输密钥,在相同的安全域内对车辆进行重新编码,从而充分利用区块链中数据无法篡改这一特性,比如以车辆VIN(Vehicle Identification Number,车辆识别号码)码为唯一账号,接入区块链系统。

由于区块链的不可篡改性,违法信息、车辆故障、交通事故现场信息将会永久记录在区块链里,这样可以实现证据的固化,解决车辆数据诚信问题,保证数据的安全。

(4)交通工程项目信息数据维护。如高速公路改扩建,为建设单位、设计单位、施工单位提供共享信息平台,对改扩建施工进行动态监管,保证施工工序按顺序完成并监督施工质量,实现人员管理和责任可追溯。

6. 物联网技术

物联网(Internet of Things,IoT),被认为是继计算机、互联网之后世界信息发展的第三次浪潮,是指通过信息传感设备,按约定的协议,将任何物体与网络相连接,物体通过信息传播媒介进行信息交换和通信,以实现智能化识别、定位、跟踪、监管等功能。当前,我国已经将物联网上升为战略性新兴产业。

交通被认为是物联网所有应用场景中最有前景的应用之一。随着城市化的发展,交通问题越来越严重,而传统的解决方案已无法解决新的交通问题,因此,智能交通应运而生。智能交通是指利用先进的信息技术、数据传输技术以及计算机处理技术等有效的集成到交通运输管理体系中,使人、车和路能够紧密地配合,改善交通运输环境来提高资源利用率等。根据实际的行业应用情况,物联网可在以下八大交通应用场景中发挥巨大作用:

(1)智能公交车。智能公交通过RFID、传感等技术,实时了解公交车的位置,实现弯道及路线提醒等功能。同时能结合公交的运行特点,通过智能调度系统,对线路、车辆进行规划调度,实现智能排班。

(2)共享自行车。共享自行车是通过配有卫星定位或NB-IOT(窄带物联网)模块的智能锁,将数据上传到共享服务平台,实现车辆精准定位,实时掌控车辆运行状态等。

(3)车联网。利用先进的传感器、RFID以及摄像头等设备,采集车辆周围的环境以及车自身的信息,将数据传输至车载系统,实时监控车辆运行状态,包括油耗、车速等。

(4)充电桩。运用传感器采集充电桩电量、状态监测以及充电桩位置等信息,将采集到的数据实时传输到云平台,通过App与云平台进行连接,实现统一管理等功能。

(5)智能交通信号灯。通过安装在路口的雷达装置,实时监测路口的行车数量、车距以及车速,同时监测行人的数量以及外界天气状况,动态地调控交通灯的信号,提高路口车辆通行率,减少交通信号灯的空放时间,最终提高道路的承载力。

(6)汽车电子标识。汽车电子标识,又称电子车牌,是指通过RFID技术,自动地、非接触地完成车辆的识别与监控,将采集到的信息与交管系统连接,实现车辆的监管以及解决交通肇事、逃逸等问题。

(7)智慧停车。在城市交通出行领域,由于停车资源有限,停车效率低下等问题,智慧停车应运而生。智慧停车以停车位资源为基础,通过安装地磁感应、摄像头等装置,实现车牌识别、车位的查找与预定以及使用App自动支付等功能。

(8)高速公路无感收费。通过摄像头识别车牌信息,将车牌绑定至微信或者支付宝,根据行驶的里程,自动通过微信或者支付宝收取费用,实现无感收费,提高通行效率、缩短车辆等候时间等。

7. 大数据技术

利用大数据技术对交通行业生成的巨量数据进行采集、处理、存储、分析挖掘,形成数字孪生交通的数据支撑。大数据在交通服务应用优势主要体现以下两点:一是可大幅提高交通运行效率。交通大数据具有实时性,通过对交通状况展开实时监测,并利用智能化技术对交通数据实时处理与发布,将交通大数据予以实时应用,使交通运行的整体效率得到有效提高。二是切实保障交通安全。通过对大数据实时采集与分析,将结果反馈给车辆,精准诱导车辆安全行驶。比如,交通联合探测设备可实现数据无缝收集与传递,通过构建行车安全模型,分析车辆运行的轨迹,再反馈给行驶车辆诱导驾驶,可主动提高道路交通安全水平。

大数据技术在交通服务的应用实践主要有以下几个方面:

(1)交通诱导中的应用。交通诱导是借助大数据技术,依据所采集到的数据对当前阶段的交通状态进行合理评测,再采取短时预测方式预测交通流量,同时借助广播、信息情报设备等途径对诱导消息进行传递和散布,并参考交通流实时改变情况及时更新诱导方法。同时,大数据技术可对多种交通检测设备的历史路况数据进行细致、有效的探析,归纳出道路交通路况发展规律,并与交警平时考勤情况、道路信号改变情况等信息进行有效结合,有效地减少交通拥堵,大幅提升道路服务水平。

(2)运输安全中的应用。城市小汽车保有量在迅速提升,高峰时段交通冲突严重,加上天气和周围环境影响,交通事故的发生很难被有效控制且难以预测,如何有效提高交通运输安全性是值得研究的一个问题。将大数据科学合理应用到交通安全分析评估中,并进行有效交通事件预测,可减少交通事故发生频次,有效避免人民生命财产损失。

(3)优化服务中的应用。服务管理不仅是智能交通系统建设中的重要环节,也是整个公共交通系统的重要部分。城市中交通工具种类繁多,尤其是一些提供公共服务的车辆,例如通勤车、公交车及地铁等,这种类型交通工具如果不能够保证资源科学合理配置,就会严重削减公共交通的服务水平,降低公共交通的吸引力。大数据合理使用到公共交通服务中,将实现资源按需分配,服务质量亦将显著提高。

(4)全息化的交通智能监管。在社会快速发展的带动下,现如今人们已经处在大数据时代中,使得城市数据资源中心应时而生,进而也使得城市管理人员完全摆脱了相互之间连接不顺畅的情况,为信息数据资源共享创造了良好基础。所有部门的全部设备在实施信息互换和共享时,需要密切地联系结合社会发展趋势对城市市政交通监督管理机制加以调整,更好地将城市规划、通信网络模式、北斗定位等前沿技术加以综合运用。

(5)合理使用信号控制技术。在社会科学技术水平大幅提升的影响下,国内通信网络以及信号控制技术取得了明显的进步。合理使用信号控制技术首先是需要将交通信息加以搜集,针对收集工作使用的方法进行不断地优化,保证其具有良好的实用性,促使其灵活性加以提升,更好地提升车辆的信息识别性能,这样能够从根本上解决传统程序中存在的问题。其次,在针对车辆性能实施研究创新工作时,将智能化理念运用到信号控制系统中,保证其能够在达到需要的智能化水平的基础上,不仅能够完成单点控制操作,并且可以对核心通道以及区域信息实施综合分析和判断。

第二节　世界一流交通服务技术的应用前景及面临的问题

交通服务系统是一个服务涉及客货、设备、时空等多维信息和主体的复杂系统,交通服务技术的发展既受到物理条件的约束,也受到社会、经济、人文、道德等条件的限制。因此,有必要对交通服务技术应用前景和面临问题进行分析。

一、客运"一卡通"应用前景及面临问题

自 1999 年城市一卡通首次在上海发行后,目前全国共有 290 个地级市开设了一卡通,覆盖领域十分广泛,拥有了相当数量规模的用户群体。在此背景下,交通运输部根据《交通运输部关于促进交通一卡通健康发展加快实现互联互通的指导意见》,于 2013 年正式展开各地区一卡通互联互通的工作。截至 2020 年,一卡通基本实现国内跨省、跨市(区)的互联互通,这一举措极大地弱化了各区域间一卡通使用的阻隔,实现了"一卡在手,走遍中国"的目标,在极大地方便大众出行的同时解决了"多地多卡""多卡不通"的历史问题,客运"一卡通"的机制展现出了良好的发展前景。

与此同时,在"互联网+"的大背景时代,涌现出了一些新兴且更便捷的支付方式,传统的一卡通支付逐渐不能满足大众的需求,移动支付、生物识别等技术的广泛使用,给一卡通带来了巨大的冲击。因此,各地一卡通的发行商将面临同行跨区域的同质化竞争和第三方跨领域竞争的双重挑战。在互联网背景下,特别是 5G 时代的来临,移动支付这一新兴的支付方式凭借其较低的服务成本、简洁的支付流程,迅速得到大众的欢迎和认可,瓜分了一卡通的部分市场,给一卡通的发行商带来了巨大冲击。此时一卡通行业亟待寻求新的创新模式,冲破原有传统思维,适应当前迅速发展的互联网形势,在满足人民日益增长的美好生活需要的前提下,提高一卡通企业的创新能力和核心竞争力,走出一条具有中国特色的一卡通创新道路。

另外,用户的资金安全无法保障。由于一卡通不记名、无挂失的特点,使得一卡通丢失后持卡人无法追回损失财产,用户出于资金安全方面的考虑,不会一次性充值过多现金,而一卡通中可使用金额的减少,将降低持卡人使用一卡通的频率。长此以往,将会降低用户使用一卡通的积极性,或使用户转为使用安全性更高的支付方式,从而使一卡通丧失了部分客户群,对一卡通的支付服务发展产生了较为不利影响。

此外,所谓"一卡通",自然是要能通行全市的,即使不能实现全部领域的通用,但也是涉及众多的不同的领域,这样就会出现各个行业、部门之间的协调问题。政府、银行、商家等的配合至关重要。"一卡通",说到底还是要落在"通"字上面,而想要"通",这就不是一个部门甚至一个行业力所能及的事情,必须要整个城市、多数部门很好地配合,这样"一卡通"才不会成为空谈。

二、智慧公交应用前景及面临问题

基于公交网络通信技术、公交大据挖掘技术等建立起完善的智慧公交数据传输及分析系统,满足智慧公交传输层、支撑层对数据传输、存储、管理、分析方面的需求,为应用层实现智能调度、

线路站点优化、客流预测、个性化信息服务以及应急响应等功能提供支持。自2015年以来，我国对于城市智能交通系统的构建重视程度不断提高，其中千万级项目规模从2015年的97亿元上升到2019年的219亿元。

从产业和技术发展趋势而言，公交领域的电动化与自动驾驶已经成为热点领域与主推方向。当前公交领域基本已实现电动化，公交智能化成为产业发展的重点。我国公交车市场呈现一超多强的市场格局，行业竞争较为激烈，其中宇通客车占据全国公交车市场26.63%的市场份额位列首位。现阶段，金龙、宇通、海格、比亚迪等头部客车品牌在公交智能化领域布局较早，智能化客车解决方案陆续释放。随着5G进入应用阶段，公交智能化有望提速，行业壁垒将进一步提升。

在政策层面，"十三五"规划期间，由国务院协调，国家发展改革委、交通运输部、工业和信息化部等部委相继出台了一系列推动智慧交通发展的政策，包括2016年的《推进互联网+便捷交通促进智能交通发展的实施方案》《节能与新能源汽车发展技术路线图》以及《推进智慧交通发展行动计划》，2017年国务院印发的《十三五现代综合交通运输体系发展规划》等。在政策的推动下，国内诸多城市已经建立起自动驾驶、车路协同测试示范区/基地/园区，这些示范区会对道路、交通设施、路侧设备进行建设和改造。一旦示范模式跑通、大范围推广，意味着会产生巨大的商业机会。

通过智能交通云平台可以实现海量数据的存储、计算和分析，能有效缓解数据存储和实时处理的压力，也能够有效解决各系统信息孤岛、数据资源严重浪费等问题。随着通信技术、物联网、北斗卫星导航系统等新技术的持续发展，智慧公交将迎来新的发展机遇，发挥出更大的经济效益与社会价值。

就面临的问题而言，公共交通发展滞缓，用户服务与企业经营存在明显痛点。2014—2019年间，伴随中国城镇化进程不断推进，城镇常住人口数量由7.5亿增长至8.5亿，实现13%的快速增长。与之相反，这六年间我国公共交通运送乘客规模仅增长2%，甚至在部分年份出现负增长。也就是说，在城镇人口数量及对应的出行需求快速上涨情况下，公共交通服务的人次并未出现与之匹配的增长。

从城市居民角度看，候车时间长、绕路/换乘引起行程时间过长、道理拥堵引起的行程时间过长、车厢拥挤、车辆故障频发是乘客对城市公共交通满意度较低的五大主要原因。从公共交通运营企业角度看，行车调度与线网规划不科学、设备维护压力大、场站人流密集安全保障难度高以及企业自我造血能力差，极大依靠财政补贴是公共交通行业的主要经营痛点。

三、货运多式联运"一单制"应用前景及面临问题

多式联运"一单制"是依托两种及以上运输方式有效衔接，提供全程一体化组织的货物运输服务，具有产业链条长、资源利用率高、综合效益好等特点，对推动物流业降本增效和交通运输绿色低碳发展，完善现代综合交通运输体系具有积极意义。

目前国内多式联运规模较小，与发达国家相比仍有较大差距，如我国港口海铁联运占比仅为4%，而发达国家的港口海铁联运占比约为30%。进一步推进多式联运发展，强化多式联运系统建设，推动多式联运运行水平的提升，依旧是"十四五"期间我国交通和物流领域的重要任务。预计未来几年，国内多式联运市场还有较大增长空间。

为进一步加快多式联运发展，构建高效顺畅的多式联运系统，国家层面发布了一系列政策措

施促进行业发展,见表13-2。但当前,我国多式联运发展水平仍然较低,协同衔接不顺畅、市场环境不完善、法规标准不适应、先进技术应用滞后等问题较为突出。

2017—2021年1月我国货运多式联运"一单制"相关政策　　　　表13-2

发布时间	政　策	主要内容
2017年1月	《关于进一步鼓励开展多式联运工作的通知》	提出化市场监治理,严格规范涉企收费行为,加强市场运行监测四大工作要求
2018年6月	《打赢蓝天保卫战三年行动计划》	把推进运输结构调整和发展公铁联运、海铁联运作为国家战略部署
2018年9月	《关于推进运输结构调整三年行动计划(2018—2020年)的通知》	明确全国多式联运货运量年均增长20%,重点港口集装箱铁水联运货运量年均增长10%以上
2019年11月	《关于建设世界一流港口的指导意见》	以多式联运为重点补齐短板。以铁水联运、江海联运、江海直达等为重点,大力发展以港口为枢纽、"一单制"为核心的多式联运。加快专业化、规模化内河港区建设,积极推进新出海通道相关港区建设和LNG接收站配套码头、江海联运码头等建设
2020年8月	《交通运输部关于推动交通运输领域新型基础设施建设的指导意见》	引导建设绿色智慧货运枢纽(物流园区)多式联运等设施,提供跨方式、跨区域的全程物流信息服务,推进枢纽间资源共享共用
2021年1月	《交通运输部关于服务构建新发展格局的指导意见》	以多式联运为重点,以基础设施立体互联为基础,努力推动形成"宜铁则铁、宜公则公、宜水则水、宜空则空"的运输局面,发展绿色运输,推进大宗货物及中长途货物"公转铁""公转水",优化运输结构取得更大进展。深化多式联运示范工程,推广多式联运运单,推进多式联运"一单制"

近年来,国内一系列突破性的政策和举措以空前力度推动多式联运快速发展。根据《关于建设世界一流港口的指导意见》,规划到2025年,全国集装箱、干散货重要港区铁路进港率达到60%以上,矿石、煤炭等大宗货物主要由铁路或水路集疏运;到2035年,重要港区基本实现铁路进港全覆盖,港口集装箱铁水联运比例显著提升。从政府到企业,从沿海到内陆,从航运到铁路,从硬件到软件,正在逐步打破物流和运输领域多年来的僵局。在众多政策利好、示范工程和技术创新合力作用下,多式联运正在进入全面发展时期。

四、出行即服务技术的应用前景及面临问题

随着我国经济和人口的急速发展,多元化出行需求不断增长。截至2020年底,我国私人汽车总数为2.44亿辆,年均增长率达到16.4%。随着交通拥堵日益产生和出行时间不断增加,亟须整合跨模式一体化的交通信息服务,提升交通运输体系的服务效能。因此,MaaS创新型出行服务整合涵盖多源交通出行需求、多模式交通一体化出行信息服务融合、多模式交通路径决策、智能化设备信息交互等应用领域,为智慧交通出行提供智能衔接、互联互通、信息协同和服务优化。MaaS技术展现出广阔的应用前景,主要体现在以下方面:

(1)政策促进MaaS发展。如今国内推行智慧交通、优先发展公共交通等举措,是MaaS在国内推行的大好时机,在政策的支持下MaaS极具发展潜力。

(2)传统单一交通模式需多元化交通模式的冲击。对于公交而言,其受城市道路交通流影响大,准时性差;对于轨道交通,虽有较好的准时性,但可达性差、换乘不便是其致命缺陷;对于私家车,极易受城市道路交通流影响,在城市运转效果差。故城市交通迫切需要MaaS将多种交通方式优化整合,使其各司其职,提高城市道路运行效率。

（3）"互联网+""5G"时代的到来，推动 MaaS 发展。MaaS 所提供的定制化运输服务均是基于大数据的，故随着"互联网+""5G"时代的到来，大数据的利用效果会更好，使得 MaaS 发展的可能性与可行性继续提高。

（4）MaaS 是多方共赢的项目。交通运输供应商、数据提供商、用户、城市、城市配套服务（旅游、餐饮、商业街）等多方都会从 MaaS 中获利。

此外，MaaS 的发展势头有陷入停滞的风险，即使在一些有利的市场环境中，MaaS 公司在城市居民中的发展也放缓。例如，在比利时的安特卫普，当地法律要求出行领域的运营商至少与两个 MaaS 平台合作，但在法兰德斯周围的地区，只有 3% 的手机购票是通过 MaaS 应用程序完成的。部分公司认为，MaaS 似乎是政策制定者最关注的事物，但这与消费者的偏好或业务发展状况不符。MaaS 平台在规划出行的人群里很受欢迎，但这些公司只有在用户进行特定的操作时才能赚取佣金。有研究表明，大多数人只有在折扣超过他们目前出行费用 30% 的情况下才会购买 MaaS 套餐。对于 MaaS 提供商而言，这是一个很高的门槛，尤其是考虑到车主普遍低估了他们操作和维护车辆的成本。

还有一个 MaaS 公司无法控制的方面，即各个地区不同的运输政策。MaaS 服务提供商的运营受到当地法规的限制，如果出行违规，可能面临处罚。

五、网约车服务技术应用前景及面临问题

据交通运输部下属全国网约车监管信息交互平台统计，截至 2021 年 6 月 30 日，全国共有 236 家网约车平台公司取得网约车平台经营许可。根据中国互联网络信息中心（CNNIC）的统计，截至 2020 年底，我国网约车用户规模为 3.65 亿人，较 2020 年上半年增加 0.25 亿人，占网民整体的 36.9%。从我国网约车的城市渗透率情况来看，网约车在一线城市渗透率最高，达到了 50.3%，在新一线城市渗透率排名第二，达到了 20.3%，在二线及以下城市渗透率较低，不足 10%，可以预见未来下沉市场将成为新的战场。

2017—2019 年，我国网约车市场规模稳步增长，2019 年达 3080 亿元，2020 年受疫情影响稍有下降，但也达到约 2980 亿元。随着我国网约车行业逐步落实各项安全保障措施、完善安全机制，其安全整改效果日益凸显，其用户信任度有望回升，其用户规模将稳步增长，市场规模也将回升。

就面临的问题而言，最近一段时期以来，受疫情影响，网约车用户出行需求骤减，驾驶员生活压力增大，平台运营成本增加。此外，网约车服务平台还面临如下问题：

（1）日趋严格的合规及执行要求。相关政府部门均强调网约车是社会公共交通运力的补充，交通运输、工业和信息化部等 7 部委建议地方政府出台相关合规细则对市场进行规范。各地方政府纷纷就汽车牌照、轴距、使用年限、驾驶员驾驶年限等提出差异化要求，其中一线城市的执行落地要求最为严格。我国多个城市鼓励或要求新增和存量网约车转变为新能源汽车。2019 年已有约 30% 的新售新能源汽车注册为网约车（约 50 万辆），因此整车厂背景的网约车企业开始把新能源汽车作为主要服务车队。

（2）运营成本和区域竞争压力。为维护网约车市场的可持续经营和发展，2017 年起政府开始干预企业的补贴力度，这缓解了通过打价格战获客的企业的资金压力。但是一系列安全监管及保障投入使得企业至今普遍处于亏损状态。另外，我国出行市场是地区运营模式，全国性企业在与

有强大车辆及网络资源的地区性企业竞争的过程中还需要花费较大投入来进行市场推广。网约车鼻祖 Uber 同样面临此类问题,其至今仍处于亏损状态,近年业务增速也很缓慢。Uber 自 2019 年 5 月上市至今市值持续下降超 30%,部分国家的业务已被竞争对手收购。

(3)盈利模式的持续探索与投入。网约车服务如何与汽车产业链协同发展,从而创造可持续的盈利模式是各大企业争相探索的首要问题之一。各类创新服务,例如网约车送餐服务、出行场景与生活场景结合建立生态闭环、移动单车等正在进行试点运营,但是网约车驾驶员和乘客均呈现出高度的价格敏感性,平台流失率非常高。如何提高驾驶员稳定性和乘客留存率成为企业长期发展考量重点。

六、无人驾驶技术应用前景及面临问题

无人驾驶是我国高度关注的一个产业,政府多次出台利好政策来推动产业发展。在 2015 年,我国政府将自动驾驶技术发展纳入国家顶层规划中,以求抢占汽车产业转型先机,强化国家竞争实力;随后五年内,政府不断推进无人驾驶方面的相关配套政策法规,具体包括《智能汽车创新发展战略》《智能网联汽车道路测试管理规范(试行)》以及《新一代人工智能产业创新重点任务揭榜工作方案》等政策,关注点从智能网联汽车细化至无人驾驶汽车。这些政策的相继出台为我国无人驾驶行业发展提供了良好政策环境。

据新思界产业研究中心发布的《2020—2024 年中国无人驾驶汽车市场分析及发展前景研究报告》显示,近年来,我国乃至全球的无人驾驶汽车行业发展迅速。在全球市场,从 2016 年的 40.3 亿美元发展到 2019 年的 54.4 亿美元,年均复合增长率达到 10.5%。而在我国市场,从 2016 年的 492 亿元发展到 2019 年的 1232 亿元,年均复合增长率达到 35.8%。总体来看,无人驾驶汽车行业未来发展趋势仍然向好。

从产业链角度来看,我国无人驾驶技术产业链涉及范围广泛,大体分为整车厂、零部件/技术供应商、运营及服务三大模块。零部件/技术供应商作为整个行业的核心,可以细分为汽车感知、汽车决策以及汽车执行。其中汽车感知占据着重要地位,可以分为车外环境感知、车内感知、车外信息交互以及车内交互四大方面,前两种主要包括视觉摄像头、雷达、高精度地图以及车内传感器等细分产品,目前国内外的多家企业纷纷加快在这一领域的市场布局,其中包括松下、索尼、日立、法雷奥等视觉摄像头企业;Velodyne、Ibeo、禾赛科技、博世、大陆、海拉等雷达制造厂商,以及谷歌、百度、北斗等高精度地图企业。

近年来,随着国家利好政策的推动,国内各行业智能化趋势愈发明显,汽车领域也不例外,无人驾驶行业成为发展热点,市场规模不断扩大,目前已经形成了完整的产业链。其中汽车感知领域占据着重要地位,国内外多家企业加快产业布局。

目前,全球的无人驾驶汽车行业发展态势较好,但还量产投入使用的地区较少。无人驾驶技术应与 5G 通信技术、新能源汽车的相关技术共同发展。国际领先机构现已完成无人驾驶汽车的研发,进入试运行、调试阶段。国内大多数研发无人驾驶汽车的企业现在都处于试验阶段,即行业发展正处于起步阶段。

随着无人驾驶技术的不断成熟,以及政府政策的出台调整,预计无人驾驶汽车将优先运用于工业发展,再到商用领域,最后逐步发展至民用。预计在 2035 年前后,全球无人驾驶汽车将逐渐取

代传统汽车,进入销量的爆发阶段。

根据 Statista 数据显示,2015—2019 年,我国无人驾驶汽车行业市场规模扩张迅速,2019 年我国无人驾驶汽车市场规模达到 98.4 亿元,2020 年受疫情影响市场规模将有所下滑,约为 95.4 亿元。在 ResearchAndMarkets 的预测下,2021 年全球无人驾驶汽车的市场规模将达 273 亿美元,2026 年全球无人驾驶汽车市场规模将达到 594 亿美元,年复合增长率为 16.84%。

虽然目前无人驾驶汽车产业化仍存在各种问题,但无人驾驶汽车实质上是建立在汽车主动安全技术、智能化技术逐步升级的基础上的,只要市场对这些技术有持续的需求,就能推动汽车向完全无人化演进。未来,人类交通系统或将发生翻天覆地的变化,无人驾驶技术现阶段的发展重点还是辅助驾驶,以提高人工驾驶的安全性,要真正实现完全无人驾驶商业化运行还需要人工智能技术的突破。

综上所述,无人驾驶汽车行业尚有较多的技术壁垒需要突破,但总体行业规模增速较快,前景广阔。

就面临的问题而言,目前消费者对无人驾驶汽车的购买与否大多持观望态度,主要因素在于无人驾驶汽车的技术成熟情况,能否真的突破驾驶安全问题成为消费者关注的核心问题。因此,从车辆上市到消费者大量购买还会经过一段观望期。无人驾驶汽车需要提高消费者认知并建立消费者信心,才能促成消费者购买。

第三节　实现世界一流交通服务的对策建议

根据上述对世界一流交通服务技术的特征、应用前景及面临问题的分析,下面从客运、货运两个方面对实现世界一流交通服务提出对策建议。

一、客运方面

1. 完善客运"一卡通"发展政策,明确各方职责

明确交通运输行业各层级的管理内容和管理权限。在部级层面,应明确客运"一卡通"产品标准体系产品质量认证体系、互联互通的服务标准;出台相关管理办法和文件,与国务院相关部委已经印发有关安全便捷支付方面的政策性文件进行衔接,明确不同部门之间的权责范围,精准处理好行业政策与上述政策性文件的关系,就具体服务质量管理措施和业务路径进一步达成一致,实现政策对接。在省级层面,应采用部级制定的管理标准,明确建立大数据平台,制定本地的客运"一卡通"服务内涵,并统筹和掌握客运"一卡通"互联互通数据,为各地实施互联互通提供解决政策和实施细则。在地方层面,应基于交通运输部及省区市制定的相关政策,深化客运"一卡通"出行数据的存储、管理、使用及应用,着重提升运营服务质量,解决居民公共出行遇到的各种难题,提升公共交通服务水平。

2. 加强资金管理制度建设,控制金融风险

交通运输主管部门应联合当地政府,进一步加强对企业运营资金的风险防控,健全监管制度,落实监管责任,保障运营资金安全。引导、鼓励客运"一卡通"公司采用金融标准芯片卡、移动支付产品,消除客运"一卡通"公司经营中存在的风险隐患,为消费者提供更为便捷、安全的支付服务,推动国产密码及标准在行业中的应用。

构建客运"一卡通"公司分层级监管体系。一是对在公共交通领域以外经营的客运"一卡通"公司实施支付机构准入管理,必须实施严格监管;二是对仅限于公共交通领域经营的客运"一卡通"公司可由行业实施日常管理,及时上传相关数据,以便及时掌握运营动态;三是将客运"一卡通"清分结算平台纳入清算业务监管体系,所有运营机构都应将清分结算业务数据共享至国家平台,便于整合监管。

3. 加强数据管理和安全保障,提升服务质量

树立质量第一的强烈意识,坚持优质发展、以质取胜,更加注重以质量提升减轻经济下行和安全监管压力,引导运营机构转变发展理念,增强客运"一卡通"运营服务竞争力,促进行业转型升级。建立各地交通卡通数据中心与全国数据中心的系统对接机制,加强客运"一卡通"相关数据的归集和统计工作。通过收集客运"一卡通"完整数据,为交通运输大数据应用,科学调配运力、设计线路提供科学、精准的分析和规划。

客运"一卡通"互联互通服务要进一步提升质量,必须从规模粗放增长向质量效率集约增长转变。督促企业与具有相应资质的检测认证机构合作,狠抓产品质量,加强对辖区内客运"一卡通"产品认证结果采信情况的监督。督促客运"一卡通"运营机构制定相应的服务机制,及时向社会公布,实现对运营机构的有效监督。探讨扩大客运"一卡通"覆盖领域,强调从综合交通运输体系层面,推动不同交通运输方式中客运"一卡通"的应用,真正做到便民交通服务无死角。

4. 创新发展客运"一卡通"运营模式,深化行业监管

交通运输主管部门应在把好客运"一卡通"密钥标准等技术关基础上,鼓励互联网企业推广和发展客运"一卡通"互联互通事业。同时,加大引导和管理力度,统一思想认识,鼓励引导不同支付技术方式有序竞争、融合发展、各展其长,形成合作共赢的良性格局。引领客运"一卡通"运营服务质量管理的创新,促进多种支付工具融合发展,深化行业管理水平。

同时,客运"一卡通"运营机构是城市客运"一卡通"运营服务的压舱石,是面对人民群众的第一服务窗口,在开拓和探索新技术创新应用的同时,应切实保障实体卡作为客运"一卡通"业务主要信息载体的使用体验,绝不能因新忘旧、废止使用,造成人民群众应用不便和利益受损。应注重激发客运"一卡通"运营机构活力,做好服务兜底工作,鼓励采用互联网新技术,发挥自身的长处和优势,做好客运"一卡通"便民利民服务工作,安全优质开展相关业务。

5. 创新网约车监管模式,建立行业监管协会

政府需要采取创新型的监管措施,如建立新型的"政府+企业"的监管模式。政府可以和网约车平台商进行紧密联系,了解网约车平台的经营管理规范,帮助网约车平台制定网约车总量规范机制,并且加大资金的投入,保障网约车的安全与服务问题,进而逐步提高网约车在公众心目中的印象。

网约车平台公司能够最快、最全面地掌握网约车车主的个人信息、驾驶信息。政府需和网约车平台进行紧密联系,对网约车进行高效监管,保障网约车行业的健康绿色发展。网约车行业监管协会是负责监管网约车行业发展的社会组织机构,它是在政府及各部门准许的情况下成立的,政府赋予监管协会管理网约车的权利,如确定网约车运营的规则规范、选举成立网约车平台自我

监督部门、打击协会内乱用私权和包庇腐败行为等。若想在社会主义市场经济条件下发挥网约车监管协会的最大作用,首要的就是监管协会要保证监管流程的合法化、透明化,勇于承担政府赋予的各项职责,并且向所有的网约车乘客的安全负责。只有深入民心,才能逐步超越自我,健康发展。网约车行业监管协会承担的政府赋予的职责,不能代替市场在资源配置中的全部作用,所以,网约车行业监管协会须接受政府部门的监督和公众的监督,以减少协会内部无效办公的可能性。

6. 增进公共交通服务质量,提升公共交通分担比例

在提升公共交通分担比例方面,应从制度层面和技术规范层面两手抓。在制度层面上,目前公共交通数据信息来源仍需完善,各领域实时动态的数据尚未打通。特别是一些数据被公共交通运营企业或被认为是商业机密,获取难度大,数据孤岛现象广泛存在。在技术规范层面上,目前同城企业之间的智能交通系统自成体系、技术及数据规范尚未完善,为未来的各类数据统一化分析应用造成困难。未来,政府在制度层面、技术层面促进各企业加强交流合作以及数据整合,将推动以数据为导向的智能+公共交通快速发展。

二、货运方面

纵观中国、美国两国经济社会和交通运输的发展历程,我国现阶段的主要特征与美国20世纪80年代有许多的相似性:同样是工业化发展带来物流需求结构转变;同样是面临着日益趋紧的资源和环境约束;同样是交通基础设施建设达到顶峰。当前,我国经过改革开放以来30多年的高速发展,人均GDP(Gross Domestic Production,国内生产总值)已经超过6000美元,经济发展进入新常态,物流需求规模增长和结构调整并存,我国的物流市场处于重大战略转型期;我国交通运输行业已经从大规模的基础设施建设进入到完善网络衔接、加快结构优化和实现一体化发展的新阶段,多式联运正是推动交通运输提质增效、促进物流业健康发展,进而提升经济发展活力和竞争力的重要手段和路径。深入分析美国多式联运发展历程可知,多式联运虽然最终依托发挥市场配置资源的决定性作用,发挥了巨大的效益,但美国政府在多式联运发展过程中,从起步阶段的积极引导、重点扶持,到目前的持续战略指导、系统优化,在多个关键环节都扮演着重要角色,发挥了重要作用。因此,从政府管理角度,积极借鉴美国经验,全面履行政府职责角度,加强和优化公共服务,加强发展战略、规划、政策、标准等制定和实施,保障公平竞争和维护市场秩序,这对推进我国多式联运发展具有重要作用。

1. 切实提升多式联运"一单制"的战略地位

把发展多式联运作为构建综合交通运输体系、推进交通运输行业提质增效转型升级的主要任务和重要抓手,注重做好顶层设计,实现从战略规划到运营管理全过程全面推进,着力构建以多式联运需求为导向、以各种联运形式竞相发展为路径、以基础设施衔接为依托、以运输链整合优化为载体、以设施设备标准化为基础的多式联运组织系统。同时要更加注重多部门协同推进,为多式联运发展创造良好外部环境;更加注重联运的组织衔接和一体化运作模式创新,推动多式联运全面发展。

2. 继续加大基础设施建设的资金支持

交通基础设施具有显著的公益性和服务性,同时资金投入规模大,单纯依靠市场难以有效推动设施完善工程,仍需要政府部门继续加大资金支持力度,不断完善交通基础设施建设。在推进多式联运发展中,需要把着力提升主要通道的能力和服务水平,加快完善集疏运体系,不断加强各运输方式的无缝衔接,提高重要节点专业化一体化运营能力四个方面;作为基础设施的重点支持领域,应加大政府资金投入力度,加快改善多式联运系统交通基础设施运行的基础能力和条件。

3. 不断完善多式联运的政策法规体系

当前,我国促进多式联运发展的政策在系统性、覆盖面和支持力度方面仍有较大的局限性,需要积极借鉴美国在推进多式联运发展中的法规支持、规划引导、财政补贴、税费优惠、市场准入、公平竞争等多个领域的经验,加强国家层面对发展多式联运的公共政策的顶层设计,探索综合运用各种政策手段,系统构建扶而具体、促而有力的政策体系和公平公正、执行严格的法规体系,为不断激发市场活力、优化市场环境、发挥企业创新的主体作用营造良好的政策法规环境。

4. 加快推进多式联运的标准体系建设

一方面,标准化是多式联运高效运作的基础,需要加快推进我国多式联运标准体系建设,加快推进标准体系顶层设计、运载单元及转运设施设备技术标准、服务规范等系统工程。另一方面,运载单元标准化是所有标准化的基础,我国以集装箱和厢式半挂车为基础的运载单元标准化体系还未建立,货车车型过于庞杂(达到2万多种),制约了甩挂运输的普及,更不利于多式联运各环节的标准协同,成为我国发展多式联运亟待破解的突出瓶颈和首要技术难题。需要借鉴美国发展COFC/TOFC等经验,加快构建富有中国特色、基于标准化运载单元的多式联运技术标准体系。

5. 充分发挥各种运输的比较优势

多式联运的价值在于充分发挥各种运输方式的比较优势,通过有机组合,实现成本和效率最优化。美国多式联运体系中铁路、水路、公路充分发挥了自身比较优势,在内陆中长距离运输中铁路发挥了主体作用。当前,要充分抓住中央政府推进铁路货运改革的重要政策机遇,打破条块分割藩篱,按照构建综合交通运输体系的总体框架,按照多式联运发展要求,强化铁路与其他运输方式的衔接融合,以优化改进场站布局、服务模式、运行规划、管理手段等为重点,大力发展铁水联运、公铁联运,并不断从联运业务发展中提升自身可持续发展的能力。

● 本章参考文献

[1] 陆化普.交通强国建设的机遇与挑战[J].科技导报,2020,38(9):17-25.

[2] 李凤.关于交通一卡通互联互通实施难点的思考[J].交通运输部管理干部学院学报,2018,28(3):12-15.

[3] 刘杰,彭其渊,殷勇.低碳背景下的多式联运路径规划[J].交通运输系统工程与信息,2018,18(6):243-249.

[4] 樊一江,谢雨蓉,汪鸣.我国多式联运系统建设的思路与任务[J].宏观经济研究,2017(7):158-165.

[5] 方秋水,王振,李之明,等.交通一卡通行业服务指数体系构建与应用[J].综合运输,2020,42(3),49-56.

[6] 范永茂.政策网络视角下的网约车监管:政策困境与治理策略[J].中国行政管理,2018(6):

122-129.

[7] 张扬军,钱煜平,诸葛伟林,等.飞行汽车的研究发展与关键技术[J].汽车安全与节能学报 2020,11(1):1-16.

[8] 李力,王飞跃.地面交通控制的百年回顾和未来展望[J].自动化学报,2018,44(4):577-583.

[9] 吴建平.无人驾驶未来交通与仿真研究[J].中国建设信息化,2018(21):18-19.

[10] 赵光辉,李玲玲."人工智能 + 交通"应用场景与实例[J].综合运输,2020,42(9):73-78.

第十四章 CHAPTER 14

智能停车关键技术与发展展望

史小辉

第一节 城市停车面临的问题与挑战

城市繁荣发展带来的负面作用不可回避,即城市的交通问题和环境问题。城市交通问题的突出表现为动态交通拥堵和市民出行一位难求。相对交通拥堵,停车需求的发展显得更为突出。目前在我国沿海的主要大城市和超大城市,如北京、上海、广州、南京、杭州等城市,停车难问题日趋加剧,交通与停车矛盾愈演愈烈,停车泊位缺口急剧上升。

据公安部统计数据,截至2021年9月底,全国机动车保有量达3.9亿辆,其中汽车保有量2.97亿辆,全国机动车驾驶人4.76亿人。2016—2021年9月,我国汽车保有量变化趋势如图14-1所示。从城市分布情况看,全国有76个城市汽车保有量超过100万辆,34个城市超过200万辆,18个城市超过300万辆(图14-2)。

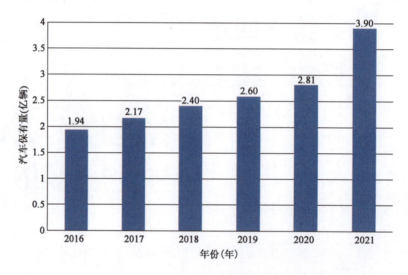

图14-1 2016—2021年9月我国汽车保有量变化趋势

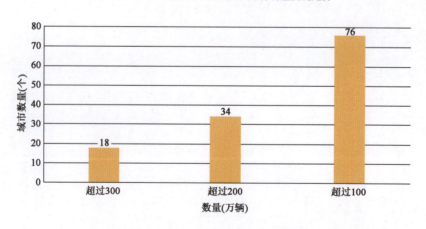

图14-2 2021年我国机动车保有量超过百万辆的城市数量

停车位数与机动车保有量差距引发的一系列问题,已成为城市治理的难题之一,主要表现在用地矛盾突出、人口密集区交通堵塞、公共区域车位周转率低、部分泊车位闲置浪费、监管难度不断增大、信息化程度低下等方面。停车收费标准偏低等城区乱停乱放现象较多,一些车辆随意挤占马路、人行道甚至盲道。夜间住宅密集区、消费密集区车辆随意停放,挤占消防通道及道路连接地段等现象普遍,仅依靠流动执法等以人力为主的疏导远远不够。

城市化进程的加快使得城市管理面临着各种各样的问题,如交通堵塞、资源信息不匹配、动态交通与静态交通发展不均衡等多方面的挑战;在新环境下,如何解决城市发展所带来的诸多问题,实现可持续均衡发展成为城市规划以及城市静态交通建设的重要课题。

城市停车一般归为两类,过夜停车和出行停车。过夜停车的主要突出问题是居民小区停车困难,由于小区停车位供给有限,使得私家车占据小区通道的现象有增无减,由此导致居民生活小区的交通环境恶化,严重的则导致救援车无法畅通和快速地到达事故现场,给小区安全带来极大隐患。

出行停车的困难主要体现在与生活相关的停车位供给和不合理的停车位分布导致交通拥堵上。如,购物、餐饮、娱乐等出行停车,大量的短期停车因找不到车位而增加道路的交通压力,产生不必要的道路拥堵是停车需求与停车供给之间不平衡的结果。

目前城市停车面临以下几个主要问题。

一、停车基础设施建设滞后

在过去的城市建设中,由于经济的快速发展,城市建设的重心一般以商业、政务中心和生活建筑为主,交通建筑作为配套设施往往处于被动的地位。为确保交通系统的正常运行,动态交通设施的建设作为首要优先条件考虑,而与其配套的停车设施则为相对次要的考虑因素,城市停车设施的建设明显相对滞后。

二、城市建筑配套停车位规范政策缺失

城市的大规模建设兴于20世纪末,由于对城市停车需求的快速发展认识不足,在城市建筑配套停车设施的规范和政策方面并未体现出相应的发展水平,使得城市在建设的过程中失去了为未来停车需求的发展提供充足停车设施的机会。

三、城市停车规划技术和战略水平受限

在城市停车设施的规划技术方面,普遍出现的误区是过于保守地预测未来停车需求的发展,从而导致为未来停车的发展预留的空间显得不足,城市停车规划远远跟不上实际城市停车的发展进程。

四、商业建筑停车设施不足

公共和商业建筑包括商场、饭店、办公楼、银行、影院、娱乐设施、医院、政府机关、学校等。由于过去在配套停车设施规范和政策方面的不健全,大多数公共和商业建筑未配套建设必要的停车设施。

五、城市居民小区停车设施不足

过去中国城市发展的主要特征之一是大规模建设居民小区。由于土地商业价值的原因,居民小区开发商更倾向于将土地用作大楼的建设,加之对未来小区私家车保有量增加之迅速的意识不足,已建设好的居民小区普遍存在停车位不足的现象,居民小区过夜停车的困难局面日益加剧致使小区停车位单位购买价格和租用价格涨速加快,购买固定停车位已成为小区居民投资的一个有效途径。

六、城市公共停车库设施不足

目前我国大城市和超大城市的公用公共停车库设施主要是指沿路大楼的地下停车库,一般很少有专用公共停车大楼。在目前小汽车保有量不断增加的情况下,沿海一些大城市或特大城市在高峰时段公共停车需求已难以得到满足,如北京、南京、广州、商业中心地段已难以有效地找到公共停车位。

七、路边停车空间规划缺乏

城市道路不但具备交通通行功能,对于等级较低的街道,有时在停车需求较大的地方还需要具备车辆停车的功能。路边停车是城市停车的一个最为主要的方式,但在过去的城市道路建设中,大多城市道路并未全面考虑未来路边停车的需求,把道路的功能集中定位于机动车通行,完全忽略道路停车功能致使城市道路基本缺失小汽车停车的功能。

八、城市停车管理困惑

城市停车管理不仅体现在停车执法上,更重要的是利用有限的停车资源,优化停车的空间和时段分布,为出行交通的停车提供合理的停车选择,其中包括停车位置的明确界定、禁停位置的明确规定、合法停车的时段划分、停车标志、标线的明确标注等目前许多城市在以上提及的停车管理要素方面做得不到位,导致出行停车时常发生,交警执法依据不足,普通出行者在一些停车定位不明确的地方犹豫不决,一方面导致正常交通瘫痪,另一方面致使停车违章情况很普遍,科学的城市停车管理将会使城市停车更为便捷和有效。

九、城市停车智慧化程度欠缺

城市停车需要紧跟智慧城市建设步伐。而目前,我国以城市级大数据为中心,结合物联网技术、5G技术、人工智能,综合统筹城市停车资源的系统化管理欠缺。各个停车供应商各自为营,不能打通信息共享渠道,无法实现一体化、充分提高停车周转率。智能化协同管理模式、资源互换等智慧化管理机制欠缺。

第二节 城市停车问题的总体解决方案

我国沿海大城市和特大城市的停车问题将在今后一段时间内继续恶化,其主要原因是城市小汽车的保有量还会继续上升。要制定切实可行的政策和规范,对有停车需求的建筑物的设计必须把足够的停车需求考虑进去,其中包括新建或改造的饭店、旅馆、商店、医院、学校、居民建筑、加油站、商务建筑、行政建筑、娱乐旅游建筑等,这也是国际先进的新型城市建设中的经验。

一、以中短期和长期为分类的解决方案

1. 中短期方案

1) 出行需求管理方案

采用出行需求管理的基本原理,通过经济杠杆的作用,调整出行停车需求。城市拥堵收费和停车可变收费将会是未来抑制交通高峰时段城市中心区域停车需求的一个不得不采用的技术手段。

相较交通低峰时段,在交通高峰时段采用较高的出行停车的费率,将会在宏观上有效改变出行者出行计划,使部分出行者选择在交通非高峰时段出行,这在技术上是可行的,但在政策上会有相当的阻力,让机动车出行群体理解,并有效和合理地说服政策的制定者是这项举措的关键,需要在舆论宣传上做积极的努力。

2) 调整物理性设施的布局方案

城市相关政府部门可考虑出台相关政策,推动居民小区物业管理调整小区道路和其他物理性设施的布局,优化小区停车设施,充分挖潜力,以减缓小区过夜停车需求的压力。

居民小区道路和设施的重新布局,减少不影响生活的其他设施,有时甚至以牺牲绿化和娱乐面积为代价,以增加停车设施,将是未来居民小区减缓过夜停车压力的一个不得不做的措施,政府出台相关政策将是推动小区物业管理部门实施这种方案的一个必要的前提。

路边停车将是城市停车一个最为主要的形式。在不影响交通通行的前提下,扩展城市道路路边停车的容量将是未来城市停车发展的一个非常重要的重心和举措,也相对较易实施。

针对等级较低的以接入为主的道路,对现有的道路进行拓宽,增加以停车为唯一功能的停车道,由此显著增加路边停车的容量,同时又不影响交通的通行和安全,这是在战术上可取同时又有效的方案。但更重要的是,未来的城市道路规划和设计必须充分考虑路边停车的需求,这在战略上是根本改变城市停车需求困难局面的一项需要长期实施的方案。

3) 政府政策鼓励信息化管理方案

城市停车信息化是未来现代化城市交通系统的一个重要的标志,其中包括停车需求实时动态分布数据和显示系统、停车位供给状态实时动态分布数据和显示系统、区域性停车信息网和无线查询系统、区域性停车诱导系统、自动化停车违章和收费管理系统等一系列与停车相关的信息化系统。这些信息化系统的建立将能有效和科学地为出行停车提供决策依据,使城市有限的停车资源得到最大效率的使用和管理,有助于减轻停车需求的压力。

政府可考虑制定政策鼓励投资商在停车需求较大的区域兴建大规模专用停车大楼,通过基于大数据的信息化管理手段,使停车收费获得投资回报,同时可有效降低停车困难的压力。大型停车库的使用也是未来城市中心区域停车设施的重要形式之一,在未来城市土地利用规划和城市建筑规划时需要着重考虑的。

2. 长期战略方案

1) 发展公共交通和慢行交通方案

建设现代化城市时,要重点考虑城市出行的环境,这是反映城市综合生活品质和宜居的一个重要的方面。在未来城市的发展中私家车总量的宏观控制将是必要的,制定切实可行的私家车总量宏观控制的政策是一项长远的战略。

我国大城市和超大城市交通发展的基本共识是公交优先,即以发展公共交通作为城市交通发展的一项重要的战略。近年来,迫于环境和能源的压力以及停车需求的困境,慢行交通的理念开始重新被提出,但在举措上尚无重大突破。大力发展公共交通系统和慢行交通系统是缓解城市交通环境能源以及停车困境的一项长线战略,需要有强有力的政策保障和具体的实施推动。

2) 合理进行土地规划方案

城市土地利用的合理布局将能有效地减缓城市中心区域的交通压力,亦可相应地减轻城市中心区域的停车需求压力。在长线战略方面,以优化城市交通分布为主要考虑的城市土地利用规划是未来城市规划发展的方向。

城市停车状况的统计和调查可为城市管理和建设部门提供城市停车白皮书,也可为城市停车规划提供客观完整的停车分析数据。为应对未来城市停车需求的发展,停车状况的统计和调查将是一项长期实施的工作,需要在战略上得到相关部门的重视。城市停车规划对城市停车设施未来的建设非常重要,但比较遗憾的是,我国沿海大城市的停车规划似乎未能为减缓停车需求的困境发挥应该有的作用。建议在未来新一轮的城市停车规划中跳出原有的思维,把停车环境看成是宜居城市的一个重要性标志,要充分意识到城市居民过夜停车和出行停车需求高速发展的可能性,在战略上要调整城市停车设施重要性的理念。

3) 制定城市建设和管理的战略规划方案

在整体上改善城市停车需求的困境,需要制定长期发展的城市停车发展战略。要经过反复深入的研究,广泛吸收各方面的建议,针对具体的未来停车问题,制定有针对性的发展战略,其特征是战略指导思想稳定、需要分阶段实施、需要有坚实的执行力和政策保障、具有长线效益等。在既定的战略指导下,围绕着停车发展战略在各个发展时期的侧重点和目标,具体实施战略中确定的任务,通过长期的战略实施,相信城市停车需求的困境会得到逐步改善,并长期保持良好的城市停车环境。最为重要的是需要城市建设和管理的战略规划,长线的战略思想远比短线的战术、技术重要,城市发展战略家的贡献是伟大的。

二、以小区停车和市内停车为分类的解决方案

1. 新建住宅小区停车位要配建到位

对于新开发建设的住宅小区,应根据小区建设规模,考虑居民现实需求和长远发展需要,科学

合理规划车位,明确配建标准,逐步达到一户一位,要因地制宜,建设平面、地下或立体等多形式的停车场,既有效利用资源,又节约城市土地。

2. 有车位才能购车

汽车消费的超前与停车场经营产业的滞后是造成停车难的关键矛盾,因为车位增速跟不上车辆的增速。很多小区在交房后的前几年基本能够满足停车需要,但是随着时间的推移和车辆的不断增加,一段时间后都出现了车位告急的现象。可以考虑效仿北京等大城市的管理方法,在购置汽车时应提供其拥有固定停车位的证明。

3. 鼓励扶持公共停车场建设

从促进城市现代化发展出发,将停车产业化作为现代服务产业来培育。针对公共停车场建设成本高、投资回收率低、社会资金投入积极性不高的现状,可以参照有关公用设施建设项目的优惠待遇标准,出台鼓励、扶持公共停车场建设的优惠政策,保证公共停车场投资有适度的盈利空间,从而吸引社会资金积极投资公共停车设施建设,实现谁投资、谁经营、谁受益的良性循环。

4. 建立完善的停车管理法规政策

针对住宅小区停车管理,政府有关部门要尽快制定出台机动车停车场(位)建设、管理、经营收费等相关政策,形成比较系统、完善的法规政策体系,为住宅小区停车管理提供必要的政策保障。公安、交通等有关部门要将住宅小区车辆管理纳入日常监管范畴,对住宅小区车辆乱停乱放问题进行专项治理,加强住宅小区停车管理的日常指导、监督工作;物业服务企业要充分履行职责,制定切实可行的管理措施,严格控制外来车辆的进出和停放,引导和规范小区居民车辆有序停放,以完善的制度、优质的服务来促进住宅小区停车管理的健康发展。

三、以城市停车为整体的解决方案

近年来,随着机动车数量的急剧增加,市区内交通拥堵与停车难问题日益突出。为缓解市区停车难问题,主要有以下几方面工作。

1. 做好公共停车场的规划建设

组织编制了《交通体系规划》,就市区公共停车场布局、建筑物配建停车指标、路内停车等方面,开展了老城区范围内的停车问题调研,对老城区现有公共停车场、建筑配建停车及停车管理等方面进行了认真梳理,提出了改善意见和建议,完成了方案。

2. 适度提高停车位配建标准

按照住房和城乡建设部、公安部、国家发展改革委联合下发的《关于城市停车设施规划建设及管理的指导意见》,适当提高了停车配建标准,对住宅、商业购物中心、办公楼、医院等不同的建筑类型作了不同的规定。要求住宅每 $100m^2$ 建筑面积配置 1.0~1.5 个车位,饭店、餐饮、娱乐等商业设施每 $100m^2$ 建筑面积配置 2.0~3.0 个车位,医院每 $100m^2$ 建筑面积配置 1.0~3.0 个车位等,并在规划审批和批后管理中严格把关,确保停车位建设落实到位。

3. 完善停车场专项规划

结合交通体系规划,对停车系统专项规划进行调整优化,按照差异化停车的原则,从公共停车场布局、配建标准、建设方式和管理、收费政策等层面,研究提出切实可行的具体措施,构建以配建停车为主、路外公共停车为辅、路内停车为补充的停车系统结构。同时,将停车设施用地纳入控制性详细规划,做好用地控制。

4. 严格配建停车场的规划审批

在建设项目规划审批过程中,对住宅小区、大型公共活动场所等的配建停车设施进行严格审查,按标准配建停车位。根据项目地段的不同情况,采取地上、地面、地下停车等多种形式,规划建设停车楼、机械停车库和地下停车场,确保建设布局合理、与建设项目规模相适应的停车场地,对未按规定规划建设停车设施的项目不予审批、验收。

5. 配合做好停车场建设和智慧化管理工作

缓解市区停车难问题,涉及规划、住建、公安、物价等多个部门,需各部门各司其职,相互配合。按照市区公共停车场规划,积极配合有关部门加快市区公共停车场的建设。同时,加快实施智慧城市中心城区的智慧停车管理改善方案,落实相关对策、措施,逐步缓解中心城区停车难现状。

第三节　城市智能停车关键技术现状与发展

为解决道路停车问题,合理利用道路资源,缓解"一位难求"的城市停车现状,需要对城市的道路、交通、停车进行统一的规划、优化和管理,在应用中主要涉及几个领域及技术。

一、停车场出入口控制关键技术现状与发展

1. 出入口控制机

停车出入口管理是智慧停车管理的关键环节,直接影响停车的效率和支付的便捷。其管理方式从人工收费逐步演变成用设备替代,而设备控制进出所用的技术则可以分为刷卡、射频、视频等几种。

刷卡方式主要应用在大型综合体、商场、医院等车流量较大的场所,但该方式工作效率低下,易导致出入口拥堵,且容易因为卡片丢失而造成纠纷等更多问题,所以当下刷卡方式正逐渐减少,未来或许将被淘汰;而射频方式虽然在一定程度上缓解了进出效率问题,但由于其要求对车主的车辆要进行加装单独的设备,同时整体建设成本也相对较高,故普及率相对较低。

2. 视频技术

刷卡和射频方式存在的局限在视频技术上都不会出现,主要原因在于车牌是每辆车的唯一标签,通过视频技术识别每辆车的车牌信息作为进出场的唯一凭证,不需要发卡也不需要刷取卡,可做到无感出入场的停车体验,这也是当下主流的停车场出入口控制技术。

视频技术应用在停车场出入口主要设备组成有:出入口抓拍相机、道闸、软件平台以及其他相关配件,当车辆进入车场时,出入口抓拍相机通过图像算法技术,能准确识别出车辆的车牌信息、入场时间、车身颜色等,同时上报给平台,在车辆出场时候也通过车牌识别,然后根据平台制定的收费规则完成缴费后车辆即可出场。当然视频识别技术也存在一些局限,主要表现为对车牌识别

无法做到识别率100%,主要原因还是在于会出现各种状况的车牌,如阴阳牌、污损牌、车牌遮挡、倾斜车牌等,所以视频技术对图像算法依赖很高,需要以视频技术为核心的厂家不断优化算法,从而提高车牌识别率。

二、地下停车场引导及反向寻车关键技术现状与发展

1. 超声波技术

以前,大型地下停车场普遍存在车主找车位难、找车难等问题,早先一些厂家将超声波诱导技术广泛应用于地下停车场引导,主要是通过在每个车位上方放置超声波探测器和红绿双色指示灯,当车位状态发生变化时,超声波探测器会下发指令给指示灯使其颜色改变,探测器通过RS485线把车位状态信息上报给超声波管理器,多个超声波管理汇聚到一个节点控制器,节点控制器主要用于数据的汇聚和上传给平台,由平台把余位信息下发到部署在各个场内路口的室内诱导屏,告诉车主不同方向的余位信息。超声波技术的应用确实缓解了不少车主找车位难的问题,但是车主找车难的问题依然没有得到很好解决。

2. 视频技术

将视频技术从停车场出入口延伸到地下停车引导及反向寻车中后,提高了车主找车位和找车的便捷性。其核心技术还是在于车位前方放置的视频车位检测器,通过视频车位相机的图像算法、车辆建模等技术来判断当前覆盖的2~6个车位的车位状态和车牌信息,只要有一个空车位,车位相机的指示灯就会依然显示绿色,满车位就显示红色。车位相机通过前端识别车牌和车位状态的方式,直接把结果通过网络方式上报给平台,然后平台把余位信息下发至各个室内诱导屏,完成车位引导环节。另外在各个电梯厅或者关键位置放置寻车机,在寻车机上输入车牌信息可直接反馈一条最短到车辆的路径,极大地缓解车主寻车难的问题。

三、路内路侧停车关键技术现状与发展

1. 传统手持终端收费

从目前来看,国内还有很多城市的道路停车收费沿用传统的人工收费方式,每位收费人员配备1台收费PDA(Personal Digital Assistant,掌上电脑)终端,通过手工录入车牌信息并通过移动公网的方式回传给平台,车主离场时也通过PDA上显示缴费金额进行人工收取。从2021年统计数据来看,又新增约70个城市使用了这套传统的技术手段。但是这套技术手段人工效率低,通常一个收费人员管理15个车位就已经满负荷工作,但仍不能改变"跑冒滴漏"现象,所以这种传统技术手段慢慢会被淘汰,然而这种传统的停车技术已经被称为"道路停车2.0"。

2. 地磁 + PDA 终端

道路停车中地磁技术的应用把"道路停车2.0"推向"道路停车3.0",其原理相对比较简单明了。如图14-3所示,在每个车位上放置1台地磁探测器,当车辆驶入车位时,车辆切割地球磁感线而造成磁场的变化,地磁探测器检测到这种磁场变化后认为当前车位被占用,然后地磁探测器通过无线方式把车位状态上报给地磁管理器,地磁管理器把多个地磁探测器上报上来的车位状态以

及车辆入位时间通过移动公网方式上报给平台开始计费,同时平台把对应车位状态信息下发给对应权限的 PDA 终端,由收费人员完成车牌信息录入工作。但是,车辆离场时,仍然需要人工去收费,无法完全避免"逃单"现象。地磁技术的应用虽然提高了道路停车收费管理员的效率,但是关键在于地磁探测器检测的准确率,究其原因还是在地磁算法层面的准确率,比如在机场边上、商圈中心都会存在交变磁场,在变电站、地铁站边上的强磁场,就需要靠算法去过滤这些干扰。还有一类情况,如车辆在车位上停放超过 24h 后,是否会把当前停车状态的磁场当作基准磁场而车辆离开判断为有车状态,这种情况也需要靠算法去过滤。

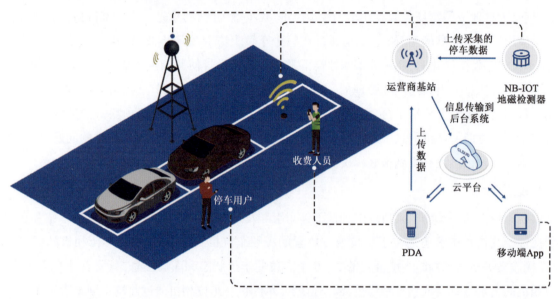

图 14-3　地磁 + PDA 技术应用

3. 射频桩 + PDA 终端

在每个车位放置一台射频车位检测器,用于判断车位状态和识别车牌信息,设备上集成 7 色指示灯、超声波探测器和抓拍相机。7 色指示灯满足业主个性化需求,比如 VIP(Very Important Person,贵宾)车主或高端车主对应可显示黄色,超声波探测器用于辅助检测车位状态提高车位判断准确率,抓拍用于车牌、车身颜色等信息的识别。终端管理盒为前端视频车位检测器供电、传输、存储以及通过无线网桥方式把数据上报给云平台。云平台负责对各个终端盒上传上来的数据做汇聚和处理。车主端 App 主要是服务于车主进行自助缴费、车辆监控、车场导航、余位信息查看以及广告信息获取,而收费人员的 PDA 主要是来处理平台下发的车辆不规范停车情况,确保车辆有序停放。其技术应用如图 14-4 所示。

4. 高位视频技术

目前常见的高位视频设备采用枪球联动,一支枪机判断车辆驶入驶离,然后发送信号给球机,球机负责抓拍车牌特写照片并识别车牌。之后,为便于安装调试,需要将枪机、球机、补光灯进行一体化设计,从而产生了枪球一体机。

通常一套产品可以管理 8～16 个车位,测试在多辆车同时驶入或驶离时,枪机可以抓拍到车辆,但球机有时候来不及抓摄特写。枪机球机均为 200 万像素,枪机只能抓拍到有车辆进出,但拍不清车牌,因此需要球机配合,故产生了采用 600 万像素的双枪方案,枪机抓拍照片时可以直接识别车牌,达到了一个枪机管理 4 个车位的效果。随着技术的发展,出现"双目"方案,即将两支枪机两只补光灯,简化集成为一个相机主板配一个近端一个远端两个枪机镜头外加一只补光灯,最大限度方便了安装调试。不仅如此,除了高位正照(高度 6m 以上相机车位在同一侧)、中位斜照(高度 3~4m 相机车位不在同一侧)外,"双目"还可以满足双枪产品无法覆盖的中位正照(高度 4~5m 相机车位在同一侧)的场景,而这类场景常见于绿化带树木遮挡的城市或者路段。其技术应用如图 14-5 所示。

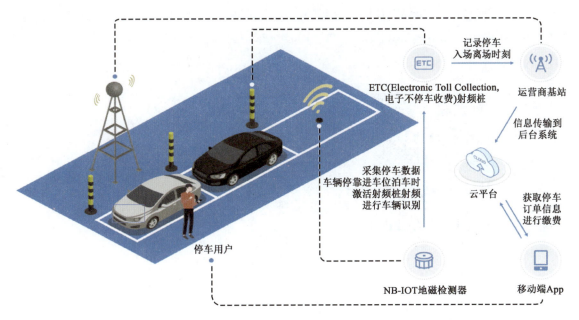

图 14-4　ETC 射频桩 + 地磁 + PDA 技术应用

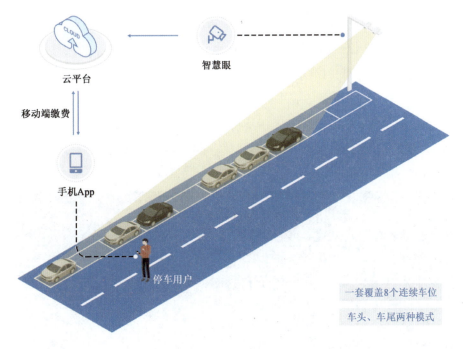

图 14-5　高位视频技术应用

四、停车诱导发布关键技术与发展

为了让整个道路停车形成闭环,需要在各个重要路段设置城市停车分级诱导屏,用于提醒车主各个停车场余位信息,减少因为车主找车位而带来的无效行驶,从而缓解城市交通系统的拥堵和减少尾气排放。三级停车诱导系统,应用信息采集技术、数据处理技术、通信传输技术、信息发布技术等,通过三级诱导实时显示停车场剩余车位情况,实现车辆在城市中的车位引导。现有的城市分级诱导屏主要分为一级诱导屏、二级诱导屏和三级诱导屏(图14-6),其中一级诱导放置于核心路段,用于显示周边停车场的余位信息。目前的一级诱导主要有全点阵和光带复合屏两种。二级诱导屏一般设置在各个停车场周围主要的路口,向即将通过路口的、需要停车的驾驶员传达沿路口各个方向的停车场空车位状况、行车方向及行车距离等信息,也可显示多处停车场空余车位的实时信息。

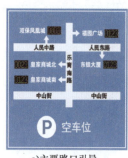
a) 主要路口引导

b) 次要路口引导

c) 停车路口引导

图 14-6　三级停车诱导系统

五、城市停车大数据统一管理关键技术与发展

目前国家正在大力推进 RFID 电子车牌,通过政策层面推动电子车牌的普及,主要还是为了统一管理车辆,通过在发放的电子车牌上添加车辆信息、车主信息、年检信息等,然后在各个路段中设置 RFID 读头,对过车数据进行读取上报,同时结合出入口抓拍相机做视频取证,降低了对出入口抓拍相机的要求。基于深度学习的应用,在出入口抓拍相机中提高车牌识别、车身颜色、车型车系的识别率,同时提取其他非结构化数据,车牌不再只是车辆的唯一标识,可以是前风窗玻璃的某一挂件或摆饰等,大大提高了车辆进出效率,基本可以做到区域或者时段内100%识别进出场。智慧城市停车大数据中心界面如图14-7 所示。

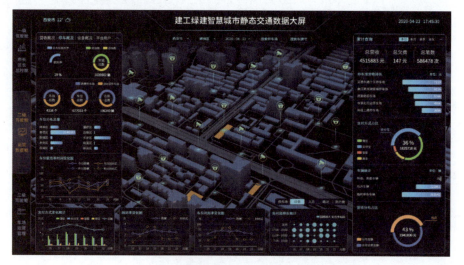

图 14-7　智慧城市停车大数据中心界面

六、未来支付关键技术与发展

目前不少智慧停车公司联合支付宝、微信等推出"无感支付",其技术背后主要是通过系统平台打通,利用支付宝强大的支付功能实现停车缴费,但是这种模式还是存在对"套牌车"无法解决支付问题的现象。随着智能化不断前移,前端设备尤其是以出入口抓拍相机为代表,在不久的将来要实现"人脸面部特征"的精准抓拍是完全有可能做到,所有停车场出入口系统都统一上云端,所有出入口抓拍到的人脸都和云端人脸库进行比对,同时云端也打通"支付宝或微信及其他支付通道",实现以"人脸面部特征"为唯一识别标签的支付方式,如此便解决了仅靠车牌作为唯一标签来支付的漏洞。支付关键技术应用如图 14-8 所示。

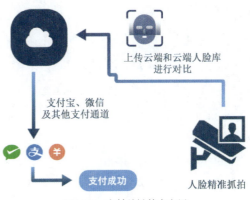

图 14-8　支付关键技术应用

七、咸阳市北平街示范区停车场融合技术方案

1. 路侧停车方案

经调研,咸阳市北平街区域规划有路侧停车位的路段有仪凤东街、花店巷、中山街和东明街,其中中山街停车位数量最多,可作为路侧停车改造示范点。对中山街从东向西 46 个车位进行改造,在勤俭东巷路口处安装高位双枪相机,管理 8 个车位,高位枪机可以直接从路口的监控杆上取电。中山街其余车位可以安装 NB-IOT 地磁,作为地磁车位试点。东明街有 17 个车位已经划线,全部安装 NB-IOT 地磁,作为地磁车位示范点。

2. 封闭式停车场方案

根据实地调研勘察,计划对双保凤凰城停车场、北平天下(东)地下停车场、北平天下(西)地下停车场进行升级改造。

双保凤凰城停车场:更换目前使用的车牌识别相机、出入口显示屏,与现有的道闸设备对接。岗亭收费电脑部署一般提供的停车收费终端系统,将之前系统录入的车辆信息重新导入。由于该停车场紧邻市中心医院,车流量较大,很容易在出入口发生拥堵,故需要对停车场内部行车引导线重新规划,防止出入口出现拥堵。可在停车场内部、出入口设立缴费二维码,方便用户在线提前缴费,出场时无须停车缴费,快速抬杆放行。

北平天下(西)地下停车场:该停车场只有一个出入口,且为同进同出,只需要一个道闸。由于停车场内部网络信号较差,需要在停车场门口处安装 4G 路由器与收费电脑连接,停车场内部安装手机信号放大器设备,使车主可以使用手机进行在线缴费。停车硬件需要更换出入口车牌识别相机及信息显示屏。岗亭收费电脑部署本单位提供的停车收费终端系统。在停车场内部、出入口处设立缴费二维码,方便用户在线提前缴费。对车位进行划线,增加场内停车引导线。

北平天下(东)地下停车场:该停车场只有一个出入口,目前车牌识别相机在同一侧,为同进同出,后期可更改为一进一出。由于停车场内部网络信号较差,需要在停车场门口处安装4G路由器与收费电脑连接,停车场内部安装手机信号放大器设备,使车主可以使用手机进行在线缴费。停车硬件需要更换出入口车牌识别相机及信息显示屏。岗亭收费电脑部署一般提供的停车收费终端系统。在停车场内部、出入口处设立缴费二维码,方便用户在线提前缴费。对车位进行划线,增加场内停车引导线。

3. 停车诱导设计方案

在人民东路与北平街交叉口东西两侧安装二级诱导屏,从西向东二级诱导屏安装在咸阳市中心医院门口处,距离路口大约160m。从东向西二级诱导屏安装在中国工商银行门前,距离路口大约200m。二级诱导屏通过使用4G无线网卡来接收由云平台下发的数据,实时显示接入的停车场的名称、剩余停车位数量、行驶方向、距离等信息。三级诱导屏需要安装在各个停车场门口醒目位置,实时显示停车场剩余车位,需要与停车场收费端电脑连接,进行数据传输,其中广告区域信息可根据业主需求进行更换。

咸阳市静态交通数据中心界面如图14-9所示。咸阳市静态交通数据中心实时显示了不同地区不同停车场的实时进出画面,实现远程抬杆功能,实时统计停车场的剩余车位情况,动态地分析车位的周转率、不同车位上车辆停车时长的情况以及营收比;能统计每一天每一个停车场的营收情况和每一个月或每一年的停车场的营收情况,以及不同时间段停车场使用者采用的支付方式的统计规律。

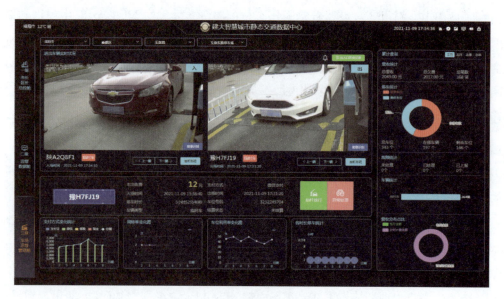

图14-9 咸阳市静态交通数据中心界面

第四节 智能停车的发展目标与实现路径

智能停车需要通过智慧停车管理系统的建设,在满足实时监控各智能停车位的前提下,系统地协调静态交通和动态交通,有效缓解停车困难和交通拥堵,最大限度地提升智能停车泊位的使用率,既要满足群众停车需求,也要使该系统的商业价值得到充分体现。智慧停车管理系统一方面面向管理者提供监管所需的实时停车信息;另一方面面向驾车者提供服务,以多级信息发布屏为载体,以云计算技术、无线通信技术等为技术支撑,提供停车场路线的车位路线引导、空车位查询、空车位预订等服务,有效指引驾驶员停车。该系统需具有一定的兼容性和可扩充性。智能停车的发展目标与实现路径包括以下几个方面。

一、实现城市停车管理与运维"一张网"化

根据静态交通大数据平台综合分析各区域交通运行状况和周边停车设施,进行路边泊位统筹调整。拥堵路段路边停车泊位应按照减量化原则进行设置,通过合理的经济杠杆,减少路边无序停车和长时间占道停车,增加泊位利用率和周转率;待公共停车设施建成后,逐步取消其周围占道停车,依法加强违法停车治理,同步完善停车诱导设施,保障公共停车设施有效需求,提高路网运行效率。

整合停车资源,建设城市停车信息诱导系统,同时推广使用城市停车平台手机软件,采用现代化信息技术和通信技术等为公众提供停车信息服务,提高停车设施的利用率。

综合运用"移动互联网+物联网+云计算+大数据"等新一代信息技术,通过视频车位检测终端(路内)、智能道闸、卡口摄像机等前端物联网设备的使用,实时进行停车数据采集、报送,获取整个城市停车位数据,建立感知、分析、服务、指挥、监察"五位一体"的城市静态交通大数据云平台,对全市公共停车场、社会停车场、路内泊位设施进行一体化运营监管,实现全市停车资源智慧化管理,引导车辆合理停放,提高停车泊位的利用率和周转率,缓解城市交通拥堵难题。

通过数据运营平台,激活政府公共服务资源,实现停车数据资源的开放共享,形成一套完整的面向经营管理单位、政府相关职能部门、广大机动车驾驶人的智能化停车服务系统,极大地推进城市停车场和道路停车管理的发展。

二、充分实现城市停车"便民化"

结合城市公共停车场分布及拥堵区域分布,实时发布全市停车位状态信息,完善交通诱导体系。静态交通大数据平台将全市交通信息通过可变诱导屏、交通广播、互联网、App 等方式实时发布,减少因寻找停车泊位诱发的交通需求。引导路网交通流合理分布,缓解城市道路拥堵状况,提高停车设施的利用率,缓解行车难和停车难问题。提供手机 App,方便车主寻找周围空余车位并通过末端导航指引车主到达具体某一车位,为车主提供智能停车服务,并提供自然过渡的增值服务。

为车主提供全方位的服务,包括手机 App、微信公众号、官方网站及呼叫中心,支持主要的线上支付渠道,同时尽量减少现金缴费或者禁止现金缴费,避免"乱收费"现象发生。结合车位检测器检测到的停车数量、停车时长的统计,可以形成有效的对账机制,对基层收费人员进行监管。

通过使用手机客户端实现电子支付功能,避免现金找零,提高支付的便利性,同时也可以将相关通知等及时推送给车主。使用电子系统对泊位信息和支付信息等就行记录,也便于后期管理分析。

三、实现城市停车管理"少人化"

通过使用电子化的智能设备、软件系统,简化人员操作管理难度,实现停车资源的高效管理和

少人化,实现降本增效的效果。通过使用成熟的软硬件系统,保障系统的运行稳定性,并学习借鉴建设公司的以往运营管理经验。

基于"移动互联网+物联网+云计算+大数据"等新一代信息技术,通过车位检测器、无线网关、智能道闸、车牌识别一体机、高位视频相机等前端物联网设备的使用,实时进行前端停车数据采集、报送,实现前端系统少人无人化管理。

巡检、收费PDA终端作为城市道路停车收费管理的主要终端,收费员可以使用该软件进行停车场地收费管理,对入场车辆进行下单及收费结算,进行账务的核对和流水的上传,可以查看报表统计及车辆停车费用的补缴,收费员还可以签到签退,系统信息也可以按情况设置,包括选择上传的图片、数据保留周期及登录密码修改等,消息列表中记录了未处理信息,可减少工作量及降低人力成本,提高收费效率、停车场地使用效率和停车场地运营能力。

四、城市停车"大数据"中心化

在"互联网+大数据"时代下,城市智慧停车平台将成为汽车消费和出行的最佳服务平台,类似洗车、维护、车险、租车、买车、电商等一系列服务都可以通过这个平台实现。以停车为起点,进行生活周边辐射,同时为用户推荐最优的汽车后服务产品,利用其庞大的停车数据和车主模型,为整个车后市场提供更多的资源和服务,打造基础停车为切入点的车后市场服务生态链。

将城市的停车资源以及使用客户群体整合在平台上进行资源对接,收集城市级的停车数据以及相对应的客户使用车位数据,并且随着平台不断地推广和使用,积累数以亿万计的停车数据、用户使用数据、车位数据信息、路线使用信息等多维度的数据信息。

运用当前互联网技术,对停车场联网改造并按照标准数据传输协议和规范将停车场相关停车数据接入大数据云平台,包含实时空位数据、场内车辆数据、停车记录数据、收费数据、车场设备数据等内容。实现所有停车场信息的集中采集,接入城市静态交通大数据云平台,完成数据联网共享,统一调配、统筹城市的停车资源。

五、城市停车全面实现"物联网"化

通过前端物联设备采集停车泊位信息、大数据云平台统计分析、停车诱导引流、统一线上支付,智慧停车平台与车主无缝连接,为车主提供本地化优质服务,收益反作用于城市停车位建设及管理,最终打造城市停车产业生态圈。

支持将已建成的公共停车场项目(各景区、公建人防工程等停车场)经营管理权划至市公共停车场建设管理公司进行智能化改造,统一运营管理;支持将中心城区重点区域的路内、路侧、路外和立交桥下的各类停车泊位进行智能化改造,统一运营管理。收取的停车费用于停车场综合信息平台建设,结余部分补充公共停车场建设支出;协助制定停车场智能化改造统一标准,对各类商业、公益、医疗、教育和单位庭院等停车场进行智能化改造,统一接入停车综合信息管理平台,进行信息共享。

六、城市智慧停车实现"大共享"化

据统计,目前国内停车场的平均车位利用率仅为30%。写字楼的停车高峰期是从上午至中午；商业大厦的停车高峰期从中午持续到晚上；普通住宅小区的停车高峰期则集中在夜间，白天大量车位闲置。城市一方面停车位不足，另一方面车位利用率低，形成巨大的停车资源浪费。

智慧停车平台通过大数据分析，高效利用现有资源，盘活存量停车资源，将车辆由道路引导到闲置车位，降低城市交通系统的压力，鼓励并引导政府机关、公共机构和住宅小区内部停车设施对外开放。利用静态交通大数据平台推行错时停车服务，实行居住区与周边商业办公类建筑共享利用停车泊位，实现停车资源最大化利用，促进区域停车平衡。

第五节　智能停车技术政策性支撑与建议

国务院办公厅于2021年5月21日发布《国务院办公厅转发国家发展改革委等部门关于推动城市停车设施发展意见的通知》（以下简称《通知》）指出，城市停车设施是满足人民美好生活需要的重要保障，也是现代城市发展的重要支撑。近年来，我国城市停车设施规模持续扩大，停车秩序不断改善，产业化发展逐步深入，但仍存在供给能力短缺、治理水平不高、市场化进程滞后等问题。

《通知》中针对关于加快停车设施提质增效提到，加快应用大数据、物联网、5G技术、"互联网+"等新技术新模式，开发移动终端智能化停车服务应用，实现信息查询、车位预约、电子支付等服务功能集成，推动停车资源共享和供需快速匹配。鼓励停车服务企业依托信用信息提供收费优惠、车位预约、通行后付费等便利服务（各城市人民政府负责，国家发展改革委、工业和信息化部、住房和城乡建设部、交通运输部、人民银行按职责分工加强指导支持）。

在强化资金用地等政策保障中强调，鼓励社会资本参与。规范运用政府和社会资本合作（Public-Private Partnership，PPP）等模式推动共同投资运营停车设施。对停车需求大、收益较好的中心城区、交通枢纽等区域的停车设施，鼓励社会资本以市场化投资为主开发运营。有条件的城市片区可通过项目打包、统一招标、规范补贴等方式鼓励进行规模化开发。对停车需求较小区域的停车设施，可通过合理确定收费标准、政府适当让渡项目收益权等方式，吸引社会资本参与。允许利用地方政府专项债券资金支持具有一定收益的停车设施项目建设。积极拓展配套服务功能，在不减少车位的前提下，可允许停车设施配建一定比例的洗车点、便利店等便民设施，提升项目综合收益能力（各城市人民政府负责，国家发展改革委、财政部、住房和城乡建设部按职责分工加强指导支持）。

第六节　智慧停车行业一流水平分析及未来技术发展展望

一、路内停车

ETC等无感支付技术的应用是趋势。ETC、微信、支付宝等无感支付技术被应用在停车场景内，保证车辆快速缴费离场。其次，数字人民币的推出，使得各银行App也面临路内停车与国有停车平台的打通技术。

二、停车引导算法和泊位精准导航技术

通过城市停车引导算法，App 可向车主及时推送附近可用停车场及停车场剩余泊位，并根据泊位精准导航技术，引导车主停放至固定的泊位上，车辆行驶过程中，引导算法会根据车主当前所在位置实时提供最方便的停车泊位。

三、智能立体车库移动端技术研发

通过为立体车库进行改造升级，做到车主将车辆停放到车库入口即可离开，剩余工作均由车库自动完成。车库的调度算法可以将车辆存储在合理的位置，保证车辆以最快的方式存放和取出。

井筒式车库可合理利用地下空间，如地铁修建时的深基坑。建立井筒式车库，车主只需要将车辆停放在入口，车库即可通过相应的调度技术将车辆存放在地下车库中。此种车库不占用地上空间，可以解决城市地上空间不足等问题。

四、封闭式停车场

1. 场内调度算法

合格的场内调度算法不但能够给出当前场内剩余车位情况，并且还需要根据车主的习惯路线为车主推荐位置最优的泊位。

2. 场内导航定位技术

在调度算法推荐出最优泊位后，利用场内导航技术将车辆引导至相应的位置，要求能够根据车辆当前位置实时地进行路线规划和语音播报，同时要求可以利用虚拟现实技术将需要行走的路线显示在摄像头的视野范围内。

五、车路协同自动泊车

未来的自动驾驶技术一定是"聪明"的路加上"智慧"的车。自动泊车场景为封闭的简单场景，自动驾驶技术在自动泊车领域将更容易落地实现，通过在路外增加毫米波雷达等技术，将道路情况实时地反馈给车辆，结合车辆的自动驾驶功能，实现在停车场内的自动泊车。

附录
APPENDIX

作者简介

陆化普

陆化普,博士,清华大学教授、博士生导师,清华大学交通研究所所长。兼任国家京津冀城市群协同发展专家咨询委员会专家,公安部、交通运输部、住房和城乡建设部、中央精神文明建设指导委员会办公室四部委"城市道路交通文明畅通提升行动计划"专家组组长。

长期从事综合交通规划、智能交通系统规划设计、可持续发展的交通运输系统、交通政策等领域研究。

在清华大学学报、中国公路学报等国内外刊物和国际会议上发表论文429篇,其中SCI/EI检索223篇。著有《交通规划理论与方法》《城市交通现代化管理》《综合交通枢纽规划》《城市轨道交通的研究与实践》《解析城市交通》《智能运输系统概论》《快速城镇化进程中的城市可持续交通:理论与中国实践》《城市交通管理评价体系》《城市交通规划与管理》和《城市交通拥堵机理与对策》等34部学术著作,其中《交通规划理论与方法》入选普通高等教育"十一五"国家级规划教材。

陈再刚

陈再刚,博士,研究员、博士生导师。2013年博士毕业于重庆大学机械传动国家重点实验室,2014年被全职引进到西南交通大学牵引动力国家重点实验室工作。从事机械传动系统动力学以及载运工具系统动力学方面的基础及应用基础研究工作。担任第六届中国交通运输协会青科委副主任、中国振动工程学会故障诊断专业委员会理事、中国轴承工业协会技术委员会委员、《动力学与控制学报》青年编委等职务。

主持国家自然科学基金优秀青年科学基金项目等科研项目10余项。在国内外知名期刊和会议上发表学术论文近100篇,其中SCI论文50余篇,EI论文近30篇。主要论文被SCI他引800余次,4篇论文入选全球工程学科前1% ESI高被引论文。作为主要完成人获国家科技进步二等奖、重庆市自然科学一等奖、四川省科技进步一等奖各1项;个人入选2020年Elsevier中国高被引学者榜单、获得中国振动工程学会青年科技奖等奖项。

张建平

张建平,博士,清华大学土木工程系教授、博士生导师。

长期从事土木工程信息技术方面的教学和科研,我国BIM技术和IFC标准的最早研究者和推行者之一。主持完成了包括国家"十五""十一五""十三五"、863、国家自然科学基金等几十项科研项目。在土木工程CAD/CAE、4D-CAD、BIM、建筑生命期管理、建设领域信息化、数字减灾及智能决策技术方面开展了卓有成效的研究,具有较深的学术造诣,其研究成果在国内外处于领先地位。出版论著6本,发表学术论文200余篇。曾3次荣获华夏建设科学技术一等奖、1次二等奖,北京市科学技术二、三等奖,北京高等教育教学成果二等奖等,获全国先进科技工作者、北京市高等学校教学名师、北京市"教育先锋"先进个人、国家精品课负责人等。

目前兼任住房和城乡建设部绿色建造专委会委员、住房和城乡建设部信息技术标准化技术委员会顾问委员、中国图学学会副监事长、中国建筑学会BIM技术学术委员会专家顾问、中国工程建设标准化协会BIM专委会常务理事、中国BIM发展联盟常务理事、北京市BIM技术应用联盟专家顾问、国际土木与建筑工程计算机学会BIM专委会委员等。

呙润华

呙润华,博士,1975年生,清华大学土木水利学院副教授、博士生导师,清华大学交通工程与地球空间信息研究所副所长。2002年赴美留学并取得博士学位,期间作为负责人主管美国超级路面(SUPERPAVE)研究中心——南方大学中心。近年来主持参与10余项国家重大项目,长期与国内外知名企业联合科研取得系列重大成果,主要包括具有系列国际领先水平的一体化道路与机场巡检车,基于三维检测技术,可同时进行路面损坏、车辙、平整度、纹理、道路景观等项目的检测,在此基础上发展的道路基础设施建模与仿真技术已经创造性地用在道路基础设施管理平台建设上,为设施性能的精准预测、网络级的设施管理优化决策提供基础。

胡华清

胡华清,中国民航科学技术研究院副院长,博士,研究员。长期从事民航发展战略规划研究、民航统计分析、经济监测、财经政策、绿色环保、航空运输、通用航空、机场规划、智慧民航等领域研究。先后主持民航业发展"十五"至"十四五"规划、民航强国战略规划、新时代民航强国建设行动纲要、十大国际航空枢纽战略规划、四大世界级城市群机场群发展规划、民用运输机场布局规划等研究和编制工作,参与编制交通强国战略和国家综合立体交通网规划工作。

先后获得省部级科技奖励16项,发表论文60余篇(其中中英文检索论文20余篇),多篇智库建言文章。享受国务院政府特殊津贴专家。担任中国民用航空局特聘专家,中国航空运输协会特聘专家,中国航空学会理事,中国交通运输协会枢纽分会副会长,多家交通、民航、大数据实验室学术委员等。主持和参加国家级科技课题15项,主持国家发展改革委、交通运输部、中国民用航空局、中国工程院、省级人民政府课题50余项,为航空公司、机场集团、地方政府、投资机构提供上百项高端咨询服务。

焦朋朋

焦朋朋，北京建筑大学教授、博士生导师，校学术委员会委员。主要研究领域为智能交通、交通规划、交通管理等。社会兼职包括北京市西城第十六届及十七届人大代表、中国仿真学会道路基础设施建模与仿真专业委员会副主任、世界交通运输大会（WTC）公共交通运营管理技术委员会主席、北京交通工程学会理事、北京市党外高级知识分子联谊会第三届理事会（城市规划专委会）理事等。

出版学术专著4部，发表学术论文100余篇，授权发明专利10余项；主持国家自然科学基金3项、北京市自然科学基金等省部级科研项目10余项；获省部级科技奖励5项；获北京公路青年科技奖、中国物流与采购联合会科技创新人物奖，入选北京市青年拔尖个人、长城学者、北京市科技新星等多项人才计划。

李瑞敏

李瑞敏，清华大学土木工程系长聘副教授、博士生导师，交通工程与地球空间信息研究所所长。兼任中国仿真学会交通建模与仿真专业委员会副主任，四部委"城市道路交通文明畅通提升行动计划"专家组专家，北京交通工程学会理事等。研究领域主要为智能交通系统、交通规划与管理、交通仿真及大数据分析、智能出行等方面。近年来共主持国家自然科学基金4项等十余项国家及省部级项目，以第一或通讯作者共计发表论文170余篇，完成《出行即服务（MaaS）概论》、《城市交通信号控制》等8部著作，主编及参编国家标准及行业标准11项，获得国家及省部级科技进步奖等8项。

刘佳仑

刘佳仑，1987年3月生，副研究员，博士生导师。2012年获得国家建设高水平大学公派研究生项目资助，赴荷兰代尔夫特理工大学船舶设计制造及操控专业攻读博士学位，毕业于2017年2月。2017年3月受聘任教于武汉理工大学智能交通系统研究中心。2017年10月获评湖北省楚天学者计划楚天学子。围绕船舶远程驾控与试验验证评估技术，近五年先后主持国家自然科学基金、湖北省自然科学基金、科技部重点研发计划子课题、工业和信息化部高技术船舶专项子课题等纵向课题8项，申请、授权发明专利40余项，发表高水平学术论文45篇，出版英文学术专著3部，担任30项国内外期刊、会议审稿人及国际航运协会智能内河航运工作组等专家。

刘长俭

刘长俭,交通运输部规划研究院经济学博士、高级工程师,运输经济室室主任,长期从事运输经济和水运发展战略、规划、政策等领域科研工作。参加了《交通强国建设纲要》《国家综合立体交通网规划纲要》《全国沿海港口布局规划》《加快建设交通强国研究》《交通自洽能源系统基础设施规划与设计技术》等国家级规划、国家社科基金重大项目、国家重点研发计划,以及《水运"十四五"发展规划》《交通运输经济运行分析》等行业规划、运行跟踪研究,负责了赣粤运河、长江口航道、三峡新通道、渤海通道等重大工程项目相关专题经济分析等研究工作。

作为负责人或专题、专业负责人完成的省部级项目50余项,科研成果获各级奖励23次,其中,全国性行业学会、协会科技奖13次(特等奖2项、一等奖3项、二等奖5项),第九届钱学森城市学金奖1次。出版专著2部,参与编写的《交通强国战略研究(全三册)》,获得第五届中国出版政府奖图书奖,发表论文100余篇,获得计算机软件著作权12项。获得各类表彰、荣誉称号等17次,包括交通强国战略研究成绩突出个人、交通运输部系统优秀共产党员、第五届交通运输部直属机关青年五四奖章、交通运输部直属机关青年学习标兵等。

陆 洋

陆洋,美国马里兰大学交通工程博士。2014—2017年先后在新加坡麻省理工学院联合研究所及百度工作,分别担任研究员和研发工程师。2018年创立北京普创赛博科技有限公司,开展智慧城市、交通控制、交通大数据、车路协同等相关业务。近年来,以物联网、边缘计算、大数据分析、AI算法为核心打造了包括自适应信号控制系统、城市综合大数据分析平台、TOD大数据评估与监控系统、物联网智能化高速道路管控系统等一系列软硬件产品,先后与北京、济宁、贵阳、广州、合肥、沈阳、宜昌等城市的交通部门开展业务合作。

史小辉

史小辉,1977年生,陕西乾县人,西安建筑科技大学静态交通研究院院长、博士,2011年6月毕业于西南交通大学,获工学博士学位。中国交通运输协会静态交通产业分会副会长、中国停车设备产业联盟副理事长、中国工程机械工业协会设备分会副会长、中国卫星导航定位协会智慧停车专业委员会副会长。

2011年7月毕业至今被引进在西安建筑科技大学从事教学与科研,主要研究方向为智慧城市静态交通设计与软件系统集成,主持城市级停车物联技术与运营技术项目涉及城市74个、服务车主1600余万人、静态交通数据数亿条,包括北京、上海、西安、咸阳、拉萨、张掖等城市,且已技术转化到城市运营。申请城市级停车各种专利200余项、发表论文20余篇、专著1部。

孙智源

孙智源,博士,北京工业大学城市建设学部副教授,硕士生导师,中国智能交通协会"智能交通领域全国优秀博士学位论文奖"获得者。2010年获北京交通大学工学学士学位,2012年获北京交通大学工学硕士学位,2016年获清华大学工学博士学位。2016年进入北京工业大学工作至今,2018年师资博士后出站,2019年晋升副教授。

目前主要从事主动交通控制、交通安全分析等方面的研究工作,先后主持和参加省部级以上课题10余项,申请国家发明专利5项,发表SCI/SSCI检索论文18篇,EI检索期刊论文7篇。

赵红蕊

赵红蕊,1969年生,2003年毕业于北京师范大学,师从著名遥感科学家李小文院士,获自然地理学博士学位。现任清华大学3S中心主任,清华大学土木水利学院教授,博士生导师,清华大学土木建管系教学委员会委员,清华大学土木建管系学术委员会委员,中国遥感应用协会第六届理事会理事,北京市测绘教育委员会委员,2014年高校GIS创新人物,我国首次(2018—2019)摄影测量与遥感学科发展报告副主编。

赵红蕊教授的研究,始终坚持学科交叉,架起数据与应用的桥梁。研究涉猎广泛,包括:定量遥感,人工智能遥感信息提取,倾斜摄影测量与三维建模、城市科学等基础性研究;气象灾害遥感、生态可持续性遥感、国土空间规划、建筑物联网等。在国内外发表学术论文70余篇;申请专利8项,软件著作权10项,主持自然科学基金、国家重点研发计划等各类科研项目60余项。